Lexikon der Engel
Namen, Geschichte, Deutung

Lexikon der Engel

Namen, Geschichte, Deutung

Voltmedia

ISBN 3-938478-31-4

Autor: Albert J. Urban
Gesamtherstellung: GGP Media GmbH, Pößneck
Einbandgestaltung: Oliver Wirth, Paderborn
Satz und Layout: Albert J. Urban

Geleitwort

Unser Stundengebet wird am frühen Morgen mit den Worten: „Herr, öffne meine Lippen, damit mein Mund dein Lob verkünde!“ eröffnet. Damit wollen wir uns immer wieder neu in den Lobpreis der Kirche und der ganzen Schöpfung einreihen, indem wir jeden Tag mit dem Gebet beginnen, ihn mehrmals in der Tradition des benediktinischen „Bete und arbeite!“ („Ora et labora“) zum Gebet unterbrechen und abends entsprechend beschließen.
Wie in diesem Buch beschrieben, gehört so die tägliche Liturgie zum Ideal des „engelgleichen Lebens“, dem „bios angelikos“ – immer im ausgewogenen Wechsel mit der Arbeit. Viele von den Besuchern des Benediktinerklosters Weltenburg kommen deshalb nicht nur der reizvollen Landschaft, der herrlichen Klosterkirche und des guten Bieres wegen zu uns, sondern suchen in diesem mönchischen Ideal des „engelgleichen Lebens“ einen Impuls für ihr eigenes „weltliches“ Leben, das sich in den täglichen Anforderungen gar nicht so sehr von denen der Mönche und Nonnen in den Klöstern unterscheidet.

So freut es besonders, dass dieses Buch nicht einfach nur eine interessante Zusammenstellung „über“ Engel enthält – wie auch unsere Kirche nicht einfach nur ein ästhetisch schönes oder kunsthistorisch wertvolles Bauwerk sein soll – sondern damit viele spirituelle Impulse für ein „engelgleiches Leben“ als allgemeines Ideal für ein Leben in der Nachfolge Christi verbindet.
Ich wünsche diesem Buch eine große Leserschaft auch in dem Sinne, wie es unsere Regel vorsieht, nämlich täglich in den Schriften der Bibel und der Kirchenväter zu lesen. Die sorgsame Auswahl von vielen Zitaten aus den Quellen des Christentums zum Thema zeigen beispielhaft, dass diese Texte zwar nicht immer leichte Kost darstellen, aber deshalb noch lange nicht den theologischen Laien verschlossen bleiben müssen.

+ Thomas M. Freihart OSB

Abt des Benediktinerklosters Weltenburg an der Donau

Der ganz besondere Dank des Autors gilt seinem Kollegen am Deutschen Liturgischen Institut, Dr. Klaus Peter Dannecker, Priester der Diözese Rottenburg-Stuttgart und wissenschaftlicher Assistent am Lehrstuhl für Liturgiewissenschaft der Theologischen Fakultät Trier, für die Durchsicht des Manuskripts und die wertvollen Hinweise und Anregungen.

Inhaltsverzeichnis

Einführung

In unserer Sprache sind sie noch gegenwärtig, die Engel:

Jemand
ist schön wie ein Engel,
erscheint als rettender Engel,
erweist sich als wahrer Engel,
hat eine Engelsgeduld.

Regional gibt es noch andere Redensarten, auch Umschreibungen für das Sterben eines Menschen wie: „Den haben die Engel in den Schlaf gesungen", oder „der hört jetzt die lieben Engel singen (oder pfeifen)".

Wenn eine Katastrophe gerade noch vermieden werden konnte, die aller Wahrscheinlichkeit nach eigentlich zum Tod von Menschen hätte führen müssen, wenn gerade noch ein Unfall glimpflich ausgegangen war, dann sprechen wir schnell davon, dass man „einen Schutzengel" gehabt habe. Meist wenden wir diese Redensarten an, ohne weiter darüber nachzudenken, was wir damit eigentlich ausdrücken wollen.

Wenn wir aber die Leute fragen, die diese Redensarten benutzen, was sie sich eigentlich unter Engeln vorstellen, dann stellt man eine große Unsicherheit fest. Man hat sich nicht viel dabei gedacht, sich Engel gar nicht weiter vorgestellt, sondern bis zum Moment der direkten Frage danach eher vage und verschwommen belassen. Oder man hört ähnliche Antworten wie die, dass an Weihnachten der Weihnachtsmann käme oder an Ostern das neue Frühjahr gefeiert werde. Das Bild von Engeln ist entweder geprägt von der örtlichen Kunst oder noch viel mehr von Film und Fernsehen, von den Unterhaltungsmedien und Werbebotschaften, die keine Scheu haben, ein angeblich traditionelles Engelsbild für ihre Zwecke neu geformt auszunutzen.

Dieses Buch will aber dennoch nicht einfach nur einen Missstand beseitigen, indem es fixe Glaubenssätze sammelt und vorsetzt. Im Gegenteil. Wir werden überraschenderweise sehen, dass es diese so gar nicht gibt, dass keine Kirche oder Konfession zu irgendeiner Zeit des Christentums einen „Glauben an Engel" oder gar einen Engelskult zu einer dogmatischen

Glaubensverpflichtung gemacht hat. Auch will dieses Buch keine schlichten und einfachen Antworten geben, kann das gar nicht, sondern zeigen, dass die Frage nach der Existenz von Engeln und nach dem Glauben an Engel einen vielschichtigen spirituellen und historischen Hintergrund hat und in die Grundfrage nach der Beziehung des Einzelnen zu Gott einmündet. Dieser Hintergrund soll aufgezeigt werden. Wer nur historisch und religionswissenschaftlich interessiert ist, wird viele interessante Aspekte finden. Wer sich den existentiellen Grundfragen des Lebens stellt, möge – so wünscht der Autor dieses Buches – darüber hinaus den einen oder anderen spirituellen Hinweis finden, manches Aha-Erlebnis und gelegentlich eine aufblitzende Erkenntnis haben, die auf einem spirituell ausgerichteten Lebensweg ein Stückchen die Richtung weisen kann.

Aus diesem Grund wird auch da begonnen, wo die christlichen Engelsvorstellungen ihren Ausgang genommen haben: mit den Schriften der Bibel. Sie bieten die fundamentalen Aussagen, auf die sich alle weitere Theologie seither authentisch bezieht. Nur von der Bibel her kann man wirklich verstehen, was Engel eigentlich sind, und vor dem biblischen Hintergrund die weitere Entwicklung der Engelsvorstellungen bis heute nachvollziehen.

Dem schließt sich ein Kapitel an, das auf die bildlichen Vorstellungen eingeht, die auf die Engelsvorstellungen in der Bibel und im Christentum von außen eingewirkt haben. Eine bestimmte Religion hängt nicht im luftleeren Raum, sondern lebt – in der frühen Geschichte noch viel mehr als heute – in der Umgebung von anderen religiösen Vorstellungen und Ideen. Das bedeutet nicht gezwungenermaßen, dass diese einfach übernommen worden sind. Die Begegnung damit kann auch zu Abwehrreaktionen oder zumindest zu Umformungen und Neuinterpretationen führen. Dies aufzuzeigen wird mit Vergleichen aus Ägypten und Ländern des Alten Orients bzw. aus der Antike unternommen. Das Buch ist aber mit Absicht von Verlag und Autor kein Bilder-Buch geworden. Bücher, die meist ohne Bezug zu den damit verbundenen theologischen Deutungen wahllos alles zusammentragen, was nur irgendwie Flügel aufweist, wurden bereits veröffentlicht. Dies braucht nicht wiederholt zu werden. Das Kapitel über bildliche Vorstellungen aus dem Umfeld von Juden- und Christentum soll vielmehr dazu dienen, solche Vergleiche richtig einschätzen zu können.

Deshalb folgt dem Kapitel über die biblischen Ursprünge und den bildlichen Vergleichen die Darstellung der theologischen Lehre. Was sagt die Kirche der ersten Jahrhunderte dazu? Wie sieht es heute aus? Gehören Engel zum „Bestand" unseres Glaubensbekenntnisses? Wie stellten sich die großen, maßgeblichen Kirchenväter und Kirchenlehrer im Laufe der Geschichte des Christentums dazu? Welche Hauptlinien können wir da erkennen, ohne uns im Dickicht der Theologie zu verlieren? Warum spricht die heutige Theologie (im Westen) nicht mehr über Engel? Wie kam es dazu, dass sie aus dem Glaubensleben und der -praxis vieler westlicher Christen aller Konfessionen nahezu verschwunden sind?

Selbstverständlich darf trotz der Absicht, nicht noch einen Bildband zu schaffen, ein Kapitel über die bildlichen Darstellungen in der christlichen Kunst nicht fehlen. Aber auch das ist nicht einfach eine Aufzählung und Zusammenstellung von allen möglichen Kunstrichtungen und Darstellungsformen von Engeln geworden, sondern es will dieser Abschnitt wieder vornehmlich dem Leser bei den Grundfragen helfen. Wie kam es überhaupt zur bildlichen Darstellung von Engeln? Warum werden Ikonen, auf denen oft Engel dargestellt sind, in den östlichen Kirchen so verehrt und finden auch bei uns, sogar bei ansonsten völlig unreligiösen Menschen, solchen Anklang? Die Geschichte sei auch hier wieder die Lehrmeisterin. Wer die heftigen Auseinandersetzungen um das christliche Bild im 8. und 9. Jahrhundert und ihre Beendigung nachvollzieht, gewinnt allein schon dadurch nicht nur eine neue Einstellung zum religiösen Bild, sondern kann auch für die existentiellen Grundfragen nach dem Verhältnis von Gott und Welt, von Himmel und Erde, Jenseits und Diesseits einige Einsichten gewinnen.

Man darf von diesem Buch keine fertigen Antworten erwarten. Es will nur aufzeigen, wo der Leser entlanggehen könnte. Dabei ist es dem Autor sehr wichtig, dass der heutige Leser wieder lernt, selbst die Quellen zu studieren. Wir haben das inzwischen gründlich verlernt und nehmen fast nur noch zusammenfassende Aussagen über Aussagen auf. Das mag bei technischen und wissenschaftlichen Themen eine gewisse Berechtigung haben, obwohl sogar Fächer wie die Mathematik und Physik plötzlich die Originaltexte von Leibnitz, Newton, Kepler oder Einstein wiederentdecken. Bei geisteswissenschaftlichen und spirituellen Themen wie unserem über die Engel aber muss man immer und immer wieder zu den originalen Schriften zurückkehren und diese jeweils neu in sich aufnehmen. Das betrifft die Heilige Schrift genauso wie die Texte der anerkannten Kirchenväter und -lehrer des Christentums aus den verschiedenen Jahrhunderten. Da ein Großteil dieser Quellen – viele Leute haben heute nicht einmal mehr eine Bibel zu Hause – dem Leser gar nicht oder trotz Internet nur schwer verfügbar sind, wurden die Texte, auf die dieses Buch vornehmlich Bezug nimmt, im vollen Wortlaut mit aufgenommen, soweit das möglich war. Entgegen dem heutigen Verhalten im Informationszeitalter muss man Texte dieser Art wiederholt – und zwar öfters wiederholt – lesen, studieren, auf sich einwirken lassen. Antworten auf existentielle Grundfragen des Lebens gewinnt man nicht mit schnell aufgenommenen Informationshäppchen. Man erinnere sich dabei an das Schriftwort „… wenn ihr werdet wie sie (die Kinder)“. Kinder wollen ein- und dieselben Geschichten immer wieder hören, bis zu einem bestimmten Alter schauen sie – dank Videotechnik – dieselben Filme immer wieder an, sie kosten sie richtig aus.

Das betrifft natürlich noch viel mehr die Liturgie. Die Texte, die zu ihrem festen Bestandteil gehören, nimmt der regelmäßige Teilnehmer immer wieder in sich auf, auch wenn er nicht jedes Mal über ihren Wortlaut nachdenkt. Die Liturgie bildet neben Lehre und Unterricht eigentlich den wichtigsten Traditionsstrang bei der Bewahrung und Vermittlung der zentralen Glaubensinhalte. Selbstverständlich muss man deshalb die Texte, wo „Engel“ in irgendeiner Weise innerhalb der Liturgie genannt werden oder sozusagen selbst zu Wort kommen, untersuchen und daraufhin befragen, welches Verhältnis zwischen Engeln und Liturgie einerseits und welche Aussagen andererseits über Engel daraus ersichtlich werden.

Der Vollzug der Liturgie gehört zentral zum klösterlichen Leben von Mönchen und Nonnen. Diese Lebensweise hat man zumindest früher oft als „engelgleiches Leben“ („Bios angelikos“) bezeichnet und ihr damit auch eine bestimmte Richtung im Selbstverständnis gegeben. Keine Untersuchung über Engel wäre vollständig, wenn man diesen Begriff und seine Bedeutung nicht wenigstens andeutungsweise vorstellen würde, womit der Teil des Buches über Engelsvorstellungen im Christentum seinen Abschluss findet.

Das vorletzte Kapitel dieses Buches befasst sich mit den Engeln im Islam. Von dieser Religion sieht man derzeit – begreiflich, aber dennoch nicht korrekt – hauptsächlich das Trennende und Kritische, wohingegen es doch auch über den Glauben an EINEN Gott hinaus viele Gemeinsamkeiten gäbe. Gerade was die Engel betrifft, lassen sich einige solcher Gemeinsamkeiten feststellen. Wer sich näher mit dem Islam befassen möchte, kann dies über verschiedene Wege unternehmen: historisch, religionswissenschaftlich oder thematisch. Ein möglicher Ausgangspunkt, zum Kern des islamischen Selbstverständnisses vorzudringen, ist die Übermittlung des Koran durch den Engel Gabriel an Mohammed in arabischer Sprache. „Koran“ bedeutet auch „Vortrag“ und ist die verschriftlichte Sammlung der von Mohammed vorgetragenen Worte, die ihm nach islamischer Tradition so von Gabriel eingegeben wurden.

Engel begegnen einem heute vor allem auch in der sogenannten Esoterik und in der modernen Literatur – und das in sehr vielfältiger Form. Mit den Engelsvorstellungen der Religion haben sie oft nur noch die Benennung gemeinsam oder benutzen diese für andere Inhalte und Zwecke bzw. sogar als Kontrasthintergrund zu neuen Aussagen oder Ausdrucksformen. Im letzten Kapitel soll noch kurz auf solche Engelsvorstellungen im Unterschied zum traditionellen Bild eingegangen werden.

Der Bildteil ist nicht nur Illustration der entsprechenden Textkapitel, sondern als eigener Teil so konzipiert, dass man ihn auch gesondert für sich durchgehen kann, wenn man die Warnung beherzigt, anhand von bildlichen Ähnlichkeiten keine voreiligen Schlüsse über Abhängigkeiten zu ziehen. Aus diesem Grund wurde mit Absicht die Abfolge der Illustrationen im Bildteil nicht chronologisch angelegt, um nicht mit einer zeitlichen Abfolge scheinbare Zusammenhänge oder den angeblichen evolutionären Fortschritt der Kulturen, den wir heute so selbstverständlich als Grundbedingung der menschlichen Geschichte annehmen, nahe zu legen.

Um den Text des Buches lesbar zu halten, wurde auf Fußnoten und Anmerkungen verzichtet. Stattdessen wurden die nötigen zusätzlichen Informationen in den Anhang gegeben. Um die verwendeten theologischen und philosophischen Begriffe, die sich nicht ganz vermeiden lassen, nicht an jeder Stelle mit einer den Lesefluss unterbrechenden Erklärung versehen zu müssen, werden sie nochmals in einem eigenen Glossar aufgeführt und erläutert. Die Geschichte Israels, auf die vor allem bei der Untersuchung der Schriftstellen des Alten Testaments hinsichtlich Engeln Bezug genommen wird, findet sich in einer zusammengefassten Chronik, ergänzt um Chroniken des Alten Ägypten und Mesopotamiens. Die wichtigsten Daten und Lebensbeschreibungen der in diesem Buch genannten Kirchenväter und Heiligen können ebenfalls im Anhang nachgelesen werden. Auf ein wissenschaftliches Literaturverzeichnis zum Thema wurde verzichtet. Stattdessen schien es dem Autor sinnvoller, einige Lektüreempfehlungen zusammenzustellen und diese zu kommentieren. So kann der Leser für ihn interessante Aspekte weiterverfolgen mit Büchern, die auch ohne wissenschaftliche Bibliothek erreichbar sind. Ein Verzeichnis der angeführten oder zitierten Bibelstellen und Verse aus dem Koran und ein Stichwortverzeichnis komplettieren den Anhang.

Engel in der Bibel

Der reformatorischen, protestantischen Glaubenspraxis haben wir eines unbestritten zu verdanken: Die Bibel ist wieder zur ersten Quelle des Glaubens und der Gotteserkenntnis geworden und hat die anderen Quellen wie Überlieferung, Dogmen der Kirche und Lehrmeinungen von Theologen wieder an den Platz gerückt, der ihnen zukommt – Ausdeutung des Offenbarungsgeschehens, das in der Heiligen Schrift niedergeschrieben ist. Das macht Überlieferungen und Dogmen nicht unbedeutend, im Gegenteil. Die biblische Sprache ist die menschliche, das Buch der Bücher besteht aus vielen Teilen, die aus sehr unterschiedlichen Zeiten stammen, z.T. in späteren Zeiten überarbeitet wurden und deshalb auch die Sprache und die Einstellungen der Menschen ihrer jeweiligen Zeit widerspiegeln. Deshalb brauchen auch die Schriften der Bibel für jede Zeit, in der sie richtig verstanden werden sollen, Übersetzer und Übersetzungen sowohl in sprachlicher Hinsicht als auch – und das noch viel mehr – mit Blick auf den Inhalt. Dies muss jede Generation für sich neu leisten, denn die Interpretationen früherer Zeiten können für uns zwar wertvolle Wegweiser sein, führen aber nicht selten auch zu Antworten auf Fragen, die heute niemand mehr stellt. Daraus ergibt sich, dass man am besten einerseits die Schriften der Bibel als Hauptquelle heranzieht, wenn man seine Vorstellungen von Engeln präzisieren möchte, andererseits aber nicht einfach nur willkürlich einige Sätze zusammenhangslos herausgreifen und nur nach dem Buchstaben verstehen darf, sondern die Aussagen genauer untersuchen muss.

In der Bibel gibt es sehr viele Stellen, wo von „Engeln“ im weitesten Sinne die Rede ist. In diesem Buch können nicht alle untersucht werden, sondern wir werden uns einige genauer ansehen mit dem Ziel, Schlüsse daraus zu ziehen. Wenn dabei von der „Bibel“ die Rede ist, dann ist damit die gesamte Bibel gemeint, die allgemein in zwei Teile getrennt wird, das Alte und das Neue Testament. Die Trennung soll beibehalten werden, aber es wird weiter unten noch darauf eingegangen, dass diese „Trennung“ auf keinen Fall mit einer Abwertung des ersten Teils einhergehen darf, denn dieser erste Teil, das so genannte Alte Testament, ist vielmehr das Fundament, auf dem der zweite Teil, das so genannte Neue Testament, aufliegt und ohne diese Basis gar nicht für sich bestehen könnte.

Altes Testament

Bevor wir uns an die Lesung und Interpretation einiger besonders beispielhafter Stellen des Alten Testaments wagen, wo Engel vorkommen, müssen wir uns mit der sprachlichen Begrifflichkeit näher auseinandersetzen. Dies ist nicht nur von sprachwissenschaftlicher Bedeutung, es geht nicht um Sprach-Spiele, sondern das Ergebnis dieser sprachlichen Untersuchung birgt bereits einen wichtigen Ansatz zum Verständnis von Engeln in sich, den wir von da an bis zum Ende des Buches mitnehmen werden.

Unser Wort „Engel“ leitet sich eigentlich vom Lateinischen „angelus“ ab, ist aber im Deutschen inzwischen so vertraut, dass es nicht mehr als Fremdwort empfunden, sondern zum Lehnwort geworden ist. Nichts Besonderes, wenn wir an viele andere Lehnwörter des Alltags denken, die ebenfalls aus dem Lateinischen stammen: Mauer (< murus), Fenster (< fenestra) usw.

Wir haben damit im deutschen Wort „Engel“ das Ende eines Fadens, den wir aufgreifen können, um uns in der Geschichte zurückzuhangeln, sogar zurück bis zum Alten Testament, denn das lateinische Äquivalent ist wiederum nichts Anderes als eine Übernahme aus dem Griechischen, der Weltsprache im östlichen Teil des römischen Reichs und der Kultursprache aller gebildeten Römer der Kaiserzeit.

Beides, lateinisch „angelus“ und griechisch „angelos“ bedeutet zunächst ganz allgemein „Bote“ oder „Gesandter“ und wurde bei der Übersetzung der Schriften des Alten Testaments aus dem Hebräischen bzw. Aramäischen ins Griechische immer dann eingesetzt, wenn von einem Boten oder Gesandten die Rede war, dort wiedergegeben mit dem semitischen Wort „mal'âk“, das ursprünglich ganz abstrakt „Sendung“, „Botschaft“ bedeutete, dann aber immer mehr für den Überbringer derselben Verwendung fand.

Damit sind wir am Anfang des Fadens angelangt, den die Sprachgeschichte uns weist. So können wir die Verengung der Bedeutung erkennen. Wir verstehen unter „Engel" nicht mehr allgemein „Bote", sondern geben diesem Begriff immer eine überirdische, jenseitige Bedeutung. Im Alten Testament aber bringt „mal'âk" noch keineswegs auch nur andeutungsweise solche Assoziationen mit sich.

Ein Beispiel:
Als Saul von tiefen Depressionen befallen (wörtlich „jetzt quälte ihn ein böser Geist, der vom Herrn kam") nach einem Mann suchen lässt, der mit gutem Zitherspiel ihm helfen sollte, wird David vorgeschlagen, woraufhin Saul ihn holen lässt:

> „Da schickte Saul *Boten* zu Isai und ließ ihm sagen: Schick mir deinen Sohn David…" (1 Samuel 16, 19)

Unser Verständnis von „Engel" hat dem gegenüber ihre Wurzel in speziellen Verwendungen des „mal'âk" in Zusammensetzungen mit dem Gottesnamen „JHWH" bzw. dessen Ersatz „Elohim". Erst die besonderen Wortverbindungen „mal'âk JHWH" bzw. „mal'âk Elohim" bergen die Bedeutung „Bote Jahwes" bzw. „Bote Gottes" in sich, die wir heute ausschließlich mit dem Wort „Engel" verbinden.

Ein Beispiel:

> „Da hatte er einen Traum: Er sah eine Treppe, die auf der Erde stand und bis zum Himmel reichte. Auf ihr stiegen *Engel Gottes* auf und nieder."
> (Genesis 28, 12)

Die deutsche Einheitsübersetzung zeigt nicht, dass in beiden vorhergehenden Texten „Boten" und „Engel" in der Originalsprache ein- und dasselbe Wort sind und versperrt uns damit den Zugang zu einem eingehenderen Verständnis, anstatt diesen zu öffnen. Wir müssen aber nicht gleich (Alt-)Hebräisch lernen, um von jetzt an bei der Schriftlesung wieder ein Stück hellhöriger dem Sinn der Texte nachzuspüren.

„Engel" sind in den Schriften des Alten Testaments immer „Boten Gottes", d.h. erhalten ihre Bestimmung und ihre Definition von dem, der sie gesandt hat. Rein sprachlich gesehen werden in den Texten des ersten Teils der Bibel „Engel“ nicht mit einem völlig anderen Begriff benannt, sondern mit einem ziemlich unspezifischen Wort, das für sich überhaupt nichts darüber aussagt, ob der Bote nun ein Mensch ist oder eine andere Art von Wesen. Erst durch die Hinzufügung des Namens Gottes zum Wort wird das Besondere dieses Boten hervorgehoben, aber auch sonst nichts Näheres über sein Wesen ausgesagt. Es ist damit auch keineswegs automatisch gemeint, dass der „Bote Gottes“ ein überirdisches, jenseitiges Wesen sein muss. Mit „Boten Gottes“ werden in der Bibel genauso gut auch Menschen bezeichnet, die als von Gott gesandt betrachtet werden wie Priester und Propheten. Diesem Verständnis werden wir bis in die frühe christliche Zeit hinein begegnen.

Ein Beispiel:

> „Ich bin der Herr…
> der den Plan ausführt, den seine *Boten* verkünden…“
> (Jesaja 44, 26)

Um unserem heutigen Verständnis von „Engeln“ als überirdische, jenseitige Wesen etwas weiter nachzuspüren, wollen wir uns nun mit einigen Stellen des Alten Testaments beschäftigen, die uns so vertraut sind, dass wir sie in der Regel nicht mehr genau aufnehmen, sondern umgekehrt sogar unsere Vorstellungen von „Engeln“ ganz automatisch in diese Texte hineintragen.

Versuchen wir, eine Reihe von oft gehörten und gelesenen Texten des Alten Testaments mit „neuen Augen“ zu sehen und daraus ein ursprünglicheres Verständnis für „Engel“ abzuleiten.

Der Engel als Erscheinungsform Gottes

Die Berufung des Mose

„Mose weidete die Schafe und Ziegen seines Schwiegervaters Jitro, des Priesters von Midian. Eines Tages trieb er das Vieh über die Steppe hinaus und kam zum Gottesberg Horeb.
Dort erschien ihm der Engel des Herrn in einer Flamme, die aus einem Dornbusch emporschlug. Er schaute hin: Da brannte der Dornbusch und verbrannte doch nicht.
Mose sagte: Ich will dorthin gehen und mir die außergewöhnliche Erscheinung ansehen. Warum verbrennt denn der Dornbusch nicht?
Als der Herr sah, dass Mose näher kam, um sich das anzusehen, rief Gott ihm aus dem Dornbusch zu: Mose, Mose! Er antwortete: Hier bin ich.
Der Herr sagte: Komm nicht näher heran! Leg deine Schuhe ab; denn der Ort, wo du stehst, ist heiliger Boden.
Dann fuhr er fort: Ich bin der Gott deines Vaters, der Gott Abrahams, der Gott Isaaks und der Gott Jakobs. Da verhüllte Mose sein Gesicht; denn er fürchtete sich, Gott anzuschauen.
Der Herr sprach: Ich habe das Elend meines Volkes in Ägypten gesehen und ihre laute Klage über ihre Antreiber habe ich gehört. Ich kenne ihr Leid.
Ich bin herabgestiegen, um sie der Hand der Ägypter zu entreißen und aus jenem Land hinaufzuführen in ein schönes, weites Land, in ein Land, in dem Milch und Honig fließen, in das Gebiet der Kanaaniter, Hetiter, Amoriter, Perisiter, Hiwiter und Jebusiter.
Jetzt ist die laute Klage der Israeliten zu mir gedrungen und ich habe auch gesehen, wie die Ägypter sie unterdrücken.
Und jetzt geh! Ich sende dich zum Pharao. Führe mein Volk, die Israeliten, aus Ägypten heraus!
Mose antwortete Gott: Wer bin ich, dass ich zum Pharao gehen und die Israeliten aus Ägypten herausführen könnte?

Gott aber sagte: Ich bin mit dir; ich habe dich gesandt und als Zeichen dafür soll dir dienen: Wenn du das Volk aus Ägypten herausgeführt hast, werdet ihr Gott an diesem Berg verehren.“ (Exodus 3, 1-12)

Auf den ersten Blick könnte man meinen, dass für ein authentisches Verständnis von „Engel“ hier die Berufung und Entsendung des Mose als Bote zum Volk der Israeliten und zum Pharao der Ägypter im Mittelpunkt steht. Das ist auch sicher nicht verkehrt, wollen wir aber bei unserem oben genannten Vorhaben, den überirdischen, jenseitigen Engeln nachzuspüren, gar nicht in den Blick nehmen.

מַלְאַךְ־יְהוָה

JHWH mal'âk

Die entscheidende Aussage in diesem Text hinsichtlich Engeln ist ziemlich versteckt, weil man vom spannenden Geschehen leicht abgelenkt wird. Lesen Sie dazu nochmals den zweiten Vers: „Dort erschien ihm der *Engel des Herrn*…“ Wörtlich übersetzt müsste stehen „Dort erschien ihm der Engel JHWHs…“ („mal'âk JHWH“). Die Theologie, insbesondere auch die christliche Theologie, hat viel spekuliert, was oder besser gesagt wer nun Mose tatsächlich erschienen ist. War es nun ein Engel oder war es Gott selbst? Wir wollen nicht weiter auf die verschiedenen Theorien eingehen, die diese Spannung auflösen möchten. Schon gar nicht wollen wir wie manche Exegeten die Vermutung anstellen, dass dem oder den Bearbeitern, die den Text in der überlieferten Fassung aus verschiedenen Quellen zusammengestellt haben sollen, diese Diskrepanz gar nicht aufgefallen wäre oder sie diese aus Achtung vor der Ehrwürdigkeit der Texte nicht auflösen wollten. Im Gegenteil. Hier wird mit Absicht eine theologische Aussage in die Erzählung hineingewoben, die wir für unser Verständnis von Engeln mit auf den Weg nehmen können: Gott kann vom auf der Erde lebenden Menschen nicht unverhüllt geschaut werden, sondern erscheint hier Mose in der Form des „Boten JHWHS", durch den der unsichtbare Gott spricht und handelt. Der Engel ist hier kein Geschöpf für sich, das Gott nur benutzen würde, kein Wesen einer bestimmten Gattung, die ansonst getrennt für sich existieren würde, sondern er ist in dieser und in anderen Erzählungen der Frühzeit, d.h. der Zeit der Patriarchen, des Exodus und der Richter, Erscheinungsform Gottes und existiert nicht für sich, sondern in dieser Funktion.

Die Erscheinung des Engel des Herrn

> „Der Engel des Herrn kam von Gilgal nach Bochim hinauf und sagte: Ich habe euch aus Ägypten heraufgeführt und euch in das Land gebracht, das ich euren Vätern mit einem Eid zugesichert hatte. Ich hatte gesagt: Ich werde meinen Bund mit euch niemals aufheben;
> aber ihr dürft keinen Bund mit den Bewohnern dieses Landes schließen und ihre Altäre sollt ihr niederreißen. Doch ihr habt auf meine Stimme nicht gehört. Warum habt ihr das getan?
> Deshalb sage ich euch jetzt: Ich werde sie nicht vor euren Augen vertreiben, sondern sie sollen euch Widerstand leisten und ihre Götter sollen euch zu Fall bringen.
> Als der Engel des Herrn das zum Volk gesagt hatte, brachen alle Israeliten in lautes Weinen aus.
> Darum nannten sie jenen Ort Bochim (Ort des Weinens). Und sie brachten dort dem Herrn Opfer dar."
> (Richter 2, 1-5)

Haben wir bei der Berufung des Mose schon den Wechsel von Engel und Gott gesehen, wo man das noch für einen literarischen Zufall halten kann, dann finden wir die enge Zugehörigkeit des Engels zu JHWH – auch hier steht im hebräischen Text wieder „mal'âk JHWH" – noch deutlicher und stärker ausgedrückt. Der Engel spricht von den Heilstaten Gottes an seinem Volk Israel in der Ichform, d.h. aus ihm spricht Gott. Niemand würde daraus ableiten, dass Gott (nur) ein Engel wäre. Verstehen, soweit man da von „verstehen" sprechen kann, lässt sich diese uns zunächst eigentümlich vorkommende Erscheinung nur so, dass wir den Engel JHWHs als Erscheinungsform Gottes begreifen, in der er sozusagen in einer Gestalt verhüllt den lebenden Menschen entgegentreten kann. Eigentümlich und unverständlich, ja sogar widersprüchlich bleibt dies aber nur dann, wenn wir die zu einer späteren Zeit geprägte Vorstellung von Engeln anwenden, die sie als einmal von Gott geschaffene, eigenständige Wesen sieht.

Gott zu Gast bei Abraham / Das Gericht über Sodom und die Rettung Lots

> „Der Herr erschien Abraham bei den Eichen von Mamre. Abraham saß zur Zeit der Mittagshitze am Zelteingang.
> Er blickte auf und sah vor sich drei Männer stehen. Als er sie sah, lief er ihnen vom Zelteingang aus entgegen, warf sich zur Erde nieder
> und sagte: Mein Herr, wenn ich dein Wohlwollen gefunden habe, geh doch an deinem Knecht nicht vorbei!
> Man wird etwas Wasser holen; dann könnt ihr euch die Füße waschen und euch unter dem Baum ausruhen.
> Ich will einen Bissen Brot holen und ihr könnt dann nach einer kleinen Stärkung weitergehen; denn deshalb seid ihr doch bei eurem Knecht vorbeigekommen. Sie erwiderten: Tu, wie du gesagt hast.
> …
> Da sprach der Herr: In einem Jahr komme ich wieder zu dir, dann wird deine Frau Sara einen Sohn haben.
> …

Da sagte sich der Herr: Soll ich Abraham verheimlichen, was ich vorhabe?
Abraham soll doch zu einem großen, mächtigen Volk werden, durch ihn sollen alle Völker der Erde Segen erlangen.
…
Der Herr sprach also: Das Klagegeschrei über Sodom und Gomorra, ja, das ist laut geworden, und ihre Sünde, ja, die ist schwer. Ich will hinabgehen und sehen, ob ihr Tun wirklich dem Klagegeschrei entspricht, das zu mir gedrungen ist. Ich will es wissen.
Die Männer wandten sich von dort ab und gingen auf Sodom zu. Abraham aber stand noch immer vor dem Herrn.
…
Die beiden Engel kamen am Abend nach Sodom. Lot saß im Stadttor von Sodom. Als er sie sah, erhob er sich, trat auf sie zu, warf sich mit dem Gesicht zur Erde nieder und sagte: Meine Herren, kehrt doch im Haus eures Knechtes ein, bleibt über Nacht und wascht euch die Füße! Am Morgen könnt ihr euren Weg fortsetzen. Nein, sagten sie, wir wollen im Freien übernachten."
(Genesis 18, 1-5.10.17.18.20-22; 19, 1-2)

Die erste Szene, wo Gott bei Abraham einkehrt, sich bewirten lässt und ihm eine große Nachkommenschaft zusagt, kennen wir alle. Sobald wir uns mit der künstlerischen Ausgestaltung von Engeln beschäftigen, werden wir ihr wieder begegnen. Wenn wir aber den Zusammenhang mit dem folgenden Kapitel im biblischen Text näher betrachten, stellen wir fest, dass hier zwischen dem Herrn und seinen Begleitern, die wir dann als Engel identifiziert finden, deutlicher getrennt wird als in den vorher betrachteten Stellen. Zuerst ist nur von drei „Männern" die Rede, von denen Abraham einen sofort als seinen „Herrn" erkennt, die anderen beiden scheinen nur eine Art Begleiter zu sein, deren Funktion als Boten Gottes sich aber dann im Fortgang der Erzählung erschließt. Was wir hier sehr deutlich gesagt oder besser nicht gesagt bekommen, ist die äußere Gestalt. Es sind „Männer" ohne Flügel und sonstige Attribute, die wir sonst eigentlich immer Engeln zuordnen. Unsere heutigen Vorstellungen von Engeln beruhen auf einer langen geschichtlichen Entwicklung, deren Ursprünge zwar weit vom heutigen Bild entfernt sind, deren Entstehung wir aber anhand von Texten des Alten Testaments nachvollziehen können, während wir historisch spätere Schriftstellen weiter unten noch untersuchen.

Der Seher Bileam

„In der Nacht kam Gott zu Bileam und sprach zu ihm: Wenn die Männer gekommen sind, um dich zu holen, dann mach dich auf den Weg und geh mit! Aber du darfst nur das tun, was ich dir sage.
Am Morgen stand Bileam auf, sattelte seinen Esel und ging mit den Hofleuten aus Moab.
Aber Gott wurde zornig, weil Bileam mitging, und der Engel des Herrn trat Bileam in feindlicher Absicht in den Weg, als Bileam, begleitet von zwei jungen Männern, auf seinem Esel dahinritt.
Der Esel sah den Engel des Herrn auf dem Weg stehen, mit dem gezückten Schwert in der Hand, und er verließ den Weg und wich ins Feld aus. Da schlug ihn Bileam, um ihn auf den Weg zurückzubringen.
Darauf stellte sich der Engel des Herrn auf den engen Weg zwischen den Weinbergen, der zu beiden Seiten Mauern hatte.
Als der Esel den Engel des Herrn sah, drückte er sich an der Mauer entlang und drückte dabei das Bein Bileams gegen die Mauer. Da schlug ihn Bileam wieder.
Der Engel des Herrn ging weiter und stellte sich an eine besonders enge Stelle, wo es weder rechts noch links eine Möglichkeit gab auszuweichen.
Als der Esel den Engel des Herrn sah, ging er unter Bileam in die Knie. Bileam aber wurde wütend und schlug den Esel mit dem Stock.
Da öffnete der Herr dem Esel den Mund und der Esel sagte zu Bileam: Was habe ich dir getan, dass du mich jetzt schon zum dritten Mal schlägst?
Bileam erwiderte dem Esel: Weil du mich zum Narren hältst. Hätte ich ein Schwert dabei, dann hätte ich dich schon umgebracht.
Der Esel antwortete Bileam: Bin ich nicht dein Esel, auf dem du seit eh und je bis heute geritten bist? War es etwa je meine Ge-

wohnheit, mich so gegen dich zu benehmen? Da musste Bileam zugeben: Nein.
Nun öffnete der Herr dem Bileam die Augen und er sah den Engel des Herrn auf dem Weg stehen, mit dem gezückten Schwert in der Hand. Da verneigte sich Bileam und warf sich auf sein Gesicht nieder.
Der Engel des Herrn sagte zu ihm: Warum hast du deinen Esel dreimal geschlagen? Ich bin dir feindlich in den Weg getreten, weil mir der Weg, den du gehst, zu abschüssig ist.
Der Esel hat mich gesehen und ist mir schon dreimal ausgewichen. Wäre er mir nicht ausgewichen, dann hätte ich dich vielleicht jetzt schon umgebracht, ihn aber am Leben gelassen.
Bileam antwortete dem Engel des Herrn: Ich habe gesündigt, aber nur, weil ich nicht wusste, dass du mir im Weg standest. Jetzt aber will ich umkehren, wenn dir mein Vorhaben nicht recht ist.
Der Engel des Herrn antwortete Bileam: Geh mit den Männern, aber rede nichts, außer was ich dir sage. Da ging Bileam mit den Hofleuten Balaks."
(Numeri 22, 20-35)

Auch in dieser Erzählung können wir die enge Zugehörigkeit des „Engel JHWHs", wie es im hebräischen Text heißt, zu Gott erkennen. Am Anfang heißt es lapidar „In der Nacht kam Gott zu Bileam..." – wir dürfen in Analogie zur Begegnung Mose mit Gott im brennenden Dornbusch und anderer Erzählungen der Frühzeit annehmen, dass Gott wieder die Erscheinungsform „seines Engels" benutzt hat. Auch das Ende der Begegnung Bileams mit Gott, wo der „Engel JHWHs" so unvermittelt und direkt redet, dass Gott praktisch aus ihm heraus spricht, lässt erneut nur den Schluss zu, dass der Engel Gottes Erscheinungsform gegenüber Bileam darstellt, weil Gott einem Menschen nur verhüllt erscheinen kann.

Die Engel als Mittler zwischen Gott und Mensch

Elija am Horeb

„Ahab erzählte Isebel alles, was Elija getan, auch dass er alle Propheten mit dem Schwert getötet habe.
Sie schickte einen Boten zu Elija und ließ ihm sagen: Die Götter sollen mir dies und das antun, wenn ich morgen um diese Zeit dein Leben nicht dem Leben eines jeden von ihnen gleich mache.
Elija geriet in Angst, machte sich auf und ging weg, um sein Leben zu retten. Er kam nach Beerscheba in Juda und ließ dort seinen Diener zurück.
Er selbst ging eine Tagesreise weit in die Wüste hinein. Dort setzte er sich unter einen Ginsterstrauch und wünschte sich den Tod. Er sagte: Nun ist es genug, Herr. Nimm mein Leben; denn ich bin nicht besser als meine Väter.
Dann legte er sich unter den Ginsterstrauch und schlief ein. Doch ein Engel rührte ihn an und sprach: Steh auf und iss!
Als er um sich blickte, sah er neben seinem Kopf Brot, das in glühender Asche gebacken war, und einen Krug mit Wasser. Er aß und trank und legte sich wieder hin.
Doch der Engel des Herrn kam zum zweiten Mal, rührte ihn an und sprach: Steh auf und iss! Sonst ist der Weg zu weit für dich.
Da stand er auf, aß und trank und wanderte, durch diese Speise gestärkt, vierzig Tage und vierzig Nächte bis zum Gottesberg Horeb.
Dort ging er in eine Höhle, um darin zu übernachten. Doch das Wort des Herrn erging an ihn: Was willst du hier, Elija?
Er sagte: Mit leidenschaftlichem Eifer bin ich für den Herrn, den Gott der Heere, eingetreten, weil die Israeliten deinen Bund verlassen, deine Altäre zerstört und deine Propheten mit dem Schwert getötet haben. Ich allein bin übrig geblieben und nun trachten sie auch mir nach dem Leben.
Der Herr antwortete: Komm heraus und stell dich auf den Berg vor den Herrn! Da zog der Herr vorüber: Ein starker, heftiger Sturm,

> der die Berge zerriss und die Felsen zerbrach, ging dem Herrn voraus. Doch der Herr war nicht im Sturm. Nach dem Sturm kam ein Erdbeben. Doch der Herr war nicht im Erdbeben.
> Nach dem Beben kam ein Feuer. Doch der Herr war nicht im Feuer. Nach dem Feuer kam ein sanftes, leises Säuseln.
> Als Elija es hörte, hüllte er sein Gesicht in den Mantel, trat hinaus und stellte sich an den Eingang der Höhle."
> (1 Könige 19, 1-13)

Vergleichen wir diese Erzählung einer Begegnung zwischen Gott und Mensch aus der Königszeit mit den Erzählungen der Frühzeit. Welch ein Unterschied. Sehen und fühlen kann Elija „nur" noch den Engel, der hier klar von Gott selbst unterschieden erscheint, also Bote, der im Auftrag Gottes handelt und nicht mehr direkte Erscheinungsform Gottes ist. Gott selbst zeigt sich nicht mehr in irgendeiner Form, er ist zu einem für irdische Augen verborgenen Gott geworden. Wie es dazu kam und welche Auswirkungen diese Änderung auf die Vorstellungen von den Engeln nahm, wollen wir im folgenden weiter untersuchen.

Die Vision des Propheten Micha

> „Ich sah den Herrn auf seinem Thron sitzen; das ganze Heer des Himmels stand zu seiner Rechten und seiner Linken."
> (1 Könige 22, 19b)

In den biblischen Erzählungen der Frühzeit, d.h. der Zeit der Patriarchen, des Exodus und der Richter, begegnet Gott den Menschen noch direkt, in einfacher, oft menschlicher Gestalt. Dieses Bild wandelt sich in dem Maße, wie auch die innere Verfassung des israelitischen Volkes sich wandelt bzw. sich eigentlich erst als Staatsverfassung herausbildet. Ein Volk von Hirtennomanden ist keine Nation, hat nur eine sehr flache Hierarchie in ihren Stammesvätern. Sein Bild von Gott entspricht dieser einfachen Struktur. Gott ist der Nahe, der Helfer in der Not, auch der schnell strafende Richter bei Gesetzesübertretungen, sowie der Stammesvater oder Patriarch ebenfalls eng zu seiner Sippe gehört, diese überschaubare Einheit direkt lenkt und leitet, meist mit sorgender Milde, gelegentlich mit der nötigen Strenge.

Schließt sich ein Volk zu einem richtigen Staat zusammen nach dem Vorbild der es umgebenden Völker, dann muss es anders regiert werden. Es braucht eine Zentralgewalt mit Beamtenschaft, nach damaligem Verständnis einen König mit Hofstaat.

Die Forderung nach einem König

„Als Samuel alt geworden war, setzte er seine Söhne als Richter Israels ein. Sein erstgeborener Sohn hieß Joël, sein zweiter Abija. Sie waren in Beerscheba Richter.
Seine Söhne gingen nicht auf seinen Wegen, sondern waren auf ihren Vorteil aus, ließen sich bestechen und beugten das Recht.
Deshalb versammelten sich alle Ältesten Israels und gingen zu Samuel nach Rama.
Sie sagten zu ihm: Du bist nun alt und deine Söhne gehen nicht auf deinen Wegen. Darum setze jetzt einen König bei uns ein, der uns regieren soll, wie es bei allen Völkern der Fall ist.
Aber Samuel missfiel es, dass sie sagten: Gib uns einen König, der uns regieren soll. Samuel betete deshalb zum Herrn,
und der Herr sagte zu Samuel: Hör auf die Stimme des Volkes in allem, was sie zu dir sagen. Denn nicht dich haben sie verworfen, sondern mich haben sie verworfen: Ich soll nicht mehr ihr König sein.
Das entspricht ganz ihren Taten, die sie (immer wieder) getan haben, seitdem ich sie aus Ägypten heraufgeführt habe, bis zum heutigen Tag; sie haben mich verlassen und anderen Göttern gedient. So machen sie es nun auch mit dir.
Doch hör jetzt auf ihre Stimme, warne sie aber eindringlich und mach ihnen bekannt, welche Rechte der König hat, der über sie herrschen wird."
(1 Samuel 8, 1-9)

Die Auseinandersetzung in dieser Erzählung spiegelt den Bruch wider, der die Frühzeit von der folgenden Königszeit trennt. Nicht nur politisch. Auch auf die Vorstellungen von Gott hat eine solche Veränderung erhebliche Auswirkungen. So wie der irdische König abgehoben von seinem Volk inmitten eines möglichst großen Hofstaates regiert, so wird Gott der Unmittelbarkeit entzogen, wird der Abstand zwischen ihm und seinem Volk größer, er wird zu einem „Deus absconditus", einem „verborgenen Gott", ähnlich dem König, dem auch nicht jeder Normalsterbliche ins Gesicht blicken darf.

Wenn die Israeliten nach einem König verlangen, „wie es bei allen Völkern der Fall ist", so drücken sie damit gleichzeitig aus, dass auch ihr Gott eine überhöhte Gottheit im fernen Himmel sein soll, umgeben von einem riesigen Hofstaat, genauso wie die anderen Völker sich ihre Götter vorstellen und verehren. Diesen Zusammenhang will uns die vorliegende Erzählung verdeutlichen, wenn die vordergründig politische Forderung nach einem König als Abfall von ihrem Gott verurteilt wird, der eigentlich seinem Volk immer nur nahe sein wollte.

Hier ist die Veränderung zu sehen, deren Auswirkungen zu unserem heutigen Bild von Engeln geführt haben. So wie ein König seine Beamten als Hofstaat und Mittler zwischen ihm und den Untertanen benutzt, so umgibt sich Gott mit seinen „Heerscharen", die als Mittler (Boten) zwischen ihm und den Menschen dienen. Waren es in der Frühzeit nur Auftritte von einzelnen Engeln, zumindest da, wo sie als Erscheinungsform Gottes selbst dienten, so steigt ihre Zahl in der Vorstellung der Menschen nun ins Unermessliche, weil die Herrlichkeit des Königs des Himmels sich in der unermesslichen Größe seines Hofstaates zeigt. Es ist zwar nach wie vor ausdrücklich nur von „Engeln" (mal'âk) die Rede entsprechend ihrem Auftrag als Boten und Mittler, aber hier bereitet sich schon in der Königszeit die Interpretation der ganzen „Heerscharen" als Engel vor im Sinne von kreatürlichen Wesen, die zwar Gott geschaffen hat, die aber dann ähnlich wie die Menschen als eigenständige Wesen existieren und einen eigenen Willen haben, der sich sogar gegen den eigenen Schöpfer richten kann.

Daniels Visionen

„Ich sah immer noch hin; da wurden Throne aufgestellt und ein Hochbetagter nahm Platz. Sein Gewand war weiß wie Schnee, sein Haar wie reine Wolle. Feuerflammen waren sein Thron und dessen Räder waren loderndes Feuer.
Ein Strom von Feuer ging von ihm aus. Tausendmal Tausende dienten ihm, zehntausendmal Zehntausende standen vor ihm. Das Gericht nahm Platz und es wurden Bücher aufgeschlagen.
Ich sah immer noch hin, bis das Tier - wegen der anmaßenden Worte, die das Horn redete - getötet wurde. Sein Körper wurde dem Feuer übergeben und vernichtet.
Auch den anderen Tieren wurde die Herrschaft genommen. Doch ließ man ihnen das Leben bis zu einer bestimmten Frist.
Immer noch hatte ich die nächtlichen Visionen: Da kam mit den Wolken des Himmels einer wie ein Menschensohn. Er gelangte bis zu dem Hochbetagten und wurde vor ihn geführt.
Ihm wurden Herrschaft, Würde und Königtum gegeben. Alle Völker, Nationen und Sprachen müssen ihm dienen. Seine Herrschaft ist eine ewige, unvergängliche Herrschaft. Sein Reich geht niemals unter.
Darüber war ich, Daniel, im Geist bekümmert, und was mir vor Augen stand, erschreckte mich.
Ich wandte mich an einen der Umstehenden und bat ihn, mir das alles genau zu erklären. Er deutete mir die Vorgänge und sagte: ..."
(Daniel 7, 9-16)

Das Buch Daniel gehört schon eindeutig in die sogenannte Spätzeit der Geschichte Israels, als das Königtum durch die Eroberung Jerusalems durch Nebukadnezar und das darauffolgende Exil in Babylon längst untergegangen war. Allerdings hat diese Katastrophe nicht zu einer Umkehr in der Entwicklung der Gottesvorstellung von dem „nahen" Gott zum „fernen" Gott im Himmel geführt, sondern durch die Begegnung zuerst mit dem babylonischen Großreich und dann mit dem persischen Großkönigtum wurde diese Vorstellung sogar noch verstärkt. Gott wird nun als der „Höchste“ verehrt, als „Hochbetagter“ (ein Ehrentitel) umgeben von einem so großen Hofstaat, dass die höchste Zahl, die man sprachlich bilden konnte, gar nicht mehr ausreicht, um sie zu benennen: „Tausendmal Tausende dienten ihm, zehntausendmal Zehntausende standen vor ihm.“

Dass es sich bei diesem Hofstaat um „Engel JHWHs“ handelt, wird gar nicht ausdrücklich gesagt, ist aber in dem „dienen“ mit eingeschlossen. Wie wir noch sehen werden, besteht in der Spätzeit das Verständnis vom „Dienst“ eines Engels nicht nur in seinem Botendienst bei den Menschen, sondern auch in seiner wertvollsten Form im Gottes-Dienst, in der Verehrung des Höchsten, in der himmlischen Liturgie.

Aber auch ein zweiter Dienst, der in dieser Vision Daniels sichtbar wird, weist uns diese himmlische Heerschar als Engel aus: „Er deutete mir die Vorgänge…“ Dabei handelt es sich um eine ganz charakteristische Vermittlungsfunktion von Engeln, die man mit „Dolmetschengel“ oder „Deuteengel“ („Angelus interpres“) bezeichnen kann. Man darf eine solche Charakterisierung allerdings nicht gleich als Gattungsbegriff benutzen, um daraus zu schließen, dass die Engel wesensmäßig in verschiedene Arten einzuteilen wären wie die Mitglieder eines Bienenstaates.

Auch in der Vision Daniels geht es überhaupt nicht um eine Beschreibung des himmlischen Hofstaates, eine Systematik der Engel, eine Engelslehre sozusagen, sondern ausschließlich um die Erhöhung des Höchsten, der so fern und geheimnisvoll erscheint, dass es der himmlischen Interpreten bedarf, der Dolmetscher, ähnlich wie im persischen Großreich, der seine Anordnungen auch nicht selbst-verständlich verkündete, sondern über seine „Dolmetscher“, d.h. seine Emissäre.

In der Vision finden wir so auch ein sehr konkretes Bild für die Trennung zwischen Himmel und Erde, nämlich die „Wolken des Himmels“, ein Bild, dem man im Neuen Testament bei der Himmelfahrt Christi wieder begegnet, wo plastisch geschildert wird, wie die Wolken Christus den Blicken seiner Jünger entziehen.

Wie groß der Abstand tatsächlich ist, kann man aus einer zweiten Vision Daniels herauslesen:

> „Da hörte ich einen Heiligen (einen Engel) reden und ein anderer Heiliger fragte den Redenden: Wie lange gilt die Vision vom täglichen Opfer, wie lange bleibt der Gräuel der Verwüstung bestehen und werden das Heiligtum und der Ort der Zierde zertreten?"
> (Daniel 8, 13)

Der Abstand ist so groß geworden, dass sogar unter den Heiligen (=Engeln) eine Abstufung besteht, die hier zwar nicht näher beschrieben wird, aber dadurch zum Ausdruck kommt, dass ein Engel einen anderen nach der Bedeutung der Vorgänge fragen muss.

In die Vorstellung vom Dolmetschengel (Angelus interpres) sind ganz konkrete zeitgenössische Erfahrungen eingeflossen. Nicht nur die streng hierarischen Herrschaftsstrukturen im babylonischen und dann persischen Reich, sondern auch die sprachliche Situation war so, dass die Herrscher eine andere (Mutter-)Sprache hatten als die offizielle Verwaltungs- und Verkehrssprache. Das ist ein Phänomen, das wir in der Geschichte der Menschheit immer wieder finden können. Die herrschende Schicht gebraucht die Sprache ihrer Herkunft, hochstilisiert als verehrte Geheimsprache z.T. göttlicher Herkunft. So war es auch zur Spätzeit der Geschichte Israels. Das Assyrische, das Neubabylonische und das Altpersische waren die Sprache der Herrscher, wurden aber nie den unterjochten Völkern aufgezwungen, sondern alle drei Reiche haben das Aramäische als offizielle Verwaltungs- und Verkehrssprache eingesetzt und benutzt. Und das so sehr, dass z.B. das israelitische Volk die eigene Sprache, nämlich das Hebräische, bis zur Zeitenwende (freiwillig) praktisch völlig aufgegeben und nur noch als liturgische Sprache weiter gepflegt hat. Jesus Christus hat Aramäisch gesprochen, nicht Hebräisch, auch wenn er letzteres lesen und verstehen konnte.

Wir dürfen den Dolmetschengel oder Deuteengel deshalb auch ganz konkret als „Übersetzer" verstehen. Die Sprache des Herrschers ist eine andere, die ein Untertan nicht versteht, sondern sich übersetzen lassen muss, was die Ferne und Entrücktheit des „Verehrungswürdigen“ von den Niederungen der irdischen Welt noch verstärkt.

Die Visionen und Worte Sacharjas

„In dieser Nacht hatte ich eine Vision: Ich sah einen Mann auf einem rotbraunen Pferd. Er stand zwischen den Myrtenbäumen in der Tiefe und hinter ihm waren rotbraune, blutrote und weiße Pferde.
Ich fragte: Herr, was bedeuten diese Pferde? Und der Engel, der mit mir redete, sprach: Ich will dich sehen lassen, was sie bedeuten.
Da ergriff der Mann, der zwischen den Myrtenbäumen stand, das Wort und sagte: Der Herr hat diese Pferde gesandt, damit sie die Erde durchziehen.
Und sie antworteten dem Engel des Herrn, der zwischen den Myrtenbäumen stand: Wir haben die Erde durchzogen - die ganze Erde ruht und liegt still.
Da sagte der Engel des Herrn: Herr der Heere, wie lange versagst du noch Jerusalem und den Städten Judas dein Erbarmen, denen du nun siebzig Jahre grollst?
Der Herr antwortete dem Engel, der mit mir redete, in freundlichen Worten, Worten voll Trost.
Da sagte mir der Engel, der mit mir redete: Verkünde: So spricht der Herr der Heere: Mit großem Eifer trete ich für Jerusalem und Zion ein; aber ich bin voll glühendem Zorn gegen die Völker, die sich in falscher Sicherheit wiegen. Ich war nur ein wenig erzürnt; doch sie wollten vernichten, als sie mir halfen.
Darum - so spricht der Herr: Voll Erbarmen wende ich mich Jerusalem wieder zu. Man wird mein Haus dort aufbauen - Spruch des Herrn der Heere - und die Richtschnur über Jerusalem spannen.
Weiter verkünde: So spricht der Herr der Heere: Meine Städte werden wieder überfließen von allen Gütern. Der Herr wird Zion wieder trösten und er wird Jerusalem wieder auserwählen.“
(Sacharja 1, 8-17)

Wie sehr die Engel seit der Spätzeit (bis heute) als Vermittler zwischen Gott und den Menschen verstanden werden, zeigt diese Vision des Propheten Sacharja. Der Mensch stellt Fragen – sogar direkt an Gott –, aber ein Engel übernimmt den Dialog zwischen beiden, er wird zum Vermittler zwischen Gott und Mensch.

Die Engel als Begleiter und Beschützer im Auftrag Gottes

Die drei jungen Männer im Feuerofen

„Die Knechte des Königs, die die drei Männer in den Ofen geworfen hatten, hörten inzwischen nicht auf, den Ofen mit Harz und Werg, Pech und Reisig zu heizen.
So schlugen die Flammen bis zu neunundvierzig Ellen hoch aus dem Ofen heraus.
Sie griffen um sich und verbrannten jeden Chaldäer, den sie im Umkreis des Ofens erfassen konnten.
Aber der Engel des Herrn war zusammen mit Asarja und seinen Gefährten in den Ofen hinabgestiegen. Er trieb die Flammen des Feuers aus dem Ofen hinaus und machte das Innere des Ofens so, als wehte ein taufrischer Wind. Das Feuer berührte sie gar nicht; es tat ihnen nichts zuleide und belästigte sie nicht."
(Daniel 3, 46-50)

Bereits in den Erzählungen der Frühzeit können wir auch eine beschützende Funktion des Engels JHWHs erkennen, aber erst in der Spätzeit wird die Grundlage der Lehre von den Schutzengeln gelegt. Engel sind nicht mehr Erscheinungsform Gottes, sondern Vermittler, „Dolmetscher". Dies gilt aber nicht nur für Aufträge oder Deutungen von Visionen, sondern Engel werden nun auch Ver-Mittler für die Güte und Fürsorge Gottes. Sie steigen vom Himmel herab, begleiten Menschen auch über eine längere Zeit und sorgen für sie wie z.B. in den Erzählungen des Buches Tobit.

Daniel in der Löwengrube

„Früh am Morgen, als es gerade hell wurde, stand der König auf und ging in Eile zur Löwengrube.
Als er sich der Grube näherte, rief er mit schmerzlicher Stimme nach Daniel und fragte: Daniel, du Diener des lebendigen Gottes!

Hat dein Gott, dem du so unablässig dienst, dich vor den Löwen erretten können?
Daniel antwortete ihm: O König, mögest du ewig leben.
Mein Gott hat seinen Engel gesandt und den Rachen der Löwen verschlossen. Sie taten mir nichts zuleide; denn in seinen Augen war ich schuldlos und auch dir gegenüber, König, bin ich ohne Schuld.
Darüber war der König hoch erfreut und befahl, Daniel aus der Grube herauszuholen. So wurde Daniel aus der Grube herausgeholt; man fand an ihm nicht die geringste Verletzung, denn er hatte seinem Gott vertraut."
(Daniel 6, 20-24)

Auch hier wird die Rettung Daniels durch einen Engel im Auftrag Gottes ausgeführt: „Mein Gott hat seinen Engel gesandt…" Was wir aber hier und an allen anderen ähnlichen Stellen im Alten Testament, wo ein Engel zum Beschützer wird, feststellen und für uns immer in Erinnerung behalten sollten, ist die Tatsache, dass immer Gott selbst um Hilfe gebeten, die Errettung von ihm erwartet und letztlich immer ihm zugeschrieben wird. Auch hier sind Engel immer „Engel JHWHs", in ihrer Existenz und in ihrer Funktion das Handeln Gottes selbst und keine in sich selbständigen Wesen, die man verehren, anbeten oder um Hilfe bitten würde.

Genau dieses Verständnis und diese Haltung gegenüber Engeln finden wir auch im Buch Tobit, wo ein – nun namentlich genannter – Engel lange unerkannt den Hauptakteur der Erzählung begleitet und durch viele Gefahren und Schwierigkeiten hindurch geleitet, beschützt und für ihn sorgt.

Rafaels Selbstoffenbarung

„Danach rief Tobit seinen Sohn Tobias zu sich und sagte: Mein Sohn, vergiss nicht den Lohn für den Mann, der dich begleitet hat. Du musst ihm aber mehr geben, als wir ihm versprochen haben.

Tobias antwortete: Vater, ich werde keinen Schaden erleiden, wenn ich ihm die Hälfte von all dem gebe, was ich mitgebracht habe. Denn er hat mich gesund zu dir zurückgebracht, er hat meine Frau geheilt, er hat mein Geld abgeholt und auch dich hat er geheilt.
Da sagte der alte Tobit: Ja, er hat es verdient.
Dann rief er den Engel zu sich und sagte: Nimm die Hälfte von allem, was ihr mitgebracht habt.
Der Engel aber nahm die beiden beiseite und sagte zu ihnen: Preist Gott und lobt ihn! Gebt ihm die Ehre und bezeugt vor allen Menschen, was er für euch getan hat. Es ist gut, Gott zu preisen und seinen Namen zu verherrlichen und voll Ehrfurcht seine Taten zu verkünden. Hört nie auf, ihn zu preisen.
Es ist gut, das Geheimnis eines Königs zu wahren; die Taten Gottes aber soll man offen rühmen. Tut Gutes, dann wird euch kein Unglück treffen.
Es ist gut, zu beten und zu fasten, barmherzig und gerecht zu sein. Lieber wenig, aber gerecht, als viel und ungerecht. Besser barmherzig sein als Gold aufhäufen.
Denn Barmherzigkeit rettet vor dem Tod und reinigt von jeder Sünde. Wer barmherzig und gerecht ist, wird lange leben.
Wer aber sündigt, ist der Feind seines eigenen Lebens.
Ich will euch nichts verheimlichen; ich habe gesagt: Es ist gut, das Geheimnis eines Königs zu wahren; die Taten Gottes aber soll man offen rühmen.
Darum sollt ihr wissen: Als ihr zu Gott flehtet, du und deine Schwiegertochter Sara, da habe ich euer Gebet vor den heiligen Gott gebracht. Und ebenso bin ich in deiner Nähe gewesen, als du die Toten begraben hast.
Auch als du ohne zu zögern vom Tisch aufgestanden bist und dein Essen stehen gelassen hast, um einem Toten den letzten Dienst zu erweisen, blieb mir deine gute Tat nicht verborgen, sondern ich war bei dir.
Nun hat mich Gott auch gesandt, um dich und deine Schwiegertochter Sara zu heilen.

Ich bin Rafael, einer von den sieben heiligen Engeln, die das Gebet der Heiligen emportragen und mit ihm vor die Majestät des heiligen Gottes treten.
Da erschraken die beiden und fielen voller Furcht vor ihm nieder.
Er aber sagte zu ihnen: Fürchtet euch nicht! Friede sei mit euch. Preist Gott in Ewigkeit!
Nicht weil ich euch eine Gunst erweisen wollte, sondern weil unser Gott es wollte, bin ich zu euch gekommen. Darum preist ihn in Ewigkeit!
Während der ganzen Zeit, in der ihr mich gesehen habt, habe ich nichts gegessen und getrunken; ihr habt nur eine Erscheinung gesehen.
Jetzt aber dankt Gott! Ich steige wieder auf zu dem, der mich gesandt hat. Doch ihr sollt alles, was geschehen ist, in einem Buch aufschreiben.
Als sie wieder aufstanden, sahen sie ihn nicht mehr.
Und sie verkündeten überall, welch große und wunderbare Dinge Gott getan hatte und dass ihnen der Engel des Herrn erschienen war."
(Tobit 12, 1-22)

Das Buch Tobit wird meist als Ausgangstext für die heutige Schutzengellehre angesehen. Wenn wir aber das entscheidende Kapitel „naiv" lesen und versuchen, nichts hinein zu interpretieren, gilt auch hier ohne Abstriche das im vorhergehenden Absatz gezogene Fazit: Jeder Lobpreis, jedes Gebet, jede Bitte gilt einzig und allein Gott selbst. Der Engel Raffael sagt es hier selbst sehr deutlich: „Fürchtet euch nicht! Friede sei mit euch. Preist Gott in Ewigkeit!"

Wir werden sogar bei der näheren Betrachtung von Schriftstellen des Neuen Testaments noch sehen, dass die Verehrung von Engeln, eine Anbetung derselben und ein Vertrauen auf ihren unmittelbaren Schutz anstelle der direkten Hinwendung zu Gott eine der drei Versuchungen ist, die Jesus von sich weist.

Für die Bitte um Rettung in höchster Not eignen sich die Gebete, die Jesus in der Tradition seines Volkes gekannt und selbst intensiv benutzt hat. Auf das folgende Gebet spielt die genannte Versuchung an.

Unter dem Schutz des Höchsten

„Wer im Schutz des Höchsten wohnt und ruht im Schatten des Allmächtigen, der sagt zum Herrn: «Du bist für mich Zuflucht und Burg, mein Gott, dem ich vertraue.»
Er rettet dich aus der Schlinge des Jägers und aus allem Verderben.
Er beschirmt dich mit seinen Flügeln, unter seinen Schwingen findest du Zuflucht, Schild und Schutz ist dir seine Treue.
Du brauchst dich vor dem Schrecken der Nacht nicht zu fürchten, noch vor dem Pfeil, der am Tag dahinfliegt, nicht vor der Pest, die im Finstern schleicht, vor der Seuche, die wütet am Mittag.
Fallen auch tausend zu deiner Seite, dir zur Rechten zehnmal tausend, so wird es doch dich nicht treffen.
Ja, du wirst es sehen mit eigenen Augen, wirst zuschauen, wie den Frevlern vergolten wird.
Denn der Herr ist deine Zuflucht, du hast dir den Höchsten als Schutz erwählt.
Dir begegnet kein Unheil, kein Unglück naht deinem Zelt.
Denn er befiehlt seinen Engeln, dich zu behüten auf all deinen Wegen.
Sie tragen dich auf ihren Händen, damit dein Fuß nicht an einen Stein stößt; du schreitest über Löwen und Nattern, trittst auf Löwen und Drachen.
«Weil er an mir hängt, will ich ihn retten; ich will ihn schützen, denn er kennt meinen Namen.
Wenn er mich anruft, dann will ich ihn erhören. Ich bin bei ihm in der Not, befreie ihn und bringe ihn zu Ehren.
Ich sättige ihn mit langem Leben und lasse ihn schauen mein Heil.»“
(Psalm 91)

Kerubim und Serafim

Die Serafim als Akteure der himmlischen Liturgie

Die Berufung des Propheten Jesaja

„Im Todesjahr des Königs Usija sah ich den Herrn. Er saß auf einem hohen und erhabenen Thron. Der Saum seines Gewandes füllte den Tempel aus.
Serafim standen über ihm. Jeder hatte sechs Flügel: Mit zwei Flügeln bedeckten sie ihr Gesicht, mit zwei bedeckten sie ihre Füße und mit zwei flogen sie.
Sie riefen einander zu:
Heilig, heilig, heilig ist der Herr der Heere.
Von seiner Herrlichkeit ist die ganze Erde erfüllt.
Die Türschwellen bebten bei ihrem lauten Ruf und der Tempel füllte sich mit Rauch."
(Jesaja 6, 1-4)

Bereits in einer Vision Daniels haben wir gesehen, dass seit der Spätzeit des israelitischen Volkes eine wichtige Aufgabe des himmlischen Hofstaates im Gottes-Dienst gesehen wurde. Die Boten Gottes sind gleichzeitig seine engsten Diener und lobpreisen seine Herrlichkeit ohne Unterlass. Über diesen Dienst verbindet sich die Vorstellung von den „Engeln JHWHs" mit der Beschreibung eigentlich ganz anderer Wesen, nämlich den Serafim und Kerubim. Die „Engel JHWHs" werden nirgends näher geschildert, den Menschen scheinen sie in menschlicher Gestalt zu begegnen. Auch wenn davon die Rede ist, dass sie „fliegen", um ihren Botendienst zu versehen, ist nie von „Flügeln" die Rede. Anders bei den Serafim und Kerubim. Diese Wesen werden sehr konkret beschrieben, worin wir die Übernahme von Vorstellungen aus der altorientalischen Umwelt erkennen können, die wir in einem anderen Kapitel näher betrachten wollen. Entscheidend für uns ist die rückwirkende Verbindung und Gleichsetzung dieser Gestalten mit den „Engeln", die seit der Spätzeit bis heute stattfindet: über den gemeinsamen Dienst des Lobpreises und der fortdauernden Verehrung Gottes in der himmlischen Liturgie. Ausgehend von dieser Verbindungsstelle werden nun alle Engel ebenfalls zu Wesen mit Flügeln, obwohl dies in den ursprünglichen Texten, wie wir sehen konnten, gar nicht so angelegt ist.

Die Vorstellung vom liturgischen Dienst der Engel finden wir wieder in der irdischen Liturgie der Menschen, die einstimmen in den himmlischen Lobpreis. Mit diesem Zusammenhang und den dadurch bis heute transportierten Vorstellungen von Engeln werden wir uns ebenfalls in einem eigenen Kapitel beschäftigen.

Die Kerubim als sichtbares Zeichen der Gegenwart der Herrlichkeit Gottes

Während die Serafim im ganzen Alten Testament, von apokryphen Schriften wie dem Henochbuch abgesehen, nur ein einziges Mal erwähnt werden, nämlich in der eben zitierten Berufungsvision des Propheten Jesaja, gibt es eine ganze Reihe von Erwähnungen der Kerubim, die wir uns noch näher ansehen wollen.

> „Verfertige auch eine Deckplatte aus purem Gold zweieinhalb Ellen lang und anderthalb Ellen breit!
> Mach zwei Kerubim aus getriebenem Gold und arbeite sie an den beiden Enden der Deckplatte heraus!
> Mach je einen Kerub an dem einen und dem andern Ende; auf der Deckplatte macht die Kerubim an den beiden Enden!
> Die Kerubim sollen die Flügel nach oben ausbreiten, mit ihren Flügeln die Deckplatte beschirmen und sie sollen ihre Gesichter einander zuwenden; der Deckplatte sollen die Gesichter der Kerubim zugewandt sein.
> Setz die Deckplatte oben auf die Lade und in die Lade leg die Bundesurkunde, die ich dir gebe."
> (Exodus 25, 17-21)

„Das Volk schickte also (Männer) nach Schilo und sie holten von dort die Bundeslade des Herrn der Heere, der über den Kerubim thront. Hofni und Pinhas, die beiden Söhne Elis, begleiteten die Bundeslade Gottes."
(1 Samuel 4, 4)

„David versammelte wiederum alle jungen Krieger aus Israel, dreißigtausend Mann, brach auf und zog mit seinem ganzen Heer nach Baala in Juda, um von dort die Lade Gottes heraufzuholen, über der der Name des Herrn der Heere, der über den Kerubim thront, ausgerufen worden ist."
(2 Samuel 6, 2)

„Du Hirte Israels, höre, der du Josef weidest wie eine Herde! Der du auf den Kerubim thronst, erscheine…"
(Psalm 80, 2)

„Der Herr ist König: Es zittern die Völker. Er thront auf den Kerubim: Es wankt die Erde."
(Psalm 99, 1)

In diesen Schriftstellen kommt vor allem die Trägerfunktion der Kerubim als Bestandteil des Thrones JHWHs in den Blick. Die Kerubim bilden die sichtbare Basis des unsichtbaren Gottes. Sie sind Zeichen für die Gegenwart Gottes und seiner Herrlichkeit.

Das ist aber nicht die einzige Funktion, sondern wird z.B. bei der Beschreibung der Bundeslade noch begleitet von der Aufgabe, die Deckplatte (und die unter ihr geborgene Bundesurkunde) zu beschirmen und damit auch eine Schutzfunktion einzunehmen, die wieder z.B. bei der Aufgabe, den Eingang zum Paradies zu bewachen, in den Vordergrund gestellt wird:

„Er vertrieb den Menschen und stellte östlich des Gartens von Eden die Kerubim auf und das lodernde Flammenschwert, damit sie den Weg zum Baum des Lebens bewachten."
(Genesis 3, 24)

Man beachte: Entgegen traditioneller Darstellungen kann aus dieser Bibelstelle nicht herausgelesen werden, dass das lodernde Flammenschwert von einem Kerub gehalten wird!

Allerdings finden wir bei diesen Beschreibungen noch wenig Anhaltspunkte für die spätere Darstellung, die – wie oben schon erwähnt – auf die Vorstellungen von allen Engeln rückwirkend Einfluss genommen hat. Das einzige, was wir hier zunächst erfahren, ist die Erwähnung von Flügeln und Gesichtern, mehr nicht. Erst die folgende Vision des Propheten Ezechiel beschreibt Wesen, die in einer späteren Vision als Kerubim bezeichnet werden:

Die Erscheinung Gottes

> „Ich sah: Ein Sturmwind kam von Norden, eine große Wolke mit flackerndem Feuer, umgeben von einem hellen Schein. Aus dem Feuer strahlte es wie glänzendes Gold.
> Mitten darin erschien etwas wie vier Lebewesen. Und das war ihre Gestalt: Sie sahen aus wie Menschen.
> Jedes der Lebewesen hatte vier Gesichter und vier Flügel.
> Ihre Beine waren gerade und ihre Füße wie die Füße eines Stieres; sie glänzten wie glatte und blinkende Bronze.
> Unter den Flügeln an ihren vier Seiten hatten sie Menschenhände. [Auch Gesichter und Flügel hatten die vier.]
> Ihre Flügel berührten einander. Die Lebewesen änderten beim Gehen ihre Richtung nicht: Jedes ging in die Richtung, in die eines seiner Gesichter wies.
> Und ihre Gesichter sahen so aus: Ein Menschengesicht (blickte bei allen vier nach vorn), ein Löwengesicht bei allen vier nach rechts, ein Stiergesicht bei allen vier nach links und ein Adlergesicht bei allen vier (nach hinten).
> Ihre Flügel waren nach oben ausgespannt. Mit zwei Flügeln berührten sie einander und mit zwei bedeckten sie ihren Leib.

Jedes Lebewesen ging in die Richtung, in die eines seiner Gesichter wies. Sie gingen, wohin der Geist sie trieb, und änderten beim Gehen ihre Richtung nicht.
Zwischen den Lebewesen war etwas zu sehen wie glühende Kohlen, etwas wie Fackeln, die zwischen den Lebewesen hin- und herzuckten. Das Feuer gab einen hellen Schein und aus dem Feuer zuckten Blitze.
Die Lebewesen liefen vor und zurück und es sah aus wie Blitze.
Ich schaute auf die Lebewesen: Neben jedem der vier sah ich ein Rad auf dem Boden.
Die Räder sahen aus, als seien sie aus Chrysolith gemacht. Alle vier Räder hatten die gleiche Gestalt. Sie waren so gemacht, dass es aussah, als laufe ein Rad mitten im andern.
Sie konnten nach allen vier Seiten laufen und änderten beim Laufen ihre Richtung nicht.
Ihre Felgen waren so hoch, dass ich erschrak; sie waren voll Augen, ringsum bei allen vier Rädern.
Gingen die Lebewesen, dann liefen die Räder an ihrer Seite mit. Hoben sich die Lebewesen vom Boden, dann hoben sich auch die Räder.
Sie liefen, wohin der Geist sie trieb. Die Räder hoben sich zugleich mit ihnen; denn der Geist der Lebewesen war in den Rädern.
Gingen die Lebewesen, dann liefen auch die Räder; blieben jene stehen, dann standen auch sie still. Hoben sich jene vom Boden, dann hoben sich die Räder zugleich mit ihnen; denn der Geist der Lebewesen war in den Rädern.
Über den Köpfen der Lebewesen war etwas wie eine gehämmerte Platte befestigt, furchtbar anzusehen, wie ein strahlender Kristall, oben über ihren Köpfen.
Unter der Platte waren ihre Flügel ausgespannt, einer zum andern hin. Mit zwei Flügeln bedeckte jedes Lebewesen seinen Leib.
Ich hörte das Rauschen ihrer Flügel; es war wie das Rauschen gewaltiger Wassermassen, wie die Stimme des Allmächtigen. Wenn sie gingen, glich das tosende Rauschen dem Lärm eines Heerlagers. Wenn sie standen, ließen sie ihre Flügel herabhängen.

> Ein Rauschen war auch oberhalb der Platte, die über ihren Köpfen war. Wenn sie standen, ließen sie ihre Flügel herabhängen.
> Oberhalb der Platte über ihren Köpfen war etwas, das wie Saphir aussah und einem Thron glich. Auf dem, was einem Thron glich, saß eine Gestalt, die wie ein Mensch aussah.
> Oberhalb von dem, was wie seine Hüften aussah, sah ich etwas wie glänzendes Gold in einem Feuerkranz. Unterhalb von dem, was wie seine Hüften aussah, sah ich etwas wie Feuer und ringsum einen hellen Schein.
> Wie der Anblick des Regenbogens, der sich an einem Regentag in den Wolken zeigt, so war der helle Schein ringsum. So etwa sah die Herrlichkeit des Herrn aus. Als ich diese Erscheinung sah, fiel ich nieder auf mein Gesicht. Und ich hörte, wie jemand redete."
> (Ezechiel 1, 4-28)

Diese Stelle gibt zusammen mit Ezechiel Kapitel 10 die detaillierteste Beschreibung der Kerubim, die man im Alten Testament finden kann. Die Visionen des Propheten Ezechiel sind der Ausgangspunkt aller bildlichen Vorstellungen, die sich daraus entwickelt haben und auf alle Engel übertragen wurden, auch solche, von denen eigentlich im Alten Testament – wir werde noch sehen, sogar mit Absicht – gar keine Beschreibungen vorliegen.
Ezechiel zählt folgende Merkmale auf:
- menschenähnliche Wesen in aufrechter Haltung
- vier Gesichter (Mensch, Löwe, Stier, Adler)
- vier Flügel
- Menschenhände
- Stierfüße
- glänzend
- voller Augen (Ezechiel 10)

Die Symbolik der vier Gesichter findet sich zu späterer Zeit als die Symbolik der vier Evangelisten des Neuen Testaments wieder. Ansonsten fehlt hier zwar die ausdrückliche Bezeichnung „Kerubim", aber aus Ezechiel Kapitel 10 wird völlig zu Recht hier auf eine Beschreibung von Kerubim geschlossen. Wichtigste Funktion ist wieder die von Trägern des Thrones Gottes, auf dem der Höchste in seiner Herrlichkeit weilt.

Die bildliche Vorstellung von Engeln im Alten Testament

Die – wenn auch nur einmalige – Beschreibung der Serafim und die oftmalige Erwähnung und nähere Beschreibung der Kerubim im Alten Testament führt uns zur Frage nach den kultur- und religionsgeschichtlichen Anknüpfungen in der altorientalischen Umgebung Israels. Hier können wir einige Einflüsse von Vorstellungen finden, die tatsächlich von umgebenden Völkern übernommen wurden. Bevor wir uns aber im nächsten Kapitel mit ähnlichen und vergleichbaren zeitgenössischen Vorstellungen beschäftigen, müssen wir uns nochmals den Unterschied zwischen Engeln als „mal'âk JHWH" auf der einen Seite und Serafim und Kerubim auf der anderen Seite vergegenwärtigen. Erst seit der Spätzeit werden sie vermengt zu überirdischen, jenseitigen Wesen, die sich nur noch in hierarchischer Einstufung und Aufgaben relativ voneinander unterscheiden. Dass diese Vermischung im Alten Testament nicht zu finden ist, hat nicht nur den Zufall als Ursache, d.h. in einem zufälligen Fehlen von entsprechenden Texten und Beschreibungen, sondern ist im unterschiedlichen Verständnis selbst begründet.

So wissen wir von den Kerubim, dass sie ganz realistisch dargestellt wurden, nicht nur auf der Bundeslade, sondern sowohl in Form von Plastiken als auch als Wandreliefs im salomonischen Tempel:

> „In der Gotteswohnung ließ er zwei Kerubim aus Olivenholz anfertigen. Ihre Höhe betrug zehn Ellen.
> Fünf Ellen maß der eine Flügel des Kerubs und fünf Ellen sein anderer Flügel. Von einem Flügelende bis zum anderen waren es zehn Ellen.
> Auch der zweite Kerub war zehn Ellen hoch. Beide hatten gleiches Maß und gleiche Gestalt.
> Der eine Kerub war zehn Ellen hoch und ebenso hoch war der andere.
> Er stellte die Kerubim mitten in den innersten Raum. Ihre Flügel waren so ausgespannt, dass der Flügel des einen Kerubs die eine Wand, der Flügel des zweiten Kerubs die andere Wand, die Flügel in der Mitte des Raumes aber einander berührten.

Er ließ die Kerubim mit Gold überziehen.
An allen Wänden des Hauses, im inneren wie im äußeren Raum, ließ er ringsum Kerubim, Palmen und Blütenranken einschnitzen."
(1 Könige 6, 23)

„Darauf stellten die Priester die Bundeslade des Herrn an ihren Platz, in die Gotteswohnung des Hauses, in das Allerheiligste, unter die Flügel der Kerubim.
Denn die Kerubim breiteten ihre Flügel über den Ort, wo die Lade stand, und bedeckten sie und ihre Stangen von oben her."
(1 Könige 8, 6-7)

Von den Engeln aber, den „mal'âk JHWH", gibt es keinerlei Beschreibung, im Gegenteil. Wie wir gesehen haben, bleibt ihr Erscheinen ziemlich ungenau und schemenhaft, wird immer nur das angegeben, was für die Erfüllung ihrer Funktion notwendig ist. Wenn wir aber uns erinnern, dass wir diese Engel nicht als selbständige Wesen, sondern eigentlich als Erscheinungsform des unsichtbaren Gottes begriffen haben, dann ist auch verständlich, dass hier mit Absicht jegliche nähere und detailreichere Beschreibung vermieden wurde eingedenk des Gebots:

„Du sollst dir kein Gottesbild machen und keine Darstellung von irgend etwas am Himmel droben, auf der Erde unten oder im Wasser unter der Erde."
(Exodus 20, 4)

In den Jahrhunderten, als die Texte des Alten Testaments schriftlich niedergelegt und redigiert wurden, hatte man kein Problem mehr, die geschaffene Welt und die Lebewesen in ihr auch bildlich darzustellen, also das Gebot nicht mehr so streng auszulegen, wie es der Wortlaut nahelegen könnte. Aber ein Bild von Gott – völlig undenkbar. Unmöglich natürlich auch ein Bild seines „Engels", der rein den Erzählungen nach in vielen Fällen gar nicht klar von Gott selbst unterschieden werden kann, nicht mal als von ihm geschaffener Stellvertreter, sondern einfach Erscheinungsform Gottes selbst ist.

Die Namen von Engeln im Alten Testament

Das Alte Testament kennt nur drei namentlich genannte Engel: Gabriel, Michael und Rafael. Den letzteren von diesen haben wir bereits als Beschützer im Buch Tobit kennengelernt. Die anderen beiden Namen finden sich nur im Buch Daniel:

> „Während ich, Daniel, noch diese Vision hatte und sie zu verstehen suchte, da stand vor mir einer, der aussah wie ein Mann.
> Und über dem Ulai-Kanal hörte ich eine Menschenstimme, die rief: Gabriel, erkläre ihm die Vision!"
> (Daniel 9, 15f)

„Gabriel" wird der Engel genannt, der Daniel seine Vision erklären soll. Diese Vision haben wir oben schon im Bezug auf Engel näher angesehen.

Der Name „Michael" wird im Buch Daniel zweimal genannt, nämlich als Bezeichnung für den Engelfürsten, der für Israel kämpft:

> „In jener Zeit tritt Michael auf, der große Engelfürst, der für die Söhne deines Volkes eintritt. Dann kommt eine Zeit der Not, wie noch keine da war, seit es Völker gibt, bis zu jener Zeit. Doch dein Volk wird in jener Zeit gerettet, jeder, der im Buch verzeichnet ist."
> (Daniel 12, 1)

Von „Michael" ist den meisten noch die wörtliche Bedeutung bekannt. Es ist im Hebräischen ein sogenannter Satzname mit der Bedeutung „Wer ist wie Gott!". Der Name an sich kommt im Alten Testament auch als Personenname für Menschen vor, weist also keine besondere Aussage über Engel auf, sondern ist ein Name zu Ehren JHWHs, der die Unvergleichlichkeit dieses Gottes ausdrücken soll.

Der Name „Gabriel" mit der Bedeutung „Gott ist stark!" hingegen begegnet uns im Alten Testament in dieser Form tatsächlich nur als Name für einen Engel. Dieser Tatsache darf man aber kein besonderes Gewicht beimessen. In etwas anderen Formen wie z.B. in der Kurzform „Geber" (vgl. 1 Könige 4, 13) ist auch dieser Name durchaus ebenfalls für Personen gebräuchlich und kein Hinweis auf eine besondere Eigenschaft von Engeln.

Dasselbe gilt für „Rafael" mit der Bedeutung „Gott heilt!" – ein Dankesname zu Ehren Gottes, auch für Menschen gebräuchlich.

Alle Erzählungen, die sich vor allem um den Namen „Michael" ranken, vom Sturz des Luzifer, der selbst „wie Gott sein" wollte, sind zu späterer Zeit, d.h. im Spätjudentum entstanden und haben keine Wurzeln in den Texten des Alten Testaments.

In einem apokalyptischen Buch, dem sogenannten 1. Henochbuch, das zwar heute zu den Apokryphen gezählt wird, aber zu Zeiten der Entstehung des Neuen Testaments als Teil des jüdischen Kanons galt und unter den frühen Christen sehr beliebt war, finden wir noch einen vierten Engelnamen: „Uriel" mit der Bedeutung „Licht ist Gott!".

Dass wir es bei diesen Namen nicht mit Eigennamen im engeren Sinne zu tun haben, sondern mit Namen, die als kleine Sätze etwas über Gott aussagen, können wir wieder dahingehend deuten, dass bis zur Zeit der Entstehung der Schriften des Alten Testaments Engel immer als „mal'âk JHWHs" verstanden wurden, also nicht als eigenständige Wesen, sondern als die Erscheinungen seiner Herrlichkeit.

Dies ist ganz praktisch zu sehen: Gott hat einen Namen, nämlich JHWH, der zwar als so heilig galt, dass man ihn kaum auszusprechen wagte, aber Gott kann mit seinem Namen angerufen werden. Ihm gelten aller Lobpreis und Verehrung, Bitte und Dank. Engel können nicht angerufen werden, denn wer ihren „Namen" ausspricht, verehrt immer sofort wieder Gott, dessen Erscheinungsformen sie sind und dessen Herrlichkeit sie auch namentlich tragen: „Wer ist wie Gott?", „Stark ist Gott!", „Gott heilt!" und „Licht ist Gott!".
Die theologische Wissenschaft, die sich mit Liturgie und Riten befasst, nennt solche Ausrufe „Akklamationen" und meint damit die Ausrufe der

an einer Liturgie teilnehmenden Gemeinde, die den Charakter von Glaubensbekenntnissen haben. Uns sind heute zwar nicht mehr die Engelnamen als Akklamationen vertraut, aber wir verwenden – übernommen aus der jüdischen Tradition – bis heute z.B. „Hosianna" („Hilf doch!"), „Halleluja" („Lobet/preiset Jah[we]") und „Amen" („es steht fest", „es gilt", „es ist sicher").

Neues Testament

Es ist derzeit beliebt, das Alte und das Neue Testament gegeneinander auszuspielen. In der Regel wird dabei das Alte Testament als das „alte", „überholte", „vergangene" oder „abgelöste" gegenüber dem Neuen Testament stark abgewertet und nur noch als historische Kulisse zugelassen. Nicht zuletzt haben Bücher wie „Alter Wein in neuen Schläuchen" sogar einen Bruch und einen Gegensatz zwischen beiden Testamenten verkündet nach dem Schema, das Alte Testament wäre das Buch des Gesetzes, mit dem Bild eines grausamen und blutrünstigen Gottes („Aug' um Aug'…"), das Neue Testament hingegen das Buch der Liebe, die Christus verkündet hat.

Wir können hier diese Ansichten nicht ausführlich analysieren und sie widerlegen. Es sei nur darauf hingewiesen, dass das Alte Testament zwar in sich ein dramatisches und auch widersprüchliches Buch darstellt, das aus äußerst unterschiedlichen Schriften besteht, wir aber dort nicht das Bild nur eines rachsüchtigen, sondern bei genauerem Hinsehen und Vergleichen auch eines sehr fürsorgenden Gottes finden. Das Alte Testamen ist in weiten Teilen Erzählung von einem Gott, der sich liebend sogar um einzelne Menschen kümmert.

Demgegenüber ist das Neue Testament nicht nur eine Sammlung von Schriften, in denen es ausschließlich um die Liebe eines „Papas" („Abba, Vater") geht, sondern – gern verdrängt – auch um das Schwert, das Christus bringt.

Etwas überspitzt darf man darauf hinweisen, dass das Neue Testament in seiner Endgültigkeit eines Jüngsten Gerichts mit der Androhung von ewigen Höllenqualen in letzter Konsequenz sogar grausamer ist als das Alte Testament, das zwar die Todesstrafe, aber keine Strafe nach dem Tod kennt. Insofern ist das Alte Testament in seiner stark diesseitigen Orientierung sogar ein gewisses nötiges Korrektiv gegenüber einer zu starken Spiritualisierung und Jenseitsausrichtung unter Vernachlässigung der konkreten Praxis, die dann entstehen kann, wenn man nur noch die

Schriften des Neuen Testaments als Quelle der Offenbarung und Spiritualität gelten lässt. Das trifft auch auf die Stellung des Einzelnen in Welt und Kirche zu. Im Alten Testament ist der Mensch vorwiegend Teil einer politischen und religiösen Gemeinschaft, eine ausschließlich auf das Neue Testament gestützte Spiritualität fördert demgegenüber eine einseitig individuelle, persönliche Frömmigkeit („Rette Deine Seele!"), die leicht das rettende Handeln Gottes an seinem Volk als ganzem aus dem Blick verliert.

Für Jesus selbst als Juden waren die Schriften des Alten Testaments „seine" Bibel. Das ist in den Evangelien selbst bezeugt. Er selbst wollte nichts daran rühren und hat sie weder kritisiert, gekürzt, noch in Frage gestellt. Einzig die egoistische Auslegung der führenden Schichten, die angeblich im Namen des mosaischen Gesetzes handelten und dabei das Volk Gottes unterdrückten, hat er bekämpft – ganz in der Tradition aller großen Propheten des Alten Testaments.

Nach diesem Vorbild war auch für die frühen Christen das Alte Testament völlig selbstverständlich ihre Heilige Schrift, ohne Abstriche – und nach Entstehung der Schriften des Neuen Testaments, insbesondere der Evangelien, gab es nur eine einzige Bibel. Die Trennung in zwei Testamente und ihre Benennung als solche ist zum erstenmal bei Tertullian (+ um 220 n. Chr.) bezeugt. Die Einheit der Bibel als Gesamtes hat die frühe Kirche immer gegen anderweitige Versuche wie z.B. durch Marcion im 2. Jahrhundert n.Chr. verteidigt.

Für die Christenheit ist der Gott Abrahams auch der Gott Jesu. Der Gott, der sich Mose als „Ich bin der Ich bin da (für euch)" (Exodus 3, 14) zu erkennen gegeben hat, ist der, der in Jesus als dem „Immanuel" („Gott ist mit uns", Matthäus 1, 23) sichtbar geworden ist. Christus ist in diesem Sinne sicher die Erfüllung der Verheißungen des Alten Testaments, schriftlich niedergelegt im Neuen Testament. Insofern kann man das Verhältnis von beiden Teilen der Bibel sehr gut so begreifen, dass das Alte Testament die Basis, das Fundament bildet, auf dem die Schriften des Neuen aufbauen. Anders lassen sich viele Texte des Neuen Testaments überhaupt nicht verstehen, sie würden völlig in der Luft hängen. Die Autoren, inbesondere die Evangelisten, spielen ständig darauf an, wenn sie nicht sowieso Worte Jesu zitieren, die in vielen Fällen ebenfalls sich daraus speisen, insbesondere aus der sogenannten „kleinen Thora“, dem Buch der Psalmen, das bereits damals nicht nur als Gebets- und Gesangsbuch, sondern als Summe der mosaischen Schriften verstanden wurde.

Von dieser Einheit der Bibel ausgehend und diese wiederum auch belegend werden wir im folgenden die Engel im Neuen Testament betrachten und sehen, dass auch ihr Auftreten dort nur verstanden werden kann im Vergleich zu ihrem Auftreten im Alten Testament. Die Autoren der Schriften des Neuen Testaments haben vor diesem Hintergrund der damaligen (jüdischen) Bibel als ihrer Heiligen Schrift ihre Texte abgefasst, weshalb sie auch nur auf der Basis dieses Hintergrunds interpretiert werden können.

Die Engel als Erscheinungsform Gottes

Die Erscheinung Jesu vor Maria aus Magdala

> „Maria aber stand draußen vor dem Grab und weinte. Während sie weinte, beugte sie sich in die Grabkammer hinein.
> Da sah sie zwei Engel in weißen Gewändern sitzen, den einen dort, wo der Kopf, den anderen dort, wo die Füße des Leichnams Jesu gelegen hatten.
> Die Engel sagten zu ihr: Frau, warum weinst du? Sie antwortete ihnen: Man hat meinen Herrn weggenommen und ich weiß nicht, wohin man ihn gelegt hat.
> Als sie das gesagt hatte, wandte sie sich um und sah Jesus dastehen, wusste aber nicht, dass es Jesus war.
> Jesus sagte zu ihr: Frau, warum weinst du? Wen suchst du? Sie meinte, es sei der Gärtner, und sagte zu ihm: Herr, wenn du ihn weggebracht hast, sag mir, wohin du ihn gelegt hast. Dann will ich ihn holen.
> Jesus sagte zu ihr: Maria! Da wandte sie sich ihm zu und sagte auf Hebräisch zu ihm: Rabbuni!, das heißt: Meister."
> (Johannes 20, 11-16)

Wenn man sich auf diese Schilderung der Begegnung zwischen Jesus und Maria aus Magdala einlässt, wird man bemerken, dass es eine der bewegendsten Szenen im Neuen Testament überhaupt ist, man könnte auch sagen „rührend", wenn dieses Wort nicht so unsäglich sentimental besetzt wäre. Denn dem Evangelisten Johannes geht es hier um nichts weniger als eine nette, romantische Geschichte. In seinem Evangelium ist es eine Schlüsselszene schlechthin, die sich uns dann erschließt, wenn wir das oben zur engen Zusammengehörigkeit von Altem und Neuem Testament Gesagte konkret anwenden. Auch für den Verfasser des Evangliums waren die Schriften des Alten Testaments die Heilige Schrift schlechthin, ein „Neues Testament" gab es ja noch nicht.

Auf dem Fundament der Erzählungen des Alten Testaments können wir dann auch sogleich die Parallelen in den Engelserscheinungen erkennen: in „Gott zu Gast bei Abraham" und in „Die Berufung des Mose" am brennenden Dornbusch.

Bei der ersten Parallele erscheint Gott mit zwei Begleitern (Engeln) bei Abraham und ist sein Gast. Das ist der Schlüssel, den Johannes den Lesern und Zuhörern seiner Aufzeichnungen an die Hand gibt, weil er davon ausging, dass ihnen sofort die Engelsszenen der mosaischen Schriften dazu einfallen würden. Man soll die Parallele sehen: Die in dieser Szene an Abraham gegebenen Verheißungen gelten als Beginn des Bundes zwischen Gott und seinem Volk, die Auferstehung Jesu als Erneuerung dieses Bundes und als seine Erweiterung auf alle Menschen.

Bekräftigt wird dies nochmals durch die Anspielung auf „die Berufung des Mose" im Wechsel vom Engel des Herrn zur Erscheinung (des Sohnes) Gottes. In der Erzählung vom brennenden Dornbusch ist es zuerst „nur" der Engel des Herrn, der Mose erscheint, dann Gott selbst.

Wir können davon ausgehen, dass der Evangelist Johannes auch unter diesem Aspekt mit Absicht die Begegnung Marias aus Magdala mit Jesus in einer der alttestamentlichen Erzählung parallelen Form überliefert hat. Zuerst erscheinen Maria Engel, dann ist es Jesus selbst, der auferstandene Sohn Gottes, der mit ihr spricht. Von den Engeln ist nicht mehr die Rede, sie sind erzählerisch sozusagen „verschwunden". Natürlich geht es dem Evangelisten nicht um Aussagen über Engel oder das Verhältnis von Engeln und Jesus, sondern um die erzählerisch gestaltete theologische Aussage, dass hier im heilgeschichtlichen Geschehen der Auferstehung der Anfang des erneuerten und erweiterten Bundes zu sehen ist.

Die Verheißung der Geburt des Täufers

> „Da erschien dem Zacharias ein Engel des Herrn; er stand auf der rechten Seite des Rauchopferaltars.

Als Zacharias ihn sah, erschrak er und es befiel ihn Furcht.
Der Engel aber sagte zu ihm: Fürchte dich nicht, Zacharias! Dein Gebet ist erhört worden. Deine Frau Elisabet wird dir einen Sohn gebären; dem sollst du den Namen Johannes geben.
Große Freude wird dich erfüllen und auch viele andere werden sich über seine Geburt freuen.
Denn er wird groß sein vor dem Herrn. Wein und andere berauschende Getränke wird er nicht trinken und schon im Mutterleib wird er vom Heiligen Geist erfüllt sein.
Viele Israeliten wird er zum Herrn, ihrem Gott, bekehren.
Er wird mit dem Geist und mit der Kraft des Elija dem Herrn vorangehen, um das Herz der Väter wieder den Kindern zuzuwenden und die Ungehorsamen zur Gerechtigkeit zu führen und so das Volk für den Herrn bereit zu machen.
Zacharias sagte zu dem Engel: Woran soll ich erkennen, dass das wahr ist? Ich bin ein alter Mann und auch meine Frau ist in vorgerücktem Alter.
Der Engel erwiderte ihm: Ich bin Gabriel, der vor Gott steht, und ich bin gesandt worden, um mit dir zu reden und dir diese frohe Botschaft zu bringen.
Aber weil du meinen Worten nicht geglaubt hast, die in Erfüllung gehen, wenn die Zeit dafür da ist, sollst du stumm sein und nicht mehr reden können bis zu dem Tag, an dem all das eintrifft."
(Lukas 1, 11-20)

Im Lukasevangelium finden wir bereits zu Anfang wichtige Szenen mit Engeln, wobei wir auch hier davon ausgehen müssen, dass der Evangelist Lukas die überlieferten Heiligen Schriften sehr genau gekannt hat und bewusst darauf anspielt. Die Parallelen sind auch hier sehr deutlich. Ein Engel des Herrn erscheint, es wird einer bislang kinderlosen, bereits betagten Frau die Geburt eines Sohnes verheißen. Wir haben hier zwar nicht direkt die Rede von der Erscheinung Gottes, sondern Engel bleibt in der ganzen Szene sozusagen Engel, aber seine ausdrückliche Benennung „Engel *des Herrn*", sein Name, der – wie wir oben gesehen haben – gar kein Eigenname, sondern eine Huldigung (Akklamation) Gottes darstellt und seine ziemlich „eigen-mächtige" Handlung am Ende der Szene, wo er den

Zacharias mit Stummheit schlägt, eine Entscheidung, die in den Heiligen Schriften nur Gott „zusteht", lassen nur den Schluss zu, dass dieser „Engel des Herrn" hier ebenfalls als Erscheinungsform Gottes aufgefasst wird. Allerdings wird beim Evangelisten Lukas schon die stärkere Trennung von Engel und Gott sichtbar, die wir im Alten Testament als Folge oder Begleiterscheinung der Einführung des Königtums gesehen haben. Der Engel Gabriel wird „benannt", er spricht als Mund Gottes und wechselt in der Erzählung nicht unmittelbar in die Erscheinung Gottes selbst über wie in der Erzählung vom brennenden Dornbusch. Eine Auffassung von den Engeln als getrennte, gesonderte Wesenheiten oder gar eine Lehre von den Engeln können wir daraus nicht ableiten. Engel sind für Lukas Boten und Vermittler zwischen den Menschen und dem gegenüber der frühen Zeit in die Ferne gerückten Gott.

Die Verheißung der Geburt Jesu

> „Im sechsten Monat wurde der Engel Gabriel von Gott in eine Stadt in Galiläa namens Nazaret zu einer Jungfrau gesandt. Sie war mit einem Mann namens Josef verlobt, der aus dem Haus David stammte. Der Name der Jungfrau war Maria.
> Der Engel trat bei ihr ein und sagte: Sei gegrüßt, du Begnadete, der Herr ist mit dir.
> Sie erschrak über die Anrede und überlegte, was dieser Gruß zu bedeuten habe.
> Da sagte der Engel zu ihr: Fürchte dich nicht, Maria; denn du hast bei Gott Gnade gefunden.
> Du wirst ein Kind empfangen, einen Sohn wirst du gebären: dem sollst du den Namen Jesus geben.
> Er wird groß sein und Sohn des Höchsten genannt werden. Gott, der Herr, wird ihm den Thron seines Vaters David geben.
> Er wird über das Haus Jakob in Ewigkeit herrschen und seine Herrschaft wird kein Ende haben."
> (Lukas 1, 26-33)

Die Engel als Mittler zwischen Gott und Mensch

Die Verkündigung der Geburt Jesu an die Hirten

„In jener Gegend lagerten Hirten auf freiem Feld und hielten Nachtwache bei ihrer Herde.
Da trat der Engel des Herrn zu ihnen und der Glanz des Herrn umstrahlte sie. Sie fürchteten sich sehr,
der Engel aber sagte zu ihnen: Fürchtet euch nicht, denn ich verkünde euch eine große Freude, die dem ganzen Volk zuteil werden soll:
Heute ist euch in der Stadt Davids der Retter geboren; er ist der Messias, der Herr.
Und das soll euch als Zeichen dienen: Ihr werdet ein Kind finden, das, in Windeln gewickelt, in einer Krippe liegt.
Und plötzlich war bei dem Engel ein großes himmlisches Heer, das Gott lobte und sprach:
Verherrlicht ist Gott in der Höhe / und auf Erden ist Friede / bei den Menschen seiner Gnade."
(Lukas 2, 8-14)

Wir können diese Szene unterschiedlich interpretieren. Entweder wir bleiben bei der uns überlieferten Vorstellung, die zwischen dem Engel des Herrn als reinen Boten und Gott selbst eine klare Trennung zieht, oder wir sehen wieder den Engel als Erscheinungsform Gottes: „Und plötzlich war bei dem Engel ein großes himmlisches Heer, das Gott lobte…" Wenn wir uns erinnern, dass das „himmlische Heer" nach den Schriften des Alten Testaments gar nicht zwingend als Engel verstanden werden muss oder gar nicht darf, sondern erst später in der Tradition mit diesen gleichgesetzt wurde, so können wir diese Szene auch in Anlehnung an die Erzählungen der alttestamentlichen Frühzeit dahingehend verstehen, dass der Engel hier wie im brennenden Dornbusch vom „Engel des Herrn" zur Erscheinungsform Gottes wechselt, dem das Lob des himmlischen Heeres gilt.

Wenn wir aber die folgenden beiden Schriftstellen betrachten, können wir beim Evangelisten Lukas allerdings insgesamt feststellen, dass bei ihm ein Wechsel der Perspektive stattfindet. Solange Jesus von der Kindheit bis zu seinem Tod ganz konkret als Menschensohn auf der Erde weilt, rücken auch die Engelsszenen des Evangelisten diese Nähe Gottes zu den Menschen erzählerisch in den Vordergrund, sind die Engel Erscheinungsform Gottes.

Mit den Ereignissen von Tod und Auferstehung aber wird auch Jesus, der Christus, zu einem entrückten, fernen, verborgenen Gott, einem „deus absconditus". Bereits die erste der folgenden Erzählungen macht das deutlich, wenn wir sie mit der Begegnung Marias aus Magdala mit Jesus am leeren Grab vergleichen. Jesus selbst ist bei Lukas nicht anwesend, nur zwei Männer, traditionell als Engel aufgefasst, die hier die Erklärung des Geschehens liefern.

Die Entrückung selbst wird sehr plastisch in der Erzählung von der Himmelfahrt Jesu in der Apostelgeschichte des Evangelisten Lukas geschildert, wo Jesus nicht nur emporgehoben, sondern auch noch von einer Wolke verhüllt wird. Jesus ist nun wie Gott in den fernen Himmel entrückt, weshalb es zweier Männer als Deuteengel bedarf, die das Geschehen „interpretieren" („angelus interpres"). Die Anspielung auf die oben schon zitierte Vision Daniels ist keineswegs rein zufällig, sondern von Lukas mit voller Absicht eingesetzt.

Die Botschaft der Engel im leeren Grab

> „Am ersten Tag der Woche gingen die Frauen mit den wohlriechenden Salben, die sie zubereitet hatten, in aller Frühe zum Grab.
> Da sahen sie, dass der Stein vom Grab weggewälzt war;
> sie gingen hinein, aber den Leichnam Jesu, des Herrn, fanden sie nicht.
> Während sie ratlos dastanden, traten zwei Männer in leuchtenden Gewändern zu ihnen.

Die Frauen erschraken und blickten zu Boden. Die Männer aber sagten zu ihnen: Was sucht ihr den Lebenden bei den Toten?
Er ist nicht hier, sondern er ist auferstanden. Erinnert euch an das, was er euch gesagt hat, als er noch in Galiläa war:
Der Menschensohn muss den Sündern ausgeliefert und gekreuzigt werden und am dritten Tag auferstehen."
(Lukas 24, 1-7)

Die Himmelfahrt Jesu

„Als er das gesagt hatte, wurde er vor ihren Augen emporgehoben, und eine Wolke nahm ihn auf und entzog ihn ihren Blicken.
Während sie unverwandt ihm nach zum Himmel emporschauten, standen plötzlich zwei Männer in weißen Gewändern bei ihnen und sagten: Ihr Männer von Galiläa, was steht ihr da und schaut zum Himmel empor? Dieser Jesus, der von euch ging und in den Himmel aufgenommen wurde, wird ebenso wiederkommen, wie ihr ihn habt zum Himmel hingehen sehen."
(Apostelgeschichte 1, 9-11)

Die Engel als Begleiter und Beschützer im Auftrag Gottes

Die Flucht nach Ägypten

„Als die Sterndeuter wieder gegangen waren, erschien dem Josef im Traum ein Engel des Herrn und sagte: Steh auf, nimm das Kind und seine Mutter, und flieh nach Ägypten; dort bleibe, bis ich dir etwas anderes auftrage; denn Herodes wird das Kind suchen, um es zu töten."
(Matthäus 2, 13)

Die Rückkehr aus Ägypten

„Als Herodes gestorben war, erschien dem Josef in Ägypten ein Engel des Herrn im Traum
und sagte: Steh auf, nimm das Kind und seine Mutter und zieh in das Land Israel; denn die Leute, die dem Kind nach dem Leben getrachtet haben, sind tot."
(Matthäus 2, 19-20)

Das Gebet am Ölberg

„Dann verließ Jesus die Stadt und ging, wie er es gewohnt war, zum Ölberg; seine Jünger folgten ihm.
Als er dort war, sagte er zu ihnen: Betet darum, dass ihr nicht in Versuchung geratet!
Dann entfernte er sich von ihnen ungefähr einen Steinwurf weit, kniete nieder und betete:
Vater, wenn du willst, nimm diesen Kelch von mir! Aber nicht mein, sondern dein Wille soll geschehen.
Da erschien ihm ein Engel vom Himmel und gab ihm (neue) Kraft.

Und er betete in seiner Angst noch inständiger und sein Schweiß war wie Blut, das auf die Erde tropfte."
(Lukas 22, 39-44)

Aus dem Buch Tobit kennen wir die Funktion eines Engels als Begleiter und Beschützer im Auftrag Gottes. Entsprechende Erzählungen finden wir auch in den Evangelien, wo Engel nicht nur die Geburt Jesu ankündigen oder ihm dienen, sondern ihm auch in Stunden höchster Gefahr beistehen.
Einmal zur Zeit des Königs Herodes, der das Kind Jesus töten lassen wollte und ein andermal zur Stunde seiner sicher größten inneren Not kurz vor der Verhaftung, von der er wusste, dass sie der Anfang zur Verurteilung zum Tod am Kreuz sein würde.

Aber nicht nur in den Evangelien sind solche Beispiele der Unterstützung und Hilfe durch Engel berichtet. Auch in der Apostelgeschichte finden sich solche Schilderungen von der Errettung der Apostel durch Engel, wobei auch hier sicher mit Absicht die Herkunft des Engels als Abgesandter Gottes ausdrücklich betont wird: „Nun weiß ich wahrhaftig, dass der Herr seinen Engel gesandt … hat" (Apostelgeschichte 12, 11).

Verhaftung und Befreiung der Apostel

„Da erhoben sich voll Eifersucht der Hohepriester und alle, die auf seiner Seite standen, nämlich die Gruppe der Sadduzäer.
Sie ließen die Apostel verhaften und in das öffentliche Gefängnis werfen.
Ein Engel des Herrn aber öffnete nachts die Gefängnistore, führte sie heraus und sagte:
Geht, tretet im Tempel auf und verkündet dem Volk alle Worte dieses Lebens!"
(Apostelgeschichte 5, 17-20)

Die wunderbare Befreiung des Petrus

„In der Nacht, ehe Herodes ihn vorführen lassen wollte, schlief Petrus, mit zwei Ketten gefesselt, zwischen zwei Soldaten; vor der Tür aber bewachten Posten den Kerker.
Plötzlich trat ein Engel des Herrn ein und ein helles Licht strahlte in den Raum. Er stieß Petrus in die Seite, weckte ihn und sagte: Schnell, steh auf! Da fielen die Ketten von seinen Händen.
Der Engel aber sagte zu ihm: Gürte dich und zieh deine Sandalen an! Er tat es. Und der Engel sagte zu ihm: Wirf deinen Mantel um und folge mir!
Dann ging er hinaus und Petrus folgte ihm, ohne zu wissen, dass es Wirklichkeit war, was durch den Engel geschah; es kam ihm vor, als habe er eine Vision.
Sie gingen an der ersten und an der zweiten Wache vorbei und kamen an das eiserne Tor, das in die Stadt führt; es öffnete sich ihnen von selbst. Sie traten hinaus und gingen eine Gasse weit; und auf einmal verließ ihn der Engel.
Da kam Petrus zu sich und sagte: Nun weiß ich wahrhaftig, dass der Herr seinen Engel gesandt und mich der Hand des Herodes entrissen hat und all dem, was das Volk der Juden erhofft hat."
(Apostelgeschichte 12, 6-11)

Die Taufe des Äthiopiers

„Ein Engel des Herrn sagte zu Philippus: Steh auf und zieh nach Süden auf der Straße, die von Jerusalem nach Gaza hinabführt. Sie führt durch eine einsame Gegend.
Und er brach auf. Nun war da ein Äthiopier, ein Kämmerer, Hofbeamter der Kandake, der Königin der Äthiopier, der ihren ganzen Schatz verwaltete. Dieser war nach Jerusalem gekommen, um Gott anzubeten, und fuhr jetzt heimwärts. Er saß auf seinem Wagen und las den Propheten Jesaja.
Und der Geist sagte zu Philippus: Geh und folge diesem Wagen.

Philippus lief hin und hörte ihn den Propheten Jesaja lesen. Da sagte er: Verstehst du auch, was du liest?
Jener antwortete: Wie könnte ich es, wenn mich niemand anleitet? Und er bat den Philippus, einzusteigen und neben ihm Platz zu nehmen.
Der Abschnitt der Schrift, den er las, lautete: Wie ein Schaf wurde er zum Schlachten geführt; und wie ein Lamm, das verstummt, wenn man es schert, so tat er seinen Mund nicht auf.
In der Erniedrigung wurde seine Verurteilung aufgehoben. Seine Nachkommen, wer kann sie zählen? Denn sein Leben wurde von der Erde fortgenommen.
Der Kämmerer wandte sich an Philippus und sagte: Ich bitte dich, von wem sagt der Prophet das? Von sich selbst oder von einem anderen?
Da begann Philippus zu reden und ausgehend von diesem Schriftwort verkündete er ihm das Evangelium von Jesus.
Als sie nun weiterzogen, kamen sie zu einer Wasserstelle. Da sagte der Kämmerer: Hier ist Wasser. Was steht meiner Taufe noch im Weg?
Er ließ den Wagen halten und beide, Philippus und der Kämmerer, stiegen in das Wasser hinab und er taufte ihn.
Als sie aber aus dem Wasser stiegen, entführte der Geist des Herrn den Philippus. Der Kämmerer sah ihn nicht mehr und er zog voll Freude weiter."
(Apostelgeschichte 8, 26-39)

Dieses letztere Beispiel für die Begleitung eines Reisenden durch einen Engel, erinnert an die Begleitung des Tobias, des Sohnes Tobits, durch Rafael und zeigt wieder dieses Wechselspiel von „Engel des Herrn" und „Geist (Gottes)", das wir schon jeweils für das Alte und das Neue Testament als ursprüngliches Verständnis von Engeln als Erscheinungsform Gottes gedeutet haben.

Aus den drei Stellen, die hier als repräsentative Beispiele für Engelserzählungen in der Apostelgeschichte angeführt wurden, dürfen wir schließen, dass auch für die frühe Christenheit Engel immer „Engel des

Herrn" waren, nicht irgendwelche Wesenheiten für sich separat, sondern ganz in der Tradition des Alten Testaments Erscheinungsform des Herrn. Daraus wird auch verständlich, dass keine theologische oder philosophische oder naturwissenschaftliche Engelslehre entwickelt wird.

Das Beispiel vom reichen Mann und vom armen Lazarus

> „Es war einmal ein reicher Mann, der sich in Purpur und feines Leinen kleidete und Tag für Tag herrlich und in Freuden lebte.
>
> Vor der Tür des Reichen aber lag ein armer Mann namens Lazarus, dessen Leib voller Geschwüre war.
>
> Er hätte gern seinen Hunger mit dem gestillt, was vom Tisch des Reichen herunterfiel. Stattdessen kamen die Hunde und leckten an seinen Geschwüren.
>
> Als nun der Arme starb, wurde er von den Engeln in Abrahams Schoß getragen. Auch der Reiche starb und wurde begraben.
> In der Unterwelt, wo er qualvolle Schmerzen litt, blickte er auf und sah von weitem Abraham, und Lazarus in seinem Schoß."
>
> (Lukas 16, 19-23)

Eine gegenüber dem Alten Testament neue Vorstellung der Geleitfunktion der Engel erwähnt diese Stelle im Lukasevangelium. Die Engel geleiten oder tragen die Seelen der Verstorbenen in „Abrahams Schoß", d.h. in den Himmel – sofern sie es verdienen. Diese Vorstellung ist tatsächlich neu, so wie sich auch die ganzen Jenseitsvorstellungen gegenüber den Schriften des Alten Testaments stark verändert haben, oder besser gesagt, sich erst entwickelt haben. Die Israeliten der Früh- und Königszeit hatten keine Jenseitsvorstellungen, auch keine Vorstellungen von einem Leben nach dem Tod in einem Himmel oder Paradies, weshalb die Sadduzäer, Vertreter einer jüdischen Glaubensrichtung zur Zeit Jesu, ein Leben nach dem Tod, eine Auferstehung schlichtweg verneinen und sich trotzdem als vollgültige Juden verstehen konnten. Wie wir schon bei der Frage nach dem Verhältnis von Altem und Neuem Testament sehen konnten, ist das Gottes-

und Weltverständnis der früheren Zeiten der jüdischen Religion sehr diesseitig geprägt.

Das ändert sich im Laufe der Zeit, wobei die Begegnung und Auseinandersetzung mit anderen Religionen eine große Rolle spielt, insbesondere mit der stark dualistisch geprägten Religion der Perser, die den Juden die Rückkehr aus dem Exil erlaubten, und später mit der griechischen Religion. Aus letzterer werden wir noch die Vorstellung von geflügelten Sirenen als Seelengeleiter kennenlernen. Man darf nun nicht den Fehler begehen zu behaupten, die Juden hätten schlicht fremdes religiöses Gedankengut übernommen. Das wäre viel zu einfach. Man muss darin eher eine geistige und spirituelle Auseinandersetzung mit diesen fremden Vorstellungen sehen, die zum Überdenken der eigenen geführt haben. Die politischen Ereignisse seit der Zerstörung Jerusalems durch Nebukadnezar, das darauf folgende Exil, die Oberherrschaft der Perser nach der Rückkehr aus Babylon, abgelöst von den griechischen Diadochen, denen wiederum die Römer folgten, waren schlichtweg äußere Katastrophen, die das Selbstverständnis der jüdischen Religion bis ins Innerste erschüttert haben. Dies wurde zum Nährboden der unterschiedlichsten religiösen Strömungen, die je nach theologischer Ausrichtung neue Fragestellungen verschieden beantworteten.

Man darf behaupten, dass ohne diese Erschütterungen die neue Religion des Christentums als Religion für alle Menschen, nicht nur für das jüdische Volk, kaum denkbar gewesen wäre. Man war damit auch offen für durchaus radikale Neuerungen. Spannend ist dabei aber die Beobachtung, dass im frühen Christentum, wenn wir die Schriften des Neuen Testaments heranziehen, erstaunlich wenig persisches, ägyptisches oder griechisches Gedankengut zu finden ist. Das passiert erst später im Zuge des Neuplatonismus und im Mittelalter durch Übernahme der aristotelischen Lehren in die Philosophie und Theologie.

Wir finden somit im Neuen Testament zwar die Vorstellungen von Himmel und Hölle, vom Kampf zwischen Gut und Böse, vom Weiterleben der Seelen Verstorbener, nirgends aber die damals sehr verbreitete Vorstellung vom Dualismus zwischen einem guten und einem schlechten Gott, die miteinander kämpfen, wobei sich dieser Kampf im Inneren eines jeden Menschen widerspiegeln soll.

Die Engel als Akteure der himmlischen Liturgie

Die Huldigung vor dem Thron Gottes

„Von dem Thron gingen Blitze, Stimmen und Donner aus. Und sieben lodernde Fackeln brannten vor dem Thron; das sind die sieben Geister Gottes.
Und vor dem Thron war etwas wie ein gläsernes Meer, gleich Kristall. Und in der Mitte, rings um den Thron, waren vier Lebewesen voller Augen, vorn und hinten.
Das erste Lebewesen glich einem Löwen, das zweite einem Stier, das dritte sah aus wie ein Mensch, das vierte glich einem fliegenden Adler.
Und jedes der vier Lebewesen hatte sechs Flügel, außen und innen voller Augen. Sie ruhen nicht, bei Tag und Nacht, und rufen: Heilig, heilig, heilig ist der Herr, der Gott, der Herrscher über die ganze Schöpfung; er war und er ist und er kommt."
(Offenbarung 4, 5-8)

Das versiegelte Buch und das Lamm

„Ich sah und ich hörte die Stimme von vielen Engeln rings um den Thron und um die Lebewesen und die Ältesten; die Zahl der Engel war zehntausendmal zehntausend und tausendmal tausend.
Sie riefen mit lauter Stimme: Würdig ist das Lamm, das geschlachtet wurde, Macht zu empfangen, Reichtum und Weisheit, Kraft und Ehre, Herrlichkeit und Lob.
Und alle Geschöpfe im Himmel und auf der Erde, unter der Erde und auf dem Meer, alles, was in der Welt ist, hörte ich sprechen: Ihm, der auf dem Thron sitzt, und dem Lamm gebühren Lob und Ehre und Herrlichkeit und Kraft in alle Ewigkeit.
Und die vier Lebewesen sprachen: Amen."
(Offenbarung 5, 11-14)

Wenn wir diese Stellen in der Offenbarung des Johannes lesen, erinnern wir uns sofort an die Visionen von Ezechiel, Jesaja und Daniel. Der Höchste im Himmel hat einen ihm huldigenden Hofstaat, dessen Zahl man gar nicht mehr mathematisch korrekt benennen kann, sondern eigentlich nur noch symbolisch. Die Vision des Ezechiel wiederholt sich sehr ähnlich. Es werden ebenfalls vier Lebewesen geschildert, die einem Löwen, einem Adler, einem Stier und einem Menschen ähnlich sind – die späteren Symbole für die vier Evangelisten. Allerdings werden sie auch hier nicht „Engel (des Herrn)“ genannt. Diese Gleichsetzung all der Geister und Lebewesen in den Visionen der Propheten und des Johannes mit „Engel“, diese Zusammenfassung unter einen Gattungsbegriff und die sich dann daraus ergebende Systematik einer Lehre von Engeln auf unterschiedlichen Stufen ergibt sich erst in späterer Zeit und ist nur uns heute so selbstverständlich, dass wir sie bedenkenlos auf die Schriften der Bibel übertragen – außer wir sehen oder hören wieder genauer hin. Vieles, was die Tradition über die Engel (und anderes) inzwischen angesammelt hat, entbehrt in den Heiligen Schriften unserer Bibel jeglicher Grundlage, werden dort nicht ausgesagt und sind auch nicht zwischen den Zeilen so gemeint. Allerdings haben die Anleihen aus der altorientalischen Umgebung, die zur konkreten, d.h. auch künstlerischen „Bildung“ von Serafim und Kerubim und damit zur Integration geflügelter Wesen in die jüdische Religion geführt haben, immer wieder Ansatzpunkte geliefert, religiöse Vorstellungen aus der jeweiligen Umwelt zu übernehmen, die über das in den Schriften Gesagte hinausgehen.

Die bildliche Vorstellung von Engeln im Neuen Testament

Wenn wir die oben zitierten Stellen aus dem Neuen Testament nochmals unter dem Gesichtspunkt durchgehen, wie die „Engel des Herrn“ aussehen (könnten), dann fällt uns sofort wieder eine Parallele zum Alten Testament auf: Sie werden nicht näher beschrieben. Näher geschildert werden nur die Wesen in der Offenbarung des Johannes, die die Tradition später zu den Engeln hinzuzählt. Aber die „Engel des Herrn“ selbst scheinen einfach Menschengestalt zu haben mit dem einen Unterschied: leuchtend weiße Gewänder bzw. ein Leuchten überhaupt und die Möglichkeit, plötzlich zu erscheinen (und zu verschwinden) bzw. zu schweben. Wir müssen dazu auch ganz fest im Auge behalten: Die „Engel des Herrn“ im Neuen Testament haben wie im Alten Testament ebenfalls keine Flügel. Erst später hat man von der Fähigkeit zu „fliegen“ ausgehend die Beschreibung der geflügelten Kerubim und Serafim auf die „Engel des Herrn“ übertragen und ihnen ebenfalls Flügel verliehen.

Dass das für die frühen Christen noch keine Selbstverständlichkeit war, können wir daran sehen, dass sie Engel im Unterschied zu Kerubim und Serafim zunächst als weißgewandete Jünglinge *ohne* Flügel dargestellt haben. Erst in der bildlichen Kunst ab dem 4. Jahrhundert werden Engel ebenfalls mit Flügel dargestellt – mit zwei Flügeln im Unterschied zu den Kerubim und Serafim mit drei Flügelpaaren.

Die Namen von Engeln im Neuen Testament

> „Als der Erzengel Michael mit dem Teufel rechtete und über den Leichnam des Mose stritt, wagte er nicht, den Teufel zu lästern und zu verurteilen, sondern sagte: Der Herr weise dich in die Schranken."
> (Judas 9)

Unter Berücksichtigung des bisher zu Engeln im Neuen Testament gesagten verwundert es nicht weiter, dass wir bei Durchsicht aller Schriften des Neuen Testaments nur zwei Engel namentlich genannt finden. „Gabriel" haben wir bereits in den Evangelien kennengelernt. Er ist der Bote schlechthin. „Michael" wird einmal in der eben zitierten Stelle im Brief des Apostels Judas erwähnt und einmal in der Offenbarung des Johannes bei der apokalyptischen Szene des Kampfes mit dem Drachen. Diese Szene ist Gegenstand des nächsten Kapitels.

Weitere Namen gibt es im Neuen Testament schlichtweg nicht. Andere Engelsnamen, die überliefert werden, entstammen anderen „Quellen". Hier sei nochmals darauf hingewiesen, dass das Neue Testament auch in Bezug auf Namen gegenüber seinem alttestamentlichen Fundament nichts Neues „erfindet". Die verwendeten Namen sind weiterhin Akklamationen, mit denen man Gott huldigt.

Gefallene Engel und Satan (Teufel)

Der Sturz des Drachen

„Da entbrannte im Himmel ein Kampf; Michael und seine Engel erhoben sich, um mit dem Drachen zu kämpfen. Der Drache und seine Engel kämpften,
aber sie konnten sich nicht halten und sie verloren ihren Platz im Himmel.
Er wurde gestürzt, der große Drache, die alte Schlange, die Teufel oder Satan heißt und die ganze Welt verführt; der Drache wurde auf die Erde gestürzt und mit ihm wurden seine Engel hinabgeworfen.
Da hörte ich eine laute Stimme im Himmel rufen: Jetzt ist er da, der rettende Sieg, die Macht und die Herrschaft unseres Gottes und die Vollmacht seines Gesalbten; denn gestürzt wurde der Ankläger unserer Brüder, der sie bei Tag und bei Nacht vor unserem Gott verklagte.
Sie haben ihn besiegt durch das Blut des Lammes und durch ihr Wort und Zeugnis; sie hielten ihr Leben nicht fest, bis hinein in den Tod.
Darum jubelt, ihr Himmel und alle, die darin wohnen. Weh aber euch, Land und Meer! Denn der Teufel ist zu euch hinabgekommen; seine Wut ist groß, weil er weiß, dass ihm nur noch eine kurze Frist bleibt."
(Offenbarung 12, 7-12)

Diese Erzählung vom Kampf mit dem Drachen ist die zweite Stelle, wo der Name „Michael" erwähnt wird. Sie wurde zum Anlass für eine gewisse Umdeutung des Huldigungs- oder Jubelrufs vor Gott in einen Schlachtruf, weil – angeblich – der Satan/Drache selbst „wie Gott sein wollte." Das sagt die Offenbarung des Johannes aber eigentlich so nicht. Hier wird weder der Name „Luzifer" („Lichtträger") genannt, noch ist die Rede von einem gefallenen Engel, sondern nur von „seinen" Engeln, d.h. seinen Boten. Alle Geschichten, die aus dieser Schilderung des Kampfes Michaels mit dem

Drachen/Satan/Teufel entwickelt wurden, die Erzählungen vom Abfall und Sturz der Engel unter Führung des Engels Luzifer, der selbst wie Gott sein wollte, sind aus der Offenbarung des Johannes nicht ableitbar. Allerdings kann man annehmen, dass hier einerseits auf mythologische Motive angespielt wird, die vom Sturz eines selbst-herrlich gewordenen Geistwesens (Engels) ausgehen, ohne andererseits dieses Geistwesen näher zu bestimmen. Das ist ein Problem, mit dem sich die Exegeten auch heute noch relativ fruchtlos herumschlagen. Nimmt man ein selbständiges Geistwesen an, das das Böse verkörpert, gelangt man schnell in einen Dualismus von einem guten und einem bösen Gott, der z.B. die persische Religion auszeichnete, den man aber auf keinen Fall als Erklärung für das Böse in der Welt heranziehen möchte. Umgekehrt gelangt man aber mit der Erklärung, dass es sich um ein zwar von Gott geschaffenes, aber von ihm abgefallenes Wesen handelt, noch lange nicht aus der Erklärungsnot für das Böse in der Welt, d.h. zu einer Lösung des sogenannten Theodizee-Problems, man verlagert es nur.

Wir werden aber noch in einem anderen Zusammenhang im nächsten Kapitel sehen, dass man die Visionen des Johannes nicht immer nur als Schilderungen eines jenseitigen Geschehens im „Himmel" verstehen muss, sondern auch als symbolische Schilderung und Verheißung für ganz irdisch-menschliche Verhältnisse interpretieren darf. Die Offenbarung des Johannes wurde bereits unter dem Eindruck brutalster Christenverfolgungen schriftlich niedergelegt. Nicht unberechtigt wird deshalb diese Stelle vom Sturz des Satan in der Offenbarung des Johannes gerne verglichen mit einer Stelle bei Jesaja:

Das Spottlied auf den König von Babel

„Der Herr wird mit Jakob Erbarmen haben und Israel von neuem erwählen. Er wird ihnen Ruhe gewähren in ihrer Heimat; Fremde gesellen sich ihnen bei und schließen sich an das Haus Jakob an. Die Völker werden Israel nehmen und in seine Heimat zurückführen und im Land des Herrn wird das Haus Israel sie zu Leib-

eigenen machen, zu Knechten und Mägden. Es wird die gefangen halten, die es gefangen hielten, und wird die unterdrücken, die es einst unterdrückten.
Und wenn der Herr dir dann Ruhe gewährt nach deinen Leiden, deiner Unruhe und der harten Knechtschaft, die du erdulden musstest,
dann wirst du auf den König von Babel dieses Spottlied singen:
Ach, der Unterdrücker fand sein Ende, ein Ende nahm die Not.
Der Herr hat die Knüppel der Frevler zerbrochen, den Stock der Tyrannen, der in seinem Zorn die Völker erschlug, sie schlug ohne Ende, der die Völker in seiner Wut zertrat und sie verfolgte ohne jedes Erbarmen.
Nun hat die ganze Welt Ruhe und Frieden, man bricht in Jubel aus.
Selbst die Zypressen und die Zedern des Libanon machen sich über dich lustig: Seit du am Boden liegst, kommt keiner mehr her, um uns zu fällen.
Das Totenreich drunten gerät in Erregung, wenn du hinabkommst.
Deinetwegen weckt es die Totengeister auf, alle Fürsten der Erde, alle Könige der Völker lässt es aufstehen von ihren Thronen.
Sie alle rufen dir zu: Auch du bist nun kraftlos geworden wie wir, jetzt bist du uns gleich.
Hinabgeschleudert zur Unterwelt ist deine Pracht samt deinen klingenden Harfen. Auf Würmer bist du gebettet, Maden sind deine Decke.
Ach, du bist vom Himmel gefallen, du strahlender Sohn der Morgenröte. Zu Boden bist du geschmettert, du Bezwinger der Völker.
Du aber hattest in deinem Herzen gedacht: Ich ersteige den Himmel; dort oben stelle ich meinen Thron auf, über den Sternen Gottes; auf den Berg der (Götter-)versammlung setze ich mich, im äußersten Norden.
Ich steige weit über die Wolken hinauf, um dem Höchsten zu gleichen.
Doch in die Unterwelt wirst du hinabgeworfen, in die äußerste Tiefe.

Jeder, der dich sieht, starrt dich an, er blickt genau auf dich hin und denkt: Ist das der Mann, der die Königreiche in Schrecken versetzte, der die Erde erbeben ließ, der die Welt zur Wüste gemacht hat, ihre Städte zerstörte, der die Gefangenen nicht nach Hause entließ?
Alle Könige der Völker ruhen in Ehren, jeder in seinem Grab; du aber wurdest hingeworfen ohne Begräbnis, wie ein verachteter Bastard. Mit Erschlagenen bist du bedeckt, die vom Schwert durchbohrt sind, wie ein zertretener Leichnam. Mit denen, die in steinerne Grüfte hinabsteigen, bist du nicht vereint im Grab. Du hast dein eigenes Land zugrunde gerichtet, hingemordet dein eigenes Volk; darum soll man die Namen der Nachkommen dieses Verbrechers niemals mehr nennen.
Richtet eine Schlachtbank her für seine Söhne wegen der Sünden des Vaters, damit sie sich niemals wieder erheben und die Welt erobern und den Erdkreis mit Städten erfüllen."
(Jesaja 14,1-21)

Die Parallelen sind sehr deutlich, auch in der Ausdrucksweise. Bei Jesaja ist zunächst ganz konkret der König von Babylon gemeint, aber nicht nur dieser eine König, sondern eigentlich jeder Unterdrücker, der sich als Tyrann über andere erhebt und entsprechend von seinen Anhängern verehren lässt. Für viele Christen während der Verfolgungszeit war Rom das neue Babel und der Kaiser das Untier, der Drache, der gegen das Lamm, d.h. Christus gekämpft hat. Die Visionen in der Offenbarung des Johannes sind aber auch wie die Texte des Propheten Jesaja nicht nur auf die besondere geschichtliche, einmalige Situation bezogen, sondern in ihrer mythologischen Gestaltung zeitlos und gelten solange, wie es Tyrannen und Unterdrücker gibt.

Die Warnung des Apostels Paulus vor der Engelsverehrung

Wir haben gesehen, dass die Heiligen Schriften nicht viel „hergeben", wenn es um konkrete Vorstellungen von Engeln geht. Wir haben nur drei Namen, die eigentlich gar keine sind, und wir haben nur die Erscheinung in Menschengestalt, noch dazu ohne Flügel. Engel unter dieser Bezeichnung werden eigentlich immer nur im Zusammenhang mit einem Auftrag, relativ beiläufig erwähnt, dann sind sie wieder „verschwunden". Sie sind keine besonderen Akteure, die in Eigenverantwortung und als eigene Wesen handeln. Dennoch haben wir in der Geschichte des Christentums bis heute z.T. viel weitergehende Vorstellungen von Engeln bis hin zu Formen von regelrechten Engelsverehrungen, gelegentlich ausgehend von privaten „Offenbarungen".
Anscheinend gab es bereits in der frühen Christenheit, eventuell angeregt durch zeitgenössische Mysterienkulte, ähnliche Bewegungen, denn nur so ist das vehemente Eintreten des Apostels Paulus und auch von ersten Kirchenvätern gegen solche Irrlehren zu verstehen.

Warnung vor Irrlehrern

> „Niemand soll euch verachten, der sich in scheinbarer Demut auf die Verehrung beruft, die er den Engeln erweist, der mit Visionen prahlt und sich ohne Grund nach weltlicher Art wichtig macht."
> (Kolosser 2, 18)

Es hat Personen gegeben, die sich als etwas Besseres aufspielten und Führungspositionen beanspruchten unter Berufung auf ihre besondere Beziehung zu Engeln. Wir wissen nur indirekt aus dieser Ermahnung des Apostel Paulus davon, aber die Motive dieser Irrlehrer sind so allgemein menschlich, dass wir sie zu allen Zeiten finden: selbstsüchtiges, selbstherrliches Verhalten von selbsternannten Führern gerade auch im religiösen Kontext. Wer keine Argumente hat, bezieht sich auf Visionen, auf göttliche Botschaften oder einfach nur auf gottgewolltes Gesetz aufgrund persönlicher Inspiration.

Wir finden auch in den Briefen der Apostel nirgends eine Lehre von Engeln. Wenn Engel erwähnt werden, dann eigentlich eher im negativen Sinne dahingehend, dass auch sie künftig dem Gericht anheimfallen, gestürzt wurden; und vor allem wird der absolute Vorrang des Sohnes Gottes betont:

Der Sohn und die Engel

„Viele Male und auf vielerlei Weise hat Gott einst zu den Vätern gesprochen durch die Propheten; in dieser Endzeit aber hat er zu uns gesprochen durch den Sohn, den er zum Erben des Alls eingesetzt und durch den er auch die Welt erschaffen hat; er ist der Abglanz seiner Herrlichkeit und das Abbild seines Wesens; er trägt das All durch sein machtvolles Wort, hat die Reinigung von den Sünden bewirkt und sich dann zur Rechten der Majestät in der Höhe gesetzt;
er ist um so viel erhabener geworden als die Engel, wie der Name, den er geerbt hat, ihren Namen überragt.
Denn zu welchem Engel hat er jemals gesagt: Mein Sohn bist du, heute habe ich dich gezeugt, und weiter: Ich will für ihn Vater sein, und er wird für mich Sohn sein?
Wenn er aber den Erstgeborenen wieder in die Welt einführt, sagt er: Alle Engel Gottes sollen sich vor ihm niederwerfen.
Und von den Engeln sagt er: Er macht seine Engel zu Winden und seine Diener zu Feuerflammen;
von dem Sohn aber: Dein Thron, o Gott, steht für immer und ewig, und: Das Zepter seiner Herrschaft ist ein gerechtes Zepter.
Du liebst das Recht und hasst das Unrecht, darum, o Gott, hat dein Gott dich gesalbt mit dem Öl der Freude wie keinen deiner Gefährten.
Und: Du, Herr, hast vorzeiten der Erde Grund gelegt, die Himmel sind das Werk deiner Hände.
Sie werden vergehen, du aber bleibst; sie alle veralten wie ein Gewand; du rollst sie zusammen wie einen Mantel und wie ein Ge-

> wand werden sie gewechselt. Du aber bleibst, der du bist, und deine Jahre enden nie.
> Zu welchem Engel hat er jemals gesagt: Setze dich mir zur Rechten, und ich lege dir deine Feinde als Schemel unter die Füße?
> Sind sie nicht alle nur dienende Geister, ausgesandt, um denen zu helfen, die das Heil erben sollen?"
> (Hebräer 1, 1-14)

Für die Apostel steht im Zentrum des christlichen Glaubens eindeutig Tod und Auferstehung Jesu als Sohn Gottes. Die Engel haben da nur eine Nebenrolle als „dienende Geister, ausgesandt, um denen zu helfen, die das Heil erben sollen", d.h. den Menschen. Mehr können wir hinsichtlich einer Lehre von den Engeln den Schriften des Neuen Testaments nicht entnehmen. Im Gegenteil, wir finden sogar eine Warnung vor, eine Verehrung der Engel zu entwickeln und sie als etwas Besonderes anzusehen:

> „Wisst ihr nicht, dass wir über Engel richten werden?"
> (1 Korinther 6, 3)

Unter diesem Aspekt dürfen wir auch die dritte Versuchung Jesu sehen. Verehrung, die nur schwer von Anbetung zu trennen ist, gilt nur Gott:

> „Dann wurde Jesus vom Geist in die Wüste geführt; dort sollte er vom Teufel in Versuchung geführt werden.
> Als er vierzig Tage und vierzig Nächte gefastet hatte, bekam er Hunger.
> Da trat der Versucher an ihn heran und sagte: Wenn du Gottes Sohn bist, so befiehl, dass aus diesen Steinen Brot wird.
> Er aber antwortete: In der Schrift heißt es: Der Mensch lebt nicht nur von Brot, sondern von jedem Wort, das aus Gottes Mund kommt.
> Darauf nahm ihn der Teufel mit sich in die Heilige Stadt, stellte ihn oben auf den Tempel
> und sagte zu ihm: Wenn du Gottes Sohn bist, so stürz dich hinab; denn es heißt in der Schrift: Seinen Engeln befiehlt er, dich auf ihren Händen zu tragen, damit dein Fuß nicht an einen Stein stößt.

Jesus antwortete ihm: In der Schrift heißt es auch: Du sollst den Herrn, deinen Gott, nicht auf die Probe stellen.
Wieder nahm ihn der Teufel mit sich und führte ihn auf einen sehr hohen Berg; er zeigte ihm alle Reiche der Welt mit ihrer Pracht und sagte zu ihm: Das alles will ich dir geben, wenn du dich vor mir niederwirfst und mich anbetest.
Da sagte Jesus zu ihm: Weg mit dir, Satan! Denn in der Schrift steht: Vor dem Herrn, deinem Gott, sollst du dich niederwerfen und ihm allein dienen.
Darauf ließ der Teufel von ihm ab und es kamen Engel und dienten ihm."
(Matthäus 4, 1-11)

Gott allein gilt jegliche Ehrfurcht, sonst niemandem, schon gar nicht seinen Boten, die von Gott zum Dienst gesandt sind und – wenn überhaupt – dann Namen tragen, deren Aussprechen wiederum sofort einen Huldigungsruf (Akklamation) zu Gott darstellt. Wenn wir wie beim Kampf des Engels Michael mit dem Drachen (Satan) hier berechtigterweise annehmen, dass das mythologische Motiv eines gefallenen Engels hinter „Versucher", „Satan" oder „Teufel" steckt, dann ist der Zusammenhang mit der Warnung des Apostels Paulus vor einer Verehrung von Engeln als Irrlehre verständlich: Es geht um Macht, die vermutlich größte Versuchung überhaupt.

Wir müssen allerdings bei der Verwendung des Wortes „Engel" in den Briefen der Apostel noch eine andere Möglichkeit der Bedeutung im Auge behalten, die in der ursprünglichen Bedeutung des Wortes „Angelus" liegt, nämlich einfach wörtlich „Bote" ohne Bezug zu einem übernatürlichen Wesen. Es gibt unter den Exegeten zwei Lager. Die einen meinen, dass „Engel" im Neuen Testament immer in der Bedeutung „Engel des Herrn" gemeint ist. Die anderen sehen die Möglichkeit, dass in den frühen Gemeinden die Leiter derselben auch „Engel" genannt wurden, eine Deutung, die sogar auf die Offenbarung des Johannes ein ähnlich neues Licht wirft wie die Deutung des „Drachen/Satan/Teufel" als die Tyrannen der Welt, deren Sturz einmal kommen wird. Ganz konkret geht der Streit der Exegeten um die Deutung der „Engel der sieben Gemeinden":

Die Sendschreiben an die sieben Gemeinden

„Der geheimnisvolle Sinn der sieben Sterne, die du auf meiner rechten Hand gesehen hast, und der sieben goldenen Leuchter ist: Die sieben Sterne sind die Engel der sieben Gemeinden und die sieben Leuchter sind die sieben Gemeinden."
(Offenbarung 1, 20)
„An den Engel der Gemeinde in Ephesus schreibe:
An den Engel der Gemeinde in Smyrna schreibe:
An den Engel der Gemeinde in Pergamon schreibe:
An den Engel der Gemeinde in Thyatira schreibe:
An den Engel der Gemeinde in Sardes schreibe:
An den Engel der Gemeinde in Philadelphia schreibe:
An den Engel der Gemeinde in Laodizea schreibe:"
(Offenbarung 2, 1.8.12.18 und 3, 7.14)

Ob dieser Streit jemals sachlich eindeutig zugunsten einer bestimmten Auslegung beigelegt werden wird, ist fraglich. Wir wissen heute zu wenig über die Organisationsstrukturen der frühen Gemeinden. Aber es gibt im Gesamtbild durchaus Gründe, das Wort „Engel" sowohl in den Briefen der Apostel als auch in der Offenbarung des Johannes einmal unvoreingenommen ganz konkret als Leiter oder Führungspersönlichkeiten im frühen Christentum zu betrachten und die Warnung des Apostels Paulus vor Irrlehrern und Irrlehren aus dieser Perspektive zu sehen. Wenn es den Titel „Engel" in den Gemeinden des ersten christlichen Jahrhunderts gegeben haben sollte, dann hat das ganz sicher auch mit sich gebracht, dass er missbraucht wurde durch Leute, die sich als „Engel" aufspielten und über andere Mitglieder der Gemeinden erhoben, bzw. durch Leute, die sich auf „Engel" genannte Führer beriefen, so wie sich welche auf die Apostel berufen haben, nur um sich selbst in den Vordergrund zur drängen und anderen ihre Meinung und ihren Willen aufzuzwingen.

Geflügelte Wesen in Ägypten, im Alten Orient und in der Antike

Nach der ausführlichen Betrachung der Engel in der Bibel stellt sich die Frage nach möglichen Vorbildern in der altorientalischen Umgebung und in der griechisch-römischen Antike. Gibt es dort ähnliche Vorstellungen und wenn ja, inwieweit haben diese sich auf die Engelsvorstellungen, wie wir sie jetzt von der Bibel her kennen, ausgewirkt?

Man kann die Frage der Existenz grundsätzlich schnell bejahen, wenn man nur an die griechische Mythologie denkt, wo die Götter und ihre Boten, insbesondere Hermes und Iris, durch die Lüfte eilen, z.T. auch zu diesem Zweck mit Flügeln ausgestattet. Daraus aber den direkten Schluss zu ziehen, dass Judentum und Christentum hier viele Anleihen genommen hätten, wäre zu einfach und vorschnell. Man muss bei solchen religionsgeschichtlichen Vergleichen immer zwei Extreme vermeiden.

Zum einen ist es sicher richtig, dass keine Kultur und keine Religion in einem leeren Raum für sich existiert. Sie ist immer umgeben von anderen kulturellen und religiösen Vorstellungen. Das gilt für die frühere Geschichte noch viel mehr als heute, wo tatsächlich nur noch einige wenige Religionen in großem Umfang existieren und zumindest in den westlichen Ländern im praktischen Leben kaum noch aufeinander treffen, sondern weitgehendst zu einer rein privaten Angelegenheit geworden sind. Dort, wo aber Religionen tatsächlich zusammen kommen, findet ein Austausch von Ideen und Vorstellungen statt, entweder über die sogenannte Volksfrömmigkeit oder auch über spirituelle Vordenker, die durch die Konfrontation mit der jeweils anderen Spiritualität angeregt werden.

Zum anderen führt dies aber noch lange nicht dazu, dass Ideen und Vorstellungen einfach übernommen werden. Sie werden umgeformt, umgedeutet und oft mit völlig neuen Inhalten gefüllt, die aus der eigenen Religion stammen. Wir müssen deshalb sehr vorsichtig sein, wenn wir Parallelen entdecken und diese auch mit ihrem Gehalt vergleichen. Ein prominentes Beispiel werden wir im Zusammenhang mit den Serafim noch kennenlernen.

Ägypten

In der Mitte unseres religionsgeschichtlichen Vergleichs widmen wir ein Kapitel ausschließlich den „Flügeln" in der ägyptischen Religion. Man muss bedenken, dass das Gebiet Israels vor und nach der Staatsgründung über lange Zeit zumindest unter maßgeblichem ägyptischem Einfluss stand, zeitweise unter direktem Protektorat in den Auseinandersetzungen zwischen Ägypten und den anderen Mächten in Vorderasien. Es wäre ein unerklärliches „Wunder", wenn die ägyptischen Vorstellungen vom Jenseits und den Göttern überhaupt keinen Einfluss auf die jüdische Religion gehabt hätten. Nicht nur die Textvergleiche beider Religionen, sondern vor allem auch die jüngere Archäologie bringen hierzu viele Verbindungsfäden ans Tageslicht, die man früher nicht vermutet hatte bzw. nicht sehen wollte, um die Einzigartigkeit der jüdischen Religion als Fundament des christlichen Glaubens nicht zu gefährden. Wenn wir aber die eingangs zu religionsgeschichtlichen Vergleichen vorangestellte Warnung vor den beiden Extremen der völligen Isolation oder der unterschiedslosen Übernahme berücksichtigen, werden wir sehen, dass die jüdische Religion zwar ägyptische Ideen und Elemente aufgegriffen, diese aber in neue Zusammenhänge gestellt hat. Selbstverständlich können wir in diesem kleinen Buch nicht einen kompletten Vergleich anstellen, sondern müssen uns dem Thema entsprechend auf ein einziges Element und Motiv beschränken, das wir mit „Flügel" benennen wollen.

„Flügel" sind auch ein Element, dem wir bei der Betrachtung von ägyptischen Bildern tatsächlich auf Schritt und Tritt begegnen. Geflügelte Wesen, nicht nur Vögel, gehören zu allen wichtigen Reliefs und Zeichnungen in einem Ausmaß, dass man sie schon fast wieder übersieht und einfach so hinnimmt, ohne sich über ihre Bedeutung weiter Gedanken zu machen. Aber es gibt schlichtweg keine Abbildung aus der ägyptischen Kultur, wo nicht ausnahmslos jedes Element auch eine Bedeutung hat. Dass der heutige Betrachter Schwierigkeiten hat, diese alle zu erkennen, liegt nicht nur am zeitlichen Abstand und dem endgültigen Untergang der ägyptischen Kultur und Religion im 3. bzw. 4. Jahrhundert n.Chr., wodurch sogar für Jahrhunderte die ägyptische Schrift in Vergessenheit geriet, sondern auch an der Art und Weise, dass für uns heute Bilder etwas anderes sind. Wir sehen normalerweise Abbildungen grundsätzlich perspektivisch als reale Abbildungen des Raums, wo jedes Objekt seinen eindeutigen Platz hat.

Ägyptische Bilder sind ganz anders. Ein und dasselbe Objekt kann in ihnen mehrfach vorkommen, sogar in verschiedenen Gestalten. Sie bilden keinen Raum ab, nicht einmal dann, wenn ein Raum – zu völlig anderen Zwecken – abgebildet wird. Sie enthalten in einer Szene Vorgänge und Geschehnisse, die zeitlich oder logisch eigentlich aufeinander folgen, und sie sind meist auch „Text". Bildliche Objekte sind oft gleichzeitig Schriftzeichen (Hieroglyphen) bzw. Schriftzeichen wiederum können innerhalb eines Bildes gleichbedeutend anstelle eines Objekts eingezeichnet sein, d.h. sie sind nicht wie z.B. auf christlichen Ikonen Textlegende zu etwas Abgebildetem, sondern ersetzen dieses vollständig. Das Abgebildete ist deshalb aber nicht weniger präsent, als wenn es gegenständlich dargestellt wäre. Daneben gibt es noch die andere Variante, dass etwas zusätzlich mit seiner Benennung noch in Schriftzeichen erläutert wird. Sogar die Vermischung von gegenständlicher und textlicher Darstellung in ein- und demselben Objekt ist möglich. Denken wir nur an die Götter in Tiergestalt, die zum auffälligsten der ägyptischen Religion zählen. Diese konkret als Misch-Wesen zu verstehen, wäre völlig verfehlt.

Sehen wir uns einige Beispiele an, um zumindest einen kleinen Eindruck davon zu bekommen, dass ägyptische Bilder eher wie Schriftrollen gelesen werden müssen. In Abbildung 47 finden wir in der Vignette links in der Mitte zwei einander abgewandte Löwen unter einem Dach, die auf ihrem Rücken ein merkwürdiges Gebilde tragen. Um es vorwegzunehmen, dieser Ausschnitt aus der Vignette ist die bildliche und gleichzeitig textliche Beschreibung des Kosmos als Ganzes. Das Dach ist die hieroglyphische Form des Himmels-Daches, in Abbildung 42 wiederum durch die Göttin Nut repräsentiert, die dort mit ihrem Körper das Himmelsdach bildet, emporgehoben vom Gott der Luft Schu, der sie damit vom Erdgott Geb (hier nicht dargestellt) trennt. Der Himmel ruht mit seinen Enden auf den Köpfen der Löwen auf, die die Gefährlichkeit der „Enden der Erde" symbolisieren, für den Menschen der frühen Geschichte sehr reale

Schrecknisse, weil man von der Kugelgestalt der Erde noch keine Vorstellung hatte, sondern sie sich als flache Scheibe vorstellte, umgeben von hohen Bergen mit großen Gefahren. Das Gebilde in der Mitte ist dann auch das wieder hieroglyphische Symbol für „Horizont", Querschnitt durch eine runde Mulde und die umgebenden Berge, zwischen denen die Sonne, dargestellt als runde Scheibe, auf- oder untergeht. Aber damit ist die Ausdeutung noch nicht zu Ende. Wenn man genau hinsieht, kann man feststellen, dass der Himmel in dieser Abbildung etwas von links nach rechts geneigt ist. Man weiß von Beschriftungen in anderen ähnlichen Zeichnungen, dass die Löwen selbst noch das „Gestern" und „Morgen" darstellen. Die Zeit ist für die Ägypter nichts Abstraktes, sondern der Lauf der Sonne über den Himmel am Tage und durch die Unterwelt bei Nacht. Da die Zeit aber nur eine Richtung hat, wird der Himmel vom „gestern" zum „morgen" etwas geneigt. Nichts ist also zufällig in diesen Abbildungen. Weil aber der Kosmos mit dem gerichteten Lauf der Zeit in das Zentrum der Totenbuchvignette gestellt wurde, gibt dieser Angelpunkt auch der Zeichnung als solcher eine Richtung, die ja nach ägyptischer Schreib- und Zeichenweise nicht von vornherein eindeutig festgelegt ist. In dieser Abbildung kommt der Tote von links „zu den am Horizont liegenden Ländern" (des Jenseits) in den Schutz der beiden Göttinnen Isis und Nephthys und schließlich zu Osiris selbst. Damit ist dieselbe Richtung vorgegeben, wie der zugehörige Totenbuchspruch sie textlich wiedergibt. Den Angelpunkt bildet der Lauf der Sonne, die durch ihre täglich neue Wiedergeburt das Vor-Bild für die Wiedergeburt des Menschen abgibt.

Mit den beiden genannten Göttinnen können wir einem weiteren Beispiel für die uns merkwürdig anmutende Darstellungsweise der alten Ägypter begegnen. Ähnlich der Göttin Nut in Abbildung 43 tragen sie eigenartige Gebilde auf ihren Köpfen. Das sind schlichtweg Hieroglpyhen ihrer Namen und keinesfalls als konkrete Kronen oder ähnliches zu verstehen. Eine Göttin mit einem schlichten Topf auf dem Kopf (Hieroglyphe für „Nut") würde wohl allen Menschen zu allen Zeiten zu komisch vorkommen. Dass z.B. diese Göttin gerade mit dieser Hieroglyphe geschrieben werden kann, beruht auf der Entstehungsweise der ägyptischen Schrift, wo wie in einem Rebusrätsel gleichlautende Zeichnungen auf ganz verschiedene Namen und Begriffe angewendet wurden.

Die altägyptischen Bilder mögen ein mythisches Weltbild wiedergeben, aber primitiv sind sie deshalb keineswegs. Gerade mit dem Wechsel von gegenständlicher Darstellung und Schriftzeichen, gelegentlich sogar absichtlich zweideutig, hatte der altägyptische Zeichner umfangreiche Variationsmöglichkeiten. Sehen wir uns die zweite Vignette links von der eben betrachteten in Abbildung 47 genauer an. Die thematische Ähnlichkeit erkennen wir ohne weiteres, aber der Kosmos mit dem Lauf der Sonne und die beiden Göttinnen scheinen verschwunden zu sein – nur scheinbar. Die Erde ist zu einer flachen Schwelle umgestaltet, der Himmel zu einem Architrav, und die Sonnenscheibe befindet sich zwischen den zwei Türflügeln einer Sonnenpforte, die tagsüber geöffnet, des Nachts geschlossen sind. Auch die beiden Göttinnen finden wir bei genauem Vergleich wieder anhand der Symbole, die nun die beiden Vögel links und rechts des Sarges in Mumiengestalt auf dem Kopf tragen, den beiden Schriftzeichen für Isis und Nepthys.

Diese Beispiele mögen genügen, um eine gewisse Ahnung zu bekommen, wie „Flügel" in altägyptischen Darstellungen gesehen werden müssen. Man darf sie weder zu konkret noch zu abstrakt einschätzen, sondern muss ihre Funktion aus dem konkreten Zusammenhang eines Bildes erkennen, wobei allerdings nur szenische Darstellungen in Betracht kommen. Aus dem Zusammenhang herausgelöste Detailzeichnungen wie z.B. die der Göttin Nut in Abbildung 43 helfen uns da zunächst nicht weiter, erst wenn wir dazu die obere Zeichnung in Abbildung 44 heranziehen, wo der Himmel (nicht die Sonne!) als Flügelpaar dargestellt ist, können wir die Funktion langsam erahnen. Flügel dienen zum Schutz von etwas oder jemandem.

Aber nicht nur die Göttin Nut bekommt Flügel als Attribut, auch andere Götter und Göttinnen wie z.B. Isis in Abbildung 48 oder die Göttin Maat in Abbildung 52 und sogar eine Uräusschlange wie in Abbildung 51 können Flügel erhalten – nicht zum Fliegen, nicht als Götter oder Göttinen der Lüfte, sondern zum Schutz der ihnen anvertrauten Personen. In Abbildung 48 beschützt Isis ihren Gatten Osiris, in Abbildung 51 und 52 schützen die Uräusschlange und die Göttin Maat die Königin Nefertari, die geliebte Gattin Ramses des Großen. In Abbildung 45 oben schützt der Gott Horus als Falke den Pharao, als Himmelsflügel zum Zeichen des Schutzes ist der Deckel vieler Särge ausgebildet wie z.B. in Abbildung 49. Der Sarg selbst ist dabei der Horizont, der Deckel der Himmel, und der Tote soll in diesem Horizont auferstehen wie die Sonne. Davon ausgehend kann man sich erschließen, wieso die beiden Göttinnen in den Totenbuchvignetten einmal als menschliche Gestalten und einmal als Vögel dargestellt sind. Die Vögel symbolisieren die Schutzfunktion als solche, die Göttinen halten ihre Hände zum Schutz hoch so wie auch in Abbildung 45 unten der falkenköpfige Re seine Hand nicht nur zum Gruß, sondern vor allem zum Schutze des Pharao erhebt.

Das Totengericht selbst wird vor allem vom Gott Toth beschützt – siehe Abbildung 57 – der in der einen Zeichnung mit dem Kopf des Vogel Ibis das Urteil über den Toten aufschreibt, in der anderen als Pavian – ebenfalls Symbol für Toth – seine Hand schützend über die Waage erhebt.

Schutz ist durchaus auch die Funktion des sogenannten „Seelenvogels" der Verstorbenen, wobei dieser Begriff bereits eine moderne Interpretation ist. Die altägyptischen anthropologischen Vorstellungen vom Menschen entsprechen keineswegs unserem Dualismus von Körper und Seele oder Geist, und der Ba-Vogel ist nicht einfach die Seele, die den Körper verlässt und davonfliegt. Im Gegenteil, der Ba beschützt den Leib des Verstorbenen und trägt in einigen Darstellungen das Symbol der Wiedergeburt in seinen Klauen (vgl. dazu die Abbildungen 47, 53, 54 und 55.).

Hier überschneidet sich allerdings die Symbolik des Schutzes mit der Symbolik des Benuvogels, des Phönix, als Vogel der Wiedergeburt. Der Tote soll sich in einen Phönix verwandeln oder besser gesagt, wie ein Phönix immer wieder neu auferstehen (vgl. Abbildung 56 unten), wobei der Phönix wiederum – vor allem in der ägyptischen Spätzeit – als Ba-Vogel des Osiris verstanden wird (siehe Abbildung 56 oben), dargestellt mit dem typischen Bart als Attribut eines Gottes. Wenn dann der Ba-Vogel des Verstorbenen ebenfalls in vielen Darstellungen so als Gottheit attribuiert wird, dann entspricht das den Totenbuchsprüchen, wo der Verstorbene vielerlei Verwandlungen, auch in verschiedene Gottheiten, durchlebt bis zur endgültigen Verklärung als Osiris.

Wenn wir die Schriften des Alten Testaments durchsehen, können wir durchaus einige Parallelen entdecken, aber auch deutliche Unterschiede. Die Vorstellungen vom Kosmos sind ähnlich, gehören aber nicht zu unserem Thema. Die Schutzfunktion der Flügel eines Wesens hingegen schon, können wir doch viele Stellen finden, inbesondere in den Psalmen (vgl. Zusammenstellung vor den Abbildungen 51 und 52), wo der Schutz, den Gott gewährt, mit dem Bild der Flügel beschrieben wird.
Wir finden sogar die geflügelte Uräusschlange wieder in den Visionen Jesajas als Serafim, wobei das hebräische Wort Seraf schon Schlange bedeutet, bemerken aber bei genauerem Vergleich einen großen Unterschied, der unsere Vorsicht vor zu schneller Parallelisierung im religionswissenschaftlichen Vergleich bestätigt. Die Serafim in der Vision Jesajas schützen nicht mehr eine Gottheit, sondern sich selbst vor dieser Gottheit. Hier wurde von Jesaja ein zu seiner Zeit auch in Israel bekanntes Bild äußerlich übernommen, aber zu einem Bild der Mächtigkeit und Herrlichkeit Gottes umgeformt.

Gelegentlich findet man auch einen Vergleich gezogen zwischen dem Sturz des Drachen (Satans) durch den Engel Michael und der Bezwingung des Schlangendämons Apophis, allerdings hat hier die religionsgeschichtliche Gegenüberstellung ihre Grenzen. Nicht nur stammt die Erzählung vom Sturz des Drachen aus einer Zeit, in der die ägyptische Religion keinen großen Einfluss mehr auf jüdische Vorstellungen hatte, sondern wir finden hier keinen Ansatz für einen Vergleich von geflügelten Wesen, weder bei Apophis noch bei seinem Bezwinger.

Alter Orient

Die Wissenschaft unterscheidet zwischen dem Alten Ägypten und dem Alten Orient, obwohl diese sich sowohl geographisch als auch zeitlich überschneiden. Ägypten hat lange Zeit Gebiete der Landbrücke zwischen Afrika und Asien unter seiner Kontrolle gehabt, umgekehrt hat sogar Assyrien eine Zeit lang das Kernland Ägyptens beherrscht. Letzteres gehört aber bereits zur Spätzeit Ägyptens. Geschichtlich und kulturell gesehen ist diese Trennung durchaus berechtigt. Die Ursprünge im Land am Nil und in Mesopotamien, also dem sogenannten Zweistromland, dem Land zwischen den beiden Strömen Euphrat und Tigris, erfolgten nach heutigem Kenntnisstand völlig unabhängig voneinander. Die Geschichte verlief trotz ständiger Konfrontationen doch weitgehend getrennt, und die Kulturen entwickelten sich parallel und unterschiedlich trotz mancher gegenseitiger Einflüsse vor allem seit der Zeit der zweiten Zwischenzeit und des Neuen Reiches in Ägypten. Letzteres hatte ingesamt den großen geographischen Vorteil der stärkeren Isoliertheit auf dem afrikanischen Kontinent, umgeben nur von relativ schwachen und zerstreuten Völkern, die zwar immer wieder mal durch Raubzüge störten, aber bis in die Spätzeit hinein nie Ägypten selbst unmittelbar bedrohen konnten. Die Lage Mesopotamiens und der Staaten in dem Gebiet, das heute die Staaten Syrien, Israel, den Süden der Türkei und Jordanien umfasst, war dagegen völlig anders, nämlich nach vielen Richtungen offen. In Mesopotamien, einem landwirtschaftlich reichen Gebiet, konnten sich große zentrale Staaten immer nur für vergleichsweise kurze Zeit unangefochten halten, die Gebiete des Alten Orients waren in Folge einem ständigen Wechsel von Völkern, Kulturen und politischen Mächten unterworfen. Die Geschichte Israels ist dafür ein eindrückliches Beispiel, wie die kleinen Völker zwischen den großen Mächten einfach zerrieben wurden. Auch die Großreiche wechselten sich ab, denkt man nur an den Wechsel vom babylonischen zum assyrischen, von diesem wieder zum neubabylonischen Reich, das dann von den Persern abgelöst wurde, dieses wiederum besiegt von Alexander dem Großen mit der Folge der hellenistischen Diadochenreiche – in Ägypten die Ptolemäer, im Gebiet Mesopotamiens und des Nahen

Ostens die Seleukiden –, die schließlich nach und nach im Westen von den Römern und im Osten von den Parthern übernommen wurden.

Unsere Suche nach Vorstellungen über geflügelte Wesen in diesem Raum erleichtert dies nicht gerade. Auch Ägypten hat sich über 3000 Jahre stark gewandelt und damit selbstverständlich auch jede religiöse Idee, aber ingesamt kann man zumindest formal eine so große Kontinuität vorfinden, dass dies sogar viele dazu verführt hat, von einer starren und fixierten Kultur zu sprechen, die sich kaum verändert hätte, obwohl das völlig abwegig ist. Aber in dem Völkergemisch des Alten Orient, in dem Hin und Her der Kulturen – nicht zuletzt infolge der planmäßigen Umsiedlungspolitik der Assyrer zum Zweck der Sicherung des Reichs, die ganze Völker erfasste – ist keine stabile Vorstellung zu erfassen. Wir können nur punktuell einige Ideen herausgreifen und diese rein formal auf eventuelle Ähnlichkeiten mit dem Alten Testament hin vergleichen.

Zunächst bestätigt sich noch einmal, was wir bereits als Schutzfunktion von Flügeln im ägyptischen Stammland gesehen haben. In den von Ägypten beeinflussten Regionen finden wir ähnliche Darstellungen wie z.B. in den Abbildungen 61, 63 und 64. Die Flügelsonne ist aber, wie wir aus Abbildung 62 ersehen können, auch ein mesopotamisches Motiv. Ob sich beide Kulturen da irgendwie berührten und das Motiv gewandert ist, kann man heute nicht mehr eindeutig feststellen. Die Funktion der Flügelsonne als Schutz dürfte aber auch in Mesopotamien und in den nach Westen angrenzenden Gebieten ähnlich wie in Ägypten gewesen sein. Ingesamt aber lässt sich in diesem Raum feststellen, dass Flügel nicht immer positiv Schutz bedeuteten, sondern generell als Zeichen überirdischer, übernatürlicher Macht und Kraft galten. So konnten zum einen positive Gottheiten wie die assyrischen Genien damit ausgestattet sein – siehe Abbildungen 67-72 –, aber auch gefährliche Dämonen wie z.B. in Abbildung 66. Bei letzterem und ähnlichen Dämonen spielte die Identifikation der Flügel mit dem flügelschnellen Herannahen eines Sturms, also das Fliegen, auch eine Rolle, aber nicht die entscheidende. Das war die überirdische und übermenschliche Kraft, die sich zum Wohl und zum Schaden der Menschen auswirken konnte. Bei vielen geflügelten Gottheiten Mesopotamiens und nach Westen angrenzender Länder ging es durch die Ausstattung mit

Flügeln nicht (nur) um die Möglichkeit des Fliegens, sondern um die für den Menschen schreckliche Macht, die den Gottheiten und Dämonen innewohnte. Ein Motiv, das sicher auch auf die Engelsvorstellungen im späteren Judentum abgefärbt hat, wo Engel ja nicht die niedlichen, kitschigen und netten Weihnachtsengel sind, die wir kennen, sondern erst mal Schrecken und Furcht einjagende, apokalyptische Wesen, auch wenn sie – von den gefallenen Engeln abgesehen – im Dienst Gottes stehen. Diesen stellte man sich ja auch nicht generell als den gutmütigen Großvater vor, sondern man wagte sich ihm bei einer Theophanie nur noch mit verhülltem Kopf und vor allem verdeckten Augen zu nähern. Die in Menschengestalt erscheinenden Boten Gottes der Frühzeit, die man sogar zum Mahl einladen konnte, waren das nicht mehr.

Von mesopotamischen Motiven geprägt ist, wie wir aus den Abbildungen 73 und 74 sehen können, der Tetramorph („Vier-Form"), der Kerub mit den Köpfen von vier verschiedenen Wesen, nämlich dem eines Menschen, eines Löwen, eines Adlers und eines Stieres, wie wir ihn von den Visionen Ezechiels her kennen. Das kommt nicht von ungefähr, hat Ezechiel schließlich die Gefangenschaft Israels in Babylon selbst miterlebt und dort diese Motive gesehen. Aber ähnlich Jesaja, der das Schutzmotiv der geflügelten Uräusschlange zu einem Motiv der Herrlichkeit Gottes umgebildet hat, hat auch Ezechiel nicht einfach die assyrischen Kerube, die als Torwachen fungierten, übernommen, sondern sie mit dem Motiv der Thron-Kerubim auf der Bundeslade zu Zeichen der Anwesenheit Gottes in seiner Macht über alle Kräfte und Mächte der Welt ausgestaltet. Nicht von ungefähr entspricht die Zahl Vier den Haupthimmelsrichtungen und der Symbolik für den ganzen Kosmos.

Antike

Dieses Motiv von schrecklicher Kraft und Macht finden wir wieder in der Erzählung von der griechischen Sphinx, nun weiblich vorgestellt, wie in Abbildung 77 wiedergegeben – Wie überhaupt auch die griechische Mythologie viele dämonische Mischwesen kennt, geflügelt ist aber vor allem die Sphinx. Insgesamt kann man aber in der griechisch-hellenistisch-römischen Antike vor allem Flügel als göttliche Fähigkeit zum Fliegen erkennen.

Die Götter und Göttinnen der Antike sind ingesamt sehr menschlich vorgestellt. Wir kennen die uns schon durch Gustav Schwab nahe gebrachten griechischen Sagen und die Werke Homers in der Übertragung von Johann Heinrich Voß. Zumindest „ambrosische Sohlen" müssen sich die Götter, wenn sie nicht gerade Zeus selbst sind, unterbinden, um sich schnell an einen bestimmten Ort begeben zu können, wie z.B. Athene und Hermes. Letzterer wird in dieser Funktion oft nur „Götterbote" genannt.

Anderen Schilderungen zufolge soll Hermes Flügel an Helm und Fersen oder Schuhen gehabt haben, um seine Aufträge schnell erfüllen zu können. Mit einem Flügelpaar am Rücken wird er aber eigentlich nicht verbunden, obwohl wir gerade in Hermes so manche Verbindungen zu christlichen Engelsvorstellungen herstellen könnten. So ist Hermes auch der Führer der Seelen in die Unterwelt, eine Funktion, die aber genauso oft mit geflügelten Sirenen, Harpyien ähnlichen Mischwesen zwischen Mensch und Vögeln, verbunden wurde, obwohl man nach den Erzählungen der Odyssee in ihnen vor allem die durch ihren betörenden Gesang tödlichen Verführerinnen sah.

Der Gesang ist es auch, mit dem die Sirenen im Hades die abgeschiedenen Seelen trösten sollten. Wenn wir daran denken, dass Hermes als Erfinder der Leier gesehen wurde, also auch für Musik „zuständig" war, versteht man, dass für die griechische Mythologie Gesang und Seelengeleit so eng miteinander verbunden waren. Gesang und Musik sind eine göttliche Kunst – wer sie beherrschte, hatte direkten Zugang zu göttlichen Sphären und bot das Seelengeleit nach dem Tode.

Die griechische Figur der Siegesgöttin Nike, Vorbild für die römische Victoria, wird hingegen tatsächlich als Figur mit sichelförmigen Flügeln am Rücken dargestellt. Bereits im 6. Jahrhundert v.Chr. hat Archermos aus Chios eine solche geschaffen, allerdings mit vier Flügeln. Am berühmtesten ist die Victoria aus römischer Zeit, Nachbildung der griechischen Nike, mit zwei Flügeln (vgl. Abbildung 82), die oft als Vorbild für die christlichen Engelsfiguren hingestellt wird. Dass es dafür aber viel ältere Vorbilder gegeben hat, zeigten uns ja schon die assyrischen Genien, die wir im vorherigen Abschnitt kurz angesprochen haben. Die griechische Nike selbst ist auch gar keine Figur der Mythologie und hatte keinen eigenen Kult, sondern ist ein Geschöpf der Künstler als Personifikation und Sinnbild des Sieges. Erst bei den Römern zur Kaiserzeit wurde ihr ein eigener Kult gewidmet als Sinnbild des kriegerischen Erfolgs und als Schutzgottheit des Kaisers, sogar der christlichen Kaiser in Byzanz.

Insgesamt ist die Gemengelage in der Antike vor und nach Christi Geburt in dieser Hinsicht so gut wie undurchschaubar, wenn man bedenkt, wie sehr sich die Religionen und religiösen Vorstellungen im römischen Reich vermischten und vermengten. Unsere Vorstellungen von geflügelten Engeln gibt es erst seit dem 5. Jahrhundert n.Chr., also erst seit einer Zeit, als das Christentum bereits Staatsreligion geworden war und man keine Berührungsängste mit heidnischen Kulten mehr hegte und die Bildnisse der alten Staatskulte bereits nur noch als Kunstwerke ansah. Vorher wurden – wir haben das bereits erwähnt – Engel sogar mit Absicht nur als junge Männer ohne Flügel dargestellt, um ja keine Vermischung mit den alten griechisch-römischen Gottheiten hervorzurufen.

Rein künstlerisch sollte man auch die Figur des Eros – vgl. Abbildung 81– ansehen, der ebenfalls nicht zur alten griechischen Mythologie gehört, sondern erst später hinzutritt. Seine Gestalt als geflügelter junger Mann (Ephebe) wurde vor allem durch den Dialog „Symposion“ von Platon geprägt und taucht deshalb gerade in der Renaissance, der Zeit der Wiederentdeckung der antiken Klassik, als schöner Jünglingsengel mit Flügel wieder auf, während die mit ihren Flügeln herumschwirrenden Kinder des Eros der griechischen Spätzeit als Kinderengel und Putten bereits in der ausgehenden Gotik zu finden sind.

Fazit

Der Vergleich mit anderen Kulturen und Religionen im Umfeld der Schriften des Alten und Neuen Testaments zeigt, so kurz er an dieser Stelle ausfallen musste, vor allem eines: Beeinflusst waren die Vorstellungen von Kerubim und Serafim, dies aber wiederum in einem umformenden Sinne. Mit den ursprünglichen Engeln als „malâk JHWH", als Erscheinungsform Gottes, hatte das zunächst gar nichts zu tun. Erst die Engelslehre im Spätjudentum, die diese eigentümliche Identität von Engel und Gott aufhob, Engel nun als eigenständige Wesen ansah und sie mit Kerubim und Serafim zusammen zu den Heerscharen Gottes zählte, hat die Flügel zu einem festen Attribut gemacht.

Engel in der christlichen Theologie

Theologische Vorstellungen

Wenn wir verschiedene theologische Lexika aufschlagen und unter dem Stichwort „Engel" nachsehen, fällt uns eines auf: Wir finden viele Informationen über die Engel in der Bibel, über Engel in der Religionsgeschichte, über die verschiedenen Anschauungen und Äußerungen bei den großen Theologen über alle Jahrhunderte hinweg, aber wir finden keine Aufzählung der heutigen Vorstellungen von Engeln, weder, was für welche aktuell existieren, noch welche Vorstellungen eigentlich angemessen wären.

> „Nach heutiger römisch-katholischer Lehre bilden die Engel innerhalb der geschaffenen Wirklichkeit das Reich rein-geistiger Geschöpfe, geheimnisvoller, übermenschlicher Wesen. Sie fördern heilsgeschichtlich Gottes Herrschaft, schützen die Kirche und vertreten fürbittend einzelne und Völker vor Gott. Augustins Mahnung folgend, äußert man sich über Zahl und Ordnungen zurückhaltend. Hebt das Lehramt die Engel – gegen Atheisten, Materialisten und Pantheisten – als Repräsentanten der geistigen Welt hervor, so wird ihre Wirklichkeit in Liturgie und Volksfrömmigkeit vielfältig erfahren."
> (Religion in Geschichte und Gegenwart)

Dieser Auszug aus einem Lexikonartikel spricht mit sehr klaren Worten die Spannung zwischen sogenannter „Volksfrömmigkeit" auf der einen und offizieller Lehrmeinung auf der anderen Seite aus. Dass heute der „Engel-Glaube", d.h. der Glaube „an" die Existenz und Wirkmächtigkeit von Engeln sehr undeutlich geworden, wenn nicht ganz verschwunden ist, darf man keineswegs einseitig den Auswirkungen der Aufklärung und einer seither eher rationalistischen Theologie anlasten. Wie wir bereits mit den Warnungen des Apostel Paulus gesehen haben, hat bereits die frühe Kirche tendenziell eher eine Abwehrhaltung gegenüber ausufernden Engelskulten eingenommen, anstatt die Verehrung von Engel auch noch zu fördern.

Wir werden auf diese Haltung der Kirche im folgenden Kapitel über „Dogmen“ noch eingehen und ihre Ursachen und Auswirkungen auf die Engelslehre untersuchen. Vorher wollen wir eine Zusammenfassung versuchen, sozusagen auf einer Umfrage beruhend, welchen Vorstellungen wir in der Geschichte der christlichen Theologie eigentlich nachspüren wollen.

Es existieren ungefähr folgende theologisch unreflektierte Vorstellungen bei den heutigen (aufgeklärten) Christen:

Es „gibt“ Engel, d.h. sie existieren als eigenständige Wesen.
Engel haben einen Körper ähnlich dem menschlichen, aber Flügel.
Engel haben Eigennamen, von denen aber den Menschen nur einige bekannt sind.
Es gibt zwei Arten von Engeln, die guten und die „gefallenen“.
Es gibt eine Art Hierarchie von Engeln, an deren Spitze die Erzengel stehen.
Die guten Engel haben verschiedene Dienste: die ständige Gottesverehrung, Botenaufträge, Schutz für Völker und einzelne Menschen.

Diese Vorstellungen werden auch von den Kirchen im Allgemeinen auch „akzeptiert“, wobei wir aber in allen offiziellen Äußerungen jeglicher Art zu allen Zeiten dieser zurückhaltenden, wenn nicht gar abwehrenden Einstellung begegnen, wie sie der oben zitierte Artikel so treffend formuliert.

Dogmen

Unter den offiziellen Lehrtexten mit verpflichtendem Charakter stehen kirchlicherseits die Dokumente von Konzilien an erster Stelle, so dass wir uns diesen zuerst zuwenden. Dabei stoßen wir auf das Problem, dass nämlich bis in die Neuzeit hinein Konzilien nicht abgehalten wurden, um jeweils für die Menschen ihrer Zeit eine Summe aller möglichen theologischen Lehr- und Glaubenssätze zu bilden, also sozusagen einen kompletten Katechismus abzufassen, sondern sie stellen in der Regel eine Reaktion auf Krisen dar, die es zu bewältigen galt.

Das war schon beim ersten Konzil der Apostel so, als es galt, schwierige Fragestellungen zu lösen, weshalb eben die Apostel zu einer gemeinsamen Beratung nach Jerusalem zusammengerufen wurden.

Wenn wir uns nun mit Konzilstexten, zumal mit Texten früherer Jahrhunderte, befassen, müssen wir diese Zielrichtung immer im Auge behalten. Bei vielen Lehrentscheidungen galt es „nur", irrige Meinungen, Ansichten und Praktiken von Zeitgenossen abzuwehren und auszuschließen. Sie enthalten also keine umfassende Darstellung der „richtigen" Lehrmeinung, sondern nur die Gegenüberstellung, woraus man aber nicht umgekehrt schließen darf, dass es keine positive Lehre gegeben hätte, sie ist nur nicht in den Konzilstexten zu finden.

Genau das trifft auch auf die christliche Lehre von den Engeln zu. Wenn wir nur die anerkannten Konzilstexte heranziehen, werden wir sehr enttäuscht. Da gibt es so gut wie keinerlei Aussagen über Engel außer der einen, die man indirekt aus den Texten erschließen kann, nämlich, dass sie als geschöpfliche Wesen existieren. Nachvollziehen kann man das natürlich nur vor dem Hintergrund der zur jeweiligen Zeit existierenden Literatur der großen Theologen, insbesondere derer, die als sogenannte „Kirchenväter" anerkannt sind, weshalb wir selbstverständlich die Aussagen von einigen hinsichtlich Engeln kennenlernen müssen als „Lehrmeinungen", denen die Kirche eben *nicht* in Konzilien widersprochen hat.

Nach dem eben gesagten sind wir nun vorgewarnt und nicht mehr so enttäuscht, wenn wir keinen Konzilstext finden, der eine Engelslehre bietet. Wir werden sogar sehen, dass, wenn ein Konzilstext „Engel" überhaupt erwähnt, dies eher beiläufig geschieht im Rahmen von Aussagen zu ganz anderen Hauptanliegen.

4. (12. ökum.) Konzil im Lateran (11. - 30. Nov. 1215)

„Kap. 1. Der katholische Glaube
Definition gegen die Albigenser und Katharer
Wir glauben fest und bekennen aufrichtig, daß nur einer der wahre, ewige, unermessliche und unveränderliche, unbegreifliche, allmächtige und unaussprechliche Gott ist, der Vater, Sohn und Heilige Geist: zwar drei Personen, aber eine Wesenheit, Substanz oder gänzlich einfache Natur: der Vater ist von keinem, der Sohn allein vom Vater und der Heilige Geist in gleicher Weise von beiden: ohne Anfang, immerwährend und ohne Ende: der Vater zeugt, der Sohn wird geboren und der Heilige Geist geht hervor: wesensgleich, gleichartig, gleich allmächtig und gleich ewig: ein Anfang von allem: der Schöpfer alles Sichtbaren und Unsichtbaren, des Geistigen und des Körperlichen: *er schuf in seiner allmächtigen Kraft vom Anfang der Zeit an aus nichts zugleich beide Schöpfungen, die geistige und die körperliche, nämlich die der Engel und die der Welt: und danach die menschliche, die gewissermaßen zugleich aus Geist und Körper besteht.* Der Teufel nämlich und die anderen Dämonen wurden zwar von Gott ihrer Natur nach gut geschaffen, sie wurden aber selbst durch sich böse. Der Mensch aber sündigte aufgrund der Eingebung des Teufels.

Diese heilige Dreifaltigkeit, dem gemeinsamen Wesen nach unteilbar und den Eigentümlichkeiten der Personen nach unterschieden, hat zuerst durch Moses, die heiligen Propheten und ihre anderen Knechte nach wohlgefügter Anordnung der Zeiten dem Menschengeschlecht die Heilslehre mitgeteilt.

> Und schließlich hat der einziggeborene Sohn Gottes, Jesus Christus, – von der ganzen Dreifaltigkeit gemeinsam als Fleisch hervorgebracht, aus Maria, der immerwährenden Jungfrau, unter Mitwirkung des Heiligen Geistes empfangen, wahrer Mensch geworden, aus vernunftbegabter Seele und menschlichem Fleisch zusammengesetzt, eine Person in zwei Naturen – den Weg des Lebens noch deutlicher gezeigt: Er wurde, obwohl er der Gottheit nach unsterblich und leidensunfähig ist, zugleich der Menschheit nach leidensfähig und sterblich: Er hat sogar für das Heil des Menschengeschlechtes am Holz des Kreuzes gelitten und ist gestorben, hinabgestiegen in die Unterwelt, auferstanden von den Toten und hinaufgestiegen in den Himmel: hinabgestiegen aber ist er in der Seele und auferstanden im Fleisch: Und hinaufgestiegen ist er in beidem zugleich: Er wird kommen am Ende der Zeit, um Lebende und Tote zu richten und jedem einzelnen nach seinen Werken zu vergelten, sowohl den Verworfenen als auch den Erwählten: Sie alle werden mit ihren eigenen Leibern auferstehen, die sie jetzt tragen, damit jene mit dem Teufel die ewige Strafe und diese mit Christus die immerwährende Herrlichkeit empfangen, je nach ihren Werken, ob sie gut waren oder schlecht."
> (zitiert nach Denzinger 800f.)

Dieser Konzilstext wird am häufigsten und meist auch bevorzugt herangezogen, wenn es um den Nachweis geht, dass die Kirche offiziell die Existenz von Engeln verkündet habe. Sehen wir uns das genauer an. Wir finden innerhalb einer längeren Textpassage, deren eigentliche Zielrichtung, wie wir gleich noch sehen werden, eine ganz andere ist, die Schaffung von zwei Schöpfungen, nämlich der „geistigen" und der „körperlichen", wobei dann die Engel zur ersten gezählt werden. Der ganze Absatz hat keineswegs eine Lehre über die Engel zum Inhalt, sondern erwähnt sie mit der Nennung der geschaffenen Welten ziemlich beiläufig. Wie beiläufig, wird erst so richtig deutlich, wenn man sich die originale lateinische Fassung ansieht:

> „creator omnium visibilium et invisibilium, spiritualium et corporalium: qui sua omnipotenti virtute simul ab initio temporis

> utramque de nihilo condidit creaturam, spiritualem et corporalem, *angelicam* videlicet et mundanam: ac deinde humanam, quasi communem ex spiritu et corpore constitutam."

Das lateinische Zitat entspricht dem in der deutschen Übersetzung kursiv gesetzten Abschnitt. Entscheidend ist – auch für den Nichtlateiner erkennbar – das Wort „angelicam", zu Deutsch wörtlich „angelisch". Wenn wir daran denken, wie sehr bei jeglicher Konferenz am buchstäblichen Wortlaut des Abschlussdokuments gefeilt wird – und das ist in Kirchenversammlungen nicht anders als bei politischen –, dann fällt diese Wahl eines Adjektivs im lateinischen Original auf. Es ist eine sehr vorsichtige Wortwahl, die nichts festlegt. Man hätte doch auch einfach von „angeli/angelorum", „Engeln", sprechen können – wenn man denn gewollt hätte. Hintergrund ist aber die „Zurückhaltung". Das einzige, was man in diesem Dokument zugesteht an positiver Aussage, ist die: Gott hat (zuerst) eine unsichtbare bzw. geistige und eine sichtbare bzw. körperliche Schöpfung (creatura) geschaffen, wobei die unsichtbare/geistige die „angelische" ist, die sichtbare/körperliche die „weltliche" (mundana). (Danach hat Gott die menschliche [humana] geschaffen.)

Woher gerade auch bei diesem Konzil die Zurückhaltung kommt, können wir besser verstehen, gegen wen bzw. welche Anschauungen dieses Dekret, dieser Text als Beschluss gerichtet ist. Die Überschrift (der modernen Dokumentsammlung) gibt uns schon den entscheidenden Hinweis: Es handelt sich um eine Kurzfassung der katholischen Glaubenslehre entgegen Lehrmeinungen und religiöse Praxis der Bewegungen der Albigenser und Katharer.

Das waren Bewegungen, die im 11. Jahrhundert auf dem Balkan entstanden und sich ab 1100 in Westeuropa ausbreiteten und zu regelrechten Sekten entwickelten. Warum sie so in der Bevölkerung Fuß fassen konnten, ist in der Geschichtsforschung noch umstritten. Man kann aber davon ausgehen, dass die Unzufriedenheit der Menschen mit der damaligen Erscheinung der Kirche und die Heilsversprechungen der Wanderprediger, die durch ihre asketische Lebensweise und ihren Mut, ihre Ansichten bis zum Martyrium zu vertreten, großen Eindruck machten, günstig zusammenwirkten. So erfassten die Bewegungen der Albigenser und Katharer, die wir hier vereinfachend zusammen nennen, vor allem in Frankreich ganze Landstriche und bildeten eine regelrechte Gegenkirche bis hin zur Errichtung von eigenen Bistümern. Für uns hier ist wichtig zu erfahren, welche Lehre diese Bewegung vertrat, gegen die das Konzilsdekret gerichtet ist.

Sind die dogmatischen Anfänge der Bewegung noch relativ unklar, so weiß man, dass die eigentliche neue Lehre vor allem durch einen gewissen Niketas aus Konstantinopel begründet wurde, der einen radikalen Dualismus („Zwei-Prinzipien-Lehre") vertrat. Dieser besagte, dass es zwei unversöhnliche Urprinzipien gebe. Einmal das gute Prinzip, gleichzusetzen mit Gott, und einmal das böse Prinzip, nämlich der Satan. Gott habe die gute, überirdische Welt geschaffen, Satan dagegen die böse, irdische Welt. In den Körpern der Menschen, die als Teil der von Satan geschaffenen Welt ebenfalls böse seien, würden die Seelen der Engel gefangen gehalten, die durch Verführung vom guten Prinzip, d.h. von Gott abgefallen seien. Über die Stellung Satans selbst gab es zwei unterschiedliche Meinungen. Die einen – radikalere wie Niketas – stellten ihn als zweites Ur-Prinzip gleichrangig neben Gott, d.h. sie vertraten entsprechend einen Radikal-Dualismus, eine Zwei-Prinzipien-Lehre. Die gemäßigteren vertraten die Meinung, dass es eigentlich nur ein Ur-Prinzip gegeben habe und Satan ebenfalls ein von Gott, dem einzigen Ur-Prinzip, abgefallener Engel sei, d.h. sie vertraten eine Ein-Prinzipien-Lehre mit späterer Spaltung, waren der Lehre der Kirche insofern etwas näher.

Einig waren sie sich aber darin, dass der Engel Jesus auf die Erde gekommen wäre, um einen Weg der Selbsterlösung zu zeigen, wie man über mehrere Stufen, auch der Seelenwanderung, mittels völliger Weltenthaltung und strengster Askese wieder das Gefängis des bösen Menschenkörpers verlassen und zur himmlischen Heimat zurückkehren könnte. Einig waren sie sich auch in der Ablehnung der römischen Kirche als Institution Satans und dem Selbstverständnis als einzige und wahre Kirche Christi. Nur die gefangenen Engelsseelen, die der Kirche der Katharer beitraten und dort ein absolut asketisches Leben führten, hatten die Möglichkeit, Erlösung zu erlangen.

So war aus einer durchaus berechtigen Armutsbewegung eine Sekte und Gegenkirche geworden, gegen deren Irrlehren sich die Amtskirche mit ihrer Glaubenslehre wandte, zusammengefasst im oben zitierten Konzilsbeschluss. Die Katharer lehrten kurz gesagt den Glauben an zwei Götter, von denen jeder seine eigene Welt erschaffen hat, der eine die gute (überirdische), der andere die böse (irdische). Das Konzil bringt demgegenüber den Kern des christlichen Glaubens auf den Punkt: Es gibt nur einen Gott (ein Prinzip), der immer gut war und ist, und dieser eine Gott ist Schöpfer von allen Welten, die zunächst ebenfalls gut waren. Das Böse ist nicht geschaffen, sondern wurde durch sich selbst böse. Kein Teil der Schöpfung, auch der irdische, ist ursprünglich böse. Das gilt auch für den menschlichen Körper, der nicht an sich böse ist, sondern ebenfalls vom guten Gott geschaffen. Er kann somit auch nicht Gefängnis für gefallene Engel sein.

Das Konzil wandte sich nicht gegen die asketische Lebensweise der Katharer, und wir sind heute dankbar für den Impuls, den die Bewegung im Mittelalter zur Entstehung der Armutsbwegung in der Kirche beigetragen hat. Es wandte sich gegen die Lehren, die auch nach unserem heutigen Verständnis nicht jüdisch-christlich sein können.

Genau genommen ist diese Aussage über die Geschöpflichkeit der Engel die einzige hochoffizielle Aussage, die als für Katholiken verbindliche Lehre der Kirche existiert. Es gibt noch einige andere Aussagen von kirchlichen Versammlungen, die aber nicht als ökumenische oder allgemeine Kirchenversammlungen gelten und deshalb deutlich weniger Gewicht haben. So wurde z.B. in einer Synode von Laodizea in Phrygien um ca. 350 die Anbetung der Engel verboten, ebenfalls als Reaktion auf irrige Auswüchse zur damaligen Zeit. Im sogenannten Konzil von Toledo wurde im Jahr 400 ebenfalls bereits die rein geschöpfliche Natur der Engel betont so wie die „Ständige Synode" von Konstantinopel 543 klarstellte, dass Christus selbst kein Engel ist und die Engel keine Kräfte des Himmels sind. Bereits 382 hatte die Römische Kirchenversammlung unter Papst Damasus I. darauf hingewiesen, dass die Rettung der Menschen nur von Gott und nicht von den Engeln kommt. Das Konzil von Rom unter Papst Zacharias, einberufen auf Ersuchen des Hl. Bonifatius, schränkt 745 die ausufernde

Verehrung der Engel auf die Engel Michael, Gabriel und Rafael, also Engel, die in der Bibel erwähnt werden, ein und verbietet ausdrücklich die Anrufung der Engel mit den Namen Uriel, Raguel, Adimis, Tophoas, Sabaoth und Simiel.

Die Synode von Laodizea in Phrygien (348-380)

Canon 35: „Die Anbetung der Engel ist verboten."

Synode von Rom (382) „Tomus Damasi" bzw. Glaubensbekenntnis an Bischof Paulinus von Antiochien

„Wer aber, wenn er den Vater Gott und seinen Sohn Gott und den Heiligen Geist Gott nennt, duldet, daß sie Götter genannt werden und nicht Gott wegen der einen Gottheit und Gewalt, von der wir glauben und wissen, daß sie dem Vater und dem Sohn und dem Heiligen Geist eigen ist, vielmehr den Sohn oder den Heiligen Geist herabsetzt und dementsprechend meint, nur der Vater werde Gott genannt, oder auf diese Weise an einen Gott glaubt, der ist in allem ein Häretiker, ja sogar ein Jude; denn der Name ‚Götter' wurde von Gott auch den Engeln und allen Heiligen beigelegt und geschenkt, vom Vater aber und Sohn und Heiligen Geist wird uns wegen der einen und gleichen Gottheit nicht der Name ‚Götter', sondern ‚Gott' zu glauben dargeboten und verkündet, weil wir nur auf den Vater und den Sohn und den Heiligen Geist getauft werden und nicht auf die Namen der Erzengel und Engel, wie dies Häretiker oder Juden oder auch Heiden in ihrem Wahnsinn tun.
Dies also ist das Heil der Christen, daß wir im Glauben an die Dreifaltigkeit, d.h. den Vater und den Sohn und den Heiligen Geist, und auf sie getauft ohne Zweifel glauben, daß ihr eine alleinige wahre Gottheit und Gewalt, Erhabenheit und Wesenheit eigen ist." (Denzinger 176f.)

„Symbolum Toletanum I" (400)

„Wir glauben an den einen wahren Gott, den Vater und den Sohn und den Heiligen Geist, den Schöpfer des Sichtbaren und des Unsichtbaren, durch den alles im Himmel und auf Erden erschaffen wurde. Dieser ist der eine Gott und dies ist die eine Dreifaltigkeit des göttlichen Namens [der göttlichen Substanz]. Der Vater [aber] ist nicht der Sohn selbst, sondern er hat einen Sohn, der nicht der Vater ist. Der Sohn ist nicht der Vater, sondern er ist Sohn Gottes von [der] Natur [des Vaters]. Und der eine Geist ist der Beistand, der weder der Vater selbst ist noch der Sohn, sondern vom Vater [und vom Sohn] hervorgeht. Es ist also ungezeugt der Vater, gezeugt der Sohn, nicht gezeugt der Beistand, sondern vom Vater [und vom Sohn] hervorgehend. Der Vater ist es, dessen Stimme man so von den Himmeln herab hörte: Dieser ist mein geliebter Sohn, an dem ich Wohlgefallen gefunden habe; auf ihn hört [Mt 17,5; 2 Petr 1,17; vgl. Mt 3,17]. Der Sohn ist es, der sagt: Ich bin vom Vater ausgegangen und bin von Gott in diese Welt gekommen [vgl. Joh 16,28]. Der Beistand selbst [Geist] ist es, von dem der Sohn sagt: wenn ich nicht weggehe zum Vater, wird der Beistand nicht zu Euch kommen [Joh 16,7]. Diese in den Personen unterschiedene Dreifaltigkeit <ist> eine unteilbare und unterschiedslose Substanz, [eine geeinte Substanz, unteilbar und unterschiedslos in ihrer] Kraft, Macht und Erhabenheit; außer ihr gibt es [- so glauben wir -] keine göttliche Natur, entweder eines Engels oder eines Geistes oder einer Kraft, von der man glauben darf, sie sei Gott."
(Denzinger 188)

Ginge man den Anlässen nach, weshalb diese Kirchenversammlungen, ebenfalls auf ähnlich beiläufige Weise, Äußerungen zu den Engeln in ihre Beschlüsse aufgenommen haben, dann würde man jedes Mal entdecken, dass es um die Abwehr von irrigen Meinungen oder Auswüchsen geht, die u.a. die falsche Einordnung von Engeln in das Verständnis von Gott und Schöpfung beinhalten, meist in gnostischer Art und Weise, die der Haltung der Katherer nicht unähnlich ist, auch wenn kein unmittelbarer Zusammenhang zwischen Gnosis und radikalem Dualismus der Katharer hergestellt werden kann.

Die Gnosis selbst war für die frühe Kirche sicher die gefährlichste Strömung überhaupt und forderte zu großen theologischen Anstrengungen heraus, um den Kern des Christentums zu bewahren. Dabei werden unter diesem Begriff verschiedene Strömungen des 2. und 3. Jahrhunderts n.Chr. und der gesamten Spätantike zusammengefasst, die vor allem im Mittelmeerraum und dort insbesondere im Bereich des heutigen Nahen Ostens ihre Blüte erlebten. Gemeinsam war diesen Strömungen die Auffassung, dass es seit jeher zwei konkurrierende Ur-Prinzipien gibt, nämlich das gute, jenseitige Lichtreich und die böse, diesseitige Finsterniswelt. Im menschlichen Leib befindet sich wie in einem Gefängnis eingeschlossen und aus dem Lichtreich verbannt ein göttlicher Funke als Wesenskern des Menschen, der sich aus dem von astrologischen Gesetzen und Sexualität beherrschten irdischen Finsternisreich nur selbst durch Erkenntnis und Erinnerung an das Lichtreich befreien kann. In der verchristlichten Version der Gnosis hat Gott – nur zum Schein – Menschengestalt angenommen, um den Menschen einen Weg zu dieser Erlösung zu weisen.

Wir werden noch sehen, dass sich in der Gnosis Ideen finden, die auf Platons Vorstellungen vom Reich der Ideen und der im menschlichen Körper gefangenen Seelen zurückgehen, Ideen, die im sogenannten Neuplatonismus gerade in der Zeit des frühen Christentums neu aufgelebt sind. Für das Verständnis folgender Beschlüsse einer Kirchenversammlung ist hier nur wichtig, dass die Kirche ihre wichtigsten Glaubenssätze gegen verschiedene gnostische Ideen zu verteidigen hatte:

die Lehre der Trinitiät gegen den Dualismus der Zwei-Prinzipien-Lehre,

die Lehre der echten leibhaftigen Menschwerdung Gottes in Jesus gegen eine scheinbare Menschengestalt Gottes,

die Lehre von der Geschaffenheit der Menschen UND der Engel gegen die Vorstellung der menschlichen Seelen und der Engel aus der göttlichen Substanz,

die Lehre von der ursprünglichen Gutheit der Engel gegen die Lehre von einem bösen Ur-Prinzip,
die Lehre der Vorsehung Gottes gegen die Astrologie,
die Lehre von der Gutheit der irdischen Schöpfung gegen die Lehre von der bösen, irdischen Welt.

1. Synode von Braga in Portugal (begonnen am 1. Mai 561)

„1. Wer nicht bekennt, daß der Vater und der Sohn und der Heilige Geist drei Personen einer Substanz, Kraft und Macht sind, wie die katholische und apostolische Kirche lehrt, sondern sagt, daß sie nur eine und eine einsame Person seien, so daß der Vater derselbe wäre wie der Sohn und auch der Beistand, der Geist, derselbe wäre, wie Sabellius und Priscillian sagten, der sei mit dem Anathema belegt.

2. Wer außer der heiligen Dreifaltigkeit noch irgendwelche andere Namen der Gottheit einführt, indem er sagt, daß in der Gottheit selbst eine Dreifaltigkeit der Dreifaltigkeit sei, wie die Gnostiker und Priscillian sagten, der sei mit dem Anathema belegt.

3. Wer sagt, der Sohn Gottes, unser Herr, sei, bevor er aus der Jungfrau geboren wurde, nicht gewesen, wie Paulus von Samosate, Photinus und Priscillian sagten, der sei mit dem Anathema belegt.

4. Wer den Geburtstag Christi dem Fleische nach nicht wahrhaft verehrt, sondern nur so tut, als ob er ihn verehre, und an diesem Tag und am Sonntag fastet, weil er nicht glaubt, daß Christus in der wahren Natur des Menschen geboren wurde, wie Kerdon, Markion, Manichäus und Priscillian sagten, der sei mit dem Anathema belegt.

5. Wer glaubt, die menschlichen Seelen oder die Engel seien aus der Substanz Gottes entstanden, wie Manichäus und Priscillian sagten, der sei mit dem Anathema belegt.

6. Wer sagt, die menschlichen Seelen hätten früher in der himmlischen Wohnung gesündigt und seien dafür in menschliche Leiber auf die Erde herabgestürzt worden, wie Priscillian sagte, der sei mit dem Anathema belegt.

7. Wer sagt, der Teufel sei nicht früher ein von Gott geschaffener guter Engel gewesen und seine Natur sei kein Werk Gottes gewesen, sondern sagt, er sei aus dem Chaos und der Finsternis aufgetaucht und habe keinen Urheber seiner selbst, sondern sei selbst das Prinzip und die Substanz des Bösen, wie Manichäus und Priscillian sagten, der sei mit dem Anathema belegt.

8. Wer glaubt, daß der Teufel einige Geschöpfe in der Welt gemacht hat und daß der Teufel selbst aus eigener Macht Donner, Blitz, Unwetter und Dürre macht, wie Priscillian sagte, der sei mit dem Anathema belegt.

9. Wer glaubt, die menschlichen Seelen und Leiber seien Schicksalssternen unterworfen, wie die Heiden und Priscillian sagten, der sei mit dem Anathema belegt.

10. Wer glaubt, daß die zwölf Sternzeichen, welche die Astrologen zu beobachten pflegen, in bezug auf die einzelnen Glieder der Seele bzw. des Leibes angeordnet sind, und sagt, sie seien den Namen der Patriarchen zugeteilt, wie Priscillian sagte, der sei mit dem Anathema belegt.

11. Wer die menschlichen Ehen verurteilt und die Zeugung von Kindern verabscheut, wie Manichäus und Priscillian sagten, der sei mit dem Anathema belegt.

12. Wer sagt, die Bildung des menschlichen Leibes sei ein Machwerk des Teufels, und sagt, die Empfängnis im Schoße der Mütter käme durch das Werk von Dämonen zustande, und deswegen auch nicht an die Auferstehung des Fleisches glaubt, wie Manichäus und Priscillian sagten, der sei mit dem Anathema belegt.

13. Wer sagt, die Schöpfung des gesamten Fleisches sei kein Werk Gottes, sondern ein Werk böswilliger Engel, wie Manichäus und Priscillian sagten, der sei mit dem Anathema belegt.

14. Wer die Fleischspeisen, die Gott zum Gebrauch der Menschen verliehen hat, für unrein hält und nicht wegen der Züchtigung seines Leibes, sondern weil er es gleichsam für Unreinheit erachtet, sich ihrer so enthält, daß er nicht einmal von Gemüse, das mit Fleisch gekocht wurde, kostet, wie Manichäus und Priscillian sagten, der sei mit dem Anathema belegt."
(Denzinger 451-464)

Dieser Text zeigt auf beispielhafte Weise, dass das Verständnis von Engeln nicht im Mittelpunkt der christliche Theologie steht, sondern eingebettet ist in den umfassenderen Zusammenhang, wie man das Verhältnis von Gott und Schöpfung verstehen muss.
Die Kirchenversammlung von Braga musste relativ ähnliche Irrlehren abwehren wie das 4. Laterankonzil. Im einzelnen brauchen wir deshalb diese Punkte nicht mehr aufzuzählen. Interessant dürfte nur die Beobachtung sein, dass die Kirche in den Auseinandersetzungen mit den gnostischen Strömungen vor allem gegen jegliche Einschätzung der irdischen Welt als grundsätzlich schlecht oder böse und der daraus folgenden gnostischen Leibfeindlichkeit mit praktischer Ablehnung von bestimmten Speisen und Sexualität vorgeht. Punkt 11 bis 14 sprechen da eine deutliche Sprache, die keiner weiteren Erläuterung bedarf. Punkt 4 steht damit in einem engen Zusammenhang: Wer an Weihnachten, der Feier des Geburt des Herrn, und an den Sonntagen, den Tagen der Feier der Auferstehung Christi, fastet, missachtet das darin bereits erfolgte und nur immer neu gegenwärtig gebrachte Heilsgeschehen.

So manche dieser Punkte könnte man auch heute wieder gegen gewisse esoterische Strömungen der Gegenwart ansetzen wie z.B. Punkt 10, wo die Astrologie verurteilt wird, weil ihre Lehren einerseits der Willensfreiheit des Menschen widersprechen, die Gott den Menschen verliehen hat, und andererseits der ständigen Vorsehung und Fürsorge Gottes für seine Schöpfung.

1. (20. ökum.) Vatikanisches Konzil (8. Dez. 1869 - 20. Okt. 1870)

„3. Sitzung, 24. April 1870: Dogmatische Konstitution ‚Dei Filius' über den katholischen Glauben
Kap. 1. Gott, der Schöpfer aller Dinge

Die heilige katholische apostolische Römische Kirche glaubt und bekennt, daß ein wahrer und lebendiger Gott ist, Schöpfer und Herr des Himmels und der Erde, allmächtig, ewig, unermeßlich, unbegreiflich, an Vernunft und Willen sowie jeglicher Vollkommenheit unendlich; da er eine einzige, gänzlich einfache und unveränderliche geistige Substanz ist, ist er als der Sache und dem Wesen nach von der Welt verschieden zu verkünden, als in sich und aus sich vollkommen selig und über alles, was außer ihm ist und gedacht werden kann, unaussprechlich erhaben.

Dieser alleinige wahre Gott hat in seiner Güte und ‚allmächtigen Kraft' - nicht um seine Seligkeit zu vermehren, noch um Vollkommenheit zu erwerben, sondern um seine Vollkommenheit zu offenbaren durch die Güter, die er den Geschöpfen gewährt - aus völlig freiem Entschluß *‚vom Anfang der Zeit an aus nichts zugleich beide Schöpfungen geschaffen, die geistige und die körperliche, nämlich die der Engel und die der Welt: und danach die menschliche, die gewissermaßen zugleich aus Geist und Körper besteht'*.

Alles aber, was er geschaffen hat, schützt und lenkt Gott durch seine Vorsehung, ‚sich kraftvoll von einem Ende bis zum anderen erstreckend und alles milde ordnend' [Weisheit 8,1]. ‚Alles nämlich ist nackt und bloß vor seinen Augen" [Hebräer 4,13], auch das, was durch die freie Tat der Geschöpfe geschehen wird.'
(Denzinger 3001-3003)

Zunächst fällt auf, dass dieser Auszug aus dem Konzilsdekret des 1. Vatikanischen Konzils den Satz vom Beschluss des 4. Laterankonzils praktisch wörtlich wiederholt, ja direkt zitiert (hier kursiv hervorgehoben). Auch die lateinische Wortwahl für „Engel", die wir oben näher als Adjektiv „angelisch" kennengelernt haben, ist hier völlig unverändert geblieben. So verwundert es nicht, dass man auch hier nur von einer beiläufigen Erwähnung der Engel sprechen kann. Die Zielrichtung dieses Konzilsdokuments ist aber diesmal, mehrere Jahrhunderte nach Lateran IV, natürlich eine andere. Zum einen wird betont, dass Gott die Schöpfung nicht benötigt, um seine eigene Seligkeit zu vermehren oder selber vollkommen zu werden. Warum? Das kann man nur nachvollziehen, wenn man die Philosophie des 19. Jahrhunderts im Bann Hegels in Betracht zieht, die auch die damalige Theologie stark beeinflusst hat. Deren Idee war nämlich zu behaupten, dass Gott die Schöpfung aus innerer Notwendigkeit heraus geschaffen habe, um durch das Eingehen in die Geschichte in einer Art Selbstentäußerung zu sich selbst zu kommen. Diese Anschauung lehnt das Konzil ab mit dem Hinweis auf den „völlig freien Entschluss" Gottes zur Schaffung der Schöpfung – ohne jegliche Notwendigkeit und Bedarf.

War diese Ablehnung einer theologisch-philosophischen Idee doch auf einen ziemlich engen Zirkel von Fachleuten begrenzt, so versucht das Dokument mit seinen Aussagen vor allem einer umfassenderen Zeitströmung entgegenzuwirken, nämlich dem weltanschaulichen Materialismus des 19. Jahrhunderts. Für die damals sehr erfolgreichen Naturwissenschaften, insbesondere die Physik, war die Welt ein perfekter Mechanismus, in dem alles seine Ursache und Wirkung hat, zumindest theoretisch aus sich selbst heraus ableit- und erklärbar. Man hatte noch nicht für alle Phänomene inklusive des Denkens des Menschen naturwissenschaftliche Gesetze und ihre Beschreibung in mathematischen Formeln gefunden, aber man glaubte, durch immer weiter fortschreitende Forschung sich diesem Ziel immer mehr annähern zu können. Eine transzendente, jenseitige Welt war nicht mehr nötig. Eventuell ließ man noch den „Uhrmacher" dieses riesigen kosmischen Uhrwerks zu, der aber mit der Schaffung der Welt seine Schuldigkeit getan hatte, indem er es so perfekt anlegte, dass es seither ohne weitere Eingriffe und Reparaturen weiterläuft.

Man ist heute unter Naturwissenschaftlern nicht mehr derart platt materialistisch eingestellt, zumal die lineare Entwicklung des physikalischen Wissens im ganz großen und im ganz kleinen Maßstab nicht so weiterging, wie man sich das im 19. Jahrhundert und zu Beginn des 20. Jahrhunderts noch vorgestellt hatte. Relativitätstheorie und Atomphysik muss man da vielmehr als gewaltige Brüche ansehen. Aber die Grundtendenz, gegen die sich das Konzil mit dem Satz: „Alles aber, was er geschaffen hat, schützt und lenkt Gott durch seine Vorsehung…“ wendet und gewissermaßen die bestehende göttliche Durchdringung der Schöpfung bekräftigt, besteht durchaus noch, nämlich als inzwischen zum Allgemeingut gewordene Einstellung, nach der alles grundsätzlich verstehbar, manipulierbar und machbar ist.

Für unsere Vorstellungen bzgl. der Engel ist hier aber wieder eine bemerkenswerte Beobachtung zu machen, die wir im Gedächtnis behalten müssen. Der Text spricht davon, dass Gott durch seine „Vorsehung“ schützt und lenkt. Damit vermeidet das Konzil – wieder mit Bedacht und Absicht – eine Aussage, dass Gott dies durch seine „Engel“ tun würde, eine Behauptung, die wir in der ganzen Geschichte der Christenheit bis heute immer wieder finden können, nämlich dass Gott vornehmlich oder sogar ausschließlich über Engel in der Schöpfung wirken würde.

Glaubensbekenntnisse

Nicht selten wird die „Existenz" der Engel als Glaubenswahrheit, die jeder Christ annehmen müsse, mit dem Hinweis auf das Glaubensbekennntnis in der allgemeinen Nicaeno-konstantinopolitanischen Form, das sogenannte „große" Glaubensbekenntnis, zu bekräftigen versucht. Sehen wir uns dieses deshalb genauer an.

Das Nicaenum
Das Glaubensbekenntnis von Nikaia und Konstantinopel

„Ich glaube an den einen Gott,
den Vater, den Allmächtigen,
der alles geschaffen hat, Himmel und Erde,
die sichtbare und die unsichtbare Welt.

Und an den einen Herrn Jesus Christus,
Gottes eingeborenen Sohn,
aus dem Vater geboren vor aller Zeit:
Gott von Gott, Licht von Licht,
wahrer Gott vom wahren Gott,
gezeugt, nicht geschaffen,
eines Wesens mit dem Vater;
durch ihn ist alles geschaffen.
Für uns Menschen und zu unserem Heil
ist er vom Himmel gekommen,
hat Fleisch angenommen
durch den Heiligen Geist von der Jungfrau Maria
und ist Mensch geworden.
Er wurde für uns gekreuzigt unter Pontius Pilatus,
hat gelitten und ist begraben worden,
ist am dritten Tag auferstanden
nach der Schrift
und aufgefahren in den Himmel.

Er sitzt zur Rechten des Vaters
und wird wiederkommen in Herrlichkeit,
zu richten die Lebenden und die Toten;
seiner Herrschaft wird kein Ende sein.

Und an den Heiligen Geist,
der Herr ist und uns lebendig macht,
der aus dem Vater (und dem Sohn) hervorgeht,
der mit dem Vater und dem Sohn angebetet und verherrlicht wird,
der gesprochen hat durch die Propheten.
Und an die eine, heilige, katholische (oder: christliche) und apostolische Kirche.
Ich bekenne eine Taufe zur Vergebung der Sünden.
Ich erwarte die Auferstehung der Toten
und das Ende der kommenden Welt.

Amen."

Der Begriff „Engel" kommt in diesem Glaubensbekenntnis, wie in überhaupt allen offiziellen Glaubensbekenntnis aller Kirchen, gar nicht vor. Dennoch gibt es eine Formulierung, die uns wieder zum Dekret des 4. Laterankonzils und den Beschlüssenen anderer Konzilien zurückführt, nämlich am Anfang: „… der alles geschaffen hat, Himmel und Erde, die *sichtbare* und die *unsichtbare* Welt." Nach traditionellem christlichem Verständnis ist der Himmel die unsichtbare Welt, die Welt der unsichtbaren Geister, die Gott noch vor der Erschaffung der sichtbaren Welt geschaffen habe. Diesen Zusammenhang hat das 4. Laterankonzil entsprechend ausgedrückt durch die Verknüpfung von „invisibilium" („der Unsichtbaren [Dinge/Geschöpfe]), „spiritualem" („geistig") und „angelicam" („angelisch") in einer Reihe gegenüber der Reihe „visibilium" („der Sichtbaren [Dinge/Geschöpfe]), „corporalem" („körperlich") und „mundanam" („irdisch").

Dieses Glaubensbekenntnis und die Formulierung hinsichtlich der Schaffung der „sichtbaren" und „unsichtbaren" Welten wurde vom 1. allgemeinen Konzil in Nikaia (Nicaea), einberufen von Kaiser Konstantin im Jahr 325, offiziell beschlossen und ist in der oben zitierten Form das gemeinsame Glaubensbekenntnis fast aller christlichen Konfessionen, von wenigen textlichen Abweichungen abgesehen.

Von der ursprünglichen Form des Konzils von Nikaia wollen wir hier nur den Anfang zitieren, der die auf die Engel bezogene Textstelle enthält:

Πιστεύομεν εἰς ἕνα Θεόν, πατέρα παντοκράτορα,
πάντων ὁρατῶν τε καὶ ἀοράτων ποιητήν

„Credimus in unum Deum, Patrem omniptentem, omnium visibilium et invisibilium factorem…"

„Wir glauben an den einen Gott, den Vater, den Allmächtigen, den Schöpfer alles Sichtbaren und Unsichtbaren…"

Wieder sehen wir hier die Zurückhaltung, mit der die offizielle Kirche die Existenz von Engeln nicht ausdrücklich zum Gegenstand ihres Bekenntnisses macht, sondern nur indirekt auf eine „unsichtbare" Schöpfung verweist, die man entsprechend als „angelisch" interpretieren kann, aber nicht unbedingt muss. Auch dem Konzil von Nikaia ging es vorrangig um die Abwehr einer Irrlehre, nämlich des sogenannten Arianismus, und um die dogmatisch bindende Lehre von der Zeugung (nicht Schaffung) und Wesenseinheit des Sohnes mit dem Vater, die die Anhänger des Arius bestritten hatten.

Die Kirchen haben zu keiner Zeit kraft ihres Lehramts den Glauben „an" Engel zu einer verpflichtenden Glaubenswahrheit erklärt, weshalb das apostolische Glaubensbekenntnis, das sogenannte „kleine", auch gänzlich auf die Formulierung von Nikaia bzgl. „sichtbar/unsichtbar" verzichtet:

Das Apostolicum
Das Apostolische Glaubensbekenntnis

„Ich glaube an Gott, den Vater, den Allmächtigen,
den Schöpfer des Himmels und der Erde.

Und an Jesus Christus, seinen eingeborenen Sohn,
unsern Herrn,
empfangen durch den Heiligen Geist,
geboren von der Jungfrau Maria,
gelitten unter Pontius Pilatus,
gekreuzigt, gestorben und begraben,
hinabgestiegen in das Reich des Todes,
am dritten Tage auferstanden von den Toten,
aufgefahren in den Himmel;
er sitzt zur Rechten Gottes, des allmächtigen Vaters;
von dort wird er kommen, zu richten die Lebenden und die Toten.

Ich glaube an den Heiligen Geist,
die heilige katholische (oder: christliche/allgemeine christliche) Kirche,
Gemeinschaft der Heiligen,
Vergebung der Sünden,
Auferstehung der Toten
und das ewige Leben.

Amen."

Hierbei muss man allerdings erwähnen, dass dieses apostolische Glaubensbekenntnis zwar von den katholischen und evangelischen, nicht aber von den orthodoxen Christen gesprochen wird. Letztere verwenden immer noch ausschließlich das von Nikaia und Konstantinopel, während in der katholischen Kirche in Deutschland vornehmlich nur noch das „kleine" Glaubensbekenntnis herangezogen wird.

Die Auslassung von „der unsichtbaren und sichtbaren Welt“ mag aber auch noch einen anderen Grund als nur den Verzicht auf die lehramtliche Verpflichtung des Glaubens an eine „unsichtbare Welt“ haben, denn man weiß, dass diese Formulierung „unsichtbar“ und „sichtbar“ ursprünglich auf eine irrtümliche Übersetzung der entsprechenden Stelle im Alten Testament in der sogenannten Septuaginta, der griechischen Übersetzung, zurückgeht. Wir kennen alle den Anfang:

> „Im Anfang schuf Gott Himmel und Erde;
> die Erde aber war wüst und wirr, …“
> (Genesis 1,1.2a)

Im Hebräischen steht für das „wüst und wirr“ das schöne Wortpaar „tohu-wa-bohu“, unser hebräisches Lehnwort im Deutschen für „riesiges Durcheinander/Chaos“. In der Septuaginta aber wurde das „tohu“ nicht mit „wüst“ übersetzt, sondern mit „unsichtbar“, woraus die theologische Tradition dann zur Schöpfung einer „unsichtbaren und sichtbaren Welt“ kam.

Wie dem auch sei, wenn man nach den Beschlüssen und Dokumenten der Kirchenversammlungen geht, kann man daraus schließen, dass das Lehramt der Kirche(n) zu allen Zeiten des Christentums nicht nur immer mit Bedacht darauf verzichtet hat, die spirituelle, religiöse Beschäftigung mit Engeln als Glaubensinhalt verpflichtend zu machen, sondern sich umgekehrt sogar darauf beschränkt hat, Auswüchse in Theologie und Praxis zu bekämpfen.

Kirchenväter

Clemens und Ignatius

Aber man muss auch sehen, dass die Kirchenversammlungen indirekt von einer Existenz der Engel ausgegangen sind und diese nicht abgelehnt haben. Wenden wir uns deshalb, wie am Anfang dieses Kapitels erwähnt, den Theologen der ersten Jahrhunderte des Christentums zu, um zu sehen, welche theologischen Vorstellungen von den Engeln existierten, die keine offizielle Ablehnung fanden und bis heute auf unsere Vorstellungen von den Engeln weiterwirken. Wir können dazu natürlich in diesem kleinen Buch keinesfalls alle Theologen auch nur erwähnen, die sich in irgendeiner Weise zum Thema „Engel" geäußert haben, sondern beschränken uns auf ganz wenige, aber bedeutende, um den wesentlichsten Vorstellungen in ihren Texten zu begegnen.

Bereits im ersten datierbaren schriftlichen Dokument der Christenheit außer den Schriften des Neuen Testaments können wir die „Spur" der Engel aufnehmen. Sie werden erwähnt in einem Brief von Papst Clemens I. (88-97) aus Rom an die Gemeinde in Korinth, veranlasst durch eine dortige Spaltung unter den Mitgliedern, die aber anscheinend nicht theologisch veranlasst war, sondern eher dem Geltungsdrang einiger Personen entsprang und zu einem Schisma geführt hatte. Das Ziel des Briefs ist die Wiederherstellung des Friedens in der Gemeinde.

> „Unser Ruhm und unsere Zuversicht sei bei ihm (Christus); ordnen wir uns seinem Willen unter; denken wir an die ganze große Zahl seiner Engel, wie sie bereitstehen und seinem Willen dienen. Denn die Schrift sagt: Zehntausendmal zehntausend standen bei ihm, und tausendmal tausend dienten ihm, und sie riefen: Heilig, heilig, heilig ist der Herr Sabaoth, die ganze Schöpfung ist seiner Herrlichkeit voll."
> (34.5f.)
>
> „Dies ist der Weg, Geliebte, auf dem wir unser Heil fanden, Jesus Christus, den Hohenpriester unserer Opfergaben, den Beschützer

und Helfer unserer Schwachheit. Durch diesen blicken wir auf zu den Höhen der Himmel, durch diesen schauen wir in einem Spiegel sein untadeliges und allerhöchstes Antlitz, durch diesen wurden die Augen unseres Herzens geöffnet, durch diesen wächst unser unverständiger und verdunkelter Sinn ins Licht empor, durch diesen wollte der Herr uns kosten lassen von der unsterblichen Erkenntnis, der als Abglanz seiner Herrlichkeit umso erhabener ist denn die Engel, als er einen vorzüglicheren Namen geerbt hat. Denn so steht geschrieben: Der seine Engel zu Winden macht und seine Diener zur Feuerflamme. Von seinem Sohne aber sprach der Herr also: Mein Sohn bist du, ich habe dich heute gezeugt; fordere von mir, und ich werde dir Völker zu deinem Erbe geben und zu deinem Besitz die Enden der Erde."
(36.1-4)

„Unverständige, unvernünftige, törichte und ungebildete Leute verspotten und verhöhnen uns, während sie sich erhöhen wollen durch ihre Einbildungen. Was vermag denn ein Sterblicher; oder welche Kraft besitzt ein Erdgeborener? Steht doch geschrieben: Es war keine Gestalt vor meinen Augen, ich vernahm vielmehr nur Hauch und Stimme: Wie denn? Sollte ein Sterblicher rein sein vor dem Herrn, oder ein Mann untadelig ob seiner Werke? Wenn er seinen Dienern nicht vertrauen kann und bei seinen Engeln etwas Verkehrtes wahrnahm? Der Himmel ist nicht rein vor seinen Augen; wie sollten es die sein, die Lehmhütten bewohnen, zu denen auch wir selbst gehören, die wir aus demselben Lehm sind? Er schlug sie wie eine Motte, und vom Morgen bis zum Abend sind sie nicht mehr da; da sie sich selbst nicht helfen konnten, gingen sie zugrunde. Er hauchte sie an, und sie starben, da sie keine Weisheit hatten. So rufe doch, ob einer dich erhöhren wird, oder ob du einen der heiligen Engel sehen wirst! Denn einen Unverständigen reibt Erbitterung auf, einen Irren tötet Eifersucht. Ich sah, dass Unverständige Wurzeln schlugen; doch sogleich war ihre Nahrung verzehrt. Fern bleiben mögen ihre Söhne vom Heil; verspottet mögen sie werden an den Türen der Schwächeren, und keiner soll sein, der sie errettet. Denn was für jene bereitet ist, werden Gerechte ver-

> zehren; sie selbst aber werden aus den Übeln nicht zu erretten sein."
> (39.1-9)

In diesem Brief können wir sehen, dass Vorstellungen des Alten und Neuen Testaments hinsichtlich Engeln weiter gelebt haben: Die Vorstellung von ihrer unermesslichen Zahl als Hofstaat Gottes und seines Sohnes, ihre klare und eindeutige, rangmäßige Unterordnung unter Jesus Christus und die Lehre vom Fall der Engel, hier als Lehrbeispiel für die gespaltene Gemeinde in Korinth angewendet.

Weitere „Spuren" finden wir in zwei Briefen des Hl. Ignatius (+116), Bischof von Antiochien und Mäyrtyrer:

> „Kann ich euch nicht das Himmlische beschreiben? Ich fürchte aber, es könnte euch, die ihr noch Kinder seid, schädlich sein; verzeihet mir also, damit ihr nicht elend zugrunde gehet, weil ihr es nicht begreifen könnet. Denn deshalb, weil ich (für Christus) gefesselt und auch imstande bin, das Himmlische zu erkennen, die Plätze der Engel und die Rangordnung der Herrschaften, das Sichtbare und das Unsichtbare, so bin ich trotzdem noch kein Jünger. Denn es fehlt uns noch viel, dass wir nicht Gottes verlustig werden."
> (Brief an die Trallianer 5)

> „Niemand lasse sich täuschen; sogar die himmlischen Mächte und die Herrlichkeit der Engel und die sichtbaren und unsichtbaren Herrscher, auch sie müssen des Gerichtes gewärtig sein, wenn sie nicht an das Blut Jesu Christi glauben. Wer es fassen kann, der fasse es! Keinen blähe seine Stellung auf; das Ganze nämlich ist Glaube und Liebe; diese übertrifft nichts. Lernet sie kennen, die Sonderlehren aufstellen über die Gnade Jesu Christi, die zu uns gekommen ist, wie sehr sie dem Willen Gottes entgegen sind! Um die (Nächsten-) Liebe kümmern sie sich nicht, nicht um die Witwe, nicht um die Waise, nicht um den Bedrängten, nicht um den Ge-

fangenen oder Freigegebenen, nicht um den Hungernden und Dürstenden."

(Brief an die Smyrnäer 6)

In dem Brief an die Trallianer kann man einen Hinweis auf die „Plätze" und „Rangordnung" der Engel erkennen, die es bzgl. der Engelsvorstellungen bereits zu dieser Zeit gab. Wir werden weiter unten bei Dionysios Areopagita noch eine systematische Darstellung dieser Rangordnung sehen. Im Brief des Hl. Ignatius finden wir gerade auch im Zusammenhang mit der Erwähnung der Engel wieder die Formulierung „das Sichtbare und das Unsichtbare", die wir oben schon als Anknüpfungspunkt für den Glauben an die Existenz von geschaffenen, aber unsichtbaren Engel gesehen haben. Für Ignatius ist dieses Wissen aber keineswegs Voraussetzung oder Bedingung für den Christen, im Gegenteil: es kann sogar schädlich sein.

Der zweite Brief des Hl. Ignatius, aus dem wir hier zitierten, erwähnt wieder die Unterordnung der Engel unter Jesus Christus und spielt erneut auf den Fall der Engel an, der ja gerade in der Sünde der Auflehnung gegen Gott und Gottes Sohn gesehen wird.

Augustinus

Von größter Bedeutung für unser Verständnis von Engeln und für die Theologie der ungetrennten Christenheit, d.h. vor dem großen Schisma zwischen Ost- und Westkirche, zwischen der Kirche Konstantinopels und der Kirche Roms, sind vor allem die Schriften von zwei Autoren. Zum einen des Heiligen Augustinus, Bischof von Hippo Regius, zum anderen des sogenannten Dionysius Areopagita. Mit beiden werden wir uns im folgenden näher beschäftigen, konzentriert auf ihre Aussagen zu den Engeln. Man kann die Auswirkungen ihrer neuen Ansätze gar nicht hoch genug einschätzen, da wir diese bis in die Mystik des Hochmittelalters hinein fortgeführt finden – und damit bis heute, weil die mystischen Schriften eines Meister Eckhart oder eines Johannes Tauler und eines Heinrich Seuse auch heute noch sehr populär sind und viel mehr gelesen werden als z.B. die hochspekulativen Werke der scholastischen Theologen wie z.B. des Thomas von Aquin.

Zunächst Augustinus. Bekannt ist er sozusagen als „Größter der lateinischen Kirchenväter", auch dies ein Grund, bei ihm genauer nachzusehen, was er zu den Engeln geäußert hat. Von Augustinus sind sehr umfangreiche Werke erhalten, in denen wir einen neuen Ansatz zum Verständnis finden können. Augustinus selbst starb nach einem ziemlich bewegten und vor allem auch von inneren Kämpfen gezeichneten Leben am 28. August 430 im afrikanischen Hippo Regius als Bischof dieser Stadt während der Belagerung durch die Vandalen. Dass er selbst einmal Priester und Bischof werden würde, war ihm nicht unbedingt in die Wiege gelegt, auch wenn seine Mutter Monika selbst bereits Christin gewesen war, sein Vater Patricius aber nicht.

Augustinus wurde am 13.11.354 in Thagaste geboren, also ebenfalls in Nordafrika in einem Gebiet, das zu den römischen Provinzen gehörte. Sehr früh zeigte sich die hohe intellektuelle Begabung Augustinus', der nach Elementar- und Grammatikschule das Rhetorikstudium in Karthago aufnahm. Durch die Begegnung mit der Philosophie wandte er sich zunächst dem christlichen Manichäismus mit seiner sehr radikalen

Zwei-Prinzipien-Lehre zu, fand dann aber in mehreren Stufen wie z.B. über den Neuplatonismus zu einem vor allem auf den Schriften der Bibel gegründeten Glauben, der ihn 387 mit der Taufe zu einem Mitglied der allgemeinen, „offiziellen" Kirche werden ließ. Auf seinen Reisen kam er auch nach Hippo Regius, wo er 390 gedrängt wurde, das Priesteramt anzunehmen. Bereits 395 oder 396 wurde er zum Bischof geweiht und wuchs nach und nach in eine führende Position innerhalb der Kirche hinein.

Sein theologisches Werk atmet viel von den philosophischen und theologischen Auseinandersetzungen mit verschiedenen Strömungen der damaligen Zeit, inbesondere dem Manichäismus, dem er selbst eine Zeitlang angehangen hatte, dem Pelagianismus und auch (noch) mit dem Heidentum. Letzterer Auseinandersetzung verdanken wir das große Werk „Über den Gottesstaadt" („De Civitate Dei"), zu dem der Vorwurf den Anstoß gab, dass der Fall Roms (durch die Goten Alarichs) der Abwendung von den alten Göttern und der Hinwendung zum Christentum verschuldet wäre. Aus diesem Werk, das zu einem weit über diesen Anlass hinausgehenden theologischen Kompendium angewachsen war, sehen wir uns nun folgende Stellen bzgl. der Engel genauer an, um daraus die wichtigsten Lehren des „größten der lateinischen Kirchenväter" zu Engeln abzuleiten und zusammenzufassen.

Die Lehre der Heiligen Schrift über die Erschaffung der Engel

> „Nunmehr also, da ich über den Ursprung der heiligen Stadt zu handeln mir vorgenommen habe und zunächst von den heiligen Engeln sprechen zu sollen glaube, die einen großen Teil dieser Stadt ausmachen und einen um so glückseligeren, als sie niemals in der Fremde gepilgert, so werde ich die göttlichen Zeugnisse über sie, soweit es der Zusammenhang erfordert, mit Gottes Beistand zu erklären suchen. Im Schöpfungsbericht der Heiligen Schrift ist nicht ausdrücklich gesagt, ob und wo in der Reihenfolge die Engel erschaffen worden sind; aber wenn sie nicht überhaupt unerwähnt

geblieben sind, so sind sie zu verstehen unter dem Worte „Himmel“ in der Stelle: „Am Anfang schuf Gott Himmel und Erde“, oder besser unter jenem Lichte, wovon ich eben sprach. Dass sie nicht unerwähnt geblieben sind, schließe ich daraus, dass es heißt, von allen seinen Werken, die er erschaffen, habe Gott geruht am siebenten Tage, während andrerseits der Schöpfungsbericht beginnt mit den Worten: „Im Anfang schuf Gott Himmel und Erde“, so dass wir doch wohl annehmen müssen, er habe vor Himmel und Erde nichts erschaffen. Da also mit Himmel und Erde der Anfang gemacht wurde und die Erde, wie die Heilige Schrift weiter ezählt, zunächst nach ihrer Erschaffung unsichtbar und ungeordnet war und vor Erschaffung des Lichtes natürlich „Finsternis schwebte über dem Abgrund“, d.i. über einer Art unausgeschiedener Vermengung von Erde und Wasser (wo kein Licht ist, muss Finsternis herrschen) und danach alles durch Schöpfungsakte geordnet wurde, was nach dem Bericht in einer Folge von sechs Tagen zum Abschluss kam, wie sollten da die Engel unerwähnt geblieben sein, als gehörten sie nicht zu den Werken Gottes, von denen er am siebten Tage ruhte? Immerhin jedoch ist an dieser Stelle, wenn auch nicht unerwähnt geblieben, so doch auch nicht klar ausgesprochen, dass die Engel Gottes Werk seien; aber anderwärts bezeugt dies die Heilige Schrift mit ganz klaren Worten. So werden in dem Lobgesang der drei Männer im Feuerofen (Dan. 3, 57ff), wo es zunächst heißt: „Lobet den Herrn, alle Werke des Herrn“, in der darauffolgenden Aufzählung dieser Werke auch die Engel genannt; und im Psalm liest man: „Lobet den Herrn vom Himmel her, lobet ihn in den Höhen; lobet ihn, all seine Engel, lobet ihn, all seine Heere; lobet ihn, Sonne und Mond, lobet ihn, alle leuchtenden Sterne; lobet ihn, Himmel der Himmel, und die Wasser, die über dem Himmel sind, sie sollen loben den Namen des Herrn; denn er hat gesprochen, und sie sind geworden; er hat befohlen, und sie sind geschaffen worden“ (Psalm 148). Auch an dieser Stelle ist ganz unzweideutig durch göttliches Zeugnis ausgesprochen, dass die Engel von Gott erschaffen wurden, indem sie unter den übrigen himmlischen Wesen aufgeführt werden und dann zusammenfassend von allen gesagt ist: „Er hat gesprochen, und sie sind geworden". Sollten sie nun erst nach allem dem, was im Sechstagewerk aufgezählt wird, geschaffen sein? Das wäre doch eine recht sonderbare Annahme. Sie wird übrigens widerlegt und als unhaltbar erwiesen durch eine Schriftstelle von gleichem Gewicht, worin Gott sagt: „Als die Gestirne erschaffen wurden, lobten mich mit mächtiger Stimme alle meine Engel". (Ijob 38,7) Also waren die Engel schon da, als die Gestirne erschaffen wurden. Diese aber wurden am vierten Tage erschaffen. Werden wir demnach die Erschaffung der Engel auf den dritten Tag verlegen? Aber es ist ja offenkundig, was an diesem Tage erschaffen worden ist. Das feste Land wurde bekanntlich von den Wassern geschieden, diese beiden Elemente nahmen die ihrer Gattung zukommende Eigenart an und die Erde brachte hervor all das, was mit der Wurzel in ihr haftet. Also am zweiten Tag? Auch da nicht. Denn da wurde die Feste erschaffen zwischen den oberen und den unteren Wassern und Himmel genannt, die Feste, an der die Gestirne am vierten Tag erschaffen wurden. Kein Zweifel also, wenn die Engel überhaupt zum Sechstagewerk gehören, so sind sie jenes Licht, das den Namen Tag erhalten hat und das, um seine Einheit anzudeuten, nicht als der erste Tag, sondern als ein Tag bezeichnet ist. Und auch der zweite Tag ist kein anderer, noch der dritte oder die übrigen; vielmehr ist eben jener eine Tag wiederholt bis zur Sechs- oder Siebenzahl wegen der siebenmaligen Erkenntnis; eine sechsmalige der Werke, die Gott erschaffen hat, und eine siebente, die die Ruhe Gottes zum Gegenstand hat. Indem nämlich Gott sprach: „Es werde Licht" und das Licht entstand, sind die Engel, wofern man mit Recht bei diesem Licht an ihre Erschaffung denkt, in der Tat des ewigen Lichtes teilhaftig geworden, das nichts anderes ist als die unwandelbare Weisheit Gottes, durch die alles erschaffen worden ist und die wir den eingeborenen Sohn Gottes nennen; sie sind also, erleuchtet durch dasselbe Licht, durch das sie erschaffen worden, Licht geworden und werden als Tag bezeichnet auf Grund der Teilnahme am unwandelbaren Licht und Tag, d.i. am Worte Gottes, durch das sie selbst und alle übrigen Wesen erschaffen sind. Denn „das wahre Licht, das jeden Menschen erleuchtet, der in diese Welt kommt" (Johannes 1,9), es erleuchtet auch jeden reinen

Engel, so dass er Licht ist, nicht in sich selbst, sondern in Gott. Wendet er sich ab von ihm, so wird er unrein, wie alle die sind, die man unreine Geister nennt, nicht mehr Licht im Herrn, sondern Finsternis in sich selbst, losgelöst von der Teilnahme am ewigen Licht. Denn das Böse hat keine Wesenheit, vielmehr ist das, was man als böse bezeichnet, Verlust des Guten."
(De Civitate Dei XI, 9)

Haben wohl auch jene Geister, die in der Wahrheit nicht standhielten, teilgehabt an der Seligkeit, die die heiligen Engel seit ihrer Erschaffung immerdar genossen haben?

„Da es sich nun so verhält mit der Erschaffung jener Geist, die wir Engel nennen, so waren sie durchaus nicht eine Zeitlang zunächst Finsternis, sondern sie wurden sofort als Licht erschaffen, nicht aber so erschaffen, dass sie nur irgendwie Dasein und Leben gehabt hätten, vielmehr auch erleuchtet, so dass sie ein weises und glückseliges Leben hatten. Von dieser Erleuchtung haben sich gewisse Engel abgewandt und so die Auszeichnung eines weisen und glückseligen Lebens nicht behauptet, das nur denkbar ist als ein ewiges und seiner ewigen Dauer durchaus sicheres Leben; das Vernunftleben jedoch, wenn auch ein in Torheit verkehrtes, ist ihnen in einer Weise eigentümlich, dass sie es nicht verlieren können, auch nicht, wenn sie wollten. Freilich, inwieweit sie vor ihrer Sünde an jener Weisheit teilgenommen haben, wer könnte das feststellen? Jedenfalls werden sie in der Teilnahme daran nicht gleich gewesen sein denen, die deshalb wahrhaft und vollkommen glückselig sind, weil sie über die ewige Dauer ihrer Glückseligkeit nicht dem leisesten Irrtum unterliegen; denn wären sie ihnen darin gleich gewesen, so hätten auch sie in der ewigen Dauer der Teilnahme gleich glückselig sein müssen, weil sie die gleiche Sicherheit der ewigen Dauer gehabt hätten. Denn ein Leben, das ein Ende nimmt, kann, mag es währen, solang es will, doch nur Leben, nicht ewiges Leben genannt werden. Leben hat ja seinen Namen allein

schon von leben, ewiges Leben dagegen davon, dass es kein Ende nimmt. Nun ist freilich nicht alles, was ewig ist, sofort auch schon glückselig (denn auch das Straffeuer wird als ewig bezeichnet); allein wenn es zum Wesen des wahrhaft und vollkommen glückseligen Lebens gehört, dass es ewig sei, so war von der Art nicht das Leben jener Geister, von denen hier die Rede ist. Denn es sollte einmal aufhören und war also nicht ewig, gleichviel ob sie das wussten oder in Unwissenheit darüber einer anderen Meinung waren; wussten sie es, so war es die Furcht, wussten sie es nicht, so war es der Irrtum, was sie an der Glückseligkeit hinderte. War aber etwa ihr Nichtwissen in diesem Punkte von der Art, dass sie einem trüglichen und unsicheren Zustand nicht trauten, vielmehr hin und her schwankten zwischen den beiden Möglichkeiten, dass ihre Glückseligkeit ewig sei oder dass sie einmal ein Ende nehme, so schloss eben diese Unsicherheit einem so großen Glück gegenüber jene Fülle glückseligen Lebens aus, die wir bei den heiligen Engeln annehmen. Wir schränken ja den Begriff „glückseliges Leben" nicht zu so enger Bedeutung ein, dass wir es Gott allein zuschrieben. Er freilich ist in Wahrheit so glückselig, dass es eine größere Glückseligkeit nicht geben kann, und was bedeutet ihr gegenüber die den Engeln eigene Glückseligkeit, auch die höchste, deren sie fähig sind!"
(De Civitate Dei XI, 11)

Das Wissen der heiligen Engel ist derart, dass sie die Dreifaltigkeit unmittelbar in ihrer Gottheit erkennen und die Ursachen der Schöpfungswerke früher in der Gestaltungskraft des Schaffenden als in den Schöpfungen des Gestaltenden schauen.

„Diese heiligen Engel also erlangen ihre Kenntnis von Gott nicht durch vernehmbare Worte, sondern durch die unmittelbare Gegenwart der unwandelbaren Wahrheit, d.i. durch sein eingeborenes Wort, und sie wissen um dieses Wort und um den Vater und den Heiligen Geist der beiden und dass dies eine untrennbare Dreifaltigkeit und jede Person in ihr eine Wesenheit sei und dennoch alle zusammen nicht drei Götter seien, sondern ein Gott, das also wissen sie so, dass es ihnen genauer bekannt ist, als wir uns selbst kennen. Selbst auch die Schöpfung erkennen sie dort, in der Weisheit Gottes als der Gestaltungskraft, durch die sie geworden ist, vollkommener als in ihr selbst; und demnach auch sich selbst dort vollkommener als in sich selbst, jedoch erkennen sie sich auch in sich selbst. Denn sie sind erschaffen und sind etwas anderes als der, der sie erschaffen hat. Dort also, in der Gestaltungskraft Gottes, erkennen sie, wie schon oben ausgeführt wurde, die Dinge gleichsam in tagesheller Erkenntnis, in den Dingen selbst aber wie in dämmeriger Erkenntnis. Es ist nämlich ein großer Unterschied, ob man etwas erkennt in der Idee, der gemäß es gemacht ist, oder ob man es erkennt in sich selbst; so wie das Wissen um die gerade Linie und um die Richtigkeit geometrischer Figuren verschieden ist, je nachdem man ihre Gesetze erfasst oder die Figuren nur in den Sand zeichnet, und das Wissen um die Gerechtigkeit verschieden, je nachdem man sie in der unwandelbaren Wahrheit oder in der Seele des Gerechten erkennt.

Dasselbe gilt ebenso auch von den übrigen Wesen: so von dem Firmament zwischen den oberen und unteren Gewässern, das den Namen Himmel und Erde erhalten hat; so unterhalb des Firmamentes von dem Zusammenströmen der Gewässer, der Freilegung der Erde, der Hervorbringung von Pflanzen und Bäumen; so von der Erschaffung von Sonne, Mond und Sternen; so von der Erschaffung der Tiere, die aus den Gewässern hervorgingen, nämlich der Vögel, der Fische und der schwimmenden Ungetüme; so von der Erschaffung aller Tiere, die auf der Erde gehen oder kriechen, und von der des Menschen, der alles auf Erden überragen sollte. All das wird von den Engeln im Worte Gottes, worin die Ursachen und Ideen davon liegen, jene unwandelbar beständigen, denen gemäß es erschaffen worden ist, anders erkannt als in sich selbst. Jene Erkenntnis ist klarer, diese dunkler, ein Unterschied wie der zwischen der Erkenntnis der Gestaltungskraft und der der Werke. Indem dann diese Werke zum Lobpreis und zur Verehrung des

Schöpfers in Beziehung gesetzt werden, leuchtet gleichsam der Morgen auf im Geiste der Schauenden."
(De Civitate Dei XI, 29)

Man kann recht wohl unter der Bezeichnung „Licht und Finsternis" die beiden verschiedenen und ungleichartigen Genossenschaften der Engel verstehen.

„Dass jedoch Engel gesündigt haben und in die unteren Teile des Weltganzen, die ihnen als eine Art Kerker dienen, hinabgestoßen worden sind bis auf die bevorstehende letzte Verurteilung am Tage des Gerichtes, das lehrt der Apostel Petrus ganz unzweideutig, indem er sagt, dass Gott der sündigenden Engel nicht geschont, sondern sie zurückgestoßen und finsteren Kerkern übergeben habe, um sie zur Bestrafung im Gerichte aufzubewahren (2 Petrus 2,4). Kein Zweifel also, dass Gott zwischen diesen und den anderen Engeln in seinem Vorherwissen und tatsächlich eine Scheidung vorgenommen hat; und kein Widerspruch ist zu fürchten, wenn wir sagen, dass der eine Teil mit Recht als Licht bezeichnet werde; werden doch auch wir, die wir noch im Glauben leben und erst hoffen, ihnen gleich zu sein, keineswegs aber es schon sind, gleichwohl Licht vom Apostel genannt, da er spricht: „Ihr wart einst Finsternis, jetzt aber seid ihr Licht im Herrn" (Epheser 5,8). Und dass umgekehrt die Abtrünnigen sehr passend als Finsternis bezeichnet werden können, das werden doch wohl alle bemerken, die einsehen oder gläubig annehmen, dass diese abgefallenen Engel schlechter sind als ungläubige Menschen. So stehen die beiden Genossenschaften der Engel vor uns; die eine im Genusse Gottes schwelgend, die andere schwellend in Gelüsten des Stolzes; von der einen gilt das Wort: „Betet ihn an, ihr alle, reine Engel" (Psalm 96,7), bei der andern ergreift ihr Führer das Wort und spricht: „Falle nieder und bete mich an, so will ich dir alles geben" (Matthäus 4,9); die eine flammend in reinem Feuerbrand heiliger Liebe zu Gott, die andere düster qualmend in unreiner Liebe zu eigener Hoheit. Und da nach einem Schriftwort „Gott den Hoffärtigen widersteht, den Demütigen aber Gnade gibt" (Jakobus 4,6; 1 Petrus 5,5), die eine erhaben thronend im obersten Himmel, die andere, von dort herabgestürzt, im untersten Lufthimmel schwirrend; jene in sich gefriedet durch eine lichtvolle Gottseligkeit, diese von finsteren Begierden zerwühlt; jene auf Gottes Wink erbarmungsvoll hilfsbereit oder aber gerechte Rache vollstreckend, diese auf eigene Faust brennend vor Hochmut und Begier zu unterjochen und Unheil zu stiften; jene der Güte Gottes dienstbar, um nach Herzenslust Gutes zu wirken, diese durch die Macht Gottes im Zaume gehalten, um nicht nach Herzenslust Schaden anzurichten; jene überlegen lächelnd, dass diese wider Willen durch ihre Verfolgungen Nutzen schafft, diese voll Wut und Neid, wenn jene die Ihrigen von der Pilgerschaft heimholt. Mag also immerhin ein anderes Licht zu verstehen sein in der Stelle der Genesis: „Gott sprach: Es werde Licht, und es ward Licht" und eine andere Finsternis da, wo es heißt: „Gott schied zwischen dem Licht und der Finsternis", jedenfalls war die Erörterung dieser dunklen Stelle nicht unnütz. Denn sollten wir auch den vom Verfasser der Genesis beabsichtigten Sinn nicht getroffen haben mit der Annahme, dass die beiden unter sich so verschiedenen und einander entgegengesetzten Genossenschaften der Engel, wie sie uns in anderen deutlicheren Zeugnissen der Heiligen Schrift klar entgegentreten, die eine sowohl von Natur aus gut als auch ihrer Willensrichtung nach in Ordnung, die andere dagegen zwar auch von Natur aus gut, aber ihrer Willensrichtung nach verkehrt, auch in dem Buche Genesis und zwar hier mit den Ausdrücken „Licht" und „Finsternis" angedeutet seien, so sind wir doch von der Richtschnur des Glaubens nicht abgewichen, wie er den Gläubigen durch andere Schriftstellen von gleichem Gewicht hinreichend bekannt ist. Mag nämlich immerhin in jener Genesisstelle von körperhaften Werken Gottes die Rede sein, so doch von solchen, die zu geistigen unbestreitbar eine Beziehung der Ähnlichkeit haben, auf Grund deren der Apostel sagt: „Ihr alle nämlich seid Kinder des Lichtes und Kinder des Tages; wir sind nicht Kinder der Nacht und der Finsternis" (1 Thessalonicher 5,5). Wenn dagegen der Verfasser selbst auch die Geisterwelt gemeint hat, nun so hat unsere mühsame

Erörterung zu einem um so günstigeren Ergebnis geführt, zu dem Ergebnis nämlich, dass ein Gottesmann von so außerordentlicher und göttlicher Weisheit oder vielmehr durch ihn der Geist Gottes bei Aufzählung der Werke Gottes, die ja, wie er sagt, am sechsten Tage alle vollendet waren, die Engel durchaus nicht übergangen habe, ob nun die Worte „Im Anfang" gebraucht sind in dem Sinne, dass der Anfang des Erschaffens oder – eine Aufassung, die sich besser empfiehlt – in dem Sinne, dass die Erschaffung im eingeborenen Worte damit bezeichnet wird, in der Stelle: „Im Anfang schuf Gott Himmel und Erde". Mit diesen Ausdrücken wird die gesamte Schöpfung bezeichnet, entweder die geistige und die körperhafte – und das ist das wahrscheinlichere – oder die bieden großen Teile des Weltganzen, die alles, was geschaffen worden ist, in sich schließen, so dass der Verfasser zuerst von der Schöpfung im Ganzen gesprochen und dann deren Teile an der Hand der geheimnisvollen Tagezahl durchgegangen hätte."

(De Civitate Dei XI, 33)

Die Ursache der Glückseligkeit der guten und der Unseligkeit der bösen Engel

„Demnach liegt die wahre Ursache der Glückseligkeit der guten Engel darin, dass sie dem anhängen, der im höchsten Sinne ist. Fragt man aber nach der Ursache der Unseligkeit der bösen Engel, so bietet sich als solche von selbst dar die Abkehr von dem, der im höchsten Sinne ist, und die Hinkehr zum eigenen Wesen, das nicht im höchsten Sinne das Sein hat; und dieses Gebrechen, wie soll man es anders nennen als Hochmut? Er ist ja „der Anfang aller Sünde".

Sie wollten also ihre Kraft nicht bei ihm bewahren, und während sie in höherem Grade das Sein hätten, wenn sie dem anhingen, der im höchsten Grade ist, haben sie ihm sich selbst und damit das, was in geringerem Grade ist, vorgezogen. Das ist der erste Mangel, die erste Verarmung, das Grundgebrechen jener Natur, die ihrem an-

erschaffenen Wesen nach nicht im höchsten Sinne sein, doch aber zu ihrer Glückseligkeit den im höchsten Sinne seienden zu genießen imstande sein und durch Abkehr von ihm das Sein zwar nicht verlieren, wohl aber in minderem Grade besitzen und darum unselig werden sollte. Sucht man nun nach der Wirkursache des bösen Willens, so stößt man auf nichts."
(De Civitate Dei XII, 6)

Wenn wir die Ansichten Augustinus über die Engel überblicken, Ansichten, die er auch an verschiedenen Stellen in anderen Werken ähnlich formulierte, so fällt sofort auf, dass wir nichts über Aussehen, Form und Gestalt von Engeln finden. Auch nichts über ihre Anzahl oder über eine mögliche Hierarchie. Für Augustinus gilt, dass man darüber nicht spekulieren sollte. Er wehrt sich auch deutlich gegen die Anbetung von Engeln, will höchstens - davon streng unterschieden - eine „Verehrung" tolerieren (Contra Faustum XX, 21), aber dafür keineswegs die Weihe von Kirchen zu Ehren von Engeln zulassen (De vera religio 110 bzw. Coll. contra Donatistas XIV).

Denn „Engel" ist für ihn kein Gattungsbegriff, sondern Bezeichnung für eine Aufgabe, eine Funktion. Was er uns tatsächlich über Engel sagt, ist auf den ersten Blick „schlicht" und relativ wenig:

Es gibt Engel und sie wurden am ersten Tag der Schöpfung mit dem „fiat lux" („es werde Licht") – berichtet in Genesis 1, 3 – geschaffen. Für Augustinus muss die Bibel allegorisch ausgelegt werden, eine Methode, die er bei Ambrosius in Mailand kennen gelernt hat und nach der hinter der rein wörtlichen Bedeutung immer eine zweite Bedeutung steckt. In diesem Fall wären mit dem „Licht" (als Licht) eigentlich die Engel gemeint, die noch vor allem anderen geschaffen worden sind.

Des weiteren ist für Augustinus auch eindeutig, dass Gott die Engel alle gut geschaffen hat, aber ein Teil von ihnen sich von Gott abwendet, d.h. Augustinus greift hier die Lehre vom selbstverschuldeten Fall eines Teils der Engel auf, schmückt aber auch dies nicht weiter aus. Insgesamt scheint für Augustinus die Lehre von den glückseligen guten und den unseligen bösen Engeln eher Ansatzpunkt für die Menschen zu sein, sich diesen Fall der Engel eine „Lehre“ sein zu lassen.

Wir können im Rahmen dieses Buches nicht auf die Einordnung der Engel in den Gottesstaat eingehen. Die Lehre des Augustinus vom Gottesstaat kann man nicht in wenigen Sätzen zusammenfassen, ohne grundlegende Missverständnisse heraufzubeschwören. Sie spiegelt immer noch eine gewisse innere Zerrissenheit oder einen gewissen inneren Dualismus ihres Verfassers wider, die auch nach seiner Bekehrung und Abwendung von der manichäischen Zwei-Prinzipien-Lehre weiterhin bestand.

Die Lehre vom Gottesstaat hatte auch nicht die langen Auswirkungen der Lehre des Augustinus, die wir oben erwähnt haben. Diese gehen von einem neuen Ansatz aus, den wir relativ unscheinbar eingeführt finden, so nebenbei, dass man den entscheidenden Satz im oben zitierten Abschnitt „De Civitate Dei“ XI, 29 fast überlesen könnte:

> „Es ist nämlich ein großer Unterschied, ob man etwas erkennt in der Idee, der gemäß es gemacht ist, oder ob man es erkennt in sich selbst.“

Augustinus ist zeit seines Lebens von platonischen, besser gesagt neu-platonischen Lehren beeinflusst gewesen, auch wenn er selbst sich später kritisch damit auseinandergesetzt und die Unterschiede zum Christentum herausgearbeitet hat. Augustinus’ Christentum war so stark von diesen Lehren geprägt, dass er sie in seinen Hauptwerken wie „De Civitate Dei“ nicht eigens thematisiert, sondern indirekt immer wieder anwandte. Er hat die neuplatonischen Lehren als erste in einer Weise verchristlicht, dass sie für die folgenden Jahrhunderte die christliche Theologie und Philosophie – für Augustinus kommt nur die Einheit von beiden Disziplinen in Frage – grundlegend mitbestimmt haben bis weit ins Hochmittelalter hinein, viel entscheidender als die spätere Scholastik aristotelischer Prägung.

Dionysius Areopagita

Wir wollen deshalb auf den folgenden Seiten uns ausführlich mit einem weiteren theologisch-philosophischen Werk neuplatonischer Prägung beschäftigen, das das meistzitierte Werk der christlichen Theologie bis zur frühen Neuzeit schlechthin darstellte, was allein schon die ungeheure Bedeutung ausdrückt. Die ganze Wirkungsgeschichte reicht sogar bis ins 20. Jahrhundert hinein. Bemerkenswert ist dabei, dass sie gewissermaßen mit einem Betrug begann.

Nach Kennenlernen dieses Werkes und seiner Wurzeln im Neuplatonismus können wir nochmals mit „neuen" Augen auf die Aussagen von Augustinus bzgl. der Engel zurückblicken und seinen auf den ersten Blick etwas eigenartig anmutenden Argumentationsweg besser verstehen.

Es handelt sich um das Werk „Über die Himmlische Hierarchie" („De coelesti hierarchia") von Dionysius Areopagita (Dionysios Areopagites), der oft auch Pseudo-Dionysius genannt wird, womit schon der oben genannte „Betrug" in den Namen eingeschlossen wird. Der eigentliche Name des um 500 n.Chr. lebenden Verfassers dieser und anderer einflussreicher Schriften ist bis heute unbekannt und wird vermutlich kaum mehr aufgedeckt werden können. Er selbst nennt sich Dionysius mit Anspielung auf die Apostelgeschichte 17,34: „Einige Männer aber schlossen sich ihm an und wurden gläubig, unter ihnen auch Dionysius, der Areopagit, außerdem eine Frau namens Damaris und noch andere mit ihnen." Der Zweck ist klar. Der Autor konnte durch die angebliche Nähe zum Apostel Paulus hohe Autorität für sein Werk beanspruchen und erwarten, dass es nicht kritisiert oder gar angegriffen würde. Letzteres hätte durchaus passieren können, weil er mit dem neuplatonischem Gedankengut, das er sehr intelligent verchristlich hat, sicher auch Gegnerschaft provoziert hätte. Aber durch die gewissermaßen unangreifbare Autorität wurde das Werk des Pseudo-Dionysius gegen alle Angriffe verteidigt, sogar als man bereits im 6. Jahrhundert an dieser frühchristlichen Verfasserschaft, also zur Zeit der Apostel selbst, Zweifel äußerte.

Für unsere Untersuchung ziehen wir nur das eine bereits genannte Werk des unbekannten Verfassers heran, um die mit Abstand einflussreichste Schrift für die christliche Vorstellung von den Engeln in den folgenden Jahrhunderten bis heute kennen zu lernen. Da die Ausdrucksweise des Textes nur schwer nachzuvollziehen ist, zitieren wir dazu die Schrift nicht vollständig im (aus dem Griechischen übersetzten) Original, sondern bringen eine Zusammenfassung aller Abschnitte, die den wichtigsten Gehalt komprimiert wiedergeben. Nur die zentralen Stellen, die wir anschließend für unsere weitere Erschließung genauer ansehen müssen, werden im vollen Wortlaut angegeben.

Himmlische Hierarchie

Kapitel I

Der Presbyter Dionysius an den Mitpresbyter Timotheus.

Jede göttliche Eingebung tritt aus Güte in buntgebrochenem Lichte in die der Vorsehung unterstellte Welt hervor und bleibt doch einfach. Aber noch mehr, sie bildet auch die Wesen, in welche sie einstrahlt, ins Eine um.

§ 1
Gleich allen Gaben Gottes steigt auch der Strahl göttlicher Erleuchtung vom Vater hernieder; er führt aber auch hinwieder zu der einen Quelle empor und bewirkt Einheit und Ähnlichkeit mit Gott.

> „Jede gute Gabe und jedes vollkommene Geschenk kommt von oben, indem es vom Vater der Lichter herabsteigt. Aber jedes Hervortreten der vom Vater erregten Lichtaustrahlung, welche gütig verliehen zu uns dringt, führt uns auch hinwieder als eine in Eins gestaltende Kraft aufwärts und vereinfacht uns und wendet uns wieder zur Einheit des Vaters, der vereinigt, und zu seiner vergottenden Einfachheit zurück. Denn aus ihm und zu ihm hin ist alles, wie das heilige Wort sagt."

§ 2
1) Unter Anrufung Jesu möge man an das Studium der heiligen Schriften herantreten, um aus ihnen Erkenntnisse über die himmlischen Geister zu schöpfen.
2) Das geistige Schauen auf die Lichtergießung des Vaters soll uns dann von dem Anblick der sinnfälligen Abbilder hinweg zu dem einfachen Strahl (der Offenbarung) emporheben.
3) Wenn dieser Strahl auch, um die der Vorsehung unterstehenden Wesen in Eins zu gestalten und mit sich zu vereinigen, in eine Vielheit austritt, so verharrt er doch in seiner Einheit und gliedert sich seine Adepten einheitlich ein.
4) Nur auf diese Weise, wenn der göttliche Strahl, durch mannigfache Hüllen verdeckt, für unsere (geistig-sinnliche) Natur moderiert ist, kann er uns aufleuchten.

§ 3
1) Die Rücksichtnahme auf unsere geistig-sinnliche Natur Gott bestimmt, unsere „kirchliche Hierarchie" nach demselben Grundgesetze zu gestalten wie die „himmlische Hierarchie", dass wir nämlich im Sinnfälligen das Unsichtbare erfassen.
2) Unser Erkenntnisvermögen ist zunächst auf die wahrnehmbaren Erscheinungen der Sinnenwelt, auf sichtbare Kultformen angewiesen, um sich ihrer als einer handgreiflichen Leitung zu bedienen und so die Engelwelt nachzuahmen.
3) Weil wir der himmlischen Hierarchie im heiligen (liturgischen) Dienst zugesellt sein sollen, sofern wir eine Nachbildung ihres himmlischen Priestertums darstellen, deshalb hat Gott in der Bildersprache der heiligen Schriften die Engel unserem Vorstellungsvermögen nahe gebracht, damit wir vom Sinnlichen zum Geistigen aufsteigen können.

> „Deshalb hat auch die heilige Satzung, welche dem Urquell aller Weihen entstammt, unsere heiligste (kirchliche) Hierarchie in der Form gewährt, dass sie dieselbe einer überweltlichen Nachahmung der himmlischen Hierarchie würdigte und diese eben erwähnten immateriellen Hierarchien in materiellen Gestalten und zusammengesetzten Gebilden auf mannigfach verschiedene Weise darstellte. Wir sollen nämlich unserer eigenen Natur entsprechend von

den heiligsten Gebilden aus zu den einfachen und bildlosen Aufschwüngen und Verähnlichungen erhoben werden. Denn es ist unserm Geiste gar nicht möglich, zu jener immateriellen Nachahmung und Beschauung der himmlischen Hierarchien sich zu erheben, wofern er sich nicht der ihm entsprechenden handgreiflichen Führung bedienen wollte. Und diese findet er darin, dass er die in die äußere Sichtbarkeit tretenden Schönheiten als Abbilder der unsichtbaren Herrlichkeit studiert, darin dass er die sinnlich wahrnehmbaren Wohlgerüche als Typen der geistigen Ausstrahlung und die materiellen Lichter als ein Sinnbild der immateriellen Lichtergießung betrachtet; darin dass er die ausführlichen heiligen Lehrvorträge als einen Widerhall der geistigen, in Beschauung gewonnenen Befriedigung, die Rangstufen der irdischen (kirchlichen) Ordnungen als einen Abglanz des harmonischen und wohlgeordneten Verhältnisses zum Göttlichen, die Teilnahme an der göttlichen Eucharistie als eine Darstellung der Gemeinschaft mit Jesus erkennt. Und das gleiche gilt von allen übrigen Dingen, welche den himmlischen Naturen auf eine überweltliche, uns aber auf eine symbolische Weise gewährt wird.
Um dieses uns entsprechenden Weges der Vergöttlichung willen offenbart uns die menschenfreundliche Urquelle aller Weihen die himmlischen Hierarchien und vollendet unsere Hierarchie durch die möglichst treue Verähnlichung mit dem gottähnlichen Priestertum jener zur Mitgenossin im heiligen Dienste. Das also ist der Grund, weshalb sie uns die überhimmlischen Geister in sinnlich wahrnehmbaren Bildern durch die mit heiligem Griffel in den heiligen Schriften gezeichneten Umrisse dargestellt hat, um uns so vermittels des Sinnlichen zum Geistigen und von den heilig umrissenen Sinnbildern aus zu den einfachen Höhenspitzen der himmlischen Hierarchien emporzuführen."

Kapitel II

Das Göttliche und Himmlische wird geziemend auch durch die nicht ähnelnden Sinnbilder veranschaulicht.

§ 1

1) Angabe der Disposition: Zweck der Hierarchie, ihre Vorteile, die himmlischen Chöre selbst, die plastischen Darstellungsmittel für dieselben, Abwehr von körperlichen, groben Vorstellungen, zu welchen die bildlichen Ausdrücke der heiligen Schrift, welche von Füßen, Angesichtern der Engel spricht und sie unter dem Bilde von Stieren, Löwen, Adlern, Vögeln usw. darstellt, Anlass geben könnten.

2) Nur mit Rücksicht auf uns hat uns Gott diese in Sinnbildern verhüllten Aufschlüsse über die Engelwelt gegeben.

> „Nun denn müsssen wir, denke ich, zunächst darlegen, was wir als Ziel jeder Hierarchie erachten und welchen Nutzen jegliche ihren Mitgliedern bringt; darnach haben wir die himmlischen Hierarchien nach ihrer Offenbarung in den heiligen Schriften zu schildern. Im Anschluss daran müssen wir dann zeigen, in welche heilige Gestalten die heiligen Beschreibungen der Schrift die himmlischen Ordnungen einkleiden und zu welcher Einfachheit man durch die (körperhaften) Gebilde erhoben werden soll, damit wir nicht auch gleich der (ungebildeten) Menge die unheilige Auffassung teilen, als wären die himmlischen und gottähnlichen Geister Wesen mit vielen Füßen und vielen Gesichtern und sie seien nach der tierischen Figur von Stieren oder nach der Raubtiergestalt von Löwen gebildet, oder sie seien nach dem Bilde der Adler mit einem Krummschnabel oder wie die (kleineren) Vögel mit einem struppigen Gefieder ausgestattet; damit wir nicht (sage ich), uns einbilden, es liefen da gewisse feurige Räder über den Himmel und es seien da Throne aus irdischem Stoff, welche der Urgottheit zum Zurücklehnen dienen, und es gäbe gewisse buntscheckige Pferde und speertragende Kriegsoberste und was sonst alles von der Schrift in heilige Plastik durch die bunte Fülle der bedeutungsreichen Sinnbilder uns überliefert ist. Denn ganz natürlich hat sich die Offenbarung bei den gestaltlosen Geistern der dichterischen heiligen Gebilde bedient, weil sie, wie gesagt, auf unser Erkenntnisvermögen Rücksicht nahm und für die ihm entsprechende und naturgemäße Emporführung Fürsorge trug und in Anpassung an dasselbe die anagogischen heiligen Darstellungen ausbildete.“

§ 2
1) Einwand: Bildliche Bezeichnungen für geistige Dinge sind zwar nicht zu verwerfen, aber der Bilderapparat der heiligen Schrift ist ungeziemend; sie sollte wenigstens geistig entsprechendere und naturgemäß edlere Anschauungen gebrauchen. Nicht zu billigen ist es, wenn die Schrift zu den niedrigen Vergleichungen herabsteigt, wodurch die himmlischen Geister beleidigt, wir selbst in Irrtum geführt und mit unwürdigen Vorstellungen erfüllt werden.
2) Antwort: Es offenbart sich gerade in dieser Redeweise der Schrift eine heilige Umsicht; weder wird ein Frevel an den Himmlischen begangen noch eine niedrige Auffassung befördert. Dadurch wird vielmehr unserem sinnlich-geistigen Erkenntnisvermögen Rechnung getragen und die schützende Verhüllung der ehrwürdigen Geheimnisse entzieht sie unheiligen Blicken.
3) Zweiter Einwand: Aber es sind doch hässliche Dinge, deren man sich schämt, unter diese Bilder gemischt.
4) Antwort: Es ist eine zweifache Art dieser geheimnisvollen Offenbarung zu unterscheiden.

§ 3
1) Die eine Art der Offenbarung bedient sich der homogenen Bilder, wie „Logos", „Verstand" usw., die andere aber der ganz unähnlichen und unpassenden Typen.
2) Wieder andere Bezeichnungen sind „Licht" und „Leben", welche allerdings mehr immaterielle Dinge besagen, aber gleichwohl nicht eine genügende Vorstellung von der über alles erhabenen Gottheit vermitteln.
3) An anderen Stellen wird die Gottheit vermittels Negationen der betreffenden Ähnlichkeiten geschildert, z.B. „unsichtbare", „unendlich" usw. Und diese Form der Prädizierung ist bei Gott passender, weil wir wahrheitsgemäß sagen, dass Gott nicht etwas nach Art der Dinge sei.
4) Sind demnach die verneinenden Aussagen über Gott den bejahenden vorzuziehen, so ist auch die Offenbarung durch die unähnlichen Darstellungsformen die angemessenere. Gerade die krasseren Einkleidungen erinnern an die Erhabenheit der himmlischen Geister und fügen ihnen keine Unehre zu. Desgleichen wohnt den stofflicheren Bildern eine stärkere Kraft inne, uns zum Geistigen zu erheben, denn an den edleren

Gestalten würde man leicht hängen bleiben und für buchstäblich nehmen, was nur metaphorisch gemeint ist.

4) Um solchen Irrtum zu verhüten, lässt sich die Schrift zu den niedrigeren Vergleichungen herab und scheucht uns von einem Verbleiben bei denselben hinweg.

5) Übrigens ist kein Ding gänzlich von der Anteilnahme am Schönen ausgeschlossen.

> „Die eine Art (der Offenbarung) nun nimmt, wie es sich geziemt, ihren Weg durch die ähnlichen, heilig geformten Bilder, die andere durch die unähnlichen Gestaltungen und formt diese in einer Weise, dass sie ganz ungeziemend und unpassend erscheinen. Bekanntlich bezeichnen die mystischen Überlieferungen der Offenbarungsschriften die verehrungswürdige Seligkeit der überwesentlichen Urgottheit an den einen Stellen als Logos und Nus und Usie (Wort, Geist und Wesen), um die göttliche Vernunft und Weisheit, sowie die wahrhaft seiende Existenz Gottes und die wahre Ursache der Existenz von allem, was ist, zu offenbaren. Und auch als Licht stellen sie die Urgottheit dar und benennen sie als Leben, figürliche, heilige Bezeichnungen, welche zwar ehrwürdiger sind und über die stofflichen Gestaltungen in gewisser Weise erhaben zu sein scheinen, aber auch so hinter einer wirklichen Ähnlichkeit mit der Urgottheit zurückbleiben. Denn sie ist über jegliche Wesenheit und jegliches Leben entrückt, kein Licht gibt es, das sie kennzeichnen mag, gar kein Gedanke (lógos) und gar kein Verstand (nous) ist mit ihr zu vergleichen und reicht an eine Ähnlichkeit mit ihr heran.
>
> Andern Orts wird sie aber auch von ebendenselben Schriften mit Prädikaten negativer Art überweltlich gefeiert, wenn sie dieselbe nämlich als Unsichtbares, Unermessliches, Unbegrenztes bezeichnen und das hervorheben, woraus nicht abzunehmen ist, was sie ist, sondern, was sie nicht ist. Denn das ist meines Erachtens ihr gegenüber auch mehr berechtigt, weil wir, wie die geheime und priesterliche Überlieferung nahe legte, in Wahrheit sagen, dass die Gottheit nicht nach Art eines der bestehenden Dinge existiere, dass wir aber ihre überwesentliche, unerkennbare und unaussprechliche Unbegrenztheit nicht kennen. Wenn also die verneinenden Aus-

sagen in Bezug auf das Göttliche wahr, die bejahenden dagegen unzutreffend sind, so ist dem Dunkel der unaussprechlichen Dinge die Offenbarung vermittels der unähnlichen Gebilde in dem Gebiet des Unsichtbaren mehr angemessen. Mithin erweisen auch die heiligen bildlichen Züge der Schriften den himmlischen Ordnungen nur Ehre und fügen ihnen keine Schmach zu, wenn sie dieselben vermittels unähnlicher Gestaltungen offenbaren und eben dadurch sie über alles Stoffliche überweltlich erhaben darstellen. Dass aber auch die unpassenden Vergleichungen unseren Geist besser emporheben, das, denke ich, wird kein Verständiger in Abrede stellen. Denn es ist natürlich, dass man bei den ehrenvolleren heiligen Bildern auch abirre und auf die Meinung kommt, es seien die himmlischen Wesen sozusagen goldartige Männer, lichtgestaltet, funkelnd, von herrlicher Schönheit, in schimmerndes Gewand gekleidet und ohne zu schaden feurig blitzend, oder irgendwelche ähnlich gebildete Figuren, in welchen sonst noch die Offenbarung die himmlischen Geister äußerlich dargestellt hat. Um nun diejenigen, welche keine höhere Schönheit kennen als die äußerlich erscheinende, vor diesem Fehler zu bewahren, lässt sich die anagogische Weisheit der heiligen Verfasser der Offenbarungsschriften auch zu den unpassenden Unähnlichkeiten heilig herab und duldet nicht, dass der sinnliche Teil in uns an den unedlen Bildern haften bleibe und in ihnen ruhe. Sie regt vielmehr das Höhere der Seele an und stachelt sie durch die Missgestalt der entworfenen Bilder auf, da es ja selbst den ganz fleischlichen Menschen nicht zulässig und wahr zu sein scheint, dass diesen so hässlichen Dingen die überhimmlischen und göttlichen Erkenntnisobjekte in Wirklichkeit ähnlich sind. Übrigens muss man auch den Umstand in Betracht ziehen, dass nicht einmal ein einziges der bestehenden Dinge der Teilnahme am Guten ganz und gar beraubt ist; da ja, wie die Wahrheit der Schrift sagt, ‚alles überaus gut ist'." (Gen 1,31).

§ 4

1) Man kann aus allen materiellen Dingen geistige Anschauungen gewinnen und ihnen die „unähnlichen Ähnlichkeiten“ (scheinbar widersprechende Vergleichungen) entnehmen.
2) Auf andere Weise kommen die betreffenden Prädikate den geistigen, auf andere den körperlichen Dingen zu. Erläuterung durch vier Beispiele: Zorn, Begierde, Unbändigkeit, Vernunft- und Empfindungslosigkeit.
3) Selbst aus den niedrigsten Teilen der Materie kann man passende Bilder für die himmlischen Geister formen, denn auch sie hat ihr Dasein von dem wahrhaft Guten und ein Echo der geistigen Harmonie und Schönheit klingt aus allen ihren Bereichen wider.
4) Solche Bilder können uns zu den immateriellen Urtypen erheben, vorausgesetzt, dass die betreffenden Ähnlichkeiten anders für das Geistige, anders für das Sinnfällige aufgefasst werden.

> „[...]Denn auch die Materie hat ihr Dasein von dem wahrhaft Schönen und besitzt durch alle Reiche ihrer Stoffwelt hindurch gewisse Nachklänge der geistigen Schönheit. Vermittels derselben vermag man sich zu den immateriellen Urbildern zu erheben, vorausgesetzt, dass man, wie gesagt, die Ähnlichkeiten nicht als ähnlich nehme und dieselben nicht auf ein und dieselbe Weise, sondern in entsprechendem Einklag mit den geistigen und sinnfälligen Eigenschaften bestimmt.“

§ 5

1) Eine solche Bildersprache gebrauchten die inspirierten Schriftsteller nicht bloß, um die Engelsordnungen zu schildern, sondern auch um Offenbarungen über Gott zu vermitteln.
2) Dreierlei Arten dieser Bilder kann man unterscheiden; sie sind entnommen erstens von glänzenden Dingen, wie der Sonne usw., zweitens von Gegenständen mittleren Ranges, wie dem Feuer, drittens von den untersten Gebieten, wie Salben und Steinen, selbst vom Tierreich, wie Löwen usw., ja sogar von Würmern.
3) Auf diese Weise erreichen die heiligen Schriften einen dreifachen Zweck: erstens entrücken sie das Allerheiligste den Uneingeweihten; zweitens verwehren sie uns, an den Bildern als vermeintlich wahren hängen zu bleiben; drittens lehren sie, dass die verneinenden Prädikate über Gott und

die disparaten Nachbildungen mit ihrem schwächsten Nachhall des Göttlichen ehrenvoller für Gott sind.

4) Der Verfasser bekennt von sich selbst, dass ihn gerade die Dissonanz in diesen Vergleichen zu eindringenderem Studium angespornt, von den abstoßenden Gestalten hinweggescheucht und an geistige Auffassung gewöhnt habe.

5) Nach der Rechtfertigung der „hylischen" Vergleiche will er sich anschicken, das Wesen der Hierarchie und ihren Nutzen zu erklären.

6) Daran schließt sich die Bitte an „seinen Jesus", ihm als Wegweiser vorauszugehen, und die ernste Mahnung an den Empfänger der Schrift, den Bischof Timotheus, die nachfolgenden Lehren einerseits zur eigenen Heiligung ehrerbietig zu vernehmen, andrerseits sie vor den Unheiligen geheim zu halten.

> „[…] Auf diese Weise entrücken alle Gotteskundigen und Ausleger der geheimen Inspiration das Heilige des Heiligen (Sancta sanctorum) unberührbar den Uneingeweihten und Unheiligen und halten jene abweichende heilige Gestaltenbildung hoch, damit weder das Göttliche den Profanen leicht in die Hände falle, noch die eifrigen Beschauer der heiligen Bilder an den Typen hängen bleiben, als ob diese in sich wahr wären. Der weitere Zweck ist, dass das Göttliche durch die negativen Aussagen und durch die disparaten Anähnelungen, welche sogar bis an die äußerste Grenze des entsprechenden Nachhalls gehen, geehrt werde. Und so ist es also gar nicht ungereimt, wenn die heiligen Schriften auch für die himmlischen Wesen aus den widersprechenden unähnlichen Ähnlichkeiten wegen der erwähnten Gründe bildliche Züge entnehmen."

Kapitel III

Das Wesen der Hierarchie und ihr Nutzen

§ 1

1) Hierarchie ist ihrem Wesen nach eine heilige Stufenordnung, Wissenschaft und Wirksamkeit, welche Verähnlichung mit Gott auf dem Wege der Erleuchtung bezweckt.

2) Die göttliche Urschöne, an sich allerdings durchaus einfach und unnahbar, teilt von dem eigenen Lichte nach Gebühr jedem mit, um ihn nach sich umzugestalten und zu vollenden.

§ 2

1) Zweck der Hierarchie ist Verähnlichung und Vereinigung mit Gott, welche dadurch erreicht wird, dass die Glieder der Hierarchie unverwandt auf Gottes Schönheit schauen und zu Gottesbildern, zu Spiegeln werden, welche aus dem Urquell des Lichtes den göttlichen Strahl aufnehmen und neidlos auf die tieferstehenden Ordnungen weiterstrahlen.

2) Hierbei herrscht ein strenges Gesetz: die Träger der Weihegewalten und die Empfänger der Weihen dürfen nie gegen die Bestimmungen Gottes handeln und in gar keinem Widerspruch mit ihnen stehen, wenn sie anders nach dem Glanze Gottes begehren und danach sich umbilden wollen.

3) Das Wort „Hierarchie" bezeichnet also eine heilige Institution, ein Abbild der göttlichen Schönheit, welches in abgestuften Ordnungen und Erkenntnissen die Geheimnisse der ihr gewordenen Einstrahlung auswirkt.

4) Die Vollendung besteht in der entsprechenden Erhebung zum Nachbilde Gottes und – was das Allergöttlichste ist – in der Teilnahme an der Wirksamkeit Gottes.

5) Weil die hierarchische Ordnung die aktive und passive Seite der Reinigung, Erleuchtung und Vollendung umfasst, so wird auch jedem Mitglied der himmlischen Hierarchie nach beiden Beziehungen das Bild Gottes zuteil werden.

6) Das Wesen der Gottheit duldet keine Vermischung mit etwas Fremdartigem, wirkt aber doch in den Geschöpfen Reinigung, Erleuchtung und Vollendung, ist selbst alles dieses oder vielmehr über alles dieses erhaben und der subsistierende Urquell aller Weihe und Vollendung.

§ 3

1) Die Reinigung, Erleuchtung und Vollendung im passiven Sinne besteht darin, dass die Glieder der Hierarchie von jeder Vermischung mit fremdartigen Elementen befreit, mit göttlichem Licht zur Kontemplation befähigt und der Kenntnis der geschauten Mysterien teilhaftig werden.

2) Die aktive Reinigung, Erleuchtung und Vollendung umfasst die dreifache Wirksamkeit innerhalb der Hierarchie, gemäß welcher die einen von der Überfülle der eigenen Reinheit den minder Reinen mitteilen, die andern den im eigenen Geiste überströmenden Lichtglanz auf die empfänglichen Geister der tieferen Ordnung ergießen, die dritten vermöge ihrer vollkommeneren Erkenntnis auch andere in die Wissenschaft der geschauten Geheimnisse einweihen.
3) So wird jede hierarchische Stufe ihrem Grade entsprechend zum Mitwirken mit Gott erhoben; sie wirkt aus Gnade, was der Gottheit von Natur zukommt und von ihr in der Hierarchie geoffenbart wird.

Kapitel IV

Die Bedeutung des Namens „Engel"

§ 1

1) Nachdem das Wesen der Hierarchie überhaupt bestimmt ist, soll die Hierarchie der Engel beschrieben werden. Die bildlichen Darstellungen derselben in der heiligen Schrift erfordern geistige Auffassung, damit man sich zu ihrem einfachen, gottähnlichen Wesen erhebe und Gott preise.
2) Erste Grundwahrheit ist, dass Gott aus Güte alle Dinge ins Dasein gerufen hat. Denn es ist ihm eigen, die Geschöpfe zur Teilnahme am Sein zu rufen, soweit es mit deren Natur übereinstimmt.
3) Alle Dinge unterstehen also auch der göttlichen Vorsehung, welche von der allerzeugenden Ursache, der sie das Dasein verdanken, ausgeht.
4) Die leblosen Dinge haben von Gott das Sein, die belebten (vernunftlosen) Geschöpfe nehmen teil an seiner belebenden Kraft, die vernünftigen und intelligiblen Geister partizipieren an seiner unendlichen Weisheit.
5) Selbstverständlich umstehen ihn zunächst diejenigen, welche in mehrfacher Weise an ihm Anteil haben.

§ 2

1) Die Engelchöre haben in höherem Grade als die übrigen Wesen Anteil an dem göttlichen Sein.
2) Sie bilden sich in rein geistiger Weise nach dem Bilde Gottes um; ihrem intensiven Verlangen nach Gottähnlichkeit entspricht eine reiche Anteilnahme an Gott und göttlichem Leben.
3) Wie sie zuerst und mehrfach am Göttlichen Anteil nehmen, so sind sie auch die ersten und mehrfach verwendeten Organe der göttlichen Offenbarung. Daher ihr Name „Engel" („angeloi" = Melder), denn sie erfahren zuerst die göttliche Erleuchtung und vermitteln dann uns die Offenbarungen.
4) So wurde das Gesetz durch Engel gegeben, und von Engeln wurden die großen Männer mannigfach zu Gott geführt.

§ 3

1) Gott selbst ist nach seinem verborgenen Wesen nie einem Menschen erschienen, er hat sich aber manchen Heiligen in Visionen geoffenbart. Die heilige Schrift nennt solche Gesichte „Theophanien".
2) Unsere heiligen Väter wurden durch die Engel solcher Erscheinungen Gottes gewürdigt, so z.B. wurde Mose das Gesetz geoffenbart.
3) Derselbe Umstand, dass durch Engel das Gesetz vermittelt wude, belehrt uns auch über die allgemeine Grundregel, dass die Mitglieder der tieferen Ordnung vermittels der höheren zu Gott emporgeführt werden, ja dass auch innerhalb ein und derselben Ordnung sich wieder erste, mittlere und letzte Kategorien nach derselben Funktion unterscheiden.

§ 4

Weitere Beispiele:
1) Engel haben die Menschwerdung Christi erfahren und sie dann uns mitgeteilt. So hat Gabriel dem Zacharias die Geburt eines Sohnes verkündet, und derselbe Engel belehrte Maria über ihre Mutterschaft. Ein anderer Engel klärte die Zweifel Josephs auf. Wieder ein anderer brachte den Hirten die frohe Botschaft, und ein ganzes Heer von Engeln ließ den Lobgesang erschallen.

2) Selbst Jesus hat dem durch Engel vermittelten Befehl des Vaters sich unterworfen, wie bei der Flucht Josephs nach Ägypten und bei der Rückkehr nach Judäa. Auch unmittelbar ward Jesus der Wille des Vaters durch Engel kundgetan und er fügte sich ihnen, wie z.B. am Ölberg. Ja, er selbst wird „Engel des großen Ratschlusses" genannt, da er uns meldete, was er vom Vater gehört.

Kapitel VI

Die erste, zweite und dritte Ordnung der himmlischen Wesen

§ 1

1) Zahl, Beschaffenheit und Vollendung der himmlischen Ordnungen kennt nur Gott. Die Engel selbst wissen um ihre eigenen Kräfte, Erleuchtungen und ihren Staat.

2) Die Menschen sind nur insoweit im Stande, die Mysterien der Engelswelt zu erfassen, als Gott durch die Engel selbst sie belehrt hat. Daher kann nur im Anschluss an die göttliche Offenbarung von der Frage gehandelt werden.

§ 2

1) Die heilige Schrift hat neun Namen für die Engel; der „Lehrer" des Dionysius ordnet je drei Chöre in eine Gruppe und stellt also drei Triaden auf.

2) Die erste Triade ist die nächste um Gott und umfasst die Throne, Kerubim und Serafim. Sie ist Gott am ähnlichsten und empfängt die göttlichen Strahlen unmittelbar. Die zweite Triade besteht aus den Gewalten, Herrschaften und Mächten. Die letzte Triade bilden die Engel, Erzengel und Fürstentümer.

Kapitel VII

Die Serafim, Kerubim und Throne und die erste von ihnen gebildete Hierarchie

§ 1

1) Die Namen der Engelschöre bezeichnen die Eigentümlichkeit derselben.

2) „Serafim" bedeutet die „Entflammer" oder „Erglüher", „Kerubim" besagt „Füller der Erkenntnis" oder „Ergießung der Weisheit".

3) Mit Recht wird der Dienst der obersten Hierarchie von den höchsten Engeln versehen, welche zunächst die Strahlen der Gottheit aufnehmen.

4) Die „Throne" sind der gleichen beiden Namen teilhaftig.

5) Die Benennung „Serafim" deutet auf das Bewegliche, Glühende dieser Engelsnaturen, welche nach Art des Feuers die tieferstehenden Wesen ebenfalls erglühen machen, reinigen und jegliches Dunkel verscheuchen. Der Name „Kerubim" bezeichnet die Fülle der Erkenntnis Gottes, die höchste Aufnahmefähigkeit hierfür und das Vermögen, von diesem Lichte mitzuteilen. Der Name „Throne" gibt zu verstehen, dass die also genannten Engel über alles Niedrige erhöht und dem Höchsten unentwegt zugesellt sind, dass sie der Einkehr Gottes gewürdigt und „Gottesträger" (theophóroi) sind, die für die göttlichen Einsprechungen die ehrfurchtsvollste Empfänglichkeit zeigen.

§ 2

1) Nach Erklärung der Namen ist das besondere Wesen der obersten Hierarchie (Triade) zu erklären, denn dass Reinigung, Erleuchtung und Vollendung, sowohl im aktiven wie im passiven Sinne, jeder Hierarchie eigen ist, wurde schon früher gezeigt.

2) Jene höchsten Geister, welche unmittelbar um Gott stehen, bilden eine eigene Hierarchie.

3) Rein sind sie zu nennen, nicht bloß weil sie keiner Verunreinigung ausgesetzt sind, sondern weil sie die höchste Heiligkeit besitzen und unwandelbar die Höhe ihrer Vollkommenheit behaupten.

4) Beschauend sind sie, nicht in dem Sinne, als ob sie sinnlich wahrnehmbare Bilder nötig hätten, sondern insofern, als sie in immateriellem Lichte die Trinität schauen und mit Jesus in nächster Gemeinschaft stehen. Sie prägen das Nachbild Gottes am treuesten in sich aus und stehen der Einwirkung von Christi Tugenden am nächsten.
5) Vollendet werden sie genannt, weil sie nicht eine diskursive Erkenntnis besitzen, sondern von der Gottheit in der höchsten Form unmittelbar erleuchtet und vollendet werden.

§ 3
1) Beweis aus der heiligen Schrift, dass die tieferstehenden Engel von den höheren über die Werke Gottes unterrichtet, diese letzteren aber unmittelbar von Gott selbst aufgeklärt werden: An der einen Stelle der Schrift erscheinen Engel, welche über Christus von anderen Engeln belehrt werden; ferner führt die Schrift eine Gruppe von Engeln ein, welche über Jesus im Ungewissen sind und direkt von ihm eine Antwort erhalten.
2) Wunderbar ist die Zurückhaltung, mit welcher selbst die höchsten Engel nach Aufschluss der göttlichen Geheimnisse verlangen.
3) So wird also die oberste Triade der Engel von Gott selbst gereinigt, erleuchtet und vollendet.
4) Es beruht sowohl die Reinigung wie die Erleuchtung und Vollendung auf der Mitteilung der göttlichen Erkenntnis, sofern diese die Unwissenheit vertreibt, positive Erleuchtung gewährt und im Genusse des Lichtes vollendet.

§ 4
1) Die geschilderte erste Triade genießt die höchste Sicherheit, Ehre und Wonne der unmittelbaren Anschauung Gottes. Die Quelle dieser Seligkeit ist in sich höchste Einheit, in ihren Ausflüssen Vielheit; Ähnlichkeit, Gemeinschaft und Mitwirksamkeit mit Gott und höchste Kenntnis Gottes entspringen ihr.
2) Eine Ahnung davon geben uns die Lobgesänge der Engel im Himmel, von denen in der heiligen Schrift die Rede ist. Der Verfasser verweist darüber auf sein früheres Werk über die „Göttlichen Hymnen“.

3) Aus demselben soll wiederholt werden, dass die oberste Hierarchie ihr Wissen gütig den tieferen mitteilt und dadurch zu erkennen gibt, dass die Gottheit mit Fug und Recht von den seligen Geistern verherrlicht werden soll.
4) Aber auch die eine Gottheit in drei Hypostasen, die allwaltende Vorsehung, Urquell und Ursache von allem, ist Gegenstand jenes Lobpreises.

Kapitel VIII

Die Herrschaften, Gewalten und Mächte und die von ihnen gebildete mittlere Hierarchie

§ 1
1) Bei Betrachtung der mittleren Ordnung bilden wieder die betreffenden Namen der Chöre den Schlüssel der Erklärung.
2) Die Herrschaften (kyriótetes) erfreuen sich eines jeder Knechtschaft entrückten Herrschertums, streben stets zur Urquelle aller Herrschaft empor und bilden nicht nur sich selbst danach um, sondern ziehen auch die unteren Chöre zu ihr hinauf.
3) Die Mächte (dynámeis) besitzen eine unerschütterliche Mannhaftigkeit und Aufnahmefähigkeit für die göttlichen Erleuchtungen. Im steten Hinblick auf die göttliche Urmacht stellen sie deren Bild in sich selbst her und führen die tieferen Chöre zu ihr empor.
4) Die Gewalten (exousíai) bilden eine unverwirrbare Ordnung für die Aufnahme des Göttlichen, missbrauchen nie ihre Kräfte zu niederen Zwecken, sondern erschwingen sich unbehindert zu Gott und fördern die tieferstehenden Chöre in der gleichen Richtung.
5) Auf diese Weise vollzieht sich für die zweite Triade die Reinigung, Erleuchtung und Vollendung, indem die göttlichen Strahlen durch Vermittlung der ersten Triade auf sie übergeleitet werden.

§ 2
1) Die Tatsache, dass einem Engel durch einen anderen (höheren) Engel eine Kunde vermittelt wird, lehrt, dass die so vermittelte Vervollkommnung eine abgeschwächte ist; es herrscht hier dasselbe Gesetz, welches

auch in der kirchlichen Hierarchie gilt. Deshalb werden auch die obersten Engel von der kirchlichen Überlieferung als Vollender, Erleuchter und Reiniger der unteren Chöre bezeichnet.
2) Die Urquelle aller Stufenordnung hat dies als festes Gesetz aufgestellt, dass die niederen Klassen durch die höheren an den göttlichen Einstrahlungen Anteil gewinnen.
3) Verschiedene Beispiele aus der heiligen Geschichte bestätigen dies, so z.B. die Vision des Zacharias über das Wiederaufblühen Jerusalems, desgleichen die Ezechiel zuteil gewordene Verheißung, dass die Unschuldigen von den Schuldigen ausgesondert würden. Andere Beispiele aus Daniel 9, 23; Ezechiel 10, 1 und 10, 7; Daniel 8, 16 werden noch angeführt.
4) Je mehr die kirchliche Hierarchie nach diesem in der himmlischen Hierarchie herrschenden Fundamentalgesetz sich gestaltet, desto mehr wird sie an der Schönheit derselben teilnehmen und dem obersten Prinzip aller hierarchischen Gliederungen angenähert werden.

Kapitel IX

Die Fürstentümer, Erzengel und Engel und die letzte von ihnen gebildete Hierarchie

§ 1
1) Die letzte Triade wird aus den Fürstentümern, Erzengeln und Engeln gebildet und es ist wieder eine Erklärung der ihnen beigelegten Namen zu geben.
2) Der Name der Fürstentümer besagt den Fürstencharakter dieser Engel, ihre Hinwendung zum Urquell allen Fürstentums und die Emporführung anderer zu demselben, ferner die Verähnlichung mit dem Urprinzip allen Fürstentums und dessen Widerspiegelung in der schönen Ordnung der fürstlichen Gewalten.

§ 2
1) Der gleichen Ordnung wie die Fürstentümer gehören die Erzengel (archángeloi) an. Gemäß der Gliederung jeder Hierarchie in erste, mittlere und letzte Stufen bilden die Erzengel durch ihre Mittelstellung die Ver-

bindung der äußeren Glieder. Mit den Fürstentümern haben sie gemeinsam die Hinwendung zum Urquell der Herrschaft und die Einigung der Engel vermittels einer wohlgeordneten Leitung. Mit den Engeln haben sie Teil an der Stellung von Dolmetschern, sofern sie die göttlichen Erleuchtungen durch die ersten Engel empfangen, den Engeln mitteilen und durch diese uns offenbaren.
2) Die Engel schließen die himmlischen Ordnungen ab. Sie werden mit größerem Recht als die anderen „Engel" genannt, weil sie der irdischen Welt am nächsten stehen. Es ist nämlich zu glauben, dass die oberste, Gott am nächsten stehende Triade auf die zweite hierarchisch einwirke, dass dann die zweite hinwieder Führerin der dritten sei, weil sie mehr als die erste, weniger aber als die dritte in Erscheinung tritt, dass endlich die dritte Triade das Vorsteheramt über die Hierarchien unter den Menschen inne hat, damit so einerseits der stufenweise Aufstieg zu Gott und die Vereinigung mit ihm, andererseits der auf der Güte Gottes beruhende, harmonische Abstieg seiner Mitteilungen sich vollziehe.
3) Deshalb finden wir in der Schrift unsere Hierarchie den Engeln zugewiesen, Michael als Herrscher des jüdischen Volkes und andere Engel als Herrscher anderer Völker bezeichnet.

§ 3
1) Auf den Einwand, warum dann bloß das israelitische Volk der Offenbarung teilhaft wurde, ist zu erwidern, dass man die Verirrung der anderen Völker nicht den über sie gesetzten Engeln Schuld geben dürfe, sondern den Fehlern der Völker selbst zuschreiben müsse. Ein Beweis hierfür ist der Vorwurf, der selbst dem auserwählten Volke Gottes gemacht wurde.
2) Die Menschen haben ihren freien Willen; der Strahl der Erleuchtung wird nicht in sich verdunkelt, sondern tritt entweder gar nicht in das geistige Auge ein, falls es keine Empfänglichkeit besitzt, oder teilt sich in verschiedener Stärke mit, je nachdem dasselbe mehr oder weniger gut disponiert ist.
3) Auch die heidnischen Völker, welchen der Verfasser ehedem angehörte, hatten nicht fremde Götter zu ihren Vorstehern; es gibt vielmehr nur einen Ursprung von allem und zu dem führten alle Engel empor. So z.B. ist Melchisedech ein Hierarch des wahren Gottes; er heißt „Priester" (Gottes),

um anzudeuten, dass er nicht bloß für seine Person sich zu Gott wandte, sondern auch andere zu Gott führte.

§ 4

1) Dem Pharao wurde von dem Engel Ägyptens, dem König von Babylon von dem zugehörigen Engel die Macht Gottes in Gesichten nahegebracht und Diener des wahren Gottes, wie Daniel und Joseph, traten für sie als Deuter solcher Offenbarungen auf.

2) Es gibt nur ein Urprinzip für alles, und die Urgottheit hat nicht in dem Sinn die Leitung Israels als ihres „Losanteils" geübt, dass für sich selbständige Engel oder fremde Götter an der Spitze der anderen Völker gestanden hätten, sondern das Schriftwort ist so zu verstehen, dass zwar die Vorsehung alle Menschen der Führung der zustehenden Engel überwiesen, tatsächlich aber fast eben nur Israel der Erkenntnis des wahren Gottes sich zugewendet hat.

3) Die Offenbarung will einerseits Israels Auslosung zum Dienste des wahren Gottes bezeichnen, andrerseits nennt sie Michael den Führer des Volkes Israel, um anzudeuten, dass dieses gleicherweise wie andere Völker irgendeinem Engel zuerteilt worden ist.

4) Hierin liegt die Lehre von der Einheit der Vorsehung und von der gemeinsamen Aufgabe der Engel, die einzelnen Völker zu Gott zu führen, ausgesprochen.

Kapitel X

Wiederholung und Zusammenfassung des über die Engelsordnung Gesagten

§ 1

1) Die oberste Ordnung der Engel wird unmittelbar von Gott auf eine uns mehr entrückte und lichtvolle Weise gereinigt, erleuchtet und vollendet.

2) Von dieser obersten Triade wird dann die zweite, von der zweiten die dritte Trias, von dieser endlich unsere Hierarchie zum Urprinzip aller Ordnung emporgeführt.

„Wir haben also das Ergebnis gewonnen, dass die vornehmste Ordnung der um Gott stehenden Geister von der Einstrahlung, die dem Urquell aller Weihevollendung entströmt, hierarchisch erfüllt und in unmittelbarer Erhebung zu demselben durch eine verborgenere und glanzvollere Lichtmitteilung der Urgottheit gereinigt, erleuchtet und vollendet wird. Durch eine verborgenere, insofern sie geistiger, mehr vereinfachend und mehr einigend ist, durch eine glanzvollere, weil sie zuerst gegeben, zuerst erscheinend und volleren Umfangs ist und in reichlicherem Maße in diese (erste) Ordnung, die ja durchleuchtbar ist, sich ergießt. Von ihr wir dann in entsprechendem Grade die zweite Ordnung, von der zweiten die dritte und von der dritten unsere Hierarchie nach dem gleichen Gesetz des wohlgeordneten Prinzips aller Ordnung in göttlicher Harmonie und Ebenmäßigkeit zu dem überanfänglichen Anfang und Endabschluss jeglicher Wohlordnung hierarchisch emporgeführt."

§ 2

1) Jeder Chor hat die Aufgabe, von dem ihm zunächst übergeordneten Chor Kunde zu geben, denn zur sukzessiven Emporführung ist das so bestimmt und jede Hierarchie dreistufig abgeteilt.

2) Auch innerhalb der einzelnen Ordnung sind wieder harmonische Abstufungen, wie aus Jesaja 6, 3 hervorgeht.

„Alle Chöre der Engel sind aber Offenbarer und Künder derer, die vor ihnen sind, die vornehmsten sind Offenbarer Gottes, ihres Bewegers; in entsprechendem Maße sind dann die übrigen Engel Offenbarer der von Gott bewegten Geister. Denn auf solche Art hat die überwesentliche Harmonie des Alls für die heilige Musterordnung und die festbestimmte Emporführung eines jeden vernünftigen und geistigen Wesens vorgesorgt, da sie auch für jede einzelne Hierarchie heiligmäßige Stufen festsetzte und wir jede Hierarchie in die ersten, mittleren und letzten Mächte geteilt sehen. Aber auch die einzelne Ordnung selbst hinwieder hat die Vorsehung, um es richtig zu sagen, nach den gleichen, göttlich harmonischen Maßverhältnissen unterschieden. Daher sagen die inspirierten Schriftsteller, dass sogar die göttlichsten Serafim einer dem andern zugerufen hätten, womit sie, wie ich glaube, deutlich zu erkennen geben, dass die ersten Engel den zweiten von den Erkenntnissen der Gotteswissenschaft mitteilen."

§ 3
Auch jeder Engel und Menschengeist besitzt eine dreifach abgestufte Ordnung von Kräften, welche dem hierarchischen Doppelgesetz des Nieder- und Aufstiegs unterworfen sind, um der Reinigung, Erleuchtung und Vollendung teilhaftig zu werden. Denn alles, ausgenommen Gott, bedarf der Vervollkommnung.

„Auch das dürfte ich wohl schicklich hinzufügen, dass selbst jeder einzelne himmlische und menschliche Geist für sich erste, mittlere und letzte Ordnungen und Kräfte eigentümlich besitzt, welche analog den geschilderten Erhebungen, wie sie den Einstrahlungen der einzelnen Hierarchien entsprechen, offenbar werden. Gemäß diesen Ordnungen und Kräften erlangt jeder einzelne Geist in dem ihm zustehenden und erreichbaren Maße Anteil an der überheiligsten Reinheit, dem übervollen Lichte, der absoluten Vollendung. Denn nichts ist in sich selbst vollendet oder überhaupt der Vollendung unbedürftig, außer das wahrhaft in sich selbst Vollendete und absolut Vollkommene."

Kapitel XII

Warum die Hierarchen bei den Menschen „Engel" heißen

§ 1
Warum der Bischof „Engel" genannt wird, da doch das Niedere nicht die ganze Fülle des Höheren besitzt.

§ 2
Antwort:
1) Das Niedere hat zwar nicht nach der ganzen Fülle am Höheren teil, aber doch wegen der Kontinuität aller Ordnungen in entsprechendem Teilmaße. So z.B. ist die Weisheit und Erkenntnis der Kerubim in einem bestimmten

abgeschwächten Grade auch den tieferen Chören eigen; irgendwie der Weisheit und Erkenntnis teilhaftig zu sein ist ein gemeinsamer Vorzug aller gottähnlichen Geister, aber der verschiedene Grad der Teilnahme entspricht der verschiedenen Aufnahmefähigkeit.
2) Dieses Gesetz gilt von allen göttlichen, geistbegabten Wesen. Demnach nennt die heilige Schrift mit Recht unseren Bischof einen Engel, weil er an dem Berufe der Engel, das Göttliche zu deuten, teilnimmt und ähnlich wie sie eine verkündende Tätigkeit ausübt.

§ 3
Sogar den Namen „Götter" legt die Schrift den Engeln und den heiligen Männern bei, obschon die Gottheit über alles Geschaffene erhaben ist. Trotzdem kann auch das geschaffene Wesen, welches zu möglichster Einigung mit Gott sich erhebt, den Gottesnamen tragen.

Kapitel XIV

Bedeutung der überlieferten Zahl der Engel

Wenn die heilige Schrift über die Zahl der Engel redet, so deutet sie an, dass wir die Menge der seligen Geister überhaupt nicht berechnen können. Das ist nur Gott bekannt, welcher den Engeln das Sein gegeben hat und mit seiner Kraft sie alle erhält.

> „Auch dieses ist, wie ich denke, der geistigen Betrachtung wert, dass die Überlieferung der Schrift über die Zahl der Engel von tausend Tausenden und von Myriaden von Myriaden spricht (Daniel 7, 10), indem sie die höchsten unserer Zahlen wiederholt und multipliziert und dadurch deutlich zu verstehen gibt, dass die Ordnungen der himmlischen Wesen für uns nicht zählbar sind. Denn die seligen Heere der überweltlichen Geister sind viele; sie übersteigen den mäßigen und beschränkten Umfang unserer materiellen Zahlen und werden bloß von der ihnen eigenen überweltlichen und himmlischen Erkenntnis und Wissenschaft geistig bestimmt, welche ihnen in allseliger Art von der urgöttlichen und

unermesslichen erkenntnisreichen Weisheitswirkerin geschenkt ist, die überwesentlich aller Dinge allzumal Urgrund und wesenschaffende Ursache und zusammenhaltende Kraft und umfassende Abschließung ist."

Bevor wir uns daran machen, die grundlegenden theologischen und philosophischen Ideen, die in diesem Text stecken, herauszuarbeiten, ihre Herkunft aus dem Neuplatonismus zu erklären und ihre weitere Wirkungsgeschichte aufzuzeigen, wollen wir uns zunächst einen systematischen Überblick über die geschilderten Rangstufen von Engeln verschaffen, weil wir diese Rangstufen in der christlichen Ikonographie, insbesondere der Bildersprache der Ikonen, wiederfinden. Hierin wird Dionysius sozusagen wörtlich genommen und es wird sein System mit bildlichen Darstellungen von Engeln verknüpft, die z.T. aus der Bibel und z.T. aus der Tradition stammen.

Dionysius selbst – wie wir ihn der Einfachheit halber weiterhin benennen wollen, auch wenn wir seinen eigentlichen Namen nicht kennen – spricht von insgesamt neun Engelschören und teilt diese in sogenannte Triaden ein, d.h. drei Ränge, die jeweils wieder dreigeteilt sind. Das ganze System nennt er Hierarchie. Allerdings bedeutet dieser Begriff bei Dionysius etwas anderes, als was wir heute normalerweise darunter verstehen. Gott selbst ist die „The-Archie", d.h. die „göttliche Macht". Die Hier-Archie ist dem gegenüber die „priesterliche Macht", die an dieser göttlichen Macht teil hat und sie weiter vermittelt. Hierarchie ist in diesem Sinne nicht ein „heiliges Herrschaftsystem" in sich, sondern nur aufgrund der Manifestation der göttlichen Macht in ihr. Die Hierarchie bildet die Thearchie ab.

Die erste Triade ist die der Serafim, Kerubim und Throne, die zweite die der Herrschaften, Mächte und Gewalten und die dritte die der Fürstentümer, Erzengel und Engel, wobei alle diese Bezeichnungen der Bibel entnommen sind und wir in ihnen schon sehen, dass es sich um Funktionen handelt, wieder nicht um Eigennamen. Die Hauptfunktion aller Ordnungen aber ist nach Dionysius die des Empfangens und Weitergebens des göttlichen Lichts von einer Rangstufe zur nächsten.

Welche neuplatonische Idee damit ins Christentum eingeführt wird, werden wir noch genauer betrachten. Bleiben wir zunächst bei den eher „äußeren“ Formen. Wenn wir den Text genau durchlesen, bemerken wir ähnlich wie bei Augustinus das Fehlen von Beschreibungen. Dionysius zählt zwar verschiedene bildliche Vorstellungen auf, aber in einem anderen Sinnzusammenhang. Wir finden auch hier nirgends Beschreibungen, die sich eindeutig auf die Gestaltung und Erscheinungsform eines bestimmten Typus von Engelschor bezieht – mit Absicht, erklärt der Verfasser dieser Schrift doch selbst, dass die Bilder der Bibel von Engeln nur Sinnbilder für das beschränkte Auffassungsvermögen der Menschen sind und nicht als tatsächliche Figuren genommen werden dürfen.

Anstelle von bildlichen Beschreibungen ist dem Dionysius die Tatsache der Rangordnung als solche viel wichtiger, weshalb er diese und ihre Funktion auch des öfteren neu aufgreift und ihre Bedeutung sehr betont. Wir haben nur seinen Text „Über die himmlische Hierarchie“ zitiert, entsprechend dem Thema dieses Buches. In diesem Text geht der Verfasser aber bereits auf die Vorbildfunktion dieser himmlischen Hierarchie für die kirchliche ein, die er in einer eigenen Schrift „Über die kirchliche Hierarchie“ beschreibt. Insgesamt kennt er nicht nur neun, sondern 15 Ränge in insgesamt fünf Triaden. Die himmlische Hierarchie, der Bereich des Unsichtbaren, bilden die Chöre der Engel, die kirchliche Hierarchie im Bereich des Sichtbaren bilden die Triade der Bischöfe, Priester und Diakone und die der Mönche, Gemeinde und Stände der Reinigung (z.B. Taufanwärter [Katechumenen]). So wie die oberste Triade und innerhalb dieser wiederum die oberste Rangstufe der Serafim unmittelbare Beziehung zur Thearchie Gottes hat, so stellen die Bischöfe als obersten Rang der kirchlichen Hierarchie die Verbindung zum untersten Engelsrang dar. Den beiden kirchlichen Triaden steht als dritte Triade die der Sakramente Taufe, Eucharistie und Salbung zur Verfügung, durch die man erst in diese kirchliche Hierarchie aufgenommen werden bzw. innerhalb dieser Hierarchie immer gottähnlicher werden kann.

I. Thearchie (Gott)

II. Himmlische Hierarchie (unsichtbarer Kosmos)

1. Triade
    1. Serafim (Entflammer, Erglüher)
    2. Kerubim (Füller der Erkenntnis)
    3. Throne (Gottesträger)

2. Triade
    4. Herrschaften (gr. kyriótetes, lat. dominationes)
    5. Mächte (gr. dynámeis, lat. potestates)
    6. Gewalten (gr. exousíai, lat. virtutes)

3. Triade
    7. Fürstentümer (gr. archaí, lat. principates)
    8. Erzengel (gr. archángeloi, lat. archangeli)
    9. Engel (gr. ángeloi, lat. angeli)

III. Kirchliche Hierarchie (Teil des sichtbaren Kosmos)

Triade der Sakramente
    1. Myronweihe (Weihe der hl. Öle)
    2. Eucharistie
    3. Taufe

1. Triade
    1. Bischöfe
    2. Priester
    3. Diakone

2. Triade
    4. Mönche
    5. Gemeinde
    6. Stände der Reinigung (z.B. Katechumen)

Kommen wir zum eigentlichen Kernpunkt dieser Systematik, die Dionysius entwickelt hat, einer Systematik, die nur typologisch und funktionell verstanden werden darf. Hier gilt es von vornherein, zwei mögliche Missinterpretationen auszuschließen. Die eine könnte das System wie ein Kastenwesen auffassen und jedem Wesen, sei es Mensch oder Engel, seinen festen und unveränderlichen Platz im Kosmos zuweisen. Die andere könnte daraus ableiten, dass zumindest der Mensch im sichtbaren Kosmos eine Art konkreten Aufstieg leisten müsste, um zur Gottesnähe zu gelangen. Letzteres zeigt uns schnell, in welche Widersprüche man gelangt, wenn man die Rangstufen des Dionysius zu konkret interpretiert. Wie sollte denn jemand in einem einzigen Leben alle Stände durchlaufen, um vielleicht am Ende seines Lebens zu einem Engel zu werden? Ein Ausweg aus diesem Paradox wäre nur eine Lehre von der Wanderung der Seelen, wie sie z.B. der Hinduismus im Zusammenhang mit seinem Kastenwesen tatsächlich in sich birgt.

Demgegenüber versteht Dionysius sein System rein funktionell als Weg, der einerseits von oben das Urlicht Gottes nach unten mitteilt und unterschiedlich stark gebrochen weiterreicht und andererseits durch diese Mitteilung eine Umgestaltung des Empfängers auf seiner jeweiligen Rangstufe dahingehend bewirkt, dass er möglichst stark mit dem Urlicht, d.h. mit Gott, vereinigt wird durch größtmögliche Verähnlichung. Sinn und Zweck der Hierarchie ist Verähnlichung und Vereinigung mit Gott, nicht ein Aufstieg von Stufe zu Stufe im Sinne einer Verwandlung von einem Stand zum nächsten bzw. von einem Typus zum anderen. Hier präsentiert sich der entscheidende Punkt der „Ver-Christlichung" des Neuplatonismus durch Dionysius. Einerseits übernimmt er den Gedanken der Einteilung des Kosmos in eine streng geregelte Ordnung von Rangstufen, ersetzt aber die Lehre von der Seelenwanderung durch die mystische Vereinigung und Verähnlichung mit Gott auf der jeweiligen Stufe.

Platons Lehre von der Welt der Ideen

Verstehen können wir den Gedankengang des Dionysius deshalb auch nur vor dem Hintergrund des Neuplatonismus, der zu seiner Zeit eine echte Konkurrenz zum Christentum war und z.T. sogar als Gegenreaktion auf das Erstarken des Christentums entwickelt und ausgebildet wurde. Die Hauptvertreter dieser Lehren waren die griechisch-hellenistischen Philosophen Plotin (+ 270 n.Chr.), Porphyrios (+ 305 n.Chr.) und Iamblichos (+ 326 n.Chr.), wobei der erste unter ihnen als ihr Begründer gilt. Platon (427–348/347 v. Chr.) selbst hat kein geschlossenes Lehrgebäude der Philosophie hinterlassen, sondern einzelne Gedanken ausgearbeitet, auf die Plotin zurückgreift und ein neues System daraus entwickelt. Grundlage ist dabei die Ideen-Lehre des Platon, aus der die prinzipielle Trennung zwischen der Welt der übersinnlichen Ideen und der Welt der sinnlichen Materie folgt, also ein kosmologischer Dualismus, wobei nach Platon dieser Dualismus auch noch wertend ist, weil er die Welt der Ideen als gut und die Welt der Materie als schlecht einschätzt. Die Welt der Ideen sind die eigentlich seienden Dinge, die Welt der materiellen Körper nur schwache, schlechte Abbilder der Ideen. Der Mensch besteht entsprechend aus einem materiellen Körper und einer übersinnlichen Seele, die eigentlich zur Welt der Ideen gehörte, aber im Körper wie in einem Gefängnis festgehalten wird und sich nur duch Erkenntnis der Ideen aus diesem wieder befreien und zur Ideenwelt zurückkehren kann. Solange dem Menschen dies nicht gelingt, wird er immer wieder in einem menschlichen Körper wiedergeboren.

Platon selbst hat diesen Gedanken in seinem sogenannten „Höhlengleichnis" anschaulich geschildert, das wir hier näher betrachten, weil es sozusagen die zündende Idee für den Neuplatonismus in sich birgt.

Platons Höhlengleichnis

„Nach diesen Erörterungen, fuhr ich fort, betrachte nun unsere menschliche Anlage vor und nach ihrer Entwicklung mit dem in folgendem bildlich dargestellten Zustande: Stelle dir nämlich Menschen vor in einer höhlenartigen Wohnung unter der Erde, die einen nach dem Lichte zu geöffneten und längs der ganzen Höhle hingehenden Eingang habe, Menschen, die von Jugend auf an Schenkeln und Hälsen in Fesseln eingeschmiedet sind, so dass sie dort unbeweglich sitzenbleiben und nur vorwärts schauen, aber links und rechts die Köpfe wegen der Fesselung nicht umzudrehen vermögen; das Licht für sie scheine von oben und von der Ferne von einem Feuer hinter ihnen; zwischen dem Feuer und den Gefesselten sei oben ein Querweg; längs diesem denke dir eine kleine Mauer erbaut, wie sie die Gaukler vor dem Publikum haben, über die sie ihre Wunder zeigen.

Ich stelle mir das vor, sagte er.

So stelle dir nun weiter vor, längs dieser Mauer trügen Leute allerhand über diese hinausragende Gerätschaften, auch Menschenstatuen und Bilder von anderen lebenden Wesen aus Holz, Stein und allerlei sonstigem Stoffe, während, wie natürlich, einige der Vorübertragenden ihre Stimme hören lassen, andere schweigen.

Ein wunderliches Gleichnis, sagte er, und wunderliche Gefangene!

Leibhaftige Ebenbilder von uns! sprach ich. Haben wohl solche Gefangene von ihren eigenen Personen und von einander Etwas anderes zu sehen bekommen als die Schatten, die von dem Feuer auf die ihrem Gesichte gegenüberstehende Wand fallen?

Unmöglich, sagte er, wenn sie gezwungen wären, ihr ganzes Leben lang unbeweglich die Köpfe zu halten.

Ferner, ist es nicht mit den vorübergetragenen Gegenständen ebenso?

Allerdings.

Wenn sie nun miteinander reden könnten, würden sie nicht an der Gewohnheit festhalten, den vorüberwandernden Schattenbildern, die sie sahen, dieselben Benennungen zu geben?

Notwendig.

Weiter: Wenn der Kerker auch einen Widerhall von der gegenüberstehenden Wand darböte, sooft jemand der Vorübergehenden sich hören ließe, - glaubst du wohl, sie würden den Laut etwas anderem zuschreiben als den vorüberschwebenden Schatten?

Nein, bei Zeus, sagte er, ich glaube es nicht.

Überhaupt also, fuhr ich fort, würden solche nichts für wahr gelten lassen als die Schatten jener Gebilde?

Ja, ganz notwendig, sagte er.

Betrachte nun, fuhr ich fort, wie es bei ihrer Lösung von ihren Banden und bei der Heilung von ihrem Irrwahne hergehen würde, wenn solche ihnen wirklich zuteil würde: Wenn einer entfesselt und genötigt würde, plötzlich aufzustehen, den Hals umzudrehen, herumzugehen, in das Licht zu sehen, und wenn er bei allen diesen Handlungen Schmerzen empfände und wegen des Glanzgeflimmers vor seinen Augen nicht jene Dinge anschauen könnte, deren Schatten er vorhin zu sehen pflegte: was würde er wohl dazu sagen, wenn ihm jemand erklärte, dass er vorhin nur ein unwirkliches Schattenspiel gesehen, dass er jetzt aber dem wahren Sein schon näher sei und sich zu schon wirklicheren Gegenständen gewandt habe und daher nunmehr auch schon richtiger sehe? Und wenn man ihm dann nun auf jeden der vorüberwandernden wirklichen Gegenstände zeigen und ihn durch Fragen zur Antwort nötigen wollte, was er sei, - glaubst du nicht, dass er ganz in Verwirrung geraten und die Meinung haben würde, die vorhin geschauten Schattengestalten hätten mehr Realität als die, welche er jetzt gezeigt bekomme?

Ja, bei weitem, antwortete er.

Und nicht wahr, wenn man ihn zwänge, in das Licht selbst zu sehen, so würde er Schmerzen an den Augen haben, davonlaufen und sich wieder jenen Schattengegenständen zuwenden, die er ansehen kann, und würde dabei bleiben, diese wären wirklich deutlicher als die, welche er gezeigt bekam?

So wird's gehen, meinte er.

Wenn aber, fuhr ich fort, jemand ihn aus dieser Höhle mit Gewalt den rauhen und steilen Aufgang hinaufzöge und ihn nicht losließe, bis er ihn an das Licht der Sonne herausgebracht hätte, - würde er da wohl nicht Schmerzen empfinden, über dieses Hinaufziehen aufgebracht sein und, nachdem er an das Sonnenlicht gekommen, die Augen voll Blendung haben und also gar nichts von den Dingen sehen können, die jetzt als wirkliche ausgegeben werden?

Er würde es freilich nicht können, sagte er, wenn der Übergang so plötzlich geschähe.

Also einer allmählichen Gewöhnung daran, glaube ich, bedarf er, wenn er die Dinge über der Erde schauen soll. Da würde er nun erstlich die Schatten am leichtesten anschauen können und die im Wasser von den Menschen und den übrigen Wesen sich abspiegelnden Bilder, sodann erst die wirklichen Gegenstände selbst. Nach diesen zwei Stufen würde er die Gegenstände am Himmel und den Himmel selbst erst des Nachts, durch Gewöhnung seines Blickes an das Sternen- und Mondlicht, leichter schauen als am Tage die Sonne und das Sonnenlicht.

Ohne Zweifel.

Und endlich auf der vierten Stufe, denke ich, vermag er natürlich die Sonne, das heißt nicht ihre Abspiegelung im Wasser oder in sonst einer außer ihr befindlichen Körperfläche, sondern sie selbst in ihrer Reinheit und in ihrer eigenen Region anzublicken sowie ihr eigentliches Wesen zu beschauen.

Ja, notwendig, sagte er.

Und nach solchen Vorübungen würde er über sie die Einsicht gewinnen, dass sie die Urheberin der Jahreszeiten und Jahreskreisläufe ist, dass sie die Mutter von allen Dingen im Bereiche der sichtbaren Welt und von allen jenen allmählichen Anschauungen gewissermaßen die Ursache ist.

Ja, entgegnete er, offenbar muß er zu diesen Einsichten nach jenen Vorübungen gelangen.

Wenn er nun an seinen ersten Aufenthaltsort zurückdenkt und an die dortige Weisheit seiner Mitgefangenen: wird er da wohl nicht sich wegen seiner Veränderung glücklich preisen und jene bedauern?

Ja, sicher.

Und wenn damals bei ihnen Ehres- und Beifallsbezeugungen wechselseitig bestanden sowie Belohnungen für den schärfsten Beobachter der vorüberwandernden Schatten, ferner für das beste Gedächtnis daran, was vor, nach und mit ihnen zu kommen pflegte, und für die geschickteste Prophezeiung des künftig Kommenden: meinst du, dass er da danach Verlangen haben werde, dass er die bei jenen Höhlenbewohnern in Ehre Stehenden und Machthabenden beneidet? Oder dass es ihm geht, wie Homer sagt, und er viel lieber als Tagelöhner bei einem linderen dürftigen Manne das Feld bestellen und eher alles in der Welt über sich ergehen lassen will, als jene Meinungen und jenes Leben haben?

Letzteres glaube ich, sagte er, dass er nämlich sich eher allen Leiden unterziehen als jenes Leben führen wird.

Hierauf nun, fuhr ich fort, bedenke folgendes: Wenn ein solcher wieder hinunterkäme und sich wieder auf seinen Platz setzte: würde er da nicht die Augen voll Finsternis bekommen, wenn er plötzlich aus dem Sonnenlicht käme?

Ja, ganz sicherlich, sagte er.

Aber wenn er nun, während sein Blick noch verdunkelt wäre, wiederum im Erraten jener Schattenwelt mit jenen ewig Gefangenen wetteifern sollte, und zwar ehe seine Augen wieder zurechtgekommen wären – und die zu dieser Gewöhnung erforderliche Zeit dürfte nicht ganz klein sein – würde er da nicht ein Gelächter veranlassen, und würde es nicht von ihm heißen, weil er hinaufgegangen wäre, sei er mit verdorbenen Augen zurückgekommen, und es sei nicht der Mühe wert, nur den Versuch zu machen, hinaufzugehen? Und wenn er sich gar erst unterstände, sie zu entfesseln und hinaufzuführen, – würden sie ihn nicht ermorden, wenn sie ihn in die Hände bekommen und ermorden könnten?

Ja, gewiß, antwortete er.

Das Gleichnis hier also, mein lieber Glaukon, fuhr ich fort, ist nun in jeder Beziehung auf die vorhin ausgesprochenen Behauptungen anzuwenden: Die mittels des Gesichts sich uns offenbarende Welt vergleiche einerseits mit der Wohnung im unterirdischen Gefängnisse, und das Licht des Feuers in ihr mit dem Vermögen der Sonne; das Hinaufsteigen und das Beschauen der Gegenstände über der Erde andererseits stelle dir als den Aufschwung der Seele in die nur durch die Vernunft erkennbare Welt vor, – und du wirst dann meine subjektive Ansicht hierüber haben, dieweil du sie doch einmal zu hören verlangst; ein Gott mag aber wissen, ob sie objektiv wahr ist! Aber meine Ansichten hierüber sind nun einmal die: im Bereiche der Vernunfterkenntnis sei die Idee des Guten nur zu allerletzt und mühsam wahrzunehmen, und nach ihrer Anschauung müsse man zur Einsicht kommen, dass es für alle Dinge die Ursache von allen Regelmäßigkeiten und Schönheiten sei, indem es erstlich in der sichtbaren Welt das Licht und dessen Urprinzip erzeugt, sodann auch in der durch die Vernunft erkennbaren Welt selbst Urprinzip ist und sowohl die objektive Wahrheit als auch unsere Vernunfteinsicht gewährt; ferner zur Einsicht kommen, dass das Wesen des Guten ein jeder erkannt haben müsse, der verständig handeln will, sei es in seinem eigenen Leben oder im Leben des Staates.

Ja, sagte er, auch ich teile deine Ansicht, wie ich eben vermag.

Wohlan denn, fuhr ich fort, teile auch noch folgende Ansicht mit mir und finde es gar nicht auffallend, dass die, welche zu jener Erkenntnis gelangt sind, gar keine Lust haben, sich mit den Händeln der Menschen abzugeben, sondern dass sie immer zum Verweilen im Überirdischen sich gezogen fühlen; begreiflich wohl ja doch, wofern auch hier nach dem vorerwähnten Gleichnisse es sich so verhält.

Begreiflich freilich, meinte er.

Und kann man denn es ferner auffallend finden, dass jemand, von den göttlichen Anschauungen in die Welt der menschlichen Trübsale versetzt, sich ungeschickt stellt und gar albern scheint, wenn er noch während seines blöden Blickes und ohne hinreichende Gewöhnung an die nunmehrige Finsternis in die Notwendigkeit kommt, in Gerichtshöfen oder anderswo über die Schatten der Gerechtigkeit oder über die Gebilde, wovon die Schatten kommen, zu streiten und darüber zu wetteifern, wie sie von den Menschenkindern aufgefaßt werden, von ihnen, die die Gerechtigkeit an sich niemals geschaut haben?

Das wäre, sagte er, in keiner Weise auffallend!

Ja, wenn jemand Verstand hat, fuhr ich fort, so erinnert er sich, dass zweierlei und von zweierlei Ursachen kommende Trübungen den Augen widerfahren, nämlich einmal, wenn sie aus dem Licht in die Finsternis, und dann, wenn sie aus der Finsternis ins Licht versetzt werden; und wenn er nun daran festhält, dass dieselben Erscheinungen in der Seele sich zutragen, so wird er nicht unvernünftig lachen, sooft er Verblüfftheit und Ungeschicktheit beim Erschauen eines Gegenstandes bei einer Seele bemerkt, sondern er wird untersuchen, ob sie aus einem lichtvolleren Leben herkomme und aus Ungewohnheit verfinstert wird, oder ob sie durch den Übergang aus einem ungebildeteren Zustande in einen lichtvolleren von dem helleren Lichtglanz verblüfft sei. Und demnach wird er erstere wegen ihres Zustandes und Lebens glücklich preisen, letztere aber bemitleiden; wenn er jedoch über letztere lachen wollte, so würde dieses Lachen ihm weniger Schande machen als das über eine aus dem Licht kommende Seele.

Ja, sagte er, sicher hast du recht."
(Platon, Politeia VII)

Das Höhlengleichnis präsentiert eine anschauliche Zusammenfassung von Platons Ideenlehre, die wir oben schon theoretisch skizziert haben. Die dramatische Gestaltung in Dialogform wird bewusst eingesetzt, weil es Platon nicht um eine lebensferne Lehre ging, sondern um eine Lehre für das wahre Leben schlechthin. Darin gleich er seinem Lehrer Sokrates, als dessen Nachfolger er sich verstand.

Diesen hatte er im Alter von 20 Jahren kennengelernt und war sofort stark von ihm beeindruckt. Aus einer aristokratischen Familie stammend sollte er eigentlich Politiker werden, schloss sich aber Sokrates an und verzichtete angesichts des politischen Verfalls durch Missgunst, Korruption und Diktatur auf eine derartige Karriere. Unmittelbar nach dem Tod Sokrates' floh er ins Exil und schrieb dort die überlieferten Dialoge nieder, die jeweils bestimmte Themen als Kernpunkte haben. Sein wichtigstes Werk ist vermutlich der „Staat", wo Platon zunächst seine Ideen-Lehre entwickelt und dann über den idealen Staat spricht. Platon lässt in seinen Dialogen Sokrates wieder aufleben, allerdings dürfen wir annehmen, dass Platon seinem Lehrer auch viel eigenes in den Mund legt. Das Höhlengleichnis dürfte da schon eher einen Gedanken Platons ausdrücken und nicht unmittelbar auf Sokrates zurückgehen. Gemeinsam mit ihm hat er wohl die Betonung des Wissens als Voraussetzung für das Gute, das Gewinnen von Erkenntnis über sich selbst, um zum Guten zu gelangen. Darin liegt sicher das Erbe, das er von seinem Lehrer weiterreicht.

Sokrates selbst hat keine einzige Zeile niedergeschrieben, er ist kein Philosoph im heutigen Sinne, d.h. kein Wissenschaftlicher, er hat keine Systeme entwickelt und gelehrt oder gar Werke geschrieben. Sokrates war eher eine Art philosophierender Stadtstreicher, der unter die Leute ging und diese mit seinen bohrenden Fragen geradezu quälte. Sein Ausspruch: „Ich weiß, dass ich nichts weiß" ist sehr berühmt. Allerdings war Sokrates nicht einfach Skeptiker. Er hat sehr wohl anerkannt, dass es eine echte Erkenntnis gibt, aber er gab sich nie mit Unwissen oder Halbwissen zufrieden und fragte ständig weiter. Für Sokrates ging es eher um eine Art Selbsterkenntnis. Er war der Meinung, wenn man sich bewusst ist, dass man etwas nicht weiß oder erkannt hat, dann hat man mit diesem Wissen über das eigene Unwissen wenigstens einen Anfang gemacht.

> „Jener meint zu wissen und weiß doch nicht; ich, der nicht weiß, glaube auch nicht zu wissen; ich scheine somit um ein geringes wissender zu sein als er, weil ich nicht meine zu wissen, was ich nicht weiß."

Für Sokrates gab es einen entscheidenden Zusammenhang: Wenn ich weiß, was ich bin, weiß ich auch, was ich soll: nämlich das Gute wollen. Für Sokrates beruht Tugend auf Wissen, auf Einsicht, darin besteht für ihn Ethik. Nach seiner Meinung will nicht einfach jemand etwas Schlechtes und damit Böses, sondern böse Taten gründen in mangelnder Einsicht, d.h. in begrenztem Wissen.

Hierzu ein kleines mustergültiges Beispiel, das uns auch zeigt, in welcher Tradition die christliche Theologie bis heute steht, die zum größten Teil immer noch vom sokratisch-platonischen Denken beeinflusst ist:

> Sokrates: ‚Kannst du mir sagen, o Menon, was die Tugend ist?'

Menon: ‚Was soll daran schwierig sein?
Die Tugend des Mannes besteht darin, dass er die staatlichen Angelegenheiten gut verwaltet, den Freunden hilft und den Feinden schadet.
Die Tugend der Frau dagegen besteht darin, das Haus in Ordnung zu halten und ihrem Manne treu zu sein.
Dann gibt es da noch die Tugend des Kindes, die des Greises, die...‘

Sokrates: ‚Sie mal einer an, welch ein Glück ich heute früh habe! Ich suchte nur eine einzige Tugend und habe einen ganzen Schwarm gefunden... Apropos Schwarm, o Menon, gibt es deiner Meinung nach viele Arten von Bienen?‘

Menon: ‚Viele, gewiß, und jede Art unterscheidet sich von der anderen durch Größe, Schönheit und Farbe.‘

Sokrates: ‚Und bei all dieser Verschiedenheit gibt es aber etwas, das dich veranlasst zu sagen: „Oh, hier eine Biene“?‘

Menon: ‚Ja, die Tatsache, dass sie eine Biene ist und sich darin von den anderen Bienen nicht sehr unterscheidet.‘

Sokrates: ‚Also bist du fähig, eine Biene, egal welcher Art, als eine solche zu erkennen. Und wenn ich dich nun fragte, was Güte ist?‘

Menon: ‚Dann würde ich dir antworten, Güte ist, wenn man seinem Nächsten hilft und einem Freund Geld gibt, wenn er keines hat.‘

Sokrates: ‚Ach, aber wenn du einem hilfst, der nicht dein Freund ist, bist du nicht gut?‘

Menon: ‚Doch, doch, auch wenn ich einem helfe, der nicht mein Freund ist, vollbringe ich eine gute Tat.‘

Sokrates: ‚Und wenn du wüsstest, dass der Freund, dem du Geld gibst, dieses Geld für eine böse Tat verwendet, hättest du auch dann noch eine gute Tat vollbracht?'

Menon: ‚Nein, in dem Fall sicher nicht.'

Sokrates: ‚Also fassen wir zusammen: Einem Freund Geld zu geben, kann eine gute Tat sein oder auch keine gute Tat, während es eine gute Tat sein könnte, einem Geld zu geben, der kein Freund ist.'

Schon dieser kurze Wortwechsel zeigt uns die sokratische Methode, wie sie uns Platon überliefert hat: Wie Sokrates scheinbar ganz harmlos fragt und seinem Gegenüber zunächst unterlegen zu sein scheint. Dann kommt plötzlich beißender Spott („Schwarm"). Zuletzt führt Sokrates sein Gegenüber aufs Glatteis und zeigt ihm, dass er praktisch noch nie richtig nachgedacht hat. Sokrates lässt die Leute aber nicht einfach stehen, es kommt bei diesem Spiel etwas heraus, das in den Leuten selbst zu stecken scheint. Man nennt diese Kunst der Lehre deshalb auch Hebammenkunst (Maieutik). Sokrates hält keine Vorträge, er spricht mit den Leuten und bringt sie zu neuen Einsichten.

Diese Dialoge sind uns von Schülern des Sokrates überliefert, hauptsächlich von Platon. Vermutlich hat Platon auch nicht ganz das originale Bild von Sokrates vermittelt, sondern ihn in gewisser Weise als seinen Lehrer auch idealisiert. Aber von ihm und von anderen Schülern wie z.B. von Xenophon erfahren wir auch einiges über den Menschen Sokrates. Man darf sich ihn auf keinen Fall als Asketen oder dergleichen, auch nicht als Gandhi der Antike vorstellen, wie gelegentlich schon geschehen. Er war von Beruf Bildhauer, hatte keine Bedenken, für Athen in verschiedenen Kriegen als tapferer Soldat zu kämpfen, hat wie in damaliger Zeit üblich, Frauen und Männer geliebt und kein übliches und übles Trinkgelage gemieden, wenn er eingeladen wurde. Allerdings soll er unglaublich trinkfest gewesen sein und nicht selten als letzter am Tisch gelegen haben und nicht wie die anderen unter dem Tisch. Geheiratet hat er erst mit fast

fünzig Jahren, wohl eher, um eigene Kinder zu bekommen und nicht aus dem Wunsch heraus, unbedingt zu heiraten.
Er selbst soll ja mal gesagt haben, als ein Freund ihn um Rat bzgl. einer Heirat fragte: Tu was du willst, so oder so wirst du es bereuen.
Der Name seiner Frau Xanthippe ist heute noch Inbegriff der zänkischen und besitzergreifenden Ehefrau und teilweise populärer als Sokrates selbst. Wir wissen nicht viel über das Leben zu Hause bei Sokrates, außer dass er seine Frau ganz gerne mochte und sie in Ruhe den Hausstand regeln ließ, zu dessen Einkommen er selbst nicht viel beitrug. Sie war anscheinend praktischer veranlagt als er. Das einzige, was Xanthippe aber wirklich aufregte, war die Tatsache, dass Sokrates draußen unheimlich viel redete, zu Hause, d.h. mit ihr, aber fast nichts. Angeblich hatte Sokrates noch eine Art wilde Ehe mit einer anderen Frau namens Myrto. Von Xanthippe soll er ein Kind gehabt haben, von Myrto zwei weitere.
Dieses nicht nur nach christlichem Verständnis wilde Leben hat aber seit der Renaissance nicht verhindert, dass Sokrates zumindest von Künstlern sozusagen unter die christlichen Märtyrer eingereiht wurde – eben wegen seiner Bedeutung als Vater der abendländischen Philosophie. Begünstigt wurde dies durch die Art, wie er stoisch das Todesurteil akzeptierte und jede Gelegenheit zur Flucht vor der Hinrichtung ausschlug.

Sokrates hatte seine Verpflichtungen als freier Bürger Athens voll erfüllt – wie schon angedeutet auch aktiv an mehreren Feldzügen gegen Feinde Athens teilgenommen –, aber er hatte sich auch mit seiner unerbittlichen Kritik an den damals (Athen stand ca. 100 Jahre vor dem Untergang) schon sehr korrupten Verhältnissen auch viele Feinde gemacht. Sein ständiges Hinterfragen und Anregen zum eigenen Nachdenken wurde ihm zum Verhängnis. Man wollte ihn loswerden, und ein Bürger Athens klagte ihn öffentlich der Gottesleugnung und Verführung der Jugend an. Sokrates verteidigte sich wie damals üblich mit einer eigenen Rede vor dem Gericht, wurde aber dann mit knapper Mehrheit zum Tode verurteilt. Als es darum ging, diese Strafe in eine andere wie z.B. eine Geldbuße umzuwandeln, verärgerte er mit einer erneuten kurzen Rede auch einige Anhänger unter den Richtern und wurde diesmal mit größerer Mehrheit endgültig zum Tod durch Gifttrinken verurteilt. Sokrates wurde daraufhin in Haft genommen, konnte aber aus religiösen Gründen nicht sofort hingerichtet werden,

sondern musste noch 20 Tage im Gefängnis verbringen. Diese Zeit durften ihn alle seine Schüler regelmäßig und ausführlich besuchen und mit ihm diskutieren. Eine mit Bestechung ermöglichte Flucht lehnte Sokrates seinen eigenen Ansichten treu bleibend aus ethischen Gründen ab, weil er immer für die Erfüllung aller staatlichen Gesetze eingetreten war und diese nicht aus Eigennutz verletzen wollte. Beeindruckend für alle Beteiligten war seine unglaubliche Gelassenheit in diesen 20 Tagen und bei seinem Tod, als das Gift zu wirken begann.
Die letzten Stunden des Sokrates sind uns von Platon ebenfalls in einem Dialog namens „Phaidon" überliefert. Man kann den Tod Sokrates' bzw. dessen Beschreibung durchaus als einen der wichtigsten Meilensteine in der abendländischen Geistesgeschichte bezeichnen, da dies das Verhalten vieler späterer Personen der Geschichte unmittelbar beeinflusst hat. Denken wir nur z.B. an Thomas Morus, der auch trotz seiner ungerechten Verurteilung zum Tode nicht die Möglichkeit der Flucht ergriff. Am eigentlichen Beginn der abendländischen Philosophie steht nicht eine systematische Lehre, wie man nach der Lektüre des Dionysius meinen könnte, kein Lehrbuch, sondern jemand, der aus seiner Überzeugung an ein Leben nach dem Tod gelassen in den Tod geht.

Das Höhlengleichnis aber ist eine von Platon selbst ersonnene Einführung in seine Lehre von den Ideen. Für Platon ist das, was wir sehen, eigentlich immer nur ein mehr oder weniger schlechtes Abbild einer Idee. Die Ideen existieren in einer von uns getrennten Welt, in der wir selbst nur als Seelen ohne Körper leben können. Aus irgendeiner Art Sündenfall heraus sind wir im Körper gefangen und müssen uns sozusagen mühsam wieder zu dieser Ideen-Welt aus dem Gefängnis des Körpers befreien. Der Tod ist deshalb eine Art Befreiung aus einer Gefangenschaft. Wahres Leben und wahre Erkenntnis gibt es nur in der Welt der Ideen. Was wir sehen und erleben ist Abbild und Schein. Platon trennt als erster abendländischer Philosoph die Welt in Körper als negativ bzw. schlecht und Geist/Seele als positiv bzw. gut.

Hellenistischer Neuplatonismus

Der Neuplatonismus, wie er von Plotin begründet wurde, greift diese Ideenlehre Platons auf, formt ihn aber gleichzeitig zu einem richtigen System und verändert seine Grundausrichtung. Platon geht es vor allem darum, dass die menschliche Seele sich selbst aus dem Gefängnis des Körpers befreien kann, wenn sie die im wahren Sinne als Ideen existierenden Dinge bis hin zur höchsten Idee des Guten (Gott) erkennt. Plotin dreht diese Richtung um und geht der Frage nach, wie das Göttliche als Urprinzip sich in den Dingen manifestiert. Für ihn steht nicht der Gegensatz zwischen sinnlicher und übersinnlicher Welt im Mittelpunkt, sondern die Frage, wie es von der übersinnlichen zur sinnlichen kommt, denn die Existenz eines übersinnlichen Urprinzips als Ursprung des ganzen Kosmos ist für ihn gegebene Voraussetzung. Wie bei Platon ist dieses Urprinzip auch für Plotin das Gute, das Eine, das Höchste, von dem wir keine Aussage treffen können, weil es keiner Kategorie zugehört, es ist sozusagen unaussprechlich und unsagbar und enthält alles in Fülle in sich. Im Gegensatz zu Platon geht aber für ihn alles Seiende in einer Art Ausstrahlung (Emanation) aus dem Urprinzip hervor, ohne dass dieses etwas von seiner Fülle verlieren würde. Beispiel ist das Licht, das von der Sonne ausgeht und alles erleuchtet und erwärmt, ohne dass die Sonne dadurch gemindert würde. (Diese Metapher darf man natürlich nicht im heutigen physikalischen Sinne auffassen, wo die Sonne ein Stern ist, der nach einigen Milliarden Jahren ausgebrannt sein wird.) Ebenso wenig verliert das Ur-Eine etwas durch die Ausstrahlung in die seienden Dinge, noch wird es dadurch gemindert.

Aber entsprechend der Entfernung vom Ur-Einen gibt es auch unterschiedliche Grade der Teilhabe am Sein durch die Emanation. Das Ur-Eine strahlt abgestuft aus, was zu Stufen des Seins führt. Damit führt Plotin eine Rangfolge von Seinsstufen ein, sogenannte Hypostasen, mit denen er die abnehmende Qualität des Seins ausgehend von der Vollkommenheit des Ur-Einen bis hinab zur unvollkommenen Dunkelheit der Materie erklärt: Über verschiedene Stufen wird aus dem Vollkommenen das Unvollkommene, aus Licht Finsternis, aus Gutem Böses. Damit hat Plotin eine

Wende vollzogen vom unüberbrückbaren Dualismus des Platon zu einer Einheit des ganzen Kosmos. Denn auch das Unvollkommenste, Finsterste und abgrundtief Böse hat auf seiner letzten Stufe der Emanation noch Teil am Wesen des Höchsten, sonst würde es ja nicht existieren. Umgekehrt ist damit auch eine Möglichkeit für den Menschen gegeben, auf dieser Stufenleiter nach oben zu steigen und sich immer mehr dem Ur-Einen und Urprinzip (Gott) anzunähern und anzugleichen.

Christlicher Neuplatonismus

Damit können wir wieder zu der Lehre von den Hierarchien bei Dionysius zurückkehren. Die Überwindung des platonischen Dualismus zwischen der guten, übersinnlichen Ideenwelt und der schlechten, bösen Materie schon durch den Neuplatonimus hat den Boden bereitet für die Übernahme dieser Gedanken in die christliche Theologie. Gott, der Schöpfer, ist das Urprinzip, das Gute der Neuplatoniker. Die Schöpfung wird in Rangstufen gegliedert, gedacht ähnlich den Seinsstufen (Hypostasen) der Emanation, und die Chöre der Engel bilden die übersinnlichen Rangstufen und reichen nach dem strengen Prinzip der abnehmenden Emanation nach unten das „Licht" weiter. Bereits bei Augustinus haben wir schon die Ineinssetzung der Engel mit dem am ersten Tag geschaffenenen Licht und die Nähe zum Neuplatonismus gesehen. Dionysius geht noch weiter und übernimmt sowohl das Prinzip der Stufenordnung als auch die triadische Gliederung der Welt, die ebenfalls bereits bei den Neuplatonikern ausgebildet war. Vom ursprünglichen platonischen Dualismus bleibt nur noch die (jetzt überbrückbare) Unterscheidung zwischen sinnlicher und übersinnlicher Welt übrig. Eine Abwertung der sinnlichen Welt als die unveränderbar schlechtere findet dagegen nicht mehr statt. Beide Welten hängen zusammen, es findet eine Vermittlung der göttlichen Ausstrahlung (Emanation) von oben her statt und ein Aufstieg von unten zur mystischen (schauenden) Vereinigung mit Gott. Dieser Aufstieg ist keine Wanderung von Seele oder Geist durch verschiedene Seinsstufen oder gar Körper, sondern eine Umwandlung und Verähnlichung mit Gott auf der jeweiligen Seinsstufe. Möglich wird dies durch die innere triadische Veranlagung eines jeden Wesens auf seiner eigenen Seinsstufe, die nur vervollkommnet werden muss. Das triadische Prinzip wird vom Neuplatonismus übernommen: Bereits dort ist einerseits die übersinnliche Welt gegliedert in Gott, Geist und Seele, überragt vom Urprinzip des EINEN, durch dessen Ausstrahlungen alles existiert, andererseits ist auch die Seele des Menschen sozusagen als Abbild der übersinnlichen Welt triadisch aufgebaut aus Vernunft, Gefühl und Begehren, ein Gedanke, der sich bereits im „Staat" (Politeia) von Platon wiederfindet. Diese Durchgängigkeit der triadischen Gliederung wird von der christlichen Theologie übernommen.

Das Urprinzip, die Gottheit (deitas) als die EINHEIT, die alles geschaffen hat, wird selbst im Moment der Schöpfung aufgegliedert in die Trinität von Gott-Vater, Sohn und Heiligem Geist. Die entscheidende Stelle bei Dionysius, wo dieses alle Rangstufen zusammenhaltende oder überbrückende Prinzip der Dreigliedrigkeit auch auf den Menschen angewandt wird, kann man fast überlesen und sei hier deshalb nochmals wiederholt:

> „Auch das dürfte ich wohl schicklich hinzufügen, dass selbst jeder einzelne himmlische und menschliche Geist für sich erste, mittlere und letzte Ordnungen und Kräfte eigentümlich besitzt, welche analog den geschilderten Erhebungen, wie sie den Einstrahlungen der einzelnen Hierarchien entsprechen, offenbar werden. Gemäß diesen Ordnungen und Kräften erlangt jeder einzelne Geist in dem ihm zustehenden und erreichbaren Maße Anteil an der überheiligsten Reinheit, dem übervollen Lichte, der absoluten Vollendung. Denn nichts ist in sich selbst vollendet oder überhaupt der Vollendung unbedürftig, außer das wahrhaft in sich selbst Vollendete und absolut Vollkommene."
> (Kapitel X, § 3)

Dies ist der Angelpunkt zur Erklärung, wie die Hierarchien den von Dionysius angegebenen Zweck erreichen. Durch die Ähnlichkeit mit der Trinität im triadischen Prinzip können alle geschaffenen Wesen das Urlicht empfangen und weiterreichen. Wir werden noch sehen, dass diese Dreigliedrigkeit der menschlichen Seele und die damit mögliche Vereinigung mit der Trininität und Verähnlichung mit Gott von den mittelalterlichen Mystikern aufgenommen wurde, wobei allerdings die Idee der Gliederung des Kosmos in Rangstufen mit der strengen Abfolge von Oben nach Unten, d.h. mit der nur jeweiligen Weitergabe des Urlichts in immer schwächerer Form einfach weggelassen wird und die Engel als Vermittler keine Rolle (mehr) spielen.

Aber zum ersten Mal wird Gott bei Dionysius zum Urlicht, dessen Ausstrahlungen über die Rangstufen nach unten abnehmen und dunkler werden. Die Serafim, die Gott noch am nächsten stehen, haben eine unmittelbare Erkenntnis in der Fülle des Lichtes, die untersten Ränge nur noch dunkle, undeutliche und kaum mehr erkennbare Schimmer. Gott ist – ganz neuplatonisch – unaussprechlich, kann nicht beschrieben werden, zu ihm passt kein Begriff. Die einzig angemessene Form der Gotteserkenntnis ist die schweigende Schau, die Vision, nicht die sprachliche Kennzeichnung. Die Sprache reicht nicht aus, um die Unermesslichkeit und Vollkommenenheit Gottes auszudrücken.

Eigentlich – und damit kommen wir zu einem weiteren von Dionysius zwar nicht erfundenen, aber doch für die folgenden Jahrhunderte einflussreichen Aspekt – kann man von Gott nur sagen, was er nicht ist, gewissermaßen in verneinten (negativen) Ausdrücken: Gott ist un-begrenzt, un-endlich, un-sichtbar, un-beschreibbar usw., denn kein positives Prädikat könnte Gott erfassen und beschreiben. Dies begründet die Tradition der sogenannten „negativen Theologie", also einer Theologie, die Gott durch negative Aussagen zu beschreiben versucht, womit wir auf der Basis der Lehren von Dionysius eigentlich zwei Richtungen entdecken können, die bis in den heftigen Bilderstreit hineingewirkt haben, den wir im Kapitel über die christliche Kunst kennenlernen werden.

Zum einen erklärt Dionysius die Bildersprache der Bibel (u.a. von den Engeln) als unvollkommene, aber der Fassungskraft der Menschen angepasste und angemessene Ausdrucksweise für eigentlich übersinnliche, gar nicht darstellbare Hypostasen und legitimiert damit auch die konkrete bildliche Darstellung.

Zum anderen hält er die negative Ausdrucksweise, die immer nur sagt, was Gott nicht ist, für die angebrachtere, die weg von der bildlichen Beschreibung und Darstellung hin zu einer immer mehr vertieften ungegenständlichen Schau (Visio) des Urlichtes führt.

Das muss allerdings kein Widerspruch sein, solange man die konkreten Bilder und Vorstellungen von Gott und den Engeln als das nimmt, was sie sind: Sinnbilder und Symbole, keine tatsächlichen Ähnlichkeiten.

Meister Eckhart und die spekulative Mystik des Hochmittelalters

Dass heutzutage der „Engelsglaube“, also der Glaube an Engel, in einer Krise steckt, dass sich auch die Kirche nicht traut, irgendwelche Vorstellungen von Engeln als Glaubensgut zu propagieren, sondern sehr zurückhaltend nur auf die Zeugnisse der Hl. Schrift verweist, wird gern den Folgen der Aufklärung und dem Rationalismus der modernen Zeit angelastet. Dies dürfte aber höchstens die halbe Wahrheit sein. Mindestens im selben Maße ist es eine Folge der Mystik des abendländischen Hochmittelalters, die auf Meister Eckhart zurückgeht. Wenn wir uns in diesem Buch so intensiv mit der Theologie des christlichen Neuplatonismus beschäftigen und die Hierarchien von Engeln als Fundament für die christliche Ikonographie insbesondere des östlichen Christentums erkennen, müssen wir auch betrachten, wie die Engel in der Theologie und Frömmigkeit des westlichen Christentums zu Randerscheinungen geworden sind. Denn nur so wird die heutige Orientierungslosigkeit bzw. damit einhergehende Verkitschung und missbräuchliche Verwendung von Engeln im Kommerz erst verständlich.

Die Abgeschiedenheit des menschlichen Geistes

> „Alles, was aufnehmen und empfänglich sein soll, das soll und muss leer sein.“
> (Meister Eckhart, 114, 31-32)

Der zentralste Begriff bei Eckhart ist die „Abgeschiedenheit“, von dem aus wir sein ganzes Denken und Reden verstehen können. Die Abgeschiedenheit ist die Verfassung des Menschen, auf die es dem Meister als religiöse Grunderfahrung ankommt, jene Verfasstheit, die den Menschen vom „Lesemeister“ zum „Lebemeister“ macht. Nur der abgeschiedene Mensch, der das ‚etwas‘, das ‚dies und das‘, die ‚Eigenschaft‘ zurückgenommen und aufgehoben hat, ist fähig, Gott zu erfahren, ebenso wie „das

Auge arm und bloß ist an Farbe und (gerade deshalb) empfänglich für alle Farben". (Meister Eckhart, 115, 16-17). Allein der abgeschiedene Mensch kann Gott geistig empfangen: „So ist der, der arm im Geiste ist, empfänglich für allen Geist, und aller Geister Geist ist Gott." (Meister Eckhart, 115, 17-19) Nur der Arme, der keine Begrifflichkeit und keine Gegenständlichkeit mehr kennt, d.h. nichts mehr vor sich hinstellt, kann in Gottes reine Gegenwart versinken, nämlich gerade dann, wenn der Name oder Begriff „Gott" verschwindet.

„Das ist ein armer Mensch,
der nichts will
und nichts weiß
und nichts hat."
(Meister Eckhart, 303, 26-27)

Die Armut als Stand der Abgeschiedenheit

Auf diesem Weg zu Gott als dem Nicht-‚Gott' muss der Mensch aber zuerst in negativer Weise abwerfen, abscheiden, was ihn nur irgendwie an die ‚Etwas'- bzw. ‚Es-Welt' bindet, ihn in den an-eigen-baren Eigen-schaften reich macht, sein Ego bestätigt.

Die Aufforderung, nichts zu besitzen, darf aber nicht so verstanden werden, als würde Eckhart hier zu einer rein äußeren Armut auffordern. Für ihn ist der Verzicht auf Eigentum und der damit verbundene Schmerz nicht Selbstzweck. Er will die innere Freiheit des Menschen, der sich allzugern und stark an Festes, Greifbares, Materielles bindet, um damit seinen Durst nach Kontinuität und Dauer sowohl im Zeitlichen wie im Räumlichen (Besitzen) wenigstens etwas zu stillen. Eckhart weiß sehr genau, dass dies eine Pseudobefriedigung ist, und will den Menschen dazu bringen, die ersehnte Unvergänglichkeit und Unsterblichkeit dort zu suchen, wo er sie wirklich finden kann, nämlich bei Gott. Dieser allerdings kann nicht als Ding, als Es begriffen und besessen werden. Man muss ihm als Du begegnen. Darum ist es auch unerheblich, ob ein Mensch äußerlich viel besitzt oder nicht; entscheidend ist seine freie Haltung dem materiellen Besitz gegenüber, d.h. seine Armut im Geiste. Er muss besitzen, als besäße er nicht. (vgl. 1 Korinther 7, 29ff.)

> „Der Mensch soll sich nicht genügen lassen an einem gedachten Gott; denn wenn der Gedanke vergeht, vergeht auch Gott."
> (Meister Eckhart, 60, 20-22)

In gleichem Sinne ist auch die Aufforderung zu verstehen, nichts zu wissen. Der Mensch soll das explizit formulierte, thematische, in Begriffe gefasste Wissen und Denken nicht für immer aufgeben, aber er soll dessen Unfertigkeit und Relativität erkennen, indem er nach dem Grund alles Wissens fragt, der wiederum vom begrifflichen Einzelwissen unberührt bleibt. Gott kann nicht gewusst und erkannt werden, wie man ‚etwas' oder ein Ding weiß und erkennt. Um zur Gotteserkenntnis zu gelangen, muss man es aufgeben, etwas als ‚etwas' erkennen zu wollen, man muss die Subjekt-Objekt-Unterscheidung, die solches Wissen ermöglicht, fallen lassen, sich in die ungeteilte Gegenwart versenken, das eigensüchtige Streben nach Verfügen über Begriffenes aufgeben.

> „Willst du Gott auf göttliche Weise wissen, so muss dein Wissen zu einem reinen Unwissen und einem Vergessen deiner selbst und aller Kreaturen werden."
> (Meister Eckhart, 433, 25-27)

Verständlicher wird dieser Gedanke, wenn man auf die mittelalterliche Unterscheidung von Ratio und Intellekt zurückgreift. Wir können Gott erkennen, aber nur auf die Weise des Intellekts, die ein nicht-wissendes Wissen oder wissendes Nicht-wissen ist, d.h. man weiß, ohne dass man ein Wissen von einem Bestimmten, von anderem Getrennten und damit auch in Negation zu etwas anderem Gesetzten hätte.

> „Darum bitten wir Gott, dass wir ‚Gottes' ledig werden…"
> (Meister Eckhart 305, 17-18)

Mit ‚Gott' ist gemeint: die Begriffe, Namen, Vorstellungen usw. Diese sollen wir loswerden, um „einen wesenhaften Gott zu haben, der weit erhaben ist über die Gedanken des Menschen und aller Kreatur". (Meister Eckhart, 60, 22-24). Eckhart betont dies in seinen Predigten oft, weil er die Gefahr sieht, dass der Mensch seine durchaus berechtigten Begriffe und Gottesnamen nicht mehr relativieren kann zur direkten Gotteserfahrung, die selbst einen Durchbruch durch alle Begriffe und Namen bedeutet. Wie beim materiellen Besitz kann, ja muss sogar der Mensch Begriffe und Gottesnamen gebrauchen, aber er darf nie vergessen, dass seine Rede über ‚Gott' Gott selbst nicht erreicht. Damit sehen wir eine deutliche Parallele zwischen Eckhart und Dionysius, den er selbst auch immer wieder erwähnt.

Gott als Verneinung der Verneinung

> „So wird Gott in allem erkannt und doch abseits von allem, so wird er durch das Wissen erkannt und durch Nichtwissen, und so gibt es Erkennen, Verstehen, Kenntnis, Fühlen, Wahrnehmen, Glauben, Vorstellen und Namen von ihm, und sonst alles dergleichen, und doch wird er weder erkannt, noch ausgesprochen, noch benannt und ist keines der seienden Dinge, und wird in keinem der seienden Dinge erkannt, ist alles in allem, und nichts in keinem, und wird in allen Dingen einem jeden erkennbar, und niemandem in keinem Dinge … und doch ist das göttlichste Wissen von Gott das, das in Unwissenheit erkennt."
>
> (Dionysius Areopagita)

Gerade wenn es heißt: „und niemandem in keinem Dinge" darf das nicht als Leere oder gar Verödung des Geistes verstanden werden, als geschähe hier tatsächlich überhaupt nichts. Im Gegenteil: „niemand" heißt hier, dass man als erkennendes Subjekt sich selbst vergessen hat und reine Gegenwart geworden ist, um Gott, den man in keinem einzelnen Ding erkennen kann, in allen Dingen zu erfassen.

Wir sollen „Gott bitten, dass wir ‚Gottes' ledig werden", was bedeutet: Der Begriff oder die Vorstellung, die wir uns von Gott gemacht haben, verstellt uns die wahre und direkte Erfahrung Gottes. Zu leicht verfällt der Mensch der Verlockung zu glauben, er habe mit dem Begriff bzw. mit dem Namen schon Gott selbst erfasst oder be-griffen. Wenn wir sagen, Gott ist die ‚Güte', die ‚Wahrheit' oder die ‚Einheit', so gleicht diese Aussage strukturell genau dem Satz: Das Ding da ist ein Apfel. Aber dies darf damit nicht gemeint sein. Gott ist nicht die ‚Gutheit' usw. in dem Sinne, als ob er dieses wäre und etwas anderes nicht, d.h. im Sinne der Gegenständlichkeit, indem wir etwas denken, uns etwas vorstellen und etwas unterscheiden und damit Definitionen (Abtrennungen) und Negationen (Verneinungen) schaffen. Eckhart drückt dies sehr deutlich aus, indem er sagt: „Er (Gott) ist gar nichts, er ist weder dies noch das."

Genau diese absondernde Negation unserer Aussageweise: dies oder das, d.h. dies und nicht zugleich das, das Charakteristikum der Endlichkeit, muss selbst negiert werden, um zur reinen Wahrheit, Gutheit und Einheit zu kommen, zum reinen Sein, das wir nun genauso das Nicht-Seiende nennen können, wie Dionysius es getan hat oder kurz: das Nichts.

> „Deshalb kommt diesem (Gott) keine Absonderung und keine Verneinung zu, sondern ihm allein, und nur ihm allein, gehört die Verneinung der Verneinung, die der Gipfel und die Spitze der höchsten Bejahung ist."
> (Meister Eckhart, Lateinische Werke, III, 175ff.)

Die Dimensionen des Nichts

> „Schweig daher und schwätze nicht über Gott, denn damit, dass du über ihn schwätzt, lügst du, tust du Sünde."
> (Meister Eckhart, 353, 23-24)

In seiner sehr direkten und drastischen Redeweise stößt uns Eckhart immer wieder auf das Problem der Beschränktheit jeder Aussage über Gott. Wir dürfen ja nicht einmal vom Nichts reden, als ob es sich um ein Ding oder ein Subjekt handelte, das man eben mit dem Namen ‚Nichts' benennen müsste. Wir müssen zwar von dem ‚Nichts' als ‚Etwas' sprechen, wenn wir eine Aussage formulieren wollen, aber gleichzeitig immer die eigentliche Unaussagbarkeit des Inhalts im Auge behalten. Wenn uns das gelingt, dürfen wir auch solche Aussagen über Gott als das ‚Nichts' machen.

Wir können dann dem Nichts in diesem Sinne vor allem zwei erfahrbare Eigenschaften oder – besser ausgedrückt – Dimensionen zuschreiben, nämlich die Un-Endlichkeit und die Un-Bedingtheit.

Hier sind wir an dem Punkt angelangt, wo wir zwischen bejahender und verneinender (negativer) Theologie unterscheiden, wie wir es bei Dionysius schon gesehen haben. Meister Eckhart hat seine Rede von Gott als ‚Nichts' immer im Sinne der negativen Theologie gemeint. Um wirklich Gott zu finden, müssen wir zum Nichts der Gottheit durchbrechen. Eckhart weiß, dass Gott dem Menschen nicht als begrenztes Objekt oder Subjekt begegnet und stellt über den personalen Gottesbegriff den überpersonalen Begriff ‚Gottheit' (Deitas).

‚Gott' ist eine Person der Dreifaltigkeit ebenso wie ‚Sohn' und ‚Heiliger Geist', aber ‚Gottheit' soll das darstellen, was dem begegnet, der „nichts will als Gott, unverhüllt, wie er in sich selbst ist und dem es weder am Vater noch am Sohne noch am Heiligen Geist noch an den drei Personen (zusammen) genügt, sondern eine jede in ihrer Eigenheit besteht." (Meister Eckhart, 316, 4-6)

Es geht dabei nicht um die Frage, ob die Begegnung personal ist oder nicht, sondern ‚Gottheit' bezeichnet Gott jenseits dieses Gegensatzes. Erst wenn wir diesem Nichts der Gottheit begegnen, das selbst der Grund des ‚Gottes' ist, sind wir vollständig frei und ledig von jedem eigenen Vorstellungsbild und begegnen Gott, wie er in sich selbst ist.

Die Lehre vom Seelengrund

> „Ich habe von einer Kraft in der Seele gesprochen; in ihrem ersten Ausbruche erfasst sie Gott nicht, sofern er gut ist, sie erfasst Gott auch nicht, sofern er die Wahrheit ist; sie dringt bis auf den Grund und sucht weiter und erfasst Gott in seiner Einheit und in seiner Einöde, sie erfasst Gott in seiner Wüste und in seinem eigenen Grund."
> (Meister Eckhart, DW, I, 172, 12ff.)

Für die Lehre Eckharts ist entscheidend, dass sie die Möglichkeit der wahren Gotteserkenntnis, die Begegnung mit dem Nichts der Gottheit im Menschen selbst angelegt sieht. Dieser hat, oder besser hätte, immer schon die Fähigkeit, die Abgeschiedenheit volllständig zu vollziehen, nur entfaltet er, sei es aus Unwissenheit oder aus Trägheit, seine Anlage nicht „wie ein Mann, der Wein in seinem Keller hat, und er hätte nicht davon getrunken, noch versucht" (Meister Eckhart, 163, 13ff.). Eckhart selbst benennt diese immer schon vorhandene Möglichkeit mit verschiedenen Namen wie z.B. „Kraft", „Hut des Geistes", „Licht des Geistes", „Fünklein" oder auch „Seelengrund", lehnt aber solche Namen gleich wieder ab, um die große Gefahr zu vermeiden, dass das gegenständliche Denken darunter einen Seelen-Teil verstehen und sich dann die Seele zusammengesetzt vorstellen könnte.

„Es ist weder dies noch das" (Meister Eckhart, 163, 16-17), sondern eher ein Vermögen der Seele, selbst un-bestimmt und eigenschafts-los, genau dadurch aber dem Nichts der Gottheit gleich. Wir können hier die Parallele zur Unterscheidung von ‚Gott' und ‚Gottheit' des vorigen Abschnitts ziehen, um das Verständnis dieser Seelenlehre zu erleichtern. ‚Gott' mit seinen ‚Eigenschaften' als eine Person der Dreifaltigkeit verhält sich zur weiselosen, nicht-seienden Gottheit so, wie die verschiedenen Vermögen der Seele zum ‚Seelengrund'. Eckhart bleibt zunächst ganz auf dem traditionellen, neuplatonischen Weg und übernimmt parallel zur göttlichen Trinitität auch die triadische Verfasstheit der Seele als Abbild der Trinität: das ‚Unterscheidungsvermögen' (rationale), die ‚Zürnerin' (irascibilis) und das ‚Begehren' (concupiscibilis). Aber er ordnet diesen drei Kräften als den ‚unteren' sogleich drei ‚obere' Kräfte zu, nämlich eine ‚behaltende Kraft' (memoria), die ‚Vernunft' (intellectus) und den ‚Willen' (voluntas) und geht von einer diese Aufteilung vorhergehenden und sie überragenden Einheit im ‚Seelengrund' aus. Ganz neuplatonisch ist damit die dualistische Trennung zwischen der überirdischen Welt einerseits und der irdischen Welt andererseits insofern überwunden, als dass Eckhart in der Seele des Menschen selbst die Brücke zwischen beiden angelegt sieht.

> „Du sollst Gott ungeistig lieben, das heißt so, dass deine Seele ungeistig sei und entblößt aller Geistigkeit; denn, solange deine Seele geistförmig ist, solange hat sie Bilder. Solange sie aber Bilder hat, solange hat sie Vermittelndes; solange sie Vermittelndes hat, solange hat sie nicht Einheit noch Einfachheit. Solange sie nicht Einfachheit hat, solange hat sie Gott noch nie recht geliebt; denn recht zu lieben hängt an der Einhelligkeit. Daher soll deine Seele allen Geistes bar sein, soll geistlos dastehen. Denn, liebst du Gott, wie er Gott, wie er Geist, wie er Person und wie er Bild ist, – das alles muss weg. Du sollst ihn lieben, wie er ist ein Nicht-Gott, ein Nicht-Geist, eine Nicht-Person, ein Nicht-Bild, mehr noch: wie er ein lauteres, reines, klares Eines ist, abgesondert von aller Zweiheit. Und in diesem Einen sollen wir ewig versinken vom Etwas zum Nichts."
> (Meister Eckhart, 355, 7-21)

Die Engel bei Meister Eckhart

Meister Eckhart folgt auch darin seinem großen Vorbild Dionysius, dass für ihn diese negative Theologie und die zugehörige Praxis der eigenen Abgeschiedenheit die eigentlich angebrachtere Ausdrucksweise und Verhaltensweise gegenüber Gott wäre. Die Bildersprache der Bibel wäre nur symbolhaft aufzufassen und nur für die unvollkommene Auffassungsgabe der Menschen geschaffen worden. Entsprechend wäre auch die biblische Sprache von den Engeln nur Bild, und „Gott umhüllt und verdeckt sich im

Engelslichte und wartet beständig darauf, wann er herauskommen könnte, auf dass er sich der Seele hingeben dürfe." (Meister Eckhart, 376, 23-24).

> „Wenn Gott dieses Werk, das seine Geburt ist, in der Seele wirkt, so ist (diese) seine Geburt sein Werk, und die Geburt ist der Sohn. Dieses Werk wirkt Gott im Innersten der Seele, und zwar so verborgen, dass weder ein Engel noch ein Heiliger darum weiß, und auch die Seele selbst kann nichts weiter dazu tun, als es zu erleiden; es gehört einzig Gott zu. Darum spricht recht eigentlich der Vater: ‚Ich sende meinen Engel.' Ich aber sage nun: Uns genügt es nicht damit, und wir wollen es nicht. Origenes spricht: Maria Magdalena suchte unsern Herrn; sie suchte einen toten Menschen und fand zwei lebende Engel, und das genügte ihr nicht. Sie hatte recht, denn sie suchte Gott.
> (Meister Eckhart, 377)

Meister Eckhart ist gewissermaßen verantwortlich für die Un-Mittelbarkeit der persönlichen Frömmigkeit vieler Menschen in den folgenden Jahrhunderten. Ver-Mittler des göttlichen Lichts, seien es Engel oder Heilige, spielen darin keine besondere Rolle. Sie werden geehrt und geachtet als Vorbilder, keinesfalls wird ihre Existenz bestritten, aber eine besondere Rolle in der persönlichen Religiosität dieser Mystik spielen sie nicht. Es ist eine „spekulative" Mystik, eine sehr von Erkenntnis und Schau des göttlichen Lichts geprägte Mystik, die alles gegenständliche Denken übersteigen will, auch auf keinen Fall emotionsgeladen oder voller Gefühle, im Kern sehr von philosophischen Ideen getragen. Aber Meister Eckhart haben wir es zu verdanken, dass er diese philosophische Theologie buchstäblich populär gemacht hat. Er hat diese Ideen in deutschen Predigten verkündet und für jeden in einer einfachen Sprache verständlich gemacht. Gewiss lag das Bedürfnis nach einem unmittelbaren Erleben des Göttlichen, nach einer individuellen *unio mystica* ohne Vermittler in der Luft, vermutlich hat nicht einmal Meister Eckhart als erster die Lehre vom „mystischen Nicht-Wissen" in deutschen Predigten verkündet, aber er ist der unbestreitbar begabteste und authentischste Genius dieser Mystik gewesen und hat den entscheidenden Anstoß für ihre Blüte in der Folgezeit gegeben.

Wir müssen heute aus einem ganz anderen Grund uns mit dem Gedanken vertraut machen, warum das „mystische Nicht-Wissen" und auch Nicht-Reden und die Un-Mittelbarkeit der persönlichen Religiosität jedes Einzelnen in Zukunft eventuell der noch einzig gangbare Weg sein kann. Dies liegt an der unaufhaltsamen Vereinnahmung der religiösen Symbole durch die Wirtschaft einerseits in der Werbung und – keineswegs geringer – in der Unterhaltungsindustrie. Nicht nur werden religiöse Themen im Unterhaltungsmedium schlechthin, im Kino- und Fernsehfilm, und im Computerspiel transportiert, was sie selbst zu Unterhaltung macht, sondern es werden vor allem die religiösen Bilder und Symbole umgedeutet, umgeformt, neu benutzt, in ganz andere Zusammenhänge gebracht oder durch scheinbar ähnliche ersetzt.

Bei der ganzen Diskussion um den Film „Passion" von Mel Gibson wurde kaum beachtet, dass damit das Leiden Jesu – die Auferstehung spielte in diesem Film kaum eine Rolle – zur Unterhaltungskonserve wurde. Sicher gab es schon früher Verfilmungen von Jesu Leben, auch mit Unterhaltungscharakter, aber dieser Film stellt den vorläufigen Höhepunkt dar. Wer andere Filme von und mit Mel Gibson kennt, weiß, dass es darin immer um extreme Gewaltdarstellungen zum Zweck der Unterhaltung geht. Leider hat Mel Gibson das Leiden Jesu darunter eingereiht.

Auch nicht nur die Verwendung christlicher Symbole in der Werbung wie z.B. der von CocaCola geprägte Weihnachtsmann oder Engel ist damit gemeint, sondern auch die Einführung völlig neuer pseudoreligiöser Themen, Motive und Figuren in Filmen, auch Kinderfilmen, Computerspielen und sogar alltäglichem Spielzeug wie das einer berühmten dänischen Firma, das neben bekannten Spielfilmen wie „Star Wars" auch offensichtlich mythische Monster ins Kinderzimmer bringt, die manche als lockere Anleihen aus der Maori-Kultur Neuseelands erkennen wollen.

Das Problem bei dieser Art von „Globalisierung" ist, dass sie – nicht politisch, sondern wirtschaftlich motiviert – eher schleichend kommt und nicht aufzuhalten ist. Das hat seinen Grund darin, dass sie auch auf ein Vakuum stoßen, das wir als Verlust des einmal vorhandenen gemeinsamen europäischen Kulturcodes bezeichnen können. Darauf werden wir im

Zusammenhang mit Engeln im Islam noch zurückkommen. An dieser Stelle kann man nur konstatieren, dass die ständige Zunahme der Vermischung und Umdeutung von religiösen Symbolen, Bildern und Motiven dazu führt, dass sie nicht mehr ernst genommen werden (können). Nicht von ungefähr wenden sich viele junge Menschen auch dem Buddhismus in verschiedenen Richtungen zu, weil er viel stärker als das Christentum als philosophisch geprägte Religion eine Lehre und vor allem Praxis jenseits aller Worte, Bilder und Symbole verkündet.

Missbrauch von religiösen Symbolen zu politischen Zwecken hat es zu allen Zeiten gegeben. Ihr Gebrauch zur Unterhaltung und zur Ankurbelung der Wirtschaft hat heute eine andere Qualität. Auch das sollten wir in Erinnerung behalten, wenn wir uns im folgenden Kapitel mit den bildlichen Darstellungen von Engeln befassen.

Bildliche Darstellungen

Der Streit um die Bilderverehrung

Wenn wir in diesem Kapitel auf die bildlichen Darstellungen von Engeln eingehen, beschränken wir uns größtenteils auf die Ikone als christliches Kultbild, weil diese nicht nur für die Ostkirchen als „Bild gewordene Theologie" gilt, sondern heutzutage auch wieder für viele Gläubige im Westen das eigentlich christliche Bild als bewusst gewähltes Objekt der eigenen Frömmigkeit und religiösen Praxis darstellt. Gerade die Engelsdarstellungen auch in der westlichen Sakralkunst – wenn wir mal von den barocken Putten absehen – sind bis ins 20. Jahrhundert hinein vom byzantinischen Grundtyp abgeleitet: Engel werden dargestellt als junge Männner mit Flügeln, bekleidet mit Tunika und Pallium. Dieses Bild hat alle Brüche zwischen den Konfessionen überdauert und ist bis heute Allgemeingut der Christenheit. Auch in der abendländischen Kunst muss man davon abweichende Bilder und Plastiken vor dem Hintergrund der Ikonenmalerei betrachten, um die Kontrastwirkung dazu mit in die Interpretation einzubeziehen. Die Ikonenmalerei hat den eben genannten Grundtypus über die Jahrhunderte vielfältig variiert und eine Bandbreite von verschiedenen Engelstypen geschaffen, die wir in diesem Kapitel anhand von Beispielen durchsehen und mit Hilfe der bisherigen Ausführungen zu Engelsvorstellungen in der Bibel, in den offiziellen Konzilsdokumenten und bei den großen Kirchenvätern bzw. -lehrern theologisch einordnen und verstehen wollen.

Wir werden dabei nicht den Weg der kunsthistorischen Aufzählung der verschiedenen Engelsdarstellungen in Ikonen im Laufe der Jahrhunderte beschreiten, wie es ein wissenschaftliches Buch über Ikonenmalerei zur Bestandsaufnahme tun müsste, sondern die Ikonen – entsprechend dem Thema unseres Buches beschränkt auf Engel-Ikonen – als das nehmen, was sie sein wollen, nämlich Bild gewordene Theologie, Aussagen von und über Gott, seine Schöpfung und die heilsgeschichtliche Menschwerdung in Christus.

Diese Einstellung zu Ikonen ist für den Abendländer, sogar für den gläubigen Christen im Westen, nicht leicht nachzuvollziehen, weil das abendländische Christentum den Weg dazu nicht zur Gänze mitvollzogen hat. Am besten kann man sich über die historische Entwicklung hineindenken, ohne in zu theoretische Erklärungen zu geraten. Die Ikone als „Bild gewordene Theologie“, als gleichwertige (ostkirchliche) Parallele zur Hl. Schrift, war auch nicht von Anfang an gleich gegeben und voll durchdacht, sondern entwickelte sich erst in ähnlicher Weise wie viele andere Bereiche der christlichen Theologie in Auseindersetzungen mit verschiedenen Extremen. Diese Auseinandersetzungen, die als „Bilderstreit“ in die Kirchengeschichte eingegangen sind, haben erst zu einer durchdachten Bild-Theologie geführt, und ihre Betrachtung kann uns diesen Schritt nachvollziehen lassen.

> „Früher gab es lange Zeit hindurch keine Idole. Bevor die Verfertiger dieser Ungetüme wie die Pilze hervorschossen, gab es bloß Tempel und leere Gotteshäuser, wie sich denn auch bis auf den heutigen Tag an manchen Orten noch Spuren des alten Gebrauches erhalten haben. Dennoch wurde darin Idololatrie betrieben, wenn auch nicht unter diesem Namen, so doch in der Sache selbst. Man kann sie ja auch jetzt noch außerhalb des Tempels und ohne ein Idol treiben. Als aber der Teufel Bildhauer, Maler und Verfertiger von Bildnissen aller Art in die Welt gesetzt hatte, da empfing jenes noch in rohen Anfängen befindliche Treiben menschlichen Elends seinen Namen und Fortgang von den Idolen. Von dieser Zeit an ist jeder Kunstzweig, welcher in irgendeiner Weise Idole hervorbringt, zu einer Quelle der Idololatrie geworden. Denn es macht keinen Unterschied, ob der Töpfer das Idol formt oder der Bildhauer es ausmeißelt, ob es in Feinstücken hergestellt ist – denn auch an der Materie ist nichts gelegen – oder ob es von Gips, Farbe, Stein, Bronze, Silber oder Ton gemacht wird. Denn da auch ohne Idole Idololatrie stattfinden kann, so macht es sicherlich, wofern nur ein Idol vorhanden ist, keinen Unterschied, wie es beschaffen sei, aus welchem Stoff und von welcher Gestalt. Deshalb darf niemand glauben, für ein Idol nur das halten zu müssen, was unter menschlicher Gestalt dargestellt ist. Hierbei ist eine Deutung des Wortes erforderlich. Eidos bedeutet im Griechischen Gestalt, und das davon durch die Verkleinerungsform abgeleitete Eidolon (Idol)

entspricht dem, was wir ein Bildchen nennen. Folglich hat jede Figur und jedes Bildchen auf die Bezeichnung Idol Anspruch. Daher ist jeder Kultus und jeder Dienst eines beliebigen Idols Idolatrie. Die Verfertiger eines Idols begehen ganz das gleiche Verbrechen; es müsste sich denn das Volk, welches das Bild eines Kalbes verehrt, weniger versündigen, als das, welches das Bild eines Menschen heilig hält!"
(Tertullian, Über den Götzendienst, 3)

Der Streit um die Bilderverehrung selbst wurde in z.T. äußerster Härte im 8. und 9. Jahrhundert ausgetragen, hat aber schon mehrere Jahrhunderte geschwelt. Seine Wurzeln reichen bis in das frühe Christentum zurück, wo ganz in jüdischer Tradition auch die Christen, die aus dem griechisch-hellenistischen Kulturraum stammten, bewusst als Zeichen der Trennung vom Heidentum und der persönlichen Neuorientierung auf jegliches Bild in religiösem Zusammenhang verzichteten eingedenk des alttestamentlichen Bilderverbots. In dem Maße aber, wie das Christentum anwuchs, insbesondere nach der Erklärung zur Staatsreligion durch das Religionsedikt von Kaiser Konstantin dem Großen im Jahre 380 haben viele ihre bislang heidnischen Kultgebräuche, insbesondere die kultische Verehrung von Götterbildern und -statuen, mitgebracht und beibehalten, was sehr schnell zu Spannungen führte zwischen denen, die weiterhin zumindest religiöse Bilder ablehnten, und denen, die Christus, Maria und die Heiligen in bzw. mittels Bildern verehren wollten.

Wir wissen von dieser strittigen Frage durch verschiedene theologische Autoren wie z.B. den eben zitierten Tertullian, der bereits im Jahre 210 dazu aufgefordert hatte, sich von allen Bildern oder gar deren Verehrung fernzuhalten. So hatte sich auch eine Synode im spanischen Elvira im Jahr 306 gegen Wandmalereien in Kirchen ausgesprochen.

Damit verknüpft war natürlich das Problem des Kaiserkultes, der praktischerweise in den Provinzen des Reiches darin bestand, dass man anstelle des persönlich anwesenden Kaisers sein Bild kultisch verehrte und sich vor ihm niederwarf (Proskynese). Solange der Kaiser selbst nicht Christ war und die Christen sogar verfolgen ließ, wurde der Bilderkult um das (heidnische) kaiserliche Portrait von diesen entschieden abgelehnt, was ebenfalls zu ihrer Verfolgung als Staatsfeinde beitrug.

In dem Moment aber, als nach Konstantin die Kaiser selbst Christen waren, wurde die Situation komplizierter. Jetzt konnte und wollte man dem Kaiser seine ihm gebührende Ehrbezeigung nicht mehr so einfach verwehren, gehörte er schließlich doch auch zur Kirche Christi. Dies führte dazu, dass allgemein das Portraitbild als solches nicht nur vom Kaiser, sondern auch von Christus, Maria und Heiligen Bestandteil der religiösen Praxis der Christen werden konnte und sich die frühere Ablehnung immer mehr zu einer Bilderverehrung griechisch-hellenistischer Art wandelte, die im 6. und 7. Jahrhundert extreme Ausmaße annahm. Ohne tiefere theologische Reflexion wurde das Bild zum Gegenstand der persönlichen Frömmigkeit und bedeutete für viele Christen nicht nur Abbild, Portrait, sondern unmittelbare Gegenwart der dargestellten (heiligen) Person mit magischen Kräften. Ihm wurden dieselben Ehren erwiesen wie früher den heidnischen Götterbildern: Prozession, Bekleidung, Salbung, Beweihräucherung, Proskynese usw. Infolge dieser Auswüchse nahmen auch die Spannungen zwischen den Bilderverehrern und den Bildergegnern immer mehr zu, bis sie zu den offenen Auseinandersetzungen im 8. und 9. Jahrhundert führten.

Angestoßen wurden diese Auseinandersetzungen durch die geistig-geistliche Konfrontation mit dem bilderfeindlichen Islam und den Vorwürfen der Juden gegenüber den Christen, dass sie – wegen ihrer Bilderverehrung – Götzenanbeter wären. Bereits im Jahr 721 wurde durch einen Erlass des Kalifen gefordert, dass die Christen in den moslemisch beherrschten Gebieten alle Bilder aus ihren Kirchen und Häusern zu entfernen hätten. Allerdings wurde dieser Erlass nicht mit großer Strenge und Härte durchgesetzt, denn gerade aus diesen Gebieten haben deutlich mehr Ikonen die innerkirchlichen Auseinandersetzungen „überlebt" als im von Konstantinopel regierten Raum, wo ähnliche Verfügungen zeitweise mit äußerster Härte und Grausamkeit ausgeführt wurden. Die erste Aktion stammt aus dem Jahr 726 von Kaiser Leo III. dem Isaurier (717-741), der – aufgewachsen in Syrien und angeregt durch seine eigene Bekanntschaft mit der moslemischen Spiritualität – aus persönlicher Überzeugung die Bilderverehrung ablehnte und demonstrativ die große Christusikone am

Chalke-Tor seines Palastes zerstören ließ. Als er damit beim Volk keine größere Unterstützung für sein Anliegen gewinnen konnte, erließ er 730 einen Edikt, auf Grund dessen alle Bilder entfernt und zerstört wurden, die erreichbar waren. Noch fanatischer gebärdete sich sein Sohn und Nachfolger Konstantin V. (741-775), der 754 durch eine nach Hiereia einberufene Synode jede Verehrung von Bildern verbieten, alle noch oder wieder vorhandenen Bilder zerstören und tausende von Bilderverehrern mit Verbannung, Gefängnis, Folter und Tod rücksichtslos bestrafen ließ. Ihre prominentesten Vertreter, Johannes von Damakus und Germanus von Konstinopel, wurden exkommunziert.

Sein Nachfolger Leo IV. (775-780) war zwar auch Bildergegner, aber in der Durchsetzung moderater, nicht zuletzt dank seiner Frau, Kaiserin Irene, die selbst der Bilderverehrung zugeneigt war und nach dem Tod ihres Mannes als Regentin für den noch unmündigen Sohn, den späteren Kaiser Konstantin VI., wieder offen für die Bilderverehrung eintrat. Auf dem 2. Konzil von Nikaia, dem 7. und letzten ökumenischem Konzil, wurde dann 787 auch das Verbot von 754 wieder aufgehoben und die Verehrung von Bildern nicht nur geduldet, sondern sogar für nützlich erklärt. Auf diesem Konzil wurde theologisch zwischen andächtiger Verehrung (Proskynese) und Anbetung (Latrie) präzise unterschieden, wobei den Bildern nur ersteres zustehe. Die missverständliche Übersetzung beider verschiedener Begriffe ins Lateinische mit nur dem einen Begriff „Anbetung" (Adoratio) deutet bereits die Verständnisschwierigkeiten an, die später zum großen Schisma von 1054 führen sollten.

2. (7. ökum.) Konzil von Nikaia (24. Sept. - 23. Okt. 787)

> „Gleichsam den königlichen Pfad schreitend und folgend der gottkündenden Lehre unserer heiligen Väter und der Überlieferung der katholischen Kirche – denn wir wissen, dass diese vom Heiligen Geist, der in ihr wohnt, stammt – beschließen wir mit aller Sorgfalt und Gewissenhaftigkeit, in den heiligen Kirchen Gottes, auf den heiligen Geräten und Gewändern, Wänden und Tafeln,

Häusern und Wegen, ebenso wie die Darstellung des kostbaren und lebendigmachenden Kreuzes die ehrwürdigen und heiligen Bilder – seien sie aus Farben, Stein oder sonst einem geeigneten Material – anzubringen; dies gilt für das Bild unseres Herrn und Gottes und Erlösers Jesus Christus, unserer unbefleckten Herrin, der heiligen Gottesgebärerin, der ehrwürdigen Engel und aller heiligen und frommen Menschen.

Je häufiger sie nämlich durch eine bildliche Darstellung angeschaut werden, desto häufiger werden auch diejenigen, die diese betrachten, emporgerichtet zur Erinnerung an die Urbilder und zur Sehnsucht nach ihnen, und dazu, dass sie diesen einen Gruß und achtungsvolle Verehrung zuwenden, nicht jedoch die nach unserem Glauben wahre Anbetung, die allein der göttlichen Natur zukommt, sondern so, wie man der Darstellung des kostbaren und lebendig-machenden Kreuzes, den heiligen Evangelien und den übrigen heiligen geweihten Gegenständen Weihrauch und Lichter zu ihrer Verehrung darbringt, wie es auch bei den Alten fromme Gewohnheit gewesen ist. „Denn die Verehrung des Bildes geht über auf das Urbild", und wer das Bild verehrt, verehrt in ihm die Person des darin Abgebildeten.

Denn so wird die Lehre unserer heiligen Väter und die Überlieferung der katholischen Kirche bekräftigt, die vom einen Ende der Erde bis zum anderen Ende das Evangelium angenommen hat; so folgen wir Paulus, der in Christus gesprochen hat, der ganzen göttlichen Schar der Apostel und der Heiligkeit der Väter, indem wir die Überlieferungen festhalten, die wir empfangen haben; so singen wir der Kirche prophetisch die Siegeshymnen: „Sei vielmals gegrüßt, Tochter Sion, verkünde, Tochter Jerusalem, freue Dich und frohlocke aus Deinem ganzen Herzen: Hinweggenommen hat der Herr aus Dir die Unrechtstaten Deiner Widersacher, Du bist befreit aus der Hand Deiner Feinde; der Herr ist König in Deiner Mitte; Du wirst kein Unheil mehr schauen" und Friede herrscht in Dir in Ewigkeit.

Die es nun wagen, anders zu denken oder zu lehren; oder im Sinne der ruchlosen Häretiker die kirchlichen Überlieferungen abzulehnen und irgendeine Neuerung auszudenken; oder irgendetwas von

dem wegzuwerfen, was der Kirche geweiht wurde, ein Evangelienbuch, eine Abbildung des Kreuzes, eine bildliche Darstellung oder eine heilige Martyrerreliquie; oder auf krummen Wegen und verschlagen etwas auszuhecken, um auch nur einen Punkt der verbindlichen Überlieferungen der katholischen Kirche zu untergraben; oder aber auch die Kirchenschätze oder die geheiligten Klöster zu gewöhnlichen Zwecken zu verwenden; so bestimmen wir, wenn es sich um Bischöfe oder Kleriker handelt, sie abzusetzen, wenn aber um Mönche oder Laien, sie aus der Gemeinschaft auszuschließen."
(Denzinger 600-603)

Unter den Kaisern Leo V. (813-820), Michael II. (820-829) und Theophilus (829-842) lebte der Kampf gegen die Bilderverehrung nochmals auf und nahm erneut grausame Formen an. Auch diesmal, rund 50 Jahre später, war es wieder die Witwe eines Kaisers, nämlich des Kaisers Theophilus, Theodora, die als Regentin für den noch unmündigen Nachfolger Michael III. 843 die Synode von Konstantinopel einberief, wo das Edikt von 754 erneut aufgehoben und die Beschlüsse von 787 bekräftigt wurden.

Auf dem nicht mehr ökumenisch anerkannten Konzil von 870 in Konstantinopel wird die Bilderverehrung sogar zu einem gebotenen Bestandteil und Prüfstein für den christlichen Glauben erklärt.

4. (8. ökum.) Konzil von Konstantinopel (5. Okt 869 - 28. Febr. 870)

„Kan. 3. Wir bestimmen, dass das heilige Bild unseres Herrn Jesus Christus, des Befreiers und Erlösers aller, mit der gleichen Ehrfurcht verehrt werde wie das Buch der heiligen Evangelien.

Wie nämlich alle durch die Worte, die in ihm stehen, das Heil erlangen, so ziehen durch die bildnerische Gestaltung der Farben alle

Gebildeten und Laien aus dem, was sie vor Augen haben, Nutzen; denn was die Rede in Silben, das verkündet und stellt auch das Gemälde in Farben dar.

Und es gehört sich, dass – entsprechend der Übereinstimmung mit der Vernunft und der uralten Überlieferung hinsichtlich der Verehrung – auch die Bilder, weil sie sich auf die ursprünglichen Dinge selbst beziehen, abgeleiteterweise geehrt und ebenso verehrt werden wie das ehrwürdige Buch der heiligen Evangelien und die Nachbildung des kostbaren Kreuzes.

Wer also das Bild des Erlösers Christus nicht verehrt, soll bei der zweiten Ankunft seine Gestalt nicht sehen.
Ebenso aber auch das Bild seiner unbefleckten Mutter und Gottesgebärerin Maria; zudem malen wir auch Bilder der heiligen Engel, wie sie die göttliche Schrift durch Worte darstellt; aber wir ehren und verehren auch die Bilder der hochgelobten Apostel, Propheten, Märtyrer und heiligen Männer, zugleich auch aller Heiligen.

Und wer sich nicht so verhält, soll vom Vater und Sohn und Heiligen Geist mit dem Anathema belegt werden."
(Denzinger 653-656)

In der Westkirche haben diese Auseinandersetzungen nicht solche extremen Formen angenommen, aber dennoch ihre Auswirkungen gehabt. Durch die eher nüchterne Religiosität lateinischer Prägung im Vergleich zur griechisch-hellenistischen Frömmigkeit hat der Bilderkult nie solche Ausmaße entwickelt, dass er scharfe Reaktionen hervorrief. Auch die Kontakte mit dem Islam waren bedeutend geringer. Für die westliche Kirche galt allgemein das Wort von Papst Gregor dem Großen, dass die Bilder die Bücher der Armen (also Analphabeten) wären, also nützliche, didaktische Hilfsmittel, aber weniger wichtig und weniger wert als die Hl. Schrift, der eigentlichen Offenbarung. Eine Verehrung oder gar Anbetung der Bilder als solche wurde abgelehnt, die Bilder selbst aber wurden nicht verworfen.

Das Bild und die zwei Naturen Christi

In der Ostkirche hingegen haben die langen und heftigen Auseinandersetzungen zwischen den sogenannten Ikonodulen (Bilderverehrer) und Ikonoklasten (Bildergegner, Bilderzerstörer, Bilderstürmer) dazu geführt, dass das religiöse (Portrait-)Bild aus dem Bereich der unreflektierten Volksfrömmigkeit herauswuchs und zur Ikone als „Bild gewordene Theologie" wurde, was es bis heute geblieben ist. Dies hängt zusammen mit der Klärung um die Frage der Natur des menschgewordenen Sohnes und dem Verständnis des Kosmos als Einheit von Sichtbarem und Unsichtbarem.
Denn der Streit um die Wertschätzung oder Ablehnung der Bilder von Christus, Maria, Heiligen und auch Engeln hat die Auseinandersetzungen der frühen Kirche um die Christologie, d.h. die Natur des Mensch gewordenen Sohnes Gottes, eigentlich nochmals wiederholt und neu aufgerollt, diesmal auf der Basis der Definition der zwei Naturen Christi des Konzils von Chalkedon.

(4. ökum.) Konzil von Chalkedon (8. Okt. - Anfang Nov. 451)

> „[Im Anschluß an die beiden Bekenntnisse von Nikaia und Konstantinopel folgt:] Es würde nun zwar zur vollständigen Erkenntnis und Festigung des rechten Glaubens dieses weise und heilsame Bekenntnis der göttlichen Gnade genügen; denn seine Lehre über den Vater und den Sohn und den Heiligen Geist ist vollkommen, und es stellt denen, die es gläubig annehmen, die Menschwerdung des Herrn dar. Da aber die, welche die Verkündigung der Wahrheit abzuschaffen versuchen, durch ihre eigenen Häresien die leeren Begriffe in die Welt setzten, die einen bei der Jungfrau den Begriff ‚Gottesgebärerin' ablehnen, die anderen eine Vermischung und Vermengung einführen, sich in ihrer Unvernunft einbilden, es gebe eine Natur des Fleisches und der Gottheit, und daherfabulieren, die göttliche Natur des Einziggeborenen sei durch die Vermischung leidensfähig, deswegen hat dieses hier versammelte heilige, große

und allgemeine Konzil in der Absicht, ihnen jegliche Intrige gegen die Wahrheit unmöglich zu machen, und die von Anfang an unerschütterliche Verkündigung lehrend beschlossen, dass vornehmlich der Glaube der heiligen Väter unangetastet bleibe.
Auch bekräftigt es – was die Pneumatomachen betrifft – die einige Zeit später von den 150 in der Kaiserstadt versammelten Vätern verkündete Lehre über das Wesen des Geistes, die jene allen bekannt machten, nicht um etwas noch Fehlendes zusätzlich zu den früheren Lehren einzuführen, sondern um ihre Auffassung vom Heiligen Geist gegenüber denen, die sein Herrsein zu verwerfen versuchten, durch Zeugnisse aus der Schrift zu erklären; was aber die betrifft, die das Geheimnis des Heilsgeschehens zu zerstören versuchen und, ohne sich zu schämen, daherschwatzen, der aus der heiligen Jungfrau Maria Geborene sei ein bloßer Mensch, so billigte es die Synodalbriefe des seligen Kyrill, des ehemaligen Hirten der Kirche von Alexandrien, an Nestorius und an die Orientalen, die sich in Übereinstimmung befinden, zur Widerlegung des Unsinns des Nestorius; ihnen fügte es aus gutem Grund auch den Brief des Vorstehers des großen und alten Rom, des seligsten und heiligsten Erzbischofs Leo, bei, den er an den Erzbischof Flavian seligen Angedenkens zur Vernichtung der Irrlehre des Eutyches geschrieben hatte, da er ja mit dem Bekenntnis des großen Petrus übereinstimmt und eine gemeinsame Stütze gegen die Irrgläubigen darstellt zur Festigung der rechten Lehren.

Es stellt sich nämlich denen entgegen, die versuchen, das Geheimnis des Heilsgeschehens in eine Zweiheit von Söhnen zu zerreißen, schließt die, welche zu behaupten wagen, die Gottheit des Einziggeborenen sei leidensfähig, aus der Versammlung der Priester aus, leistet denen, die in den zwei Naturen Christi eine Vermengung oder Vermischung ersinnen, Widerstand, verbannt die, welche in ihrem Wahnsinn behaupten, die von ihm aus uns angenommene Knechtsgestalt sei himmlisch oder irgendeiner anderen Natur, und belegt die, welche den Mythos von den zwei Naturen des Herrn vor der Einung erzählen und nach der Einung eine erdenken, mit dem Anathema.

[Definition:] In der Nachfolge der heiligen Väter also lehren wir alle übereinstimmend, unseren Herrn Jesus Christus als ein und denselben Sohn zu bekennen: derselbe ist vollkommen in der Gottheit und derselbe ist vollkommen in der Menschheit; derselbe ist wahrhaft Gott und wahrhaft Mensch aus vernunftbegabter Seele und Leib; derselbe ist der Gottheit nach dem Vater wesensgleich und der Menschheit nach uns wesensgleich, in allem uns gleich außer der Sünde; derselbe wurde einerseits der Gottheit nach vor den Zeiten aus dem Vater gezeugt, andererseits der Menschheit nach in den letzten Tagen unseretwegen und um unseres Heiles willen aus Maria, der Jungfrau und Gottesgebärerin, geboren; ein und derselbe ist Christus, der einziggeborene Sohn und Herr, der in zwei Naturen unvermischt, unveränderlich, ungetrennt und unteilbar erkannt wird, wobei nirgends wegen der Einung der Unterschied der Naturen aufgehoben ist, vielmehr die Eigentümlichkeit jeder der beiden Naturen gewahrt bleibt und sich in einer Person und einer Hypostase vereinigt; der einziggeborene Sohn, Gott, das Wort, der Herr Jesus Christus, ist nicht in zwei Personen geteilt oder getrennt, sondern ist ein und derselbe, wie es früher die Propheten über ihn und Jesus Christus selbst es uns gelehrt und das Bekenntnis der Väter es uns überliefert hat.

[Sanktion:] Da dies also von uns in jeglicher Hinsicht mit aller Sorgfalt und Gewissenhaftigkeit festgesetzt wurde, beschloß das heilige und ökumenische Konzil, dass keiner einen anderen Glauben vortragen, niederschreiben, verfassen oder anders denken und lehren darf."
(Denzinger 300-303)

Die Definition von Chalkedon war der Abschluss eines langen Streits, wie sich göttliche und menschliche Natur in Christus zueinander verhalten. Wir können und müssen für unser Thema in diesem Buch die verschiedenen, z.T. extremen Positionen, aber auch die vielen nicht zuletzt durch die verschiedenen Sprachen verursachten Missverständnisse und den Ablauf des Streits nicht nachzeichnen, sondern können bei der Definition von Chalkedon einsetzen, um den Kernpunkt des Bilderstreits zu erfassen.

Beide Positionen, die der Bilderverehrer und die der Bildergegner, konnten sich nämlich argumentativ auf diese Definition berufen. Dies wurde möglich durch den rein ausschließenden Charakter der Begriffe, wie das Verhältnis der beiden Naturen in Christus beschrieben wird: un-vermischt, un-veränderlich, un-getrennt und un-teilbar. Das Konzil hat keine positive Erklärung abgegeben, wie die beiden Naturen in Christus vereint sind, was später zu sehr verschiedenen Interpretationen führen konnte. Denn beide Gegner im Bilderstreit waren sich darüber einig, dass in Christus zwei Naturen vereint waren, zum einen die göttliche und zum anderen die menschliche. Beide akzeptierten auch die Definition von Chalkedon, argumentierten aber darauf aufbauend in verschiedene Richtungen.

Man kann gelegentlich in der Literatur über Ikonen lesen, dass sich der Streit vor allem an der Darstellung von rein unsichtbaren Wesen wie z.B. gerade den Engeln entzündet hätte und sich die Bilderverehrung deshalb letztlich durchsetzen konnte, weil gerade die Kerubim (die zu diesem Zeitpunkt bereits lange traditonell als Engel aufgefasst worden waren) nach Aussage des Alten Testaments sowohl auf der Bundeslade als auch im salomonischen Tempel plastisch und bildlich dargestellt worden wären, womit die Autorität der Heiligen Schrift ein gutes Argument für die Bilderverehrung geliefert hätte.
Dies geht aber am Kern der Auseinandersetzung vorbei. Im Mittelpunkt stand nämlich nicht die Frage um die Darstellung eigentlich unsichtbarer Wesen, sondern um die Darstellung Jesu Christi in Menschengestalt. Das mag für uns heute widersinnig klingen, wo doch gerade Jesus in Menschengestalt gelebt hat und somit man doch eigentlich sehr gut diese Gestalt bildlich darstellen könnte.

Aber genau hier haben die Gegner der Bilderverehrung angesetzt und sich – theologisch scharfsinnig gedacht – auf das Konzil von Chalkedon berufen. Wenn in Jesus Christus beide Naturen un-getrennt und un-teilbar vereint waren, genau dann machen sich alle Maler von Bildern der Häresie schuldig, weil sie selbstverständlich *nur* die menschliche Natur darstellen konnten unter notgedrungener Weglassung der göttlichen Natur, was aber logischerweise folgerichtig eine theologische Trennung beider Naturen im Bild bedeuten würde. Die Bildergegner folgerten also daraus, dass man kein Bild von Christus malen dürfe, eben weil man nicht beide Naturen darstellen könne.

An dieser Frage nach der Darstellung Christi schieden sich die Geister. Nicht von ungefähr tauchten zu diesem Zeitpunkt auf wundersame Weise viele angeblich nicht von Menschenhand gemalte Christusikonen auf, die sogenannten Acheiopoieta, um dieser theologisch scharfsinnigen Argumentation etwas entgegensetzen zu können. Wenn es gelänge, die Portraitbilder von Christus zu legitimieren, dann wäre es ein leichtes, diese Legitimation auch auf die Darstellung von Maria, Heiligen und sogar Engeln zu übertragen.

Die nötige theologische und philosophische Hilfestellung fanden die Befürworter der Bilderverehrung, unter ihnen hervorragend Johannes von Damaskus, wiederum in der Theologie des Dionysius Areopagita, insbesondere in der Lehre von den Seinsstufen und den Ausstrahlungen des Urlichtes. Nach Dionysius – wie wir oben bereits gesehen haben – sind auch alle Sinnbilder und Abbilder noch Manifestationen des Göttlichen (Urbildes), wenn auch auf niedrigster Seinsstufe in sehr abgeschwächter Form. Diese Bild-Theorie übernahmen die Befürworter der Bilderverehrung und definierten zunächst Christus selbst als vollkommenste Abbildung vom Urbild (Gott Vater). Die gemalten Bilder von Christus können nach der Lehre von den Seinsstufen keine Trennung der beiden Naturen in sich bedeuten, weil man gar nichts außerhalb der Seinsstufen herstellen kann. Auf der niedrigsten Seinsstufe der gemalten Bilder ist zwar die Ausstrahlung des Urlichtes am schwächsten, dunkelsten und deshalb nicht mehr sichtbar darzustellen, aber dennoch nie ganz verschwunden.
Deshalb: Wer ein gemaltes Bild von Christus verehrt, verehrt darin auch die göttliche Natur Christi, die ganze un-geteilte Person des im Bild dargestellten. Die Verehrung des Bildes gilt auch dem Urbild.
Mit diesem Rückgriff auf im Grunde neuplatonische Gedanken gelang es den Theologen der Bilderverehrung, sich schließlich durchzusetzen. Sie haben so die Argumentation der Gegner auf der Basis von Chalkedon einfach umgekehrt. Bilder von Christus müssen sogar verehrt werden, weil in ihnen, wenn auch in abgeschwächter Form, uns Christus selbst begegnet aufgrund der Logik, dass seine beiden Naturen untrennbar verbunden sind.

Eine Ablehnung der Verehrung eines gemalten Bildes von Christus käme somit sogar einer Leugnung der Menschwerdung Gottes gleich.

Wenn wir unter diesem Blickwinkel den oben zitierten Beschluss des Konzils von 787 lesen, können wir den entscheidenden neuplatonisch-dionysischen Begriff „Urbild" vor diesem Hintergrund erkennen. Die Übertragung der Legitimation zum Malen auf die Engel, in diesem Konzilsbeschluss auch ausdrücklich genannt, war nicht mehr schwierig. Zum einen half die oben schon genannte Hilfsargumentation mit den Beispielen des Alten Testaments, zum anderen waren Engel nach Berichten der Heiligen Schrift immer wieder in Menschengestalt erschienen.

Wenn wir diesen Kernpunkt, nämlich die Teilhabe von gemalten Bildern am Urbild, berücksichtigen, dann können wir auch verstehen, was „Ikonen" eigentlich sind – zumindest für die Christen der Ostkirchen. Dies sollten wir im Gedächtnis behalten, wenn wir uns nun mit den verschiedenen Engelsdarstellungen auf Ikonen im einzelnen befassen. Wenn wir diese durchgehen, zeigt sich wieder, dass nicht die Systematik der Engelschöre des Dionysius im Detail maßgeblich war und fürderhin alle Darstellungen bestimmt hätte, sondern nur der Grundgedanke der Teilhabe am Urbild über Seinsstufen als solcher. Die einzelnen Engelsdarstellungen beziehen sich nicht vorrangig auf die Einordung der Engel in verschiedene Rangstufen nach Dionysius, sondern beziehen ihre Symbolik und Dramatik meist unmittelbar aus der Heiligen Schrift, aus Apokryphen und Heiligenlegenden.

Motive

Das Mandylion

[vgl. Abbildungen 20 und 21]

Mit einer solchen Legende wollen wir auch unseren kurzen Durchgang beginnen. Wie oben schon erwähnt, wurde neben der theologischen und philosophischen Argumentation auch die Existenz von nicht von Menschenhand geschaffenen Bilder zugunsten der Bilderverehrung angeführt. Hinsichtlich der Darstellung Christi bezog man sich dabei vorrangig auf den angeblichen Urtyp der Christusikone, das Mandylion („Handtuch"), das einen Gesichtsabdruck Jesu aufzeigte. Damit ist ein legendäres Bild gemeint, das Jesus selbst dem kranken König Abgar Ukkama (9-46 n. Chr.) von Edessa (heute türkisch Urfa) zur Heilung geschickt haben soll als Ersatz dafür, dass er selbst nicht zum ihm reisen konnte. Angeblich hatte er dafür sein Antlitz in ein Handtuch (Mandylion) gedrückt.

Im Hochmittelalter verbreitete sich im Westen eine ähnliche Legende vom Schweißtuch der Veronika mit der volkstümlichen Deutung des Namens Veronika als „vera icon" (lateinisch für „wahres Abbild").

Die Ikonentradition hält dieses Abbild von Jesus für authentisch und hat es in der langen Tradition der Ikonenmalerei bewahrt. Wenn wir uns die Legende genauer ansehen, wie sie Eusebius uns überliefert hat, können wir selbst schnell erkennen, dass aus der Erzählung, wo nur von einem ganz normal gemalten Bild die Rede ist und die Heilung durch den Apostel Thaddäus geschieht, die neue Legende vom Mandylion zugunsten der Bilderverehrung entstanden war.

> „Der Brief des Königs Abgar, Sohn des Königs Ma'nu, und zu welcher Zeit er ihn nach Jerusalem an unseren Herrn sandte; und zu welcher Zeit Addai der Apostel zu ihm (Abgar) nach Edessa kam, und wann er diese Welt verließ und zu jenen ging, die von ihm die Hand der Priesterschaft empfangen hatten.

Im 343sten Jahr des Königreiches der Griechen, und während der Regierung unseres Herrn Tiberius, dem römischen Kaiser, und in der Regierungszeit von König Abgar, Sohn des Königs Ma'nu, am zwölften Tag des Monats Oktober, schickte Abgar Ukkama Marihab und Shamshagram, geehrte Fürsten seines Reiches, und Hannan den Tabularius, den sarrir, mit ihnen zu der Stadt welche genannt wird Eleutheropolis, aber in Aramäisch Beth-gubrin heißt, zu dem geehrten Sabinus, Sohn des Eustorgius, dem Vertreter unseres Herrn des Kaisers, der über Syrien, Phönizien, Palästina und das gesamte Land von Mesopotamien herrschte. Sie brachten ihm Briefe über Angelegenheiten des Königreiches, und er empfing sie mit Freuden und Ehren, und sie blieben bei ihm fünf und zwanzig Tage. Er schrieb für sie eine Antwort auf die Briefe, und schickte sie zu Abgar dem König. Als sie von ihm fortgingen, brachen sie auf und kamen auf die Straße nach Jerusalem; und sie sahen viele Menschen, die aus weiter Ferne kamen, um Christus zu sehen, da sich der Ruhm seiner Wundertaten bis in ferne Länder verbreitet hatte. Als Marihab, Shamshagram und Hannan, der Hüter der Archive, die Menschen sahen, kamen sie auch mit ihnen nach Jerusalem. Als sie Jerusalem betraten, sahen sie Christus, und sie freuten sich mit der Menge, die bei Ihm war. Aber sie sahen auch die Juden, die in Gruppen beieinander standen und bedachten, was sie mit Ihm tun sollten, denn sie waren beunruhigt von der Menge der Menschen, die zu Ihm kamen, um ihre Sünden zu bekennen. Und sie blieben zehn Tage in Jerusalem, und Hannan, der Hüter der Archive, schrieb alles nieder, was er sah, das Christus tat, und auch was Er sonst tat, bevor sie von dannen gingen. Und sie brachen auf und kamen nach Edessa, und traten in die Gegenwart ihres Herrn Abgars, des Königs, der sie gesandt hatte; und sie gaben ihm die Antwort auf die Briefe, die sie mit sich gebracht hatten. Und nachdem die Briefe verlesen worden waren, begannen sie, ihm zu erzählen, was sie gesehen hatten, sowie alles, was Christus in Jerusalem getan hatte. Und Hannan, der Hüter der Archive, las ihm alles, was er geschrieben und mit sich gebracht hatte; und als Abgar der König dies hörte, war er erstaunt und wunderte sich, desgleichen seine Prinzen, die bei ihm standen. Abgar sagte zu ihnen:

‚Diese mächtigen Werke sind nicht Menschen- sondern Gotteswerk; denn es gibt niemanden, der die Toten wieder lebendig machen kann, als Gott selbst.' Und Abgar wünschte, selbst davonzugehen nach Palästina und mit seinen eigenen Augen alles zu sehen, das Christus tat; aber da es ihm nicht möglich war, durch die Länder der Römer zu ziehen, die nicht die seinen waren, falls dies bittere Feindschaft hervorbringen würde, schrieb er einen Brief und sandte ihn an Christus durch die Hand Hannans, des Hüters der Archive. Er verließ Edessa am vierzehnten Tag des Monats Adar und kam nach Jerusalem am zwölften Tag des Nisan, am vierten Tag der Woche (Mittwoch). Und er fand Christus im Haus des Gamaliel, des Hohepriesters der Juden. Und der Brief wurde Ihm vorgelesen, und er war folgendermaßen geschrieben:
‚Abgar Ukkama, an Jesus, den Guten Arzt, der im Lande Jerusalem erschienen ist. Mein Herr: Frieden. Ich habe von Dir gehört, und von Deiner Heilkunst, daß Du nicht mit Arzeneien und Kräutern heilest, sondern durch Dein Wort die Augen der Blinden öffnest, die Lahmen gehen machst, die Aussätzigen reinigst und die Tauben hören läßt. Und die unreinen Geister und die Wahnsinningen und Geplagten, diese heilest Du mit Deinem Wort; desgleichen erweckest Du die Toten. Und als ich von den großen Wundern hörte, welche Du tust, entschied ich bei mir daß Du entweder Gott sein mußt, der Du vom Himmel heruntergekommen bist und diese Dinge tust, oder Du bist der Sohn Gottes, der Du alle diese Dinge tust. Deshalb habe ich an Dich geschrieben, um Dich aufzufordern, zu mir zu kommen, denn ich verehre Dich, und die Krankkeit zu heilen, die ich habe, denn ich glaube an Dich. Desgleichen habe ich gehört, daß die Juden gegen Dich murren und Dich verfolgen, und Dich sogar kreuzigen wollen, und Dich grausam zu behandeln gedenken. Ich besitze eine kleine und schöne Stadt, und sie reicht aus für uns beide, in Frieden darin zu wohnen.'
Als Jesus im Hause des Hohepriesters der Juden diesen Brief empfing, sagte Er zu Hannan, dem Hüter der Archive, ‚Gehe und sprich zu deinem Herrn, der nach mir geschickt hat: „Gesegnet seist du, der du, obwohl du Mich nicht gesehen hast, an Mich glaubest, denn es steht von Mir geschrieben: Die, die Mich sehen,

werden nicht an mich glauben, und die, die Mich nicht sehen, werden an mich glauben. Doch was das angeht, was du Mir geschrieben hast, daß Ich zu dir kommen solle, so ist das, wofür Ich hergesandt wurde, nun vollendet, und Ich gehe hinauf zu Meinem Vater, der mich gesandt hat; und wenn Ich zu Ihm aufgefahren bin, so werde Ich dir einen Meiner Jünger schicken, der die Krankheit heilen wird, die du hast, und dir deine Gesundheit zurückgeben; und alle, die bei dir sind, wird er zum immerwährenden Leben bekehren. Die Stadt möge gesegnet sein, und kein Feind soll jemals ihr Herr werden."'
Als Hannan, der Hüter der Archive, sah, daß Jesus solchermaßen zu ihm sprach, da ging er hin und malte ein Portait Jesu mit feinen Farben, denn er war auch der koniglche Maler, und dies brachte er mit sich zu Abgar dem König, seinem Herrn. Und als Abgar der König dieses Portrait sah, enpfing er es mit großer Freude und gab ihm einen Ehrenplatz in einem seiner Paläste. Hannan, der Hüter der Archive, berichtete ihm alles, was er von Jesus gehört hatte, denn er hatte Seine Worte niedergeschrieben. Nachdem Jesus gen Himmel aufgefahren war, sandte Judas Thomas zu Abgar Addai den Apostel, der einer der zweiundsiebzig Apostel war. Und als Addai in die Stadt Edessa kam, da weilte er im Hause des Juden Tobias, der aus Palästina war. In der ganzen Stadt hörte man Berichte von ihm, und einer der Edelleute Abgars, dessen Name Abdu, Sohn des Abdu, war, einer, der mit gebeugtem Knie vor Abgar saß, kam und sagte von Addai: ‚Siehe, ein Bote ist gekommen und weilt hier, er, von dem Jesus zu dir sagte, „Ich will dir einen Meiner Jünger schicken."' Und als Abgar diese Worte hörte, und von den mächtigen Taten, die Addai vollbrachte, und den wundersamen Heilungen, die er ausführte, da dachte er gewißlich bei sich: ‚Wahrlich, dies ist der, den Jesus sandte, da er sagte, „Wenn Ich zum Himmel aufgefahren bin, werde Ich Dir einen Meiner Jünger schicken, und er wird deine Krankheit heilen."' Und Abgar schickte und rief nach Tobias und sagte zu ihm, ‚Ich habe gehört, daß ein gewisser mächtiger Mann gekommen ist und in deinem Hause weilt. Bringe ihn zu mir; es gibt Hoffnung, daß ich durch ihn geheilt werde.' Tobias ging früh am nächsten Tag und

nahm Addai den Apostel, und brachte ihn vor Abgar; Addai selbst wußte durch Gottes Macht, daß er zu ihm gesandt war. Und als Addai kam und zu Abgar ging, standen seine Edelleute bei ihm, und als er zu ihm ging, sah Abgar eine wunderbare Vision im Antlitz Addais. In dem Moment, da Abgar diese Vision sah, fiel er vor ihm nieder und betete Addai an. Großes Erstaunen ergiff alle, die bei ihm standen, denn sie sahen die Vision nicht, die Abgar sah. Darauf sagte Abgar zu Addai: ‚Wahrlich, du bist der Jünger Jesu, des Mächtigen, des Sohnes Gottes, der zu mir sandte und sagte, „ich werde dir einen meiner Jünger senden, zur Heilung, und zum Leben."' Addai sprach zu ihm: ‚Da du von Anfang an an Ihn glaubtest, der mich zu dir sandte, deshalb wurde ich zu dir gesandt, und wenn du an Ihn glaubst, dann sollst du alles haben, an das du glaubst.' Abgar sagte zu ihm: ‚So sehr habe ich an Ihn geglaubt, daß ich wegen jener Juden, die Ihn gekreuzigt haben, eine Armee mit mir nehmen und sie zerstören will; aber weil das Königreich den Römern gehört, wurde ich von einem Friedensvertrag davon abgehalten, den ich mit dem Kaiser Tiberius geschlossen habe, wie meine Vorväter.' Addai sagte zu ihm: ‚Unser Herr hat den Willen Seines Vaters erfüllt. Und als Er die Wünsche Seines Vaters vollendet hatte, wurde Er zu Seinem Vater erhoben, and saß in Ruhm bei Ihm, von dem Er seit Anbeginn war.' Abgar sagte zu ihm: ‚Ich glaube ebenfalls an Ihn und Seinen Vater.' Addai sagte zu ihm: ‚Da du solchermaßen glaubest, lege ich dir meine Hand auf, im Namen Dessen, an den du glaubest.'
In diesem Momenet legte er ihm seine Hand auf, und er ward geheilt von der Plage seiner Krankheit, die er so lange gehabt hatte. Abgar wunderte sich und war erstaunt, daß alles so war, wie es ihm über Jesus berichtet worden war, ohne Arzenei irgendeiner Art, geheilt im Namen Jesu. Und desgleichen wegen Abdu dem Sohn des Abdu; er hatte die Gicht in seinem Fuß, und auch er brachte seinen Fuß nahe zu ihm, und er (Addai) legte ihm seine Hand auf und heilte ihn; und er hatte die Gicht nicht wieder. Und desgleichen in der ganzen Stadt vollbrachte er große Heilungen, und zeigte wundersam mächtige Werke dabei."

Das Mandylion selbst ist keine Engelsdarstellung, obwohl wir in der Ikonentradition auch Darstellungen von Jesus Christus als geflügelten Engel finden können. Aber es ist von derart grundlegender Bedeutung für die Begründung der Ikonenmalerei, gewissermaßen ihr Ausgangspunkt und zentraler Kern gleichermaßen, dass seit dem Mittelalter das Tuch von zwei Engeln, nach Beischriften auf vielen Ikonen die Erzengel Gabriel und Michael, gehalten wird, um die Bedeutung dieses nicht von Menschenhand geschaffenen Bildes Jesu Christi hervorzuheben gleichsam als von Engeln überbrachte Botschaft. So wie der byzantinische Kaiser sein Portrait bis an die Grenzen seines Reichs geschickt hat, so hat Christus sein Bild an Abgar, König von Edessa, gesandt. Fortan galt dieses Bild als das authentische Portrait Jesu und wurde zum Urtypus der Christusikonen.

> „Christus ist wirklich der wahre Erzengel des großen Rates des Vaters und als eigentlicher Herr der Gott der Mächte; denn ihm als menschenfreundlichem Herrscher gehorchen, sind untertan und dienen auf jede Art und an jedem Ort seiner Heilstätigkeit im Fleisch die heiligen und menschenfreundlichen Engel."
> (Theodor Studites, Auf die gemeinsame Feier der himmlischen Heerscharen, 6. Predigt, 10)

Die Heilige Dreifaltigkeit

[vgl. Abbildungen 1 bis 5]

Wer kennt sie nicht, die vielleicht berühmteste und bekannteste Ikone, auf der die Szene: „Gott zu Gast bei Abraham“, die wir im Zusammenhang mit Engeln im Alten Testament schon kennengelernt haben, dargestellt wird.

> „Es gibt die Dreifaltigkeit Rublevs, folglich gibt es Gott.“
> (P. Florenskij)

Die Darstellung der Szene geht allerdings nicht erst auf den russischen Ikonenmaler Rublev zurück, sondern beginnt viel früher, so früh, dass erste Bilder die drei Personen noch gar nicht als typische Engel darstellen, sondern als weißgewandete, bartlose Jünglinge, durch die Heiligenscheine (Nimben) aber immer als göttliche Wesen gekennzeichnet.

Schon in den ersten Jahrhunderten haben manche Kirchenväter den Besuch der drei Männer bei Abraham als geheimnisvollen Hinweis auf die Dreifaltigkeit, d.h. die drei Personen Gottes, gedeutet. Die Orthodoxie gedenkt der Erscheinung des dreieinigen Gottes bei Abraham am Pfingstsonntag und versteht die Szene nicht nur als Theophanie, sondern auch als Sinnbild für die Eucharistie. Die drei Männer werden von Abraham zum Mal eingeladen und bewirtet, umgekehrt wird die ganze Welt von Gott eingeladen zum eucharistischen Mahl, im Bild angedeutet durch das Fehlen von eigentlich für ein Gastmahl üblichen Gerätschaften und Speisen und ihr Ersatz durch drei kreuzartig bezeichnete Brote oder Opferschalen und Kelche.

Die himmlischen Heerscharen

Wie schon erwähnt, wird die Lehre von den Engelshierarchien des Dionysius nicht systematisch in die christliche Ikonographie übernommen, sondern die Motive stammen unmittelbar aus den Schilderungen der Bibel bzw. apokryphen Schriften wie dem Henochbuch oder Heiligenlegenden. Dargestellt werden hauptsächlich die Erzengel, namentlich Gabriel, Michael, Rafael und Uriel, Serafim und Kerubim, Engelsversammlungen (Synaxis) und Schutzengel.

Die Erzengel

[vgl. Abbildungen 36 und 37]
Wenn wir eine Versammlung (Synaxis) von Erzengeln betrachten, dann stellen wir neben der traditionellen Siebenzahl vor allem fest, dass drei Erzengel im Vordergrund stehen, oft mit einer Scheibe, auf der Jesus als Christus Emmanuel dargestellt ist. Diese sind die drei von der Heiligen Schrift namentlich genannten: Gabriel, Michael und Rafael. Der Name Uriel ist nicht kanonisch, weil er aus dem apokryphen Henochbuch stammt.
Die Siebenzahl selbst ist gar nicht so wichtig, denn sonst würde auf manchen Ikonen nicht von dem einen oder anderen nur noch der Heiligenschein sichtbar sein.

Gabriel ist der Erzengel, den wir bereits vor allem als Boten der Verkündigung kennengelernt haben. Im Alten Testament war er der Engel, der als Deuter und Ausleger oder Übersetzer („angelus interpres") Daniel seine Vision erklären soll. Die Tradition sieht in ihm auch den Engel, der Jesus im Garten Getsemani beigestanden habe.
In der Ikonenmalerei wird er meist mit Botenstab oder Zepter und Diskus (Scheibe) dargestellt, letzteres Symbol für die Welt.

Michael ist der Erzengel, der nach dem Alten Testament als großer Engelsfürst kämpferisch für das Volk Israel eintritt, nach dem Neuen Testament ist er ebenfalls der oberste Kriegsherr und Führer aller Engel, insbesondere im Kampf gegen den Drachen Satan. Sein Bereich ist die Gerechtigkeit, für die er einerseits kämpfend eintritt, die er aber auch als Engel des Gerichts fordert. Daher kommt auch seine Darstellung als Geleiter der Seelen ins Jenseits und Herr über die Waage, mit der die Seelen gewogen werden. So vielfältig seine Funktion, so unterschiedlich kann seine Darstellung in der Malerei ausfallen. Entweder als Kriegsfürst mit Rüstung und Schwert oder in liturgischem Gewand und Botenstab und Weltdiskus ähnlich Gabriel, von diesem durch ein kostbares Diadem am Kopf unterscheidbar.

Rafael ist der Erzengel, den wir vor allem nach den Erzählungen des Buches Tobit als Urtyp des Schutzengels kennengelernt haben. Er ist kein Engel des Gerichts oder des kriegerischen Kampfes, seine Symbole sind daher auch nicht Botenstab, Weltdiskus oder Schwert, sondern meist ein Wanderstab z.T. zu einem Kreuz ausgeformt.

Uriel ist der Erzengel, dessen Name zwar die Tradition kennt, dessen Verehrung aber im Westen sogar verboten wurde, weil sich dieser Name nicht in der Heiligen Schrift findet. Er wird nach apokryphen Schriften vor allem als Bewacher der Tore zum Paradies oder zur Unterwelt gesehen, daher auch als Geleiter der Seelen vor Gottes Thron, wegen des damit verbunden Gerichts als Straf- und Bußengel, dargestellt mit flammendem Schwert.

Serafim und Kerubim

[vgl. Abb. 15 bis 17, 28 und 36]
In der Bildmitte von Engelsversammlungen, in der Nähe des Christus Emmanuel, sind in vielen Fällen auch noch Seraf (Mehrzahl: Serafim) und Kerub (Mehrzahl: Kerubim) dargestellt, aber oft auch in anderen Zusammenhängen. Die christliche Ikonographie hat versucht, die Beschreibungen des Alten Testaments in Bilder umzusetzen, wobei man zwei verschiedene Typen unterscheiden kann.

Einmal sind es Wesen, die nur aus Kopf und Flügeln zu bestehen scheinen, entweder mit zwei oder drei Flügelpaaren. Die bildliche Unterscheidung zwischen beiden ist nicht eindeutig nach Seraf und Kerub einzuordnen, auch eine systematische Farbsymbolik kann man nicht erkennen, weil die Farben oft ganz gegenteilig eingesetzt und interpretiert werden. Diese Darstellungen beziehen sich vor allem auf die Vision des Propheten Jesaja.

Daneben gibt es aber auch noch die Darstellung in Menschengestalt, die sich von den Visionen des Propheten Ezechiel ableitet. Man sieht Hände und Füße, der restliche Körper wird von einem Flügelpaar bedeckt. Anstelle eines Kopfes hat die Figur gleich vier, nämlich den eines Menschen, eines Stieres, eines Adlers und eines Löwen. Im Unterschied zu Ezechiel werden aber diese Kerubim meist nicht nur mit zwei Flügelpaaren, sondern mit dreien ausgestattet, d.h. mit dem Kennzeichen der Serafime, wodurch auch hier keine eindeutige Unterscheidung mehr besteht.

Engel in szenischen Darstellungen

[vgl. Abb. 25 bis 35]
Viele Engelsdarstellungen finden sich nicht für sich alleine auf Ikonen, sondern gehören zu ganzen Szenen. Die wichtigsten unter ihnen sind natürlich biblische Motive wie z.B. die Verkündigungen, Szenen aus dem Leben Jesu, sein Tod, seine Auferstehung und Himmelfahrt, das offene Grab und bildliche Darstellungen der apokalpytischen Schilderungen in der Offenbarung des Johannes.
Daneben gibt es aber auch viele Darstellungen nach apokryphen Schriften und Heiligenlegenden.

In szenischen Darstellungen wird vor allem die Aufgabe oder Funktion von Engeln hervorgehoben. Sie fungieren als Bote, als Kriegsfürst, als Bezwinger Satans, als Beistand und Schutzengel oder als Seelengeleiter mit richterlicher Befugnis. Gerade die letztere Funktion ist Engeln zugewachsen von Lukas 16, 22 („Als nun der Arme starb, wurde er von den Engeln in Abrahams Schoß getragen.") und durch Reminiszenzen bzw. Begegnungen mit ähnlichen Vorstellungen von geflügelten Seelengeleitern und jenseitigen Gerichtsszenen in anderen Religionen. Petrus hat die Schlüssel des Himmelsreichs, aber die Seelen der für gerecht befundenen Verstorbenen werden ihm von Engeln überreicht oder zugeführt, nachdem ein Engel an der Waage mit dem Teufel um sie gekämpft hatte. Oder ein Engel steht Petrus zur Rechten, wenn er die Seelen Verstorbener an der Himmelstür empfängt, deren Schlüssel Petrus in der Hand hält.

Menschen als Engel

[vgl. Abb. 22 und 24]
Wir erinnern uns, dass „Engel“ eigentlich nur „Bote“ bedeutet. Davon ausgehend kann die christliche Ikonographie auch Menschen das Attribut „Flügel“ verleihen und sie so als Engel darstellen. Am häufigsten trifft dies auf Johannes den Täufer zu, den Boten schlechthin, auf den das Wort des Propheten Jesaja bezogen wird:

> „Es begann, wie es bei dem Propheten Jesaja steht: Ich sende meinen Boten vor dir her; er soll den Weg für dich bahnen.“
> (Markus 1, 2)

So wird – allerdings erst seit dem 19. Jahrhundert – Johannes der Täufer oft mit einem großen Flügelpaar dargestellt, meist noch die Schale mit seinem eigenen, abgeschlagenen Haupt und einem aufgerollten Schriftband in der Hand.
Aber auch andere Personen werden als Engel dargestellt, so z.B. der Evangelist Mätthäus. Wir erinnern uns: Den Evangelisten wurden die Symbole aus der Vision Ezechiels und aus der Offenbarung des Johannes zugeordnet:

Matthäus – geflügelter Mensch (Engel)
Markus – geflügelter Löwe
Lukas – geflügelter Stier
Johannes – Adler

Bei Matthäus trifft dies zusammen mit der Lehre von der göttlichen Inspiration, nach der die Evangelisten die Evanglien zwar in menschlichen Worten aber mit göttlicher Eingebung niedergeschrieben haben. Dargestellt wird diese Inspiration in der Ikonographie häufig mit einem Engel auf der Schulter oder neben den Evangelisten. Beim Evangelisten Matthäus fließt gelegentlich diese Darstellung in eins zusammen, und er wird selbst mit Flügeln dargestellt als Hinweis auf seine Funktion als „Bote Gottes“ mit dem Wort des Evangliums.

Engel in der Liturgie

Wir haben bisher den Vorstellungen von Engeln in der Heiligen Schrift, der Theologie, insbesondere der kirchlichen Lehre (Dogmatik) und in der christlichen Ikonographie nachgespürt. Wenden wir uns nun der religiösen Praxis zu, dem für Christen wichtigsten Ort, wo das Heilswirken Gottes für den Gläubigen unmittelbar präsent wird, nämlich der Liturgie, und untersuchen die wichtigsten liturgischen Riten daraufhin, ob und wie Engel in ihnen eingebunden werden und welche inhaltlichen Aussagen damit verbunden sind.

Wenn wir von Liturgie sprechen, müssen wir uns im Klaren sein, dass damit nicht nur die Messfeier gemeint ist, die wir – wenn überhaupt – mit dem sonntäglichen Kirchgang verbinden. Daneben gibt es vor allem noch das Stundengebet, das sich in der westlichen Kirche aber – vom Stundengebet in den Klöstern abgesehen – weitgehend vom ursprünglichen Gebet der Gemeinde zum Privatgebet der Kleriker gewandelt hat, und einige weitere Riten, die wir auf die Einbindung von Engeln hinterfragen können, um daraus Aussagen über Engel zu gewinnen.

Die Messfeier (Eucharistie)

Zuerst aber betrachten wir die Eucharistiefeier. Sie ist der Gottesdienst, die Messfeier, die wir am Sonn- oder Feiertag oder bei sonstigen feierlichen Anlässen „besuchen". Ihre Riten und Texte dürfen wir mit Recht neben der Heiligen Schrift, die ja auch in dieser Feier gebührend in mindestens zwei Lesungen zu Wort kommt, als wichtige Quelle unseres Glaubens auffassen und davon ausgehen, dass die Formulierungen ihrer Texte mit sehr großer Sorgfalt vorgenommen wurden, weil sie eben durch das regelmäßige Vernehmen durch die Gläubigen ganz automatisch aufgenommen und verinnerlicht werden. Dieser Automatismus hat aber auch zur Folge, dass auf Anhieb nicht viele sagen können, an welchen Stellen sie in der Messfeier „Engel" genannt hören, weil zu oft gehörte Texte sich schnell abnutzen und nicht mehr im Wortlaut vernommen werden. Wir zitieren deshalb auch in diesem Zusammenhang wieder die Originaltexte zum aufmerksamen Nachlesen, bevor wir die darin implizierten Aussagen über Engel herausarbeiten und zusammenfassen, in der Reihenfolge, wie sie in der Messfeier gesprochen oder vorgebetet werden:

Schuldbekenntnis
Gloria
Weihrauchopfer
Präfationen
Sanctus
Supplices

Schuldbekenntnis (Confiteor)

„Ich bekenne Gott, dem Allmächtigen,
und allen Brüdern und Schwestern,
dass ich Gutes unterlassen
und Böses getan habe
– ich habe gesündigt
in Gedanken, Worten und Werken –
durch meine Schuld, durch meine Schuld,

durch meine große Schuld.
Darum bitte ich die selige Jungfrau Maria,
alle Engel und Heiligen
und euch, Brüder und Schwestern,
für mich zu beten bei Gott, unserem Herrn."

frühere Fassung:

„Ich bekenne Gott dem Allmächtigen,
der seligen, allzeit reinen Jungfrau Maria,
dem heiligen Erzengel Michael,
dem heiligen Johannes dem Täufer,
den heiligen Aposteln Petrus und Paulus,
allen Heiligen und dir, Vater,
dass ich viel gesündigt habe in Gedanken, Worten und Werken:
durch meine Schuld, durch meine Schuld,
durch meine übergroße Schuld.
Darum bitte ich die selige, allzeit reine Jungfrau Maria,
den heiligen Erzengel Michael,
den heiligen Johannes den Täufer,
die heiligen Apostel Petrus und Paulus,
alle Heiligen und dich, Vater,
für mich zu beten bei Gott, unserem Herrn."

Gloria (Hymnus angelicus)

„Ehre sei Gott in der Höhe
und Friede auf Erden
den Menschen seiner Gnade.
Wir loben dich,
wir preisen dich,
wir beten dich an,
wir rühmen dich
und danken dir,
denn groß ist deine Herrlichkeit:
Herr und Gott, König des Himmels,

Gott und Vater, Herrscher über das All,
Herr, eingeborener Sohn, Jesus Christus.
Herr und Gott, Lamm Gottes, Sohn des Vaters,
du nimmst hinweg die Sünde der Welt:
erbarme dich unser;
du nimmst hinweg die Sünde der Welt:
nimm an unser Gebet;
du sitzest zur Rechten des Vaters:
erbarme dich unser.
Denn du allein bist der Heilige,
du allein der Herr,
du allein der Höchste:
Jesus Christus,
mit dem Heiligen Geist,
zur Ehre Gottes des Vaters.
Amen."

Überleitungen zum Sanctus am Ende verschiedener Präfationen

„Darum preisen wir dich mit allen Engeln und Heiligen und singen vereint mit ihnen das Lob deiner Herrlichkeit:

Darum singen wir mit den Engeln und Erzengeln, den Thronen und Mächten und mit all den Scharen des himmlischen Heeres den Hochgesang von deiner göttlichen Herrlichkeit:

Darum preisen wir dich mit den Kerubim und Serafim und singen mit allen Chören der Engel das Lob deiner Herrlichkeit:

Darum dienen dir alle Geschöpfe, ehren dich die Erlösten, rühmt dich die Schar deiner Heiligen. Auch wir preisen dich mit den Chören der Engel und singen vereint mit ihnen das Lob deiner Herrlichkeit:

Durch ihn (Jesus Christus) rühmen wir das Werk deiner Liebe und vereinen uns mit den Chören der Engel zum Hochgesang von deiner göttlichen Herrlichkeit:

Darum rühmen dich Himmel und Erde, Engel und Menschen und singen das Lob deiner Herrlichkeit:

Darum preisen wir dich mit allen Chören der Engel und singen vereint mit ihnen das Lob deiner Herrlichkeit:

Darum rühmen wir deine Größe und vereinen uns mit den Chören der Engel zum Hochgesang von deiner göttlichen Herrlichkeit:

Durch ihn (Jesus Christus) preisen wir dich in deiner Kirche und vereinen uns mit den Engeln und Heiligen zum Hochgesang von deiner göttlichen Herrlichkeit:

Darum jubelt in dieser Nacht der ganze Erdkeis in österlicher Freude, darum preisen dich die himmlischen Mächte und die Chöre der Engel und singen das Lob deiner Herrlichkeit:

Durch ihn (Jesus Christus) rühmen dich Himmel und Erde, Engel und Menschen und singen wie aus einem Munde das Lob deiner Herrlichkeit:

Die Himmel und die himmlischen Kräfte und die seligen Serafim feiern dich jubelnd im Chore. Mit ihrem Lobgesang lass auch unsere Stimmen sich vereinen und voll Ehrfurcht rufen:

Durch ihn loben die Engel deine Herrlichkeit, beten dich an die Mächte, erbeben die Gewalten. Die Himmel und die himmlischen Kräfte und die seligen Serafim feiern dich jubelnd im Chore. Mit ihrem Lobgesang lass auch unsere Stimmen sich vereinen und voll Ehrfurcht rufen:“

[Zum Vergleich die entsprechende Stelle aus der Jakobsliturgie, wie sie in der syrischen Tradition bis heute bewahrt ist:

„Ihn, den die Himmelsheere, die stofflichen und die körperlosen Mächte, verherrlichen: die Sonne, der Mond und all die vielen Sterne; die Erde, die Meere und die Erstgeborenen, deren Namen im himmlischen Jerusalem verzeichnet sind; Engel und Erzengel, die himmlischen Mächte, Fürsten, Throne, Herrschaften, Gewalten, die vieläugigen Kerubim und die sechsflügeligen Serafim, die ihre Füße und Gesichter bedecken und, einander zufliegend, jubeln sie dreimal heilig; sie rufen und bekennen:"]

Sanctus

„Heilig, heilig, heilig
Gott, Herr aller Mächte und Gewalten.
Erfüllt sind Himmel und Erde von deiner Herrlichkeit.
Hosanna in der Höhe.
Hochgelobt sei, der da kommt im Namen des Herrn.
Hosanna in der Höhe."

Supplices (nur im römischen Messkanon, dem ersten Hochgebet im Messbuch)

„Wir bitten dich,
allmächtiger Gott:
Dein heiliger Engel trage diese Opfergabe
auf deinen himmlischen Altar
vor deine göttliche Herrlichkeit;
und wenn wir durch unsere Teilnahme am Altar
den heiligen Leib und das Blut
deines Sohnes empfangen,

erfülle uns mit aller Gnade
und allem Segen des Himmels."

Sehen wir uns zunächst die Bedeutung der einzelnen hier zitierten Elemente innerhalb einer Messfeier an und betrachten die darin enthaltenen Erwähnungen von Engeln.

Normalerweise beginnt eine Messfeier mit dem sogenannten Bußakt. Da es sich nicht nur um ein *Schuldbekenntnis,* sondern auch um die Reinigung für die bevorstehende Eucharistie handelt, kann dieser Bußakt auch durch einen Weihwasserritus ersetzt werden. Aber in der Regel wird doch die altvertraute Form genommen, die das sogenannte „Confiteor" umfasst, der lateinische Ausdrück für „ich bekenne", womit das gemeinsame Sündenbekenntnis im Bußakt der Messe einsetzt. Das Confiteor ist eine sogenannte Apologie, bestehend aus Selbstanklage und Bitte um Vergebung. In der heutigen Form finden wir darin nur noch die neutrale Nennung „alle … Engel" zusammen mit den Heiligen gegenüber der alten Form, wo namentlich der Erzengel Michael angerufen wurde.

Das zweite Zitat ist das sogenannte *Gloria,* einer der wenigen frühchristlichen nichtbiblischen Hymnen, der wie der Hymnus „Te Deum" das Verdikt von Laodicea überlebt hat, das sich gegen selbstgemachte Psalmen und Hymnen („psalmi idiotici") richtete. Die Bezeichnung „Gloria (in excelsis Deo)" (= „Ehre sei [Gott in der Höhe]") stammt vom Anfang der lateinischen Fassung. Früher war dieser Hymnus außer der Advents- und Fastenzeit in der täglichen Messe gebräuchlich, seit der Liturgiereform nach dem Zweiten Vatikanischen Konzil ist er nur noch für Hochfeste, Feste, besondere Feiern und alle Sonntage ausserhalb von Advents- und Fastenzeit vorgesehen, wird in der deutschen Praxis aber meist durch ein Glorialied ersetzt. Entsprechend dem Ursprung seines Anfangs von Lukas 2, 14 wird er auch „hymnus angelicus" genannt. Engel werden in diesem Hymnus nicht genannt, aber er beginnt mit dem Lobpreis Gottes, den die Engel anstimmten, als sie den Hirten die Geburt Jesu verkündeten.

Am Anfang des eucharistischen Hochgebets einer jeden Messfeier steht eine sogenannte *Präfation,* wörtlich (lat.) „Vor-Rede" („vor" im Sinne von Vor-trag vor jemandem). Diese wechselt je nach Tag und Anlass, leitet aber immer am Ende zum folgenden Sanctus über. Wir haben hier nicht eine oder mehrere ganze Präfationen zitiert, sondern einige von diesen Überleitungen zusammengestellt, um deren Vielfalt für unseren Zweck der Suche nach Aussagen von und über Engel aufzuzeigen. Wir finden darin zum einen immer ausgedrückt, dass wir (Menschen) uns mit den Chören der Engel zum Lobpreis der Herrlichkeit Gottes vereinigen sollen, zum anderen verschiedene Erwähnungen wie „Engel, Erzengel, Throne, Mächte, himmlisches Heer, Kerubim, Serafim, himmlische Kräfte und Gewalten", aber eine Systematik und hierarchische Ordnung selbst können wir darin nicht erkennen.

Das *Sanctus,* zu dem alle Präfationen überleiten, ist sicher die traditionellste und ehrwürdigste Textstelle bzgl. Engel in der gesamten Messfeier überhaupt. Der Ruf entstammt der Berufungsvision des Propheten Jesaja, wo die Serafim einander zurufen: „Heilig, heilig, heilig ist der Herr der Heere. Von seiner Herrlichkeit ist die ganze Erde erfüllt." (Jesaja 6, 3; vgl. auch Offenbarung 4, 8). Dieser Jubelruf wurde schon früh in das Gebet der christlichen Gemeinde übernommen, zunächst ins Morgengebet, später in die eucharistische Liturgie und um das sogenannte Benedictus erweitert (Psalm 118, 26), das vom Ruf Hosanna (Matthäus 21, 9; Markus 11, 9-10; Psalm 118, 25) begleitet wird.
Ähnlich dem Gloria geht das Sanctus auf Jubelrufe zurück, die in der Heiligen Schrift von Engeln angestimmt werden bzw. von Geistwesen (Serafim), die die Tradition als Engel versteht.

Das letzte Zitat ist ein Gebet, das die Liturgiewissenschaft einfach mit dem ersten Wort der lateinischen Fassung als „*Supplices*" bezeichnet. Es gehört zu dem Teil des römischen Messkanons, also dem ersten Hochgebet, der der Wandlung folgt. Darin enthalten: die Bitte um den Dienst des Engels, die (konsekrierte) Opfergabe zum himmlischen Altar zu tragen.

Was können wir nun aus diesem festen Textbestand einer Messfeier im Bezug auf Engel entnehmen?

Engel werden wie selbstverständlich genannt.
Es werden in der refomierten Liturgie keine Namen von Engeln genannt.
Engel werden ziemlich beiläufig einbezogen.
Es wird nicht besonders zwischen verschiedenen Typen von Engeln getrennt, die einzelnen Bezeichnungen werden schlicht durcheinandergeworfen.
Engel werden immer nur im Zusammenhang mit Aufgaben genannt, sind nie eigenes Ziel und Objekt des Ritus.

Die Aufgaben oder Funktionen der Engel sind zweifach. Zum einen sind sie Mittler zwischen Mensch und Gott, zwischen irdischem und himmlischem Altar. Sie werden um Fürsprache gebeten, tragen die Bitten der Menschen vor Gott und bringen die Opfergabe zum himmlischen Altar. Zum anderen sind sie Vor-Bild mit ihrer himmlischen Liturgie, indem ihre Worte und Jubelrufe an zentralen Stellen der menschlichen Liturgie verwendet werden.

Indirekt können wir aber noch etwas Anderes aus den Präfationen und Supplices entnehmen: Es wird davon ausgegangen, dass die menschliche Liturgie in die himmlische Liturgie einstimmt, sich einfügt in den dauernden Chor der himmlischen Heerscharen, dass eine echte Verbindung besteht zwischen dem Geschehen am irdischen Altar und am himmlischen. Dieses Verständnis der Messfeier als Teilnahme an der dauernd bestehenden himmlischen Liturgie ist den westlichen Christen in der Regel nicht mehr präsent. Liturgie wird meist als zwar rituelles, aber dennoch rein menschliches Tun verstanden, so dass gerade die Bitte um den Dienst des Engels im Supplices auf ziemliches Unverständnis stößt oder nur noch als symbolisches Sprechen aufgefasst wird. Dass gerade durch die Jubelrufe der Engel, die im Gloria und Sanctus zitiert werden, die konkrete Gegenwart Gottes in der Kirche, im Gottesdienst zum Ausdruck gebracht wird, weil die Serafim und Kerubim immer zur Gegenwart Gottes gehören, ist uns nicht mehr gegenwärtig, obwohl auch das entsprechende Dokument des 2. Vatikanischen Konzils diesen Bezug deutlich ausdrückte:

„In der irdischen Liturgie nehmen wir vorauskostend an jener himmlischen Liturgie teil, die in der heiligen Stadt Jerusalem gefeiert wird, zu der wir pilgernd unterwegs sind, wo Christus sitzt zur Rechten Gottes, der Diener des Heiligtums und des wahren Zeltes. In der irdischen Liturgie singen wir dem Herrn mit der ganzen Schar des himmlischen Heeres den Lobgesang der Herrlichkeit. In ihr verehren wir das Gedächtnis der Heiligen und erhoffen Anteil und Gemeinschaft mit ihnen. In ihr erwarten wir den Erlöser, unseren Herrn Jesus Christus, bis er erscheint als unser Leben und wir mit ihm erscheinen in Herrlichkeit."
(Sacroscantum Concilium 8)

Das Kerubikon der Chrysostomus-Liturgie

Anders ist dies für den Christen der Orthodoxie. Wir können im Rahmen dieses Buches nicht die ganze Chrysostomus-Liturgie durcharbeiten, zumal sie uns normalerweise in keinster Weise vertraut ist und wir uns nicht auf ein paar Zitate daraus beschränken dürften, sondern sie erst einmal umfassend beschreiben und erläutern müssten. Aber ein entscheidendes Element daraus, das uns das ostkirchliche Verständnis des Zusammenhangs zwischen irdischer und himmlischer Liturgie erschließt und die Reminiszenzen in unserer eigenen Liturgie besser einordnen hilft, wollen wir uns näher ansehen.

Die Chrysostomus-Liturgie ist die heutige bis auf wenige Tage im Jahr gefeierte Hauptform der byzantinischen Kirche. Sie zählt zu den orientalischen Liturgien und ist unter diesen am weitesten verbreitet im slawischen und griechischen Raum. Sie wird in verschiedenen „alten" Kirchensprachen wie Altgriechisch, Altslawisch, Altgeorgisch, klassischem Arabisch und Altrumänisch gefeiert, aber inzwischen auch in modernen Sprachen.

So wie wir es im Zusammenhang mit dem Verständnis von Ikonen und der Frage nach der Vereinigung von den beiden Naturen in Christus, der göttlichen und der menschlichen, gesehen haben, hat auch die Liturgie verschiedene, nicht selten unterschiedliche Deutungen erfahren und wurde vor dem Hintergrund des verchristlichten Neuplatonismus des Dionysius Areopagita entsprechend interpretiert und verändert. Deutlich kann man das am sogenannten Kerubikon erkennen, einem Hymnus, der dreimal zum Großen Einzug gesungen wird, wenn die noch nicht konsekrierten Gaben in einer Prozession zum Altar getragen werden. Diesen Hymnus hat erst Kaiser Justinos II. um 573 oder 574 in die bestehende Form der Liturgie eingeführt mit folgendem Wortlaut in deutscher Übersetzung:

> „Die himmlischen Heere der Kerubim bilden wir geheimnisvoll ab und singen dem dreifaltigen Lebensquell den dreimal heiligen Lobgesang. Alles irdische Sinnen und Trachten lasst uns nun ab-

legen, um den König des Alls zu empfangen, den unsichtbare Engelscharen umgeben. Alleluja."

Die entscheidenden Worte sind: „Die himmlischen Heere der Kerubim bilden wir geheimnisvoll ab..." Wir überlesen so etwas allzu leicht, aber mit „ab-bilden" ist etwas sehr Konkretes gemeint, worauf uns das griechische Wort erst den ausschlaggebenden Hinweis gibt. Es enthält nämlich das Wort „Ikone", so dass wir unschön, aber deutlicher übersetzten können: „Die himmlischen Heere der Kerubim *ikonisieren* wir geheimnisvoll", d.h. wir werden zu Ikonen der Kerubim. Damit ist keineswegs gemeint, dass man sie schauspielert, sondern dahinter steckt wieder die dionysische Lehre von den Seinsstufen, wobei jede Seinsstufe als Ab-Bild am Urbild des Göttlichen teilhat, vermittelt durch die jeweils vorherige Seinsstufe. Nach ostkirchlichem Verständnis ist Liturgie nicht einfach Ritus, sondern Ab-Bild der himmlischen Liturgie, was wir nicht als Abklatsch oder Nachahmung verstehen dürfen, sondern als Manifestation der himmlischen Liturgie auf niedrigerer Seinsstufe. So wie die Ikonen in abgeschwächter Form noch das sind, was sie darstellen, nämlich Manifestation des Urbildes, Transparent für das Urlicht, so ist die irdische Liturgie Ikone für die himmlische Liturgie. Wie in der Auslegung von Chalkedon durch die Bilderverehrer ist in der irdischen, sichtbaren Liturgie gleichzeitig immer und damit sogar untrennbar verbunden die himmlische, unsichtbare Liturgie anwesend. Das „Wie" wird nicht erklärt, sondern als „geheimnisvoll" (mystisch) der gedanklichen Spekulation entzogen, genausowenig wie Chalkedon erklärt und definiert, auf welche Weise die beiden Naturen in Christus vereinigt sind.

Wie in der Theologie von den Ikonen hat auch die Theologie von der Liturgie vornehmlich nur den neuplatonischen Grundgedanken des Dionysius Areopagita übernommen, nicht seine Lehre von den himmlischen und kirchlichen Hierarchien bis ins letzte Detail. Das Kerubikon sagt es einfach und so schlicht, dass wir die Tragweite dieses kleinen Hymnus auf den ersten Blick gar nicht erkennen können, weil wir mit dieser Art von Liturgieauslegung nicht vertraut sind: „Die himmlischen Heere der Kerubim bilden wir geheimnisvoll ab..."

Das Fest der Erzengel Michael, Gabriel und Rafael und der Gedenktag der Heiligen Schutzengel

Die katholische Kirche kennt im Kirchenjahr nur noch ein einziges Engelsfest, zu dem die drei früheren Feste zu Ehren der drei Erzengel zusammengefasst wurden. Gefeiert wird es am 29. September, dem ursprünglichen Weihefest der Michaelskirche an der Via Salaria bei Rom. Diesem Fest folgt drei Tage später am 2. Oktober der Tag der Heiligen Schutzengel, allerdings nur noch im Rang eines Gedenktages und nicht eines Festes im Sinne des liturigschen Kalenders.

Sehen wir uns an, welche besonderen Texte in der Messfeier dieses Tages vorgesehen sind und was wir daraus für die Engelslehre entnehmen können.

Eröffnungsvers

„Lobt den Herrn, ihr, seine Engel, ihr starken Helden,
die seine Befehle vollstrecken, seinen Worten gehorsam."
(Psalm 103, 20)

„Preist den Herrn, ihr Engel des Herrn;
lobt und rühmt ihn in Ewigkeit."
(Daniel 3,59)

Tagesgebet

„Gott, du ordnest alles mit Macht und Weisheit;
Engeln und Menschen teilst du ihre Dienste zu.
Gib, dass die Macht des Bösen nicht überhandnimmt,
sondern sende deine heiligen Engel,
die im Himmel vor dir stehen, in diese Welt,
damit sie uns vor allem Unheil schützen.
Darum bitten wir durch Jesus Christus.

Gott, in deiner Vorsehung sorgst du für alles,
was du geschaffen hast.
Sende uns deine heiligen Engel zu Hilfe,
dass sie uns behüten auf allen unseren Wegen,
und gib uns in der Gemeinschaft mit ihnen
deine ewige Freude.
Darum bitten wir durch Jesus Christus."

Gabengebet

„Herr, unser Gott,
wir bringen unsere Gaben dar
für das Opfer des Lobes.
Lass deine Engel sie vor dein Angesicht tragen,
nimm sie gnädig an
und schenke uns durch sie dein Heil.
Darum bitten wir durch Christus, unseren Herrn.

Allmächtiger Gott,
nimm die Gaben an,
die wir zu Ehren der heiligen Engel
vor dich bringen.
Gewähre uns durch sie Schutz und Hilfe
in den Gefahren der Zeit
und lass uns das ewige Heil erlangen.
Darum bitten wir durch Christus, unseren Herrn."

Komunionvers

„Herr, ich will dir danken aus ganzem Herzen,
dir vor den Engeln singen und spielen."
(Psalm 138, 1)

„Herr, mein Gott,
vor den Engeln will ich dir singen und spielen."
(Psalm 138, 1)

Schlussgebet

„Barmherziger Gott,
du hast uns mit dem Brot des Himmels gestärkt.
Lass uns in der Kraft dieser Speise
und unter dem Schutz der heiligen Engel
auf dem Weg des Heiles voranschreiten.
Darum bitten wir durch Christus, unseren Herrn.

Gott, du schenkst uns im heiligen Sakrament
die Speise für das ewige Leben.
Geleite uns durch den Beistand deiner Engel
auf dem Weg des Heiles und des Friedens.
Darum bitten wir durch Christus, unseren Herrn."

Wenn wir diese Texte hinsichtlich der Aussagen über Engel ansehen, stellen wir fest, dass sie das bisher zur Liturgie der Messfeier Festgestellte bestätigen, aber eigentlich nichts Neues hinzufügen. Engel sind demnach Boten Gottes, die seine Befehle vollstrecken, so wie die Menschen auch in seinem Dienst stehen.
Engel sollen uns in seinem Auftrag schützen (Schutzengel) und sie sollen unser Opfer vor sein Angesicht tragen. Namen, Hierarchien oder Typen von Engeln werden nicht genannt.

Tagzeitenliturgie (Stundengebet)

Viele kennen den Ausdruck „Tagzeitenliturgie" oder „Stundengebet" kaum, sind dagegen noch mit dem Begriff „Brevierbeten" (des Pfarrers bzw. aller Kleriker) vertraut. Ursprünglich hervorgegangen aus einer Verschmelzung von zunächst zwei getrennten Entwicklungslinien, dem klösterlichen Stundengebet und den morgendlichen bzw. abendlichen Tagzeitenfeiern der Gemeinde, wurde es vor allem in der lateinischen Kirche zu einer fast ausschließlich vom Klerus in den Kathedralen und in Klöstern ausgeübten Liturgie, an der die Gemeinde nicht mehr teilnahm.

Das Stundengebet der Mönche (und Nonnen) entsprang dem Ideal des „Betens ohne Unterlass". Der Psalter diente als Meditationsmethode, mit dem geistlichen Wort der eigenen ablenkenden oder gar sündigen Gedanken Herr zu werden. Aus der im praktischen Leben eines gemeinschaftlichen Klosters mit Arbeitsteilung sich ergebenden Unmöglichkeit aber, nach Art der frühen Einsiedler Psalmen den ganzen Tag über zu memorieren, entstand die Praxis des Gebets zu bestimmten Stunden des Tages. Hierzu übernahmen die Mönche im 4. Jahrhundert zuerst die bereits in den Gemeinden wichtigen Gebetszeiten am Morgen (Laudes) und am Abend (Vesper) und fügten später die privaten Gebetszeiten zur dritten, sechsten und neunten Stunde (Terz, Sext und Non) hinzu. Während dieser Gebetszeiten wurden die Psalmen in fortlaufender Reihenfolge nicht gemeinsam gebetet, sondern von Einzelnen vorgetragen, wobei sich jedem Psalm erst das eigentliche Gebet in der zweifachen Form des persönlichen stillen Gebets und einer vom Vorsteher gesprochenen Oration anschloss.

Parallel dazu entwickelte sich in der Gemeindepraxis ab dem 4. Jahrhundert die Form der Tagzeitenfeier am Morgen und am Abend, ergänzt nur im privaten Bereich durch Gebete zur dritten, sechsten und neunten Stunde. Diese Feiern haben nicht den Zweck der Meditation, sondern sind Vergegenwärtigungen des Heils mit thematischen Schwerpunkten. Das Morgen- bzw. Abendgebet weisen in ihrer Herkunft aus dem jüdischen Erbe von den Opferzeiten im Jerusalemer Tempel vor allem schöpfungstheologische Themen auf, sind stark geprägt vom Wechsel zwischen

Dank und Bitte, während die drei „kleineren“ privaten Gebetszeiten als spezifisch frühchristliche christologisch geprägt sind und an die Tageszeiten der Passion Christi anknüpfen bzw. Ereignisse der Apostelgeschichte aufgreifen. Die Morgen- bzw. Abendfeier enthalten deshalb ursprünglich auch keine umfangreichen Psalmrezitationen, sondern nur einen sehr kleinen Psalmenteil mit ganz wenigen und immer denselben Psalmen bzw. auch nur Psalmteilen, die zur Tageszeit und dem Thema passend ausgewählt sind, gefolgt von umfangreichen Fürbitten und einem Segensgebet für den Tag bzw. die Nacht.

Die Gegebenheiten, die dazu führten, dass die gemeindliche Tagzeitenfeier in seiner ursprünglichen Form praktisch völlig verschwunden bzw. überformt im monastischen Stundengebet aufgegangen ist, haben verschiedene Ursachen, die hier nicht näher ausgeführt werden sollen. Im Westen verlief der Prozess auch viel schneller als im Osten. Die heutige Form des Stundengebets ist eine Mischform, deren Hauptteil immer noch in der Rezitation der Psalmen besteht, umrahmt von Hymnus, Canticum und Fürbitten aus der gemeindlichen Tagzeitenfeier.

Das 2. Vatikanische Konzil hat eine Reform und Wiederbelebung des Stundengebets der Gemeinde angeregt. Ein Grund, warum dies zumindest in Deutschland bisher nicht in größerem Umfange gelungen ist, mag darin liegen, dass die Laien mit einer Spiritualität überfordert sind, die den ganzen Psalter im Blick hat. Diese aber wäre wichtige Voraussetzung für ein Stundengebet, das vor allem auf der gesungenen oder gesprochenen Rezitation des Psalters fußt und auf den Psalter als ganzes ausgerichtet ist.

Was wir aus der Kenntnis der historischen Entwicklung und der ursprünglichen Formen erfahren können, sind Impulse für die Gestaltung einer Tagzeitenliturgie, die dem Alltag der Gemeindemitglieder angemessener zu sein scheint als eine einfach stark verdünnte Form des monastischen Stundengebets. Aus den alten Kathedralliturgien aber, wie sie z.B. an der Hagia Sophia in Konstantinopel bis ins 12. Jahrhundert noch bestanden, können wir erfahren, auf welche Charakteristika es ankommt: Vielfalt der Themen anstelle von asketischer Gedankenberuhigung („Gegenrede“ in Form der Rezitation von Psalmen), Vielfalt der liturgischen Funktionen anstelle des Vortrags eines Einzelnen, symbolische und rituelle Handlungen wie Prozessionen, Luzernar (Lichtritus der Jerusalemer Gemeinde) usw. je nach den Möglichkeiten der vorgegebenen Architektur, Gesang als angemessener Ausdruck der Feier des Heils anstelle der (bei den Mönchen ursprünglich nur) gesprochenen Rezitation von Psalmen, immer gleichbleibende Psalmen(teile) und Texte anstelle des ganzen Psalters und ein umfangreicher Fürbittenteil mit den Anliegen der konkreten Gemeinde.

Ein wesentlicher Bestandteil von Feier sind Hymnen, die feierlich gesungen werden können. Wenn wir das heutige Stundengebet durchgehen, finden wir zwei große Hymnen zu unserem Thema über Engel, die derzeit nur in der Liturgie des Stundengebets verwendet werden, das „Te Deum" und den „Lobgesang der drei Jünglinge im Feuerofen".

Te Deum (Ambrosianischer Lobgesang)

„Dich, Gott, loben wir, dich, Herr, preisen wir.
Dir, dem ewigen Vater, huldigt das Erdenrund.
Dir rufen die Engel alle,
dir Himmel und Mächte insgesamt,
die Kerubim dir und die Serafim,
mit niemals endender Stimme zu:
Heilig, heilig, heilig
der Herr, der Gott der Scharen!
Voll sind Himmel und Erde
von deiner hohen Herrlichkeit.
Dich preist der glorreiche Chor der Apostel;
dich der Propheten lobwürdige Zahl;
dich der Märtyrer leuchtendes Heer;
dich preist über das Erdenrund
die heilige Kirche;
dich, den Vater unermessbarer Majestät;
deinen wahren und einzigen Sohn;

und den Heiligen Fürsprecher Geist.
Du König der Herrlichkeit, Christus.
Du bist des Vaters allewiger Sohn.
Du hast der Jungfrau Schoß nicht verschmäht,
bist Mensch geworden,
den Menschen zu befreien.
Du hast bezwungen des Todes Stachel
und denen, die glauben,
die Reiche der Himmel aufgetan.
Du sitzest zur Rechten Gottes
in deines Vaters Herrlichkeit.
Als Richter, so glauben wir,
kehrst du einst wieder.
Dich bitten wir denn,
komm deinen Dienern zu Hilfe,
die du erlöst mit kostbarem Blut.
In der ewigen Herrlichkeit
zähle uns deinen Heiligen zu.

Rette dein Volk, o Herr, und segne dein Erbe;
und führe sie und erhebe sie bis in Ewigkeit.
An jedem Tag benedeien wir dich
und loben in Ewigkeit deinen Namen,
ja in der ewigen Ewigkeit.
In Gnaden wollest du, Herr,
an diesem Tag uns ohne Schuld bewahren.
Erbarme dich unser, o Herr, erbarme dich unser.
Lass über uns dein Erbarmen geschehen,
wie wir gehofft auf dich.
Auf dich, o Herr,
habe ich meine Hoffnung gesetzt.
In Ewigkeit werde ich nicht zuschanden."

Der Hymnus „Te Deum" wird so benannt nach den beiden ersten Wörtern des ursprünglich lateinischen Hymnus ähnlich dem Hymnus „Gloria". Er

ist ebenfalls einer der wenigen frühchristlichen, nichtbiblischen Hymnen, der das Verdikt von Laodicea überlebt hat, das sich gegen selbstgemachte Psalmen und Hymnen („psalmi idiotici") richtete und nur biblische Hymnen zulassen wollte.
Der Hymnus folgt heute als fester Bestandteil einer zur Vigil („Nachtwache") erweiterten Lesehore (besondere Tagzeitenliturgie mit ausführlicher Lesung aus Schriften von Kirchenvätern und Kirchenlehrern) dem Evangelium vor der abschließenden Oration. Der letzte (neuere) Teil ab „Rette dein Volk, o Herr..." („Salvum fac populum tuum, Domine...") kann auch weggelassen werden. Der alte Text endete mit dem Vers „Dich bitten wir denn, ..." („Te ergo quaesumus..."). Als Teil der Vigil ist das „Te Deum" bereits in der Regel Benedikts aufgeführt (Regula Benedikti 11, 8). Als Lied sind die Inhalte des Te Deums aus GL 706 („Dich, Gott, loben wir") bzw. aus Gotteslob 257 „Großer Gott" dem deutschen Kirchenvolk vertraut.

In der mittelalterlichen Legende wird das „Te Deum" dem heiligen Ambrosius („Ambrosianischer Lobgesang") oder dem heiligen Augustinus zugeschrieben, die Herkunft liegt aber im Dunkeln.

Lobgesang der drei Jünglinge im Feuerofen

„Gepriesen bist du, Herr, du Gott unserer Väter,
gelobt und gerühmt in Ewigkeit.
Gepriesen ist dein heiliger, herrlicher Name,
hoch gelobt und verherrlicht in Ewigkeit.
Gepriesen bist du im Tempel deiner heiligen Herrlichkeit,
hoch gerühmt und verherrlicht in Ewigkeit.
Gepriesen bist du, der in die Tiefen schaut und auf Kerubim thront,
gelobt und gerühmt in Ewigkeit.
Gepriesen bist du auf dem Thron deiner Herrschaft,
hoch gerühmt und gefeiert in Ewigkeit.
Gepriesen bist du am Gewölbe des Himmels,
gerühmt und verherrlicht in Ewigkeit.

Preist den Herrn, all ihr Werke des Herrn;
lobt und rühmt ihn in Ewigkeit!

Preist den Herrn, ihr Himmel;
lobt und rühmt ihn in Ewigkeit!
Preist den Herrn, ihr Engel des Herrn;
lobt und rühmt ihn in Ewigkeit!
Preist den Herrn, all ihr Wasser über dem Himmel;
lobt und rühmt ihn in Ewigkeit!
Preist den Herrn, all ihr Mächte des Herrn;
lobt und rühmt ihn in Ewigkeit!
Preist den Herrn, Sonne und Mond;
lobt und rühmt ihn in Ewigkeit!
Preist den Herrn, ihr Sterne am Himmel;
lobt und rühmt ihn in Ewigkeit!
Preist den Herrn, aller Regen und Tau;
lobt und rühmt ihn in Ewigkeit!
Preist den Herrn, all ihr Winde;
lobt und rühmt ihn in Ewigkeit!
Preist den Herrn, Feuer und Glut;
lobt und rühmt ihn in Ewigkeit!
Preist den Herrn, Frost und Hitze;
lobt und rühmt ihn in Ewigkeit!
Preist den Herrn, Tau und Schnee;
lobt und rühmt ihn in Ewigkeit!
Preist den Herrn, Eis und Kälte;
lobt und rühmt ihn in Ewigkeit!
Preist den Herrn, Raureif und Schnee;
lobt und rühmt ihn in Ewigkeit!
Preist den Herrn, ihr Nächte und Tage;
lobt und rühmt ihn in Ewigkeit!
Preist den Herrn, Licht und Dunkel;
lobt und rühmt ihn in Ewigkeit!
Preist den Herrn, ihr Blitze und Wolken;
lobt und rühmt ihn in Ewigkeit!
Die Erde preise den Herrn;

sie lobe und rühme ihn in Ewigkeit.
Preist den Herrn, ihr Berge und Hügel;
lobt und rühmt ihn in Ewigkeit!
Preist den Herrn, all ihr Gewächse auf Erden;
lobt und rühmt ihn in Ewigkeit!
Preist den Herrn, ihr Quellen;
lobt und rühmt ihn in Ewigkeit!
Preist den Herrn, ihr Meere und Flüsse;
lobt und rühmt ihn in Ewigkeit!
Preist den Herrn, ihr Tiere des Meeres
und alles, was sich regt im Wasser;
lobt und rühmt ihn in Ewigkeit!
Preist den Herrn, all ihr Vögel am Himmel;
lobt und rühmt ihn in Ewigkeit!
Preist den Herrn, all ihr Tiere, wilde und zahme;
lobt und rühmt ihn in Ewigkeit!
Preist den Herrn, ihr Menschen;
lobt und rühmt ihn in Ewigkeit!
Preist den Herrn, ihr Israeliten;
lobt und rühmt ihn in Ewigkeit!
Preist den Herrn, ihr seine Priester;
lobt und rühmt ihn in Ewigkeit!
Preist den Herrn, ihr seine Knechte;
lobt und rühmt ihn in Ewigkeit!
Preist den Herrn, ihr Geister und Seelen der Gerechten;
lobt und rühmt ihn in Ewigkeit!
Preist den Herrn, ihr Demütigen und Frommen;
lobt und rühmt ihn in Ewigkeit!
Preist den Herrn, Hananja, Asarja und Mischaël;
lobt und rühmt ihn in Ewigkeit!“

Das ist ein alttestamentliches Canticum (Daniel 3, 52ff.), das am Sonntag in die Psalmodie der Laudes – aufgeteilt in Daniel 3, 57-88 und 52-57 – eingefügt wird. Anstelle der Verse 88b-90 wird die trinitarische Doxologie „Lasst uns preisen den Vater und den Sohn mit dem Heiligen Geist, ihn loben und rühmen in Ewigkeit" angestimmt. Die Errettung der drei Jünglinge aus dem Feuerofen wurde schon im frühen Christentum mit der Errettung vom Tode durch das österliche Ereignis der Auferstehung verbunden.

Beide Hymnen, bzw. ganz genau eigentlich „Hymnus" und „Canticum" nach der strengen Unterscheidung der Liturgiewissenschaft, zeigen uns, wie die gesamte Schöpfung und alle Menschen sich gemeinsam mit den Engeln zum Lobpreis der Herrlichkeit Gottes zusammenfinden. Auch die Liturgie des Stundengebets und die Tagzeitenliturgie gehen von der ewigen himmlischen Liturgie aus, in die die irdische Liturgie einstimmen kann, weil im Grunde genommen die ganze Schöpfung befähigt ist zum Lobpreis.

Messe für Sterbende

In dieser besonderen Messfeier finden wir noch ein Motiv, das begreiflicherweise in der normalen Eucharistie nicht zum Ausdruck kommt, dem wir aber schon im Zusammenhang mit einem Text des Neuen Testaments und mit der christlichen Ikonographie begegnet sind: Engel werden auch als Seelengeleiter angesehen.

Schlussgebet

„Herr, dieses heilige Sakrament
gebe deinem Diener/deiner Dienerin die Kraft,
auszuharren bis an sein/ihr Ende,
damit in der Stunde des Todes
der böse Feind nicht Macht über ihn/sie gewinnt,
sondern deine heiligen Engel ihn/sie aufnehmen
und zum ewigen Leben geleiten.
Darum bitten wir durch Christus, unseren Herrn."

Fazit

Die Liturgie des Messbuches und anderer liturgischer Bücher weist ingesamt gesehen wieder eine deutliche Zurückhaltung auf, was eine Lehre von Engeln betrifft. Wir können kaum Aussagen über Engel gewinnen außer der, dass ihre Existenz zwar als gegeben vorausgesetzt wird, aber eigentlich immer in Abhängigkeit von ihrer Funktion als Boten, Vermittler, Diener, Helfer oder himmlische Liturgen. Wer die heutigen liturgischen Texte mit denen der Liturgie vor der Reform vergleicht, kann sogar eine noch verstärkte Zurückhaltung entdecken. Namen werden nicht mehr genannt mit Ausnahme von Litaneien wie z.B. in der Osternacht oder beim Reisesegen (im deutschen Benediktionale [Buch der Segnungen]).

Vielmehr wird gegenüber solchen Details vor allem die Vereinigung des menschlichen Lobpreises der göttlichen Herrlichkeit mit dem der himmlischen Heerscharen in den Vordergrund gerückt, nicht zuletzt indem man den biblisch überlieferten Lobpreis der Engel spricht oder singt. Hier nähert sich die katholische Liturgie eng der orthodoxen Liturgie an, ohne direkt von Ab-Bild im neuplatonischen Sinne zu sprechen. Auch an einzelnen wichtigen Stellen des römischen Ritus scheint das grundlegende Verständnis von der Zugehörigkeit der irdischen, sichtbaren Liturgie zur himmlischen, unsichtbaren immer wieder durch.

Darin liegt aber ein Brennpunkt der heutigen liturgischen Krise. Die Vorstellung von der himmlischen Liturgie, der sich die irdische anschließt, hängt eng zusammen mit den Vorstellungen des ins Unendliche gesteigerten kaiserlichen Hofzeremoniells. Wer aber in eine stabile Demokratie hineingeboren und in dieser aufgewachsen ist, kann seine Religiosität damit nicht mehr verbinden. Im Gegenteil, vor dem Hintergrund der überwundenen Diktaturen des 20. Jahrhunderts wird jeder hierarchische Kult als solcher instinktiv abgelehnt. Die Liturgiereform nach dem 2. Vatikanischen Konzil hat zwar versucht, die Liturgie wieder im Geist der ersten Jahrhunderte zu erneuern und dabei Maß zu nehmen an ihrer ursprünglichen Form, konnte sie aber nicht zuletzt wegen der hierarchischen Verfasstheit der Kirche, die als gottgegebenes Abbild der himmlischen Hierarchie verstanden wird, letztlich nicht von diesem Hintergrund lösen, wie wir gerade an den Stellen in der Eucharistiefeier gesehen haben, an denen Engel erwähnt werden.

Bios angelikos – engelgleiches Leben in Askese, Mönchtum und Mystik

Vom Altvater Antonios, dem ersten großen Eremiten und Mönch in der ägyptischen Wüste, ist überliefert:

> „Dem Antonios wurde in der Wüste geoffenbart: ‚In der Stadt ist einer, der dir ähnlich ist, seines Zeichens ein Arzt. Seinen Überfluss gibt er den Armen und den ganzen Tag über singt er mit den Engeln das Dreimalheilig.'"
> (Apophtegmata Patrum, 24)

Von Antonios und anderen Mönchsvätern sind viele Aussprüche und kurze lehrhafte Erzählungen überliefert. Meist werden nur die sensationelleren beachtet und dieser Kurzzeiler so gut wie übersehen. Aber genau er hilft uns, anknüpfend an die Liturgie die Vorstellungen vom engelgleichen Leben (bios angelikos) und ihren Einfluss auf christliche Askese, Mönchtum und Mystik zu verstehen.

Bringen wir dazu den Schluss in Verbindung mit dem zur Liturige und zum Kerubikon Gesagten. In der Liturgie stimmen die Menschen ein in den Chor der himmlischen Liturgen, nach dem ostkirchlichen Verständnis bilden sie die Kerubim sogar ab. Genau das öffnet uns den Zugang zum Wesen des Mönchtums. Meist wird die Ermahnung des Apostel Paulus: „Betet ohne Unterlass!" dazu herangezogen, übersehend, dass die wörtliche Befolgung derselben zunächst nur eine asketische Übung darstellt, sozusagen das Wie, ein Mittel und nicht das Ziel asketischen Lebens. Dieses besteht hingegen darin, den „Engeln gleich" zur Schau der Herrlichkeit Gottes zu gelangen und selbst transparent zu werden für das Licht dieser Herrlichkeit.
Man kann zurecht einwenden, dass das eigentlich das Ziel aller Gläubigen ist und nicht nur der Mönche und Nonnen, was ja auch die Liturgie immer wieder deutlich genug sagt. Tatsächlich darf man den Unterschied zwischen den sogenannten Weltlichen und den Mönchen oder Nonnen auch nicht qualitativ verstehen, sondern nur quantitativ. Das Leben von Eremiten oder im Kloster ist kein so radikal anderes, dass es im Kern nichts mehr mit dem Leben der in den Gemeinden lebenden Christen gemeinsam hätte. Es ist nur eine andere Art und Weise, zum selben Ziel zu gelangen. Die kurze Erzählung vom Antonios sagt das ganz deutlich: Da ist einer in

der Stadt, der ihm ähnlich ist, ein Arzt. Entscheidend ist nicht, wo man lebt und was man tut, sondern wie und mit welcher Einstellung. Wir dürfen annehmen, dass dieser Arzt auch als solcher gewirkt hat, vielleicht größenteils unentgeltlich wie die Heiligen Cosmas und Damian. Wenn er von seinem Überfluss abgegeben hat, dann kann man davon ausgehen, dass er nicht ganz besitzlos gewesen ist, auch wenn wir hinsichtlich „Überfluss" keinesfalls unseren heutigen Maßstab ansetzen sollten.

Vielleicht dürfen wir den Hinweis, den Altvater Antonios in dieser kleinen Geschichte erhalten hat, auch als Erinnerung und Mahnung daran verstehen, dass er sein Einsiedlerleben nicht zu sehr übertreiben darf, nicht zu „kontemplativ" werden darf, wie man heute sagen würde. Heute unterscheiden wir ja gerne zwischen aktiv und kontemplativ, zwischen tätig und beschaulich, und setzen diese Unterscheidung gleich mit der Trennung zwischen normalem Weltleben und Klosterleben oder auch mit der Unterscheidung von aktiven, d.h. karitativ tätigen Gemeinschaften und kontemplativen, d.h. mehr zurückgezogenen Ordensgemeinschaften. Dass diese Trennung in der Regel nicht viel mit der Realität zu tun hat, wird jedem bei genauerem Hinsehen klar, aber sie ist bequem und geht auch sicher auf manche Auswüchse in der Geschichte des Mönchtums zurück. Nicht ganz von ungefähr hieß es früher, wer ins Kloster geht, möchte ein bequemes oder doch zumindest abgesichertes Leben haben.

Die Anwendung der Unterscheidung zwischen aktiv und kontemplativ auf verschiedene Lebensformen beruht allerdings auf einem grundlegenden Irrtum und Missverständnis dessen, was die frühen Mönche eigentlich wollten. Sie bezeichneten keineswegs damit ihre eigene Lebensform und werteten diese auch nicht höher als das Leben in den Gemeinden, Dörfern und Städten. Die Begrifflichkeit geht vielmehr auf Bezeichnungen des geistlichen Weges zurück, der in drei Stufen eingeteilt wurde. Auf der ersten Stufe übt der, der zur Schau Gottes gelangen möchte, die Tugenden. Diese Stufe wurde als Praxis, als der praktische Weg bezeichnet. Auf der zweiten Stufe betrachtet man die Dinge und Wesen der Schöpfung, um in ihnen den Schöpfer zu erkennen. Diese Stufe ist die Theorie, der theoretische Weg. Erst auf der dritten und letzten Stufe gelangt man zur Betrachtung Gottes selbst, zur eigentlichen Theologie.

Die dritte Stufe ist das Ziel, das von den Mönchen als ein immaterielles Erkennen ohne Wort und Bild, als reine Schau der göttlichen Herrlichkeit verstanden wurde. Diese Lehren stammen von Vor-Denkern wie z.B. Evagrio Pontikos, dessen Schriften – wenn auch wegen der origenistischen Verfolgungen unter anderem Namen – sowohl im Osten als auch Westen das Mönchtum entscheidend geprägt haben.

> „Das ist das ewige Leben: dich, den einzigen wahren Gott, zu erkennen und Jesus Christus, den du gesandt hast."
> (Johannes 17, 3)

Möglich ist diese Stufe, weil der Mensch im Kern seines Wesens aufgrund der Gottebenbildlichkeit selbst schon Intellekt ist. Selbstverständlich ist dieser Personenkern mit dem Leib verbunden, der dem Menschen als Instrument zum Handeln in der Welt und zum Erkennen der Schöpfung gegeben ist. Aber der Kern selbst ist unwandelbar und immateriell, reines Erkenntnisvermögen. Meister Eckhart wird es später „Seelenfünklein" nennen. In ihrer verleiblichen Fassung ist die Seele aber dreiteilig bzw. verfügt über drei Kräfte oder Vermögen. Sie besteht aus einem rationalen, logischen Teil, dem Verstand oder Intellekt im engeren Sinne, und den beiden leidenschaftlichen, irrationalen Teilen Jähzorn und Begehren. Die leidenschaftlichen Teile sind die Verbindung zum Körper, über sie er-leben wir, über sie agieren wir mit dem Leib.

Die „Praxis" als erste Stufe, als erster Weg dient einzig dem Ziel, die Seele zunächst in sich selbst in Harmonie und Einklag zu bringen. Wer von Jähzorn und Leidenschaften beherrscht wird, hat keine Chance zur Erkenntnis zu gelangen. Damit ist keine grundsätzliche Verwerfung dieser beiden Seelenvermögen gemeint, sondern nur die Beendigung ihrer Verselbständigung. Sie müssen unter die Kontrolle des Intellekts gebracht werden, weil der Intellekt selbst ohne diese Kontrolle blind und erkenntnislos bleibt. Es geht um die Heilung der Seele durch Reinigung von allen falschen Leidenschaften durch Beherrschung derselben. Dies erreicht der, der auf sein Gewissen hört, seinen freien Willen einsetzt, anstatt sich von seinen Trieben beherrschen zu lassen, durch Erfüllung der Gebote nicht im buchstäblichen, sondern ihrem wahrem Sinne, durch immer feinere

Unterscheidung von Recht und Unrecht und durch die Entwicklung eines immer besseren Gespürs für das richtige Handeln.

Dass wir dieses Verständnis von Praxis nicht mehr einfach mit unserem üblichen Verständnis von aktiver Lebensform gleichsetzen können, dürfte damit deutlich geworden sein. „Praxis" ist hier ein geistlicher Weg, den jeder üben kann. Weder ist dieser Weg nur Mönchen und Nonnen möglich, sondern eigentlich jedem Christen aufgetragen, noch schließt er das tätige Leben im Sinne von Familie, Beruf und karitativer Tätigkeit aus.

Dieser dreistufige geistliche Weg ist die Beschreibung dessen, was mit „engelgleichem Leben" kurz ausgedrückt wird. Nicht „Engel werden" im Sinne eines Wechsels der eigenen Kreatürlichkeit, sondern das im Menschen selbst angelegte Vermögen zur Erkenntnis der Schöpfung und zur Schau des Schöpfers ausbilden, das die Engel als immer schon körperlose Wesen bereits in reinerer Form besitzen.

Auch die Engel hat man sich mit einer dreiteiligen Seele vorgestellt, d.h. auch mit einem jähzornigen und einem leidenschaftlichen Teil, sonst wäre die Versuchung durch den Hochmut und der Fall von Engeln nicht denkbar gewesen, so wie auch der geistliche Weg mit der Praxis noch lange nicht zu Ende ist, sondern erst beginnt, so wie Hochmut gerade infolge von asketischen Erfolgen viele erst recht zu Fall gebracht hat, was man schon allein aus den Warnungen der Mönchsväter entnehmen kann.

> „Zur Gerechtigkeit gehört, daß du nicht nur um deine, sondern auch um der anderen Menschen Läuterung bittest. Tust du das, dann gleichst du darin den Engeln.(41)"
> (Evagarius, Über das Gebet, 39)

„Engelgleiches Leben" darf deshalb keinesfalls nur mit der Praxis der Askese und einem von der übrigen Welt abgesonderten Leben in einer Einsiedelei und einem Kloster gleichsetzt werden. Allerdings ist dies oft genug geschehen und das mönchische Leben wurde als die eigentliche Nachfolge Christi angesehen unter Heranziehung folgender Perikope:

„Von den Sadduzäern, die die Auferstehung leugnen, kamen einige zu Jesus und fragten ihn:
Meister, Mose hat uns vorgeschrieben: Wenn ein Mann, der einen Bruder hat, stirbt und eine Frau hinterlässt, ohne Kinder zu haben, dann soll sein Bruder die Frau heiraten und seinem Bruder Nachkommen verschaffen.
Nun lebten einmal sieben Brüder. Der erste nahm sich eine Frau, starb aber kinderlos.
Da nahm sie der zweite, danach der dritte und ebenso die anderen bis zum siebten; sie alle hinterließen keine Kinder, als sie starben.
Schließlich starb auch die Frau.
Wessen Frau wird sie nun bei der Auferstehung sein? Alle sieben haben sie doch zur Frau gehabt.
Da sagte Jesus zu ihnen: Nur in dieser Welt heiraten die Menschen.
Die aber, die Gott für würdig hält, an jener Welt und an der Auferstehung von den Toten teilzuhaben, werden dann nicht mehr heiraten.
Sie können auch nicht mehr sterben, weil sie den Engeln gleich und durch die Auferstehung zu Söhnen Gottes geworden sind.
Dass aber die Toten auferstehen, hat schon Mose in der Geschichte vom Dornbusch angedeutet, in der er den Herrn den Gott Abrahams, den Gott Isaaks und den Gott Jakobs nennt.
Er ist doch kein Gott von Toten, sondern von Lebenden; denn für ihn sind alle lebendig.
Da sagten einige Schriftgelehrte: Meister, du hast gut geantwortet.
Und man wagte nicht mehr, ihn etwas zu fragen."
(Lukas 20, 27-40)

Dieses Wort wurde aus dem Zusammenhang mit der Auferstehungsfrage gerissen und zur Begründung der monastischen Jungfräulichkeit herangezogen vor dem Hintergrund des gnostischen und platonischen Trennung zwischen der unsichtbaren, immateriellen und guten Welt auf der einen und der sichtbaren, körperlichen und schlechten Welt auf der anderen Seite. Dabei hat man den eigentlichen Kern des Wortes vom „engelgleichen Leben" verfehlt. Es geht nicht um ein körperloses Leben, sondern um das mit den Engeln gemeinsame Seelenvermögen der Erkenntnis, Betrachtung und Schau Gottes.

> „Sterbend sagte der Altvater Besarion: ‚Der Mönch muss sein wie die Kerubim und Serafim: ganz Auge!'"
> (Apophtegmata Patrum, 166)

Allerdings nicht nur Auge, sondern auch Mund, wenn wir hier nochmals das Kerubikon damit verbinden. „Engelgleiches Leben" heißt mit den Engeln die Herrlichkeit Gottes schauen und einstimmen in den Lobpreis, mit dem Vermögen der Engel zur Erkenntnis auch die damit verbundene Verpflichtung auf sich nehmen, das Licht weiterzureichen.

> „Ihr seid vielmehr zum Berg Zion hingetreten, zur Stadt des lebendigen Gottes, dem himmlischen Jerusalem, zu Tausenden von Engeln, zu einer festlichen Versammlung und zur Gemeinschaft der Erstgeborenen, die im Himmel verzeichnet sind; zu Gott, dem Richter aller, zu den Geistern der schon vollendeten Gerechten, zum Mittler eines neuen Bundes, Jesus, und zum Blut der Besprengung, das mächtiger ruft als das Blut Abels."
> (Hebräer 12, 22-24)

Im Unterschied zu den Engeln aber – schließlich ist nur von einem „engelgleichen Leben" die Rede, nicht von einem Werden zu körperlosen Engeln – führt die Ausbildung des Erkenntnisvermögens der Seele mit zur Verklärung des Leibes.

> „Der Leib wird zugleich mit der Seele vergöttlicht."
> (Maximus Confessor)

Auch dies haben die Mönchsväter und Ordensgründer deutlich erkannt und vor einer einseitigen Interpretation der Engels-Gleichheit im Sinne einer Leibfeindlichkeit gewarnt, indem sie die Verklärung Jesu zusammengestellt mit dem Martyrium des Stephanus ebenfalls zur Auslegung des „engelgleichen Lebens" heranzogen:

„Etwa acht Tage nach diesen Reden nahm Jesus Petrus, Johannes und Jakobus beiseite und stieg mit ihnen auf einen Berg, um zu beten.
Und während er betete, veränderte sich das Aussehen seines Gesichtes und sein Gewand wurde leuchtend weiß."
(Lukas 9, 28f.)

„Und als alle, die im Hohen Rat saßen, auf ihn blickten, erschien ihnen sein Gesicht wie das Gesicht eines Engels."
(Apostelgeschichte 6, 15)

Dabei haben sie vor einer Verehrung der Engel um ihrer selbst willen gewarnt und die Engel immer nur als Boten und Diener Gottes, auch zur Hilfe für die Menschen, gesehen.

„Einem von Gott geliebten Menschen, der sich viel dem Gebete hingab, erschienen eines Tages zwei Engel. Er befand sich gerade auf seinem Weg durch die Wüste und so begannen sie, ihn zu begleiten, der eine rechts von ihm, der andere links. Er aber würdigte sie keines Blickes, damit er nicht vom besseren Teil abgelenkt würde. So befolgte er die Weisung des Apostels: ‚Nichts kann uns scheiden von der Liebe Christi, weder Engel, noch Mächte, noch Gewalten.'"
(Evagarius, Über das Gebet, 112)

„Gib dich auch nicht dem Verlangen hin, mit deinen Augen die Engel, die Mächte oder selbst Christus zu sehen, du läufst sonst Gefahr, deinen Verstand zu verlieren, den Wolf für den Hirten zu halten und schließlich die Dämonen zu verehren, die dir übel wollen."
(Evagarius, Über das Gebet, 115)

Engel im Islam

Im Zusammenhang mit dem Bilderstreit sind wir schon kurz dem Islam begegnet als Anstoß für diese heftige Auseinandersetzung im byzantinischen Reich. Das war zu einer Zeit, wo es durchaus auch fruchtbare Kontakte zwischen Christentum und Islam gegeben hat. Heute erinnert man sich meist nur an die kriegerischen Konfrontationen im Mittelalter und hat sofort die Bilder von New York und anderen fundamentalistischen Anschlägen vor Augen, wenn das Stichwort „Islam" fällt. Wenn wir sozusagen auch in diesem Buch über den Tellerrand des Christentums hinausblicken wollen und zwar nicht nur in der alten Geschichte, dann sollten wir einen Blick auf die nächstgrößte monotheistische Religion werfen. Wie Umfragen zeigen, speist sich unser Wissen über den Islam fast ausschließlich aus Klischees, von den Medien im Zusammenhang mit dem Terrorismus noch verstärkt. Dabei übersehen wir vollständig, dass allein in Deutschland derzeit rund 3,5 Millionen Muslime leben, z.T. seit Jahrzehnten, die einen absolut unpolitischen und friedlichen Islam pflegen, was wir vor allem der strikten Trennung von Staat und Religion in der laizistischen Türkei zu verdanken haben.

Aber ein Dialog in nennenswertem Umfang zwischen Christentum und Islam hat in Deutschland noch nicht einmal angefangen, von ganz wenigen vereinzelten Ausnahmen abgesehen. Die Schuld kann man nicht nur der muslimischen Seite zuschieben. Religiösen Dialog kann es nur geben, wenn beide Seiten auch religiös sind. Die jüngsten Auseinandersetzungen um den Gottesbezug des europäischen Verfassungsentwurfs und den künftigen Beitritt zur Europäischen Union haben dazu zwei Dinge offengelegt.

Zum einen ist den europäischen Christen ihr gemeinsamer Code „abhanden" gekommen. Man kann sich mit einer andersartigen Religion nur dann auseinandersetzen, wenn man selbst ein Fundament hat. Insbesondere in der Begegnung mit dem Islam sind das nicht nur ein paar fixe Glaubensgrundsätze. Den Islam kann man in vielen Aspekten nur verstehen, wenn man einsieht, wie sehr er sich mit der arabischen Sprache als der unauswechselbaren Sprache des Koran identifiziert. Das ist ein fundamentaler Aspekt, an dem man nicht vorbeikommt, über den man sich aber als „aufgeklärter" Christ heutzutage eigentlich nur dahingehend spöttisch äußert, dass viele Moslems nichtarabischer Abstammung den Koran in einer Sprache lesen und beten, die sie nicht verstehen, wo man doch selbst diesen archaischen Zustand mit der Einführung der Muttersprache in Bibellesung und Liturgie längst überwunden habe. Dabei wird übersehen, dass der Islam ohne arabische Sprache – in seinem eigenen Selbstverständnis – schlichtweg undenkbar ist. Das ist einerseits religiös zu begründen, andererseits aber auch als Identität stiftender gemeinsamer Code aller moslemischen Völker. Der Koran ist ein literarisches Dokument eigener Art und Schönheit, eigentlich eine Sammlung von gereimter Prosa für den liturgischen Gebrauch mit hymnischem Charakter. Dies kann keine Übersetzung leisten, was auch in der hohen Komplexität der arabischen Sprache begründet liegt. Für den Moslem ist die unvergleichliche Sprachgestalt des Koran mit seinem eigenen ästhetischen Reiz der Beweis für die Echtheit der Offenbarung. Der Koran ist schlechthin die Offenbarung Gottes, vielleicht vergleichbar mit der Inkarnation Gottes in Jesu im Christentum.

Das europäische Christentum hatte einmal einen ähnlichen Code, nämlich die Vulgata, die lateinische Bibelübersetzung nach Hieronymus. Welche Funktion die Heilige Schrift in der lateinischen Sprache für die Bildung Europas nach dem Untergang des weströmischen Reiches für Jahrhunderte hatte, kann man sich vielleicht vorstellen, wenn man an die analoge Bedeutung der Lutherbibel für die deutsche Sprache und Kultur denkt. Bei einem kultur- und identitätsstiftenden Code geht es ja nicht nur um Sprache, sondern gleichzeitig um die damit transportierte Weltanschauung. Auf welche Weise und wieso die europäischen Länder diese gemeinsame Sprache und Kultur verloren haben, können wir hier nicht weiter untersuchen. Die Tatsache an sich ist für uns bedeutend. Wir haben bereits in der Einführung erwähnt, dass es heute nicht mehr genügt, auf Bibelstellen, auf biblische Erzählungen und Metaphern einfach anzuspielen, weil diese bei den Lesern nicht mehr präsent sind, ein Problem, dem auch die „weltliche" Kultur in Literatur und bildender Kunst ausgesetzt ist. Alle europäischen Künstler bis ins 20. Jahrhundert hinein haben mit dem Code der Heiligen Schrift gearbeitet, auch wenn sie sich zu Zeiten teilweise davon bewusst absetzen wollten, weshalb sie heute vielfach gar nicht mehr verstanden werden. Die heutigen Künstler stehen vor dem Problem, dass es bislang keinen Ersatz gibt.

Zum anderen führt genau dieser Verlust des europäischen Kulturcodes, den die Vulgata, d.h. speziell die lateinische Übersetzung des Alten und Neuen Testaments, über viele Jahrhunderte gebildet hat, zu der großen Verunsicherung und panikartigen Reaktionen, wenn z.B. ein Land wie die Türkei an das europäische Tor klopft. Da müssen nicht alte Reminiszenzen an die Türkenkriege wach werden. Das Problem ist ein modernes: Man hat keine eigene Sprache mehr, man hat nichts mehr zu sagen, trotz aller Beteuerungen über die Bewahrung der eigenen christlichen Werte. Bei dem nötigen Dialog mit dem Islam geht es ja nicht um Ökumene im engeren Sinne, d.h. die Bildung einer Einheitsreligion, sondern um Ökumene im weiteren Sinne, d.h. gemeinsames und geteiltes Leben trotz Verschiedenheit in einer durch die Globalisierung geographisch sowieso immer enger werdenden Welt. Dies kann aber nur gelingen, wenn man sich verständigen kann und will. Dialog muss nicht heißen, dass man alles besser weiß, sondern dass man für die jeden Menschen bewegenden Grundfragen eine sichere Sprache und Ausdrucksmöglichkeiten zur Verfügung hat, in denen man feste Überzeugungen genauso wie auch offene Fragen überhaupt erst formulieren und mitteilen kann. Steht so ein Code nicht zur Verfügung, dann kommt es zu instinktiver Abwehr des andersartigen und politischer oder gewalttätiger Konfrontation.

Wenn wir uns nun auf den folgenden Seiten Engel im Islam zum Vergleich mit Engeln im Christentum ansehen, dann trifft dies noch viel mehr zu. Nur wer seine eigene Heilige Schrift gut kennt, kann sowohl die Ähnlichkeiten als auch die kleinen, aber wichtigen Unterschiede erkennen. Beide Aspekte spielen gerade dann eine wichtige Rolle, wenn man mit Vertretern des Islam in den Dialog über kontroverse Ansichten eintreten möchte.

Die Diener Gottes

> „Ihm (Gott) gehörte, was im Himmel und was auf Erden ist, und selbst die Engel, welche um ihn sind, verschmähen nicht übermütig seinen Dienst, und werden dessen nicht müde. Sie preisen ihn Tag und Nacht und werden nicht müde."
> (Sure 21, 19-20)

> „Sie (die Ungläubigen) sagen: Der Allbarmherzige hat mit den Engeln Kinder gezeugt. Bewahre Gott! Sie sind nur seine vornehmsten Diener, und kommen ihm nicht mit ihrer Rede zuvor, sondern sie tun nur, was er befiehlt."
> (Sure 21, 26-27)

> „Wenn in die Posaune gestoßen wird, so werden sich beim ersten Posaunenschall die Erde und die Berge fortbewegen und mit einem Schlage zerschmettert werden, und an diesem Tage wird hereinbrechen die unvermeidliche Stunde, und die Himmel werden an diesem Tage sich spalten und herabfallen, und zur Seite stehen die Engel, und deren acht tragen an diesem Tage den Thron deines Herrn über dich. An diesem Tag werdet ihr vor Gericht gestellt, und nicht das Verborgenste eurer Handlungen bleibt verborgen."
> (Sure 69, 16-18)

Der Islam kennt keinen Engelskult, auch nicht in der Volksfrömmigkeit. Das hat ganz sicher mit dem strengen Monotheismus zu tun, der jegliche Verehrung Gott allein zugesteht. Die Engel sind für den Islam ebenfalls Geschöpfe Gottes, wenn auch überirdisch, und somit auch nur die Diener Gottes. Sie erfüllen seine Aufträge, lobpreisen ihn ununterbrochen und stehen ihm am Tag des Gerichts bei. Diese Vorstellungen decken sich mit den Engelsvorstellungen des späten Judentums und des Christentums, wenn wir sie mit den Heerscharen Gottes, mit den Kerubim und Serafim vergleichen.

Das ursprüngliche Auftreten von Engeln als Erscheinungsform Gottes selbst hat im Islam aber keine Parallele. Der Begriff „Engel“, mit dem wir das arabische Wort „mal'ak/malak“ übersetzen, ist also insofern etwas irreführend, da er sich gerade nicht mit der ursprünglichen Bedeutung von „Engel des Herrn“ („mal'âk JHWH“) deckt, sondern mit der späteren Vermischung mit den Kerubim und Serafim und dem Verständnis als zwar geschaffene, aber gesonderte Wesen. Dieses Wort für „Engel“ im Islam ist vermutlich sogar als Lehnwort aus dem Hebräischen übernommen worden, wird dort aber im Gegensatz zum Hebräischen ausschließlich für die Boten und Diener Gottes verwendet, nicht für Boten anderer Art.

Gabriel – der Überbringer der Offenbarung

„Auf seinen Befehl steigen die Engel mit dem Geiste nieder, zu denen von seinen Dienern, die ihm gefallen, damit diese predigen: dass es außer mir keinen Gott gebe.“
(Sure 16, 2)

„Wehe dem, der da ein Feind Gabriels, der dir, mit dem Willen Gottes, die Offenbarung (den Koran) eingegeben, bestätigend die, welche sie schon besitzen, als eine Richtschnur und Verheißung den Gläubigen.“
(Sure 2, 97)

„Dieser Koran ist wahrlich eine Offenbarung des Herrn des Weltalls, und der getreue Geist hat ihn in dein Herz gelegt, damit du predigst in der deutlichen arabischen Sprache. Seiner ist auch schon erwähnt in den Schriften der Früheren.“
(Sure 26, 193-196)

„Ich schwöre bei den Sternen, welche sich rück- und vorwärts schnell bewegen und verbergen, und bei der heranbrechenden Nacht, und bei der erscheinenden Morgenröte, dieser Koran ent-

hält die Worte eines ehrwürdigen Gesandten, der viel vermag und in Ansehen steht bei dem Besitzer des Thrones, und dem die Engel gehorchen und der untrüglich ist. Euer Gefährte (Mohammed) ist kein Besessener. Er sah ihn, den Engel Gabriel, am hellen Horizont, und er verschweigt sie nicht, die geheimen Offenbarungen, welche nicht sind Worte eines gesteinigten Satans."
(Sure 81, 15-25)

Die herausragendste Rolle im Islam kommt dem Engel Gabriel (Dschibril) zu. Er gilt als der Überbringer der Offenbarung an Mohammed. Er ist – in der traditionellen Auslegung des Islam – der „getreue Geist", der den Koran, also die Sammlung von Vorträgen, in der „deutlichen arabischen Sprache" Mohammed eingegeben hat. Die Koranstelle Sure 81, 15-25 nennt dabei den Engel Gabriel, unterscheidet sich aber darin von der folgenden Stelle Sure 53, 1-11, wo es Gott selbst ist – zumindest in der ersten Berufungsvision, die Mohammed im Alter von 40 Jahren gehabt hat. Dieser Widerspruch wird heute so erklärt, dass Mohammed seine Vision selbst unterschiedlich gedeutet hat. Verstand er sie in den früheren Jahren seiner Verkündigung als Begegnung mit Gott selbst, schwächte er dies sozusagen ab zur Begegnung mit dem gesandten Engel Gabriel, weil eigentlich kein Sterblicher Gott selbst schauen kann.

„Bei dem Sterne, der da untergeht, euer Gefährte (Mohammed) irret nicht und täuscht sich nicht, und spricht auch nicht nach eigenem Willen, sondern nur Offenbarung ist es, die ihm offenbart ist worden. Der Mächtige und Starke hat es ihn gelehrt. Er erschien ihm am höchsten Horizont und näherte sich dem Propheten, und kam ihm immer näher, bis auf zwei Ellenbogen weit, oder noch näher, und offenbarte seinem Diener, was er offenbarte, und das Herz täuschte sich nicht in dem, was es sah."
(Sure 53, 1-11)

Wir, d.h. auch die Nicht-Muslime, gehen heute nicht mehr davon aus, dass Mohammed ein Betrüger gewesen wäre, wie man in früheren Jahrhunderten ihn oft geschmäht hat. Auch westliche Historiker sind inzwischen davon überzeugt, dass Mohammed trotz der einen oder anderen persönlichen Schwäche, für die er die Offenbarungen gelegentlich auch zu nutzen verstand, insgesamt selbst an seine Vision und die Inspiration des Koran glaubte und in diesem Sinne wahrhaftig war. Auch nur mit dieser Einstellung kann man natürlich als Christen dem Islam begegnen, um einen offenen und ehrlichen Dialog zu führen.

Mohammed selbst hat seine Verkündigungen auch nicht von Anfang an als völlig neue Religion in Konfrontation vor allem zum Judentum oder zum Christentum verstanden. Im Gegenteil. Er war davon überzeugt, dass der Koran eine Bestätigung und Erfüllung dessen wäre, was in den Heiligen Schriften dieser beiden Religionen bereits angelegt war. Sogar nachdem Mohammed bei den Juden in seiner Umgebung auf Widerstand gestoßen war und sie aus Medina hat vertreiben lassen, genossen die Juden, die keinen politischen Widerstand leisteten, im Islam als „Besitzer der Schrift“ den Schutz der Muslime.

Die Helfer im Kampf

> „Als ihr euren Herrn [im Kampf] um Beistand anflehtet, da antwortete er euch: Wahrlich, ich will euch mit tausend Engeln beistehen, die nacheinander folgen sollen.“
> (Sure 8, 9)

> „Auch bei Badr hat Gott euch beigestanden, da ihr an Anzahl schwächer wart. Darum fürchtet Gott und seid dankbar. Und als du zu den Gläubigen sagtest: ‚Ist es euch nicht genug, wenn euch euer Herr mit dreitausend vom Himmel gesandten Engeln verstärket?‘ Wahrlich, wenn ihr Geduld zeiget und Gott fürchtet, so wird, wenn der Feind euch plötzlich überfällt, euer Herr euch mit fünftausend gezeichneten Engeln verstärken. Gott verkündet euch diese frohe Botschaft, auf dass euer Herz dadurch Vertrauen gewinne. Es gibt keine andere Hilfe als bei Gott, dem Allmächtigen, dem Allweisen.“
> (Sure 3, 123-126)

Eine wichtige Rolle spielen die Engel im Islam als Helfer in kriegerischen Auseinandersetzungen mit Gegnern des Islam. Wir sind heute sehr schnell dabei, einseitig dem Islam jede Berechtigung zum Krieg abzusprechen und sogar Jahrhunderte zurückliegende militärische Aktionen des frühen Islam zu verurteilen. Dabei vergessen wir aber nicht nur die eigene in dieser Hinsicht unrühmliche Geschichte des Christentums, sondern auch die Tatsache, dass es für die medinensische Gemeinschaft, die sich Mohammed angeschlossen hatte, gar keine andere Wahl gab, als sich – auch durch Angriff – verteidigen. Für die damalige Zeit und Umgebung der neuen Religionsgemeinschaft war das nicht nur ein völlig normales und legitimes Vorgehen, sondern sogar überlebensnotwendig, um sich gegen die feindlichen Stämme zu behaupten. Angesichts der anfänglich zum Teil sehr kritischen Situationen ist die entsprechende Erklärung der Rettung in höchster Not durch Gott über seine Diener verständlich.

Die Legitimation von Krieg als solchem ist auch gar nicht das direkte Thema im Koran, sondern die Art und Weise der Kriegsführung. Hier stand Mohammed zum Teil selbst unter Rechtfertigungsdruck, weil er in einigen Unternehmungen selbst Vorgehensweisen initiiert oder gutgeheißen hatte, die nach damaligem arabischen Recht auch im Krieg als verwerflich galten.

Das Problem, vor dem der Islam selbst heute steht, ist die Tatsache, dass es möglich ist, daraus Rechtfertigungen für heutige Unternehmungen abzuleiten, die sicher nicht im Sinne Mohammeds und des allgemeinen Islam liegen, weil durch die entsprechenden Stellen im Koran die Grenzen nicht mehr klar gezogen sind. Wenn wir folgende Stellen lesen, können wir vielleicht etwas besser verstehen, was der sogenannten Dschihad eigentlich ist. Es geht nicht nur um Religion, sondern um die Sicherung der von Mohammed neu gegründeten Gemeinschaft in Medina vor dem Hintergrund des traumatischen Erlebnisses der erzwungenen Flucht aus Mekka gerade wegen seiner Verkündigung. Es ist müßig zu spekulieren, was ohne diese erste Verfolgung für eine Art von Islam entstanden wäre. Wir müssen die Tatsache akzeptieren, dass die islamische Gemeinschaft immer auch eine politische ist und sich sowohl gegen die äußere Bedrohung durch einen mächtigen Gegner als auch gegen die innere Gefahr durch Spaltung und Zwietracht, oft von außen hineingetragen oder zumindest geschürt, nicht nur durch kriegerische Verteidigung, sondern auch durch präventiven Angriff zur Wehr setzt. Da sich umgekehrt aber die politische Gemeinschaft im Kern durch den Islam religiös definiert, wird jeder Widerstand gegen diese Gemeinschaft – und sei er noch so a-religiös motiviert – gleichzeitig immer zu einer Bedrohung der Religion.

Es gab und gibt auch in der islamischen Tradition eine Richtung, die versucht, die Koranstellen vom „Dschihad" neu zu interpretieren als einen spirituellen Kampf, den jeder Gläubige mit sich selbst auszutragen hat. Dies ist aber ganz sicher eine Uminterpretation der ursprünglich kriegerischen Bedeutung dieser einschlägigen Stellen, die gegen den Fundamentalismus nicht viel helfen kann. Wichtiger scheint die Herausarbeitung der Grenzen der „erlaubten" kriegerischen Mittel und vor allem dessen, was tatsächliche Bedrohungen der islamischen Gemeinschaft sind, die Krieg rechtfertigen, eine Diskussion, die auch innerhalb des Christentums noch lange nicht abgeschlossen ist und vermutlich auch immer wieder neu geführt werden muss, weil sich die „Zeiten" ändern.

> „Wenn sie dich über den Krieg im Monat Haram befragen, so antworte: Schlimm ist's, Krieg in diesem zu führen, doch abzuweichen vom Weg Gottes, ihn und seinen heiligen Tempel zu verleugnen und sein Volk aus demselben zu vertreiben, ist weit schlimmer noch. Die Versuchung ist schlimmer noch als der Krieg. Sie werden nicht ablassen, euch zu bekämpfen, bis es ihnen gelungen ist, euch von eurem Glauben abzubringen. Wer unter euch seinem Glauben abtrünnig wird und als Ungläubiger stirbt, dessen gute Werke bleiben in dieser und jener Welt unbelohnt. Das Höllenfeuer ist sein Teil, und ewig wird er darin bleiben. Die aber, so da glauben, und auswandern und kämpfen für die Religion Gottes, die dürfen der Barmherzigkeit Gottes gewärtig sein, denn Gott ist versöhnend und barmherzig."
> (Sure 2, 217-218)

> „Den Gläubigen ist es erlaubt worden, die Ungläubigen, welche sie ungerechterweise verfolgten, zu bekämpfen, und Gott ist wahrlich

mächtig genug, ihnen beizustehen. Denen, welche ungerechterweise aus ihren Wohnungen vertrieben wurden, aus keiner anderen Ursache, als weil sie sagten: Unser Herr ist Gott!"
(Sure 22, 39-40)

„Sage den Ungläubigen, dass, wenn sie ablassen sich zu widersetzen, das Vergangene ihnen vergeben sein soll. Wenn sie aber zurückkehren, dich anzugreifen, so soll die Strafe, welche die früheren Empörer getroffen, auch über sie kommen. Bekämpfet sie, bis alle Versuchung aufhört und die Religion Gottes allgemein verbreitet ist."
(Sure 8, 38-39)

„Du darfst keineswegs die für tot halten, welche für die Religion Gottes gefallen, sie leben vielmehr bei ihrem Herrn, der sie hinlänglich versorgt. Sie freuen sich über die Wohltaten, welche ihnen Gott schenkt, und freuen sich über die, welche noch nicht bei ihnen sind, aber ihnen bald nachfolgen werden. Weder Furcht noch Trauer kommt über sie. Sie freuen sich über die Güte und Gnade Gottes, und dass er die Belohnung der Gläubigen nicht verkürzt.
(Sure 3, 169-171)"

Wenn wir diese Stellen vor dem Hintergrund lesen, dass Engel Helfer im Kampf sind, d.h. im irdischen Kampf, können wir verstehen, dass sich zumindest aus dem Koran keine Parallelen zum „engelgleichen Leben" im Christentum ziehen lassen. Es gibt zwar auch im Islam Organisationen, die Bruderschaften oder Orden genannt werden, aber z.B. das Ideal eines ehelosen Lebens spielt da keine tragende Rolle. Da darf man sich von der in Europa vielfach publizierten Sufi-Literatur nicht verführen lassen, eine breite Gemeinsamkeit der Spiritualität zwischen Christentum und Islam anzunehmen.

Die Helfer und Wächter (Aufpasser) der Menschen

„Die Engel preisen das Lob ihres Herrn und bitten um Vergebung für die Bewohner der Erde. Ist nicht Gott der Vergeber der Sünden und der Allbarmherzige?“
(Sure 21, 5)

„Die Engel, welche den Thron Gottes tragen und ihn umgeben, preisen das Lob ihres Herrn und glauben an ihn, und bitten für die Gläubigen um Vergebung und sprechen: O unser Herr, du umfassest alle Dinge in deiner Allbarmherzigkeit und Allwissenheit. Darum vergib denen, so da bereuen und in deinen Wegen wandeln, und befreie sie von der Höllenstrafe!
Führe sie, o Herr, in Edens Gärten, welche du ihnen und ihren Vätern, Frauen und Kindern, so da rechtschaffen gehandelt, versprochen hast. Denn du bist der Allmächtige und Allweise. Befreie sie von allem Bösen, denn wen du an jenem Tage vom Übel befreiest, dem hast du dich barmherzig gezeigt. Dies wird große Seligkeit sein.“
(Sure 40, 7-9)

„Wenn die zwei zusammentreffenden Engel dem Menschen begegnen, einer ihm zur Rechten und einer ihm zur Linken sitzend, dann wird er kein Wort hervorbringen können, und nur (oder: ohne dass) der Wächter neben ihm ist geschäftig aufzuzeichnen.“
(Sure 50, 17-18)

„Ein jeder Mensch hat seine Engel, die sich einander abwechseln und die vor und hinter ihm hergehen und auf den Befehl Gottes ihn bewachen, und Gott verändert nicht seine Gnade gegen die Menschen, oder sie hätten denn zuerst ihre Gesinnungen gegen Gott verändert.“
(Sure 13, 11)

„Aber verehrungswürdige Wächer sind über auch gesetzt, die alles niederschreiben, und so da wissen, was ihr tut."
(Sure 82, 10)

Engel werden im Islam oft auch als Schutz-Engel, als Behüter oder Hüter der Menschen angesehen. Allerdings hat das eine gewisse doppelte Funktion, die wir mit dem Wort „Aufpasser" ganz gut fassen können. Sie behüten die Menschen nicht nur vor Gefahren und schützen diese, sondern sie passen auch im moralischen Sinne auf sie auf. Die Engel, die jedem Menschen zugeordnet sind, schreiben alle Äußerungen und Taten auf und weisen diese Aufzeichnungen am Tag des Gerichts vor.
Zwei Engel sind es auch, die den Menschen im Grab verhören und nach dem wahren Glauben befragen.

Der Todesengel

„Die Vernünftigen werden dann sagen: Wahrlich, nun trifft die Ungläubigen Schmach und Elend. Die, welche gegen ihr eigenes Seelenheil frevelten und von den Engeln getötet werden, werden diesen den Frieden antragen und sagen: Wir haben ja nichts Böses getan. Aber diese antworten: Wohl habt ihr Böses getan und Gott kennet euer Tun."
(Sure 16, 27-28)

„Er ist Herr seiner Diener. Er sendet Wächter über euch. Und wenn einen von euch der Tod erreicht, so veranlassen unsere Boten den Tod, und diese säumen nicht hiermit."
(Sure 6, 61)

„Der Todesengel, der über euch gesetzt ist, wird euch sterben lassen und dann werdet ihr zurückgebracht zu eurem Herrn."
(Sure 32, 11)

So wie die Engel beim Gericht über jeden Einzelnen Gott helfen und über die Taten berichten, so stellt man sich auch vor, dass ein „Engel des Todes" beim Sterben eines jeden Einzelnen von Gott entsandt zum Einsatz kommt. In gewisser Weise können wir das mit dem Engel im Christentum vergleichen, der die Seelen der Menschen ins Jenseits geleitet. Der islamische Todesengel, im Koran ohne Namen, holt die Seele des Menschen ab, beendet damit das irdische Leben des Menschen.

Namen von Engeln

> „Die Übeltäter aber sollen auf ewig der Höllenstrafe verfallen sein. Keine Erleichterung soll ihnen werden, sondern verzweifeln sollen sie darin. Nicht wir sind ungerecht gegen sie, sie selbst vielmehr handelten unrecht gegen sich. Sie werden dann ausrufen: O Malek, bitte doch deinen Herrn, dass er ein Ende mit uns mache. Er aber wird antworten: Nein, auf immer und ewig müsst ihr hierbleiben."
> (Sure 43, 74-77)

Der Koran selbst kennt – ähnlich der Bibel – kaum Namen von Engeln. Benannt werden nur der Engel Gabriel, der Engel Michael ohne näheren Hinweis auf seine Funktion, der oberste Wächter der Hölle namens Malek und zwei Engel mit den Namen Harut und Marut, die die Funktion von Versuchern haben.

Die Volksfrömmigkeit kennt darüber hinaus noch weitere Namen, insbesondere wird der Todesengel noch namentlich genannt, schließlich spielt er eine wichtige Rolle für jeden einzelnen: Izrail.

Es sei aber hier nochmals betont, dass es eine Engel-Verehrung, einen Engel-Kult im Islam nicht gibt.

Rangstufen von Engeln und Menschen

Ähnlich wie im Christentum, wurde und wird im Islam auch über die Einstufung der Engel nachgedacht. Da der Koran selbst kein systematisches Lehrbuch des Islam darstellt, sondern eher – wie oben schon erwähnt – eine Sammlung liturgischer Texte, können viele Fragen einer systematischen Theologie daraus nicht direkt beantwortet werden.

Eine allgemein anerkannte, aber nicht einzige Interpretation des Koran hinsichtlich der Rangstufe der Engel relativ zu den Menschen kennt folgende Einteilung:

1. Die Boten der Menschen sind vollkommener als die Boten der Engel.

2. Die Boten der Engel sind vollkommener als die Allgemeinheit der Menschen.

3. Die Allgemeinheit der Menschen ist vollkommener als die Allgemeinheit der Engel.

Wir haben schon im Zusammenhang mit dem Neuen Testament gesehen, dass auch im Christentum die Stellung der Engel trotz ihres transzendenten Wesens nicht eindeutig höher als die der Menschen ist. Ähnliches gilt für den Islam.

Natur und Aussehen der Engel

> „Lob und Preis sei Gott, dem Schöpfer des Himmels und der Erde, der die Engel zu seinen Boten macht, so da ausgestattet sind mit je zwei, drei oder vier Paar Flügeln. Er füget seinen Geschöpfen hinzu, was er will, denn Gott ist aller Dinge mächtig."
> (Sure 35, 1)

Der Koran betont gerade mit dieser Stelle vor allem die das Geschaffen-Sein der Engel und der Bezug zu ihrer Funktion als Diener. Die islamische Tradition spricht den Engeln auch eine Art feinen Körper zu, der aus Licht gemacht sei. Aufgrund dieses feinen Körpers können sie ihr

Aussehen entsprechend ihren Aufgaben anpassen und in verschiedenen Gestalten erscheinen.

Zusammenfasssung

Wir finden nicht wenige Gemeinsamkeiten mit dem gebräuchlichen christlichen Verständnis von Engeln als feinstoffliche Wesen, ebenfalls von Gott geschaffen zu seinem Lobpreis und als Diener für seine Aufträge. Diese „Engel" entsprechen aber nicht dem ursprüngliche Begriff „Engel des Herrn" (mal'âk JHWH) als Erscheinungsform Gottes in den frühen Erzählungen des Alten Testaments. Die Lehre vom Sündenfall und Sturz der Engel kennt der Islam ebenfalls nicht. Die Vermittlung der Offenbarung durch den Engel Gabriel an Mohammed erinnert an den „angelus interpres" und die bildlichen Darstellungen von Engeln bei der Inspiration der Evangelisten, spielt aber im Islam eine viel wichtigere Rolle. Überhaupt sind Engel im Islam noch viel stärker die Vermittler zwischen den Menschen und der alles übersteigenden Herrlichkeit und Mächtigkeit Gottes. Sie sind ständige Begleiter und Aufpasser der Menschen, berufen diese zum Zeitpunkt des Todes vom Leben ab und bringen ihre Seelen vor das Gericht Gottes.

Engel heute

Dass die heutige Unsicherheit im Engelsglauben nicht nur eine Folge des allgemeinen Schwindens von Glauben im traditionell kirchlichen Verständnis ist, sondern auch von der Vereinahmung durch Kommerz und Unterhaltungsindustrie herrührt, haben wir bereits einmal angesprochen.

Wer jede Vorweihnachtszeit mit süßen Mädchengestalten als Engel konfrontiert wird, ob er es nun will oder nicht, oder Frauenengeln mit deutlich erotischen Signalen, müsste schon als Einsiedler leben, um sich dieser Umdeutung des traditionellen Engelsbildes auf Dauer entziehen zu können. Was übrig bleibt, ist ein ratloses Achselzucken.

Das betrifft nicht nur „Engel" als Glaubensinhalt, sondern viele Begriffe und Symbole des religiösen Lebens allgemein. Denken wir nur an das vor Jahren ausgestrahlte Video „Like a Prayer" der Pop-Sängerin Madonna, mit seinen vielen religiösen Motiven sicher ein Gipfel der Popmusik als direkter Religionsersatz.

Engel in Esoterik und Anthroposophie

Will man die Esoterik auf ihre Vorstellungen und Ideen bzgl. Engeln untersuchen, muss man erst eine Definition für „Esoterik“ finden. Sie selbst sieht sich nicht nur im Gegensatz zu den institutionalisierten Religionen, die die Unmittelbarkeit des persönlichen Erlebens der Menschen vernachlässigen sollen, sondern auch im Gegensatz zu der materialistisch und naturwissenschaflich geprägten Alltagswelt. Letzteres hat sie mit den großen Religionen sogar gemeinsam, wie wir im Zusammenhang mit dem I. Vatikanischen Konzil gesehen haben. Die Esoterik begeht aber den Fehler, aus der Ablehnung des nur-naturwissenschaftlichen Weltbildes zu einem un-wissenschaftlichen Weltbild überzugehen in dem Sinne, dass alles, was mit Geräten mess- und prüfbar ist, was logisch-kausalen Zusammenhängen folgt, zumindest zu verdächtigen, wenn nicht gar pauschal abzulehnen. Die Esoterik macht aber gerade deshalb in vielen Fällen den Fehler, etwas rein materiell und naturwissenschaftlich Erklärbares – wie z.B. die Bewegungen der Sterne – mit geheimnisvollen Kräften und Auswirkungen auf den Menschen auszustatten.

Man hat die Esoterik oft mit dem Argument abgewertet, dass ihre Erfahrungen nicht mit wissenschaftlichen, d.h. naturwissenschaftlichen Methoden, reproduzierbar und nachprüfbar wären. Dieses Argument ist allerdings falsch und greift zu kurz. Besser ist die Frage nach der Quelle, auf die sich esoterisches Wissen bezieht und seine Vermittelbarkeit an andere. Wir sprechen von „Esoterik“ am besten dann, wenn sich jemand wie z.B. Rudolf Steiner, der Begründer der Anthroposophie, auf eine Wissensquelle beziehen, für die der absolute Wahrheitsanspruch postuliert wird, die aber nur einem einzelnen oder ganz wenigen „Auserwählten“ zugänglich ist, und über deren „Wahrheiten“ nicht diskutiert werden kann.

Gerade bei Literatur über Erfahrungen mit Engeln begegnet man diesem Phänomen der „Geheimwissenschaft“ in dem Sinne, dass die Quelle nicht weiter hinterfragbar ist. Da werden Seminare angeboten von Künstlerinnen, die an ihr „Engel-Bewusstsein anknüpfen“, und die „überirdische Schönheit der Engel, der ätherischen Sternenmenschen und ihrer uns noch unbekannten feinstofflichen Welten – so wie ich sie wahrnehme – in lichtvollen Gemälden sichtbar zu machen“. Einer kritschen Überprüfung und Hinterfragung dieser Erfahrungen durch eine große Gemeinschaft, wie es alle großen Religionen kennen, stellen sie sich aber nicht.

So ist es natürlich auch schwierig, von einer Engelslehre der Esoterik wie von einer Engelslehre des Christentums oder des Islam zu sprechen. Im Grunde verkündet hier Jeder und Jede, was ihm oder ihr gerade einfällt und gefällt. Nicht selten drängt sich der Verdacht auf, dass das gerade die Aspekte sind, die den Menschen zu Gefallen sein könnten, die man für die eigene Lehre zu gewinnen sucht. So kann man zwar keine einheitliche Lehre herausarbeiten, aber doch ein paar Merkmale, die für Engelslehren esoterischer Strömungen kennzeichnend sind:

Der den Menschen dienende, heilende und helfende Aspekt der Engel wird sehr stark betont bzw. ihre Funktion wird einseitig darauf reduziert:

> „Sie können die Engel bitten, Ihnen zu helfen, oder geben es einfach ab, Ihr Problem, Ihre Sorgen, Ihre Schmerzen usw.
>
> Sie stehen uns immer bei und sind immer bereit, uns zu unterstützen und zu helfen. Je mehr wir lernen, ihre Hilfe in unseren Alltag einzubeziehen, desto leichter werden wir mit ihrer Hilfe unseren Alltag meistern.“

Die traditionellen Engelsvorstellungen werden völlig unkritisch mit Lehren aus ganz anderen Kulturkreisen gemischt:

> „Bitte Erzengel Haniel und Erzengel Rafael, Dein Herz-Chakra zu aktivieren und zu heilen.“
>
> „Und jetzt gehe von deinem Herzzentrum über deinen inneren Lichtkanal bis in deinen Kopf hinein. Spüre in deinem Kopf das dritte Auge, die Hypophyse, die Zirbeldrüse und das Scheitel-Chakra. Und spüre selbst bei dir die Verbindung. Der Erzengel

Gabriel unterstützt diesen Prozess: die Harmonisierung von beiden Gehirnhälften, Aktivieren des Dritten Auges, der Hypophyse und der Zirbeldrüse."

Engel werden zu einem Teil der Reinkarnationslehre, die viele esoterische Strömungen propagieren:

„Die Angeloi führen den Menschen durch die Pforte des Todes hindurch, so dass er gewissermaßen seinen Angelos an seiner Seite hat, vom Tod zu neuer Geburt, und sie führen ihn wiederum ins neue Leben hinein."

(Rudolf Steiner, Gesamtausgabe 172)

„Die Angeloi sind sozusagen unsere Führer von einem Erdenleben zu dem anderen."

(Rudolf Steiner, Gesamtausgabe 236)

Engel werden oft als das höhere Bewusstsein oder Selbst der Menschen erklärt, wohin sich die Menschen eigentlich entwickeln sollten:

„Es ist so, wie wenn der Mensch seit dem Beginn seiner Erdenwanderung hinaufsehen könnte nach einem erhabenen Geist, der sein Vorbild ist, der ganz seinen astralischen Leib beherrschen kann, der ihm sagt: So musst du sein, wenn du einst aus dieser Erdenentwicklung heraustrittst. Und ob man sagt, der Mensch blickt auf zu seinem höheren Selbst, dem er immer ähnlicher werden soll; oder ob man sagt, er schaue zu seinem Angelos als zu seinem großen Vorbilde hinauf, das ist im Grunde genommen ganz dasselbe."

(Rudolf Steiner, Gesamtausgabe 105)

Was wir hier feststellen, ist weit entfernt von den Engelsvorstellungen, die wir in der frühen Kirche ausmachen konnten, wo vor Engelskulten regelrecht gewarnt bzw. solche sogar verboten wurden zugunsten einer unmittelbaren Ausrichtung des Glaubens und der religiösen Praxis auf Gott als den Ursprung der Schöpfung. Die Positionen können nicht gegensätzlicher sein. Auf der einen Seite haben wir die Engel als „mal'âk JHWHs", als „Boten Gottes", als seine Erscheinungsform kennen gelernt. Auf der anderen Seite werden die Engel in der Esoterik zu den Menschen dienenden Wesen, zu nutzbaren Energien und Kräften oder zum höheren menschlichen Selbst.

Engel in der modernen Literatur

Wenn wir uns mit Engeln „heute" beschäftigen, dann sollten wir allerdings unseren Blick nicht nur auf die Phänomene wie Werbung, Kommerz, Unterhaltungsindustrie und Esoterik beschränken, sondern auch auf die moderne Literatur lenken, wo Engel trotz oder gerade wegen des Schwindens des traditionellen Engelsbildes symbolisch oder allegorisch zur Deutung der Welt und der Gebrechlichkeit des Menschen in ihr als Motiv verwendet werden. Allerdings liegt darin nicht der indirekte Beweis für die Existenz der Engel, wenn sogar Autoren, die sich ausdrücklich vom Christentum distanziert haben, noch das Motiv Engel benutzen, wie es 1957 noch der Germanist Wilhelm Grenzmann in seinem Aufsatz „Die Gestalt des Engels in der modernen Literatur" ausgedrückt hat: „Aber selbst da, wo der Glaube an das Dasein von Engeln untergeht, schafft die Dichtung weiter, gibt ihnen eine Scheinrealität und bedient sich ihrer, um in Symbol oder Allegorie Welterlebnis und Weltdeutung auszusprechen. Durch nichts wird es gewisser, wie wirklich die Engel sind; sie dringen noch in das Denken des Ungläubigen ein, nehmen von ihm Besitz und zwingen ihn zur Aussage über sie." Ist es doch gerade dieses traditionelle Engelsbild hinter derartigen Vereinahmungen auch noch der „Ungläubigen", an dem sich „moderne" Theologen und Autoren gleichermaßen reiben.

Gerade bei solchen Autoren ist es zum einen eher die Auseinandersetzung mit dem Bild von Engeln, das diese nicht mehr vorrangig als „Boten Gottes", als Erscheinungsform Gottes sieht, sondern als eigenständig existierende und handelnde Wesen, die eine Vermittler- und Beschützerrolle zwischen dem Deus absconditus und den Menschen „übernommen" haben. Zum anderen ist es das Leiden an der Aushöhlung des Engelsbildes wie an der Auszehrung und Umdeutung vieler religiöser Bilder, Symbole und Begriffe, zuerst missbräuchlich durch die politischen und dann heute durch die wirtschaftlichen Kräfte in der Gesellschaft.

Entsprechend breit ist das Spektrum, in das sich das Motiv „Engel" in der modernen Literatur bricht. Es reicht von noch ganz biblischen Symbolen und Bildern über deren ironische Verwendung bis hin zu völlig neuen Konzeptionen, die mit der Tradition nur noch den Begriff „Engel“ gemeinsam haben. Als letzteres kann man sicher Rilkes Engel ansehen, wie er in seinen „Duineser Elegien“ geformt ist, ein völlig anderes Bild, das auf keinen Fall christlich interpretiert werden darf, im Gegensatz zum Engelbild des noch frühen Rilkeschen Werkes, wo er z.B. in dem Gedicht „Verkündigung“ den Engel noch sprechen lässt:

„Die Worte des Engels

Du bist nicht näher an Gott als wir;
wir sind ihm alle weit.
Aber wunderbar sind dir
die Hände benedeit.
So reifen sie bei keiner Frau,
so schimmernd aus dem Saum:
ich bin der Tag, ich bin der Tau,
du aber bist der Baum.

Ich bin jetzt matt, mein Weg war weit,
vergieb mir, ich vergaß,
was Er, der groß in Goldgeschmeid
wie in der Sonne saß,
dir künden ließ, du Sinnende,
(verwirrt hat mich der Raum).
Sieh: ich bin das Beginnende,
du aber bist der Baum.

Ich spannte meine Schwingen aus
und wurde seltsam weit;
jetzt überfließt dein kleines Haus
von meinem großen Kleid.
Und dennoch bist du so allein
wie nie und schaust mich kaum;
das macht: ich bin ein Hauch im Hain,
du aber bist der Baum.

Die Engel alle bangen so,
lassen einander los:
noch nie war das Verlangen so,
so ungewiß und groß.
Vielleicht, daß Etwas bald geschieht,
das du im Traum begreifst.
Gegrüßt sei, meine Seele sieht:
du bist bereit und reifst.
Du bist ein großes, hohes Tor,
und aufgehn wirst du bald.
Du, meines Liedes liebstes Ohr,
jetzt fühle ich: mein Wort verlor
sich in dir wie im Wald.

So kam ich und vollendete
dir tausendeinen Traum.
Gott sah mich an; er blendete ...

Du aber bist der Baum."

Rilke selbst hat immer wieder vor einer christlichen Auslegung seiner „Duineser Elegien" gewarnt. Sie sind als Versuch anzusehen, eine Deutung der menschlichen Existenz angesichts des Todes außerhalb der traditionellen Religiosität auf neue Weise in dichterisch-prophetischer Form zu vermitteln. Wie folgende Auszüge zeigen, hat der „Engel" in diesen Elegien nur mehr das Wort mit dem hergebrachten Engelsbild gemeinsam:

„Wer, wenn ich schrie, hörte mich denn aus der Engel
Ordnungen? und gesetzt selbst, es nähme
einer mich plötzlich ans Herz: ich verginge von seinem
stärkeren Dasein. Denn das Schöne ist nichts
als des Schrecklichen Anfang, den wir noch grade ertragen,
und wir bewundern es so, weil es gelassen verschmäht,
uns zu zerstören. Ein jeder Engel ist schrecklich.
Und so verhalt ich mich denn und verschlucke den Lockruf
dunkelen Schluchzens. Ach, wen vermögen

wir denn zu brauchen? Engel nicht, Menschen nicht,
und die findigen Tiere merken es schon,
daß wir nicht sehr verläßlich zu Haus sind
in der gedeuteten Welt. Es bleibt uns vielleicht
irgend ein Baum an dem Abhang, daß wir ihn täglich
wiedersähen; es bleibt uns die Straße von gestern
und das verzogene Treusein einer Gewohnheit,
der es bei uns gefiel, und so blieb sie und ging nicht.
O und die Nacht, die Nacht, wenn der Wind voller Weltraum
uns am Angesicht zehrt -, wem bliebe sie nicht, die ersehnte,
sanft enttäuschende, welche dem einzelnen Herzen
mühsam bevorsteht. Ist sie den Liebenden leichter?
Ach, sie verdecken sich nur mit einander ihr Los.
Weißt du's noch nicht? Wirf aus den Armen die Leere
zu den Räumen hinzu, die wir atmen; vielleicht daß die Vögel
die erweiterte Luft fühlen mit innigerm Flug."
(aus der ersten Duineser Elegie)

„Jeder Engel ist schrecklich. Und dennoch, weh mir,
ansing ich euch, fast tödliche Vögel der Seele,
wissend um euch. Wohin sind die Tage Tobiae,
da der Strahlendsten einer stand an der einfachen Haustür,
zur Reise ein wenig verkleidet und schon nicht mehr furchtbar;
(Jüngling dem Jüngling, wie er neugierig hinaussah).
Träte der Erzengel jetzt, der gefährliche, hinter den Sternen
eines Schrittes nur nieder und herwärts: hochaufschlagend
erschlüg uns das eigene Herz. Wer seid ihr?"
(aus der zweiten Duineser Elegie)

Viel näher dem traditionellen Bild bleibt hingegegen das Drama „Der seidene Schuh" (Le soulier de satin) von Paul Claudel. In diesem Drama bewahrt ein Schutzengel die Protagonistin vor ihrem eigenen leidenschaftlichen Begehren, das sie zum Ehebruch drängt. Der Schutzengel verkörpert sozusagen das Gewissen, das die christliche Werteordnung verteidigt, aber nicht gefühllos kalt, sondern mit leidenschaftlicher Anteilnahme.

Auch Friedrich Dürrenmatt verwendete in seiner Komödie „Ein Engel kommt nach Babylon“ noch ganz biblische Muster und lässt einen Engel als zentralen Protagonisten auftreten, allerdings mit gewissen ironischen Untertönen sowohl gegenüber der hergebrachten Theologie als auch gegenüber der Dichtkunst selber. Es ist ein Stück mit viel Witz und einfallsreichen Pointen, sehr unterhaltsam und vordergründig nicht kompliziert.

Um einen Engel als Skulptur geht es in Heinrich Bölls erstem, aber erst nach seinem Tode veröffentlichten Roman „Der Engel schwieg“. Der Engel – eine Gipsfigur – spielt hier keine Rolle als Engel, sondern die Figur in ihren äußeren Zuständen wird zum allegorischen Brennpunkt für die Kritik Bölls an dem seiner Ansicht nach verfehlten Neuanfang in der Politik der Nachkriegszeit.

Das Schutzengelmotiv griff Nelly Sachs wieder auf, eine Dichterin, deren Werk in Deutschland viel zu wenig Beachtung findet, wo es doch gerade ihr gelingt, beeinflusst von den chassidischen Schriften, mystischer Rede dichterischen Ausdruck zu verleihen:

> „Bin in der Fremde
> die ist behütet von der 8
> dem heiligen Schutzengel
> Der ist immer unterwegs
> durch unser Fleisch
> Unruhe stiftend
> und den Staub flugreif machend“
> (aus „Glühende Rätsel“)

Es wäre vermessen, das Gedicht hier so aus dem Zusammenhang des Werkes gerissen ausführlicher zu deuten. Nur einige Verständnishinweise für die Metaphern sollen dem Leser den Zugang etwas erleichtern. Die „8“ spielt an auf die Redensart „in Acht nehmen“, wobei aber gerade die Ziffer „8“ selbst – als mathematisches Symbol in seiner liegenden Form besser bekannt – eine unendliche Schleife und damit Zeichen für die Unendlichkeit ist. Der Mensch wird vom Engel nicht nur behütet, sondern eben in der „Fremde“ behütet, bei seinem unruhigen Unterwegs-Sein, bis er vom „Staub“ zum Schmetterling gewandelt ist, vom irdischen zum überirdischen „flugreif“ geworden.

Bildteil

Christliche Engelikonographie

Ägypten

Alter Orient und Antike

Christliche Ikonographie

Der Herr erschien Abraham bei den Eichen von Mamre. Abraham saß zur Zeit der Mittagshitze am Zelteingang.
Er blickte auf und sah vor sich drei Männer stehen. Als er sie sah, lief er ihnen vom Zelteingang aus entgegen, warf sich zur Erde nieder und sagte: Mein Herr, wenn ich dein Wohlwollen gefunden habe, geh doch an deinem Knecht nicht vorbei!
Man wird etwas Wasser holen; dann könnt ihr euch die Füße waschen und euch unter dem Baum ausruhen.
Ich will einen Bissen Brot holen und ihr könnt dann nach einer kleinen Stärkung weitergehen; denn deshalb seid ihr doch bei eurem Knecht vorbeigekommen. Sie erwiderten: Tu, wie du gesagt hast.
(Genesis 18, 1-5)

Diese Erzählung im ersten Buch des Alten Testaments hat die christlichen Künstler von Anfang an inspiriert. Auch die Ikonenmalerei im engeren Sinne kennt verschiedene Variante, wie folgende fünf Abbildungen zeigen.

Zum ersten Beispiel ist zu bemerken, dass die drei Männer ohne Flügel dargestellt sind. Beim zweiten Beispiel ist die mittlere Figur noch ohne Flügel, während die beiden äußeren Personen, die der Erzählung nach anschließend sich nach Sodom und Gomorrha aufmachen, bereits als Engel dargestellt werden.

Die häufigste Variante und vor allem die berühmte Umsetzung des Themas von dem russischen Maler Rublev zeigt aber immer drei geflügelte Personen bzw. Engel.

Abb. 1: Besuch der drei Männer bei Abraham, Mosaik in San Vitale in Ravenna

Abb. 2: Besuch der drei Männer bei Abraham

Abb. 3: Besuch der drei Männer bei Abraham nach Rublev

Abb. 4: Besuch der drei Männer bei Abraham ähnlich Rublev

Abb. 5: Besuch der drei Männer bei Abraham nach russischem Vorlagenbuch für Ikonenmaler

Abb. 6: Abrahm nach Vorstellungen des späten Mittelalters (Schedelsche Weltchronik)

Abb. 7: Engel mit Lot und Familie vor Sodom und Gomorrha (Schedelsche Weltchronik)

Abb. 8: Moses vor dem brennenden Dornbusch (Schedelsche Weltchronik)

Abb. 9: Die Kerubim auf der Bundeslade (Schedelsche Weltchronik)

Abb. 10: Die Begegnung Bileams mit dem Engel (Schedelsche Weltchronik)

Die himmlische Hierarchie (unsichtbarer Kosmos) nach Dionysius Areopagita zwischen den Sphären des heliozentrischen Weltbildes nach Ptolemäus und den vier Winden:

1. Triade
   1. Serafim (Entflammer, Erglüher)
   2. Kerubim (Füller der Erkenntnis)
   3. Throne (Gottesträger)

2. Triade
   4. Herrschaften (gr. kyriótetes, lat. dominationes)
   5. Mächte (gr. dynámeis, lat. potestates)
   6. Gewalten (gr. exousíai, lat. virtutes)

3. Triade
   7. Fürstentümer (gr. archaí, lat. principates)
   8. Erzengel (gr. archángeloi, lat. archangeli)
   9. Engel (gr. ángeloi, lat. angeli)

Erde, Wasser, Luft, Feuer, Mond, Merkur, Sonne, Mars, Jupiter, Saturn, Zodiak/Sternenhimmel, Firmament, Kristallhimmel, Primum mobile (Erstbeweger)

Subsolanus
Auster
Zephyrus
Aparnas

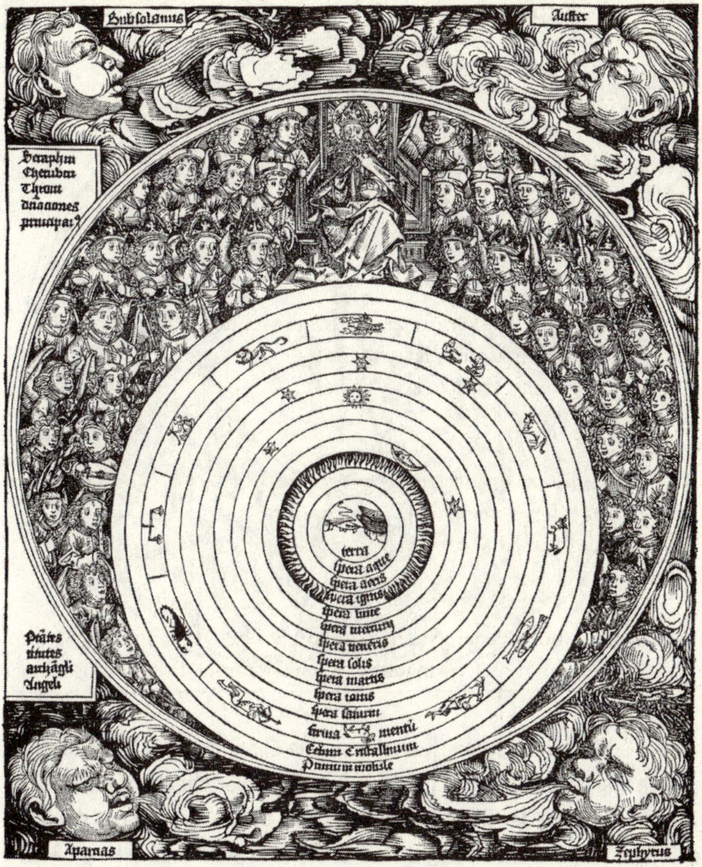

Abb. 11: Der sichtbare und unsichtbare Kosmos der Schedelschen Weltchronik

Abb. 12: Die himmlischen Heerscharen, die Chöre der Engel umgeben die noch ungeformte Materie (griechisch „Hyle", hier abgekürzt als „yle"). Darüber schwebt der Geist Gottes als Taube. Dieses Beispiel aus der Schedelschen Weltchronik illustriert eindrücklich das jahrhundertelange Bestreben, den biblischen Schöpfungsbericht und die Kosmologie der griechischen Philosophie zu verbinden.

Abb. 13: Serafim und Kerubim, schematische Vorlagenzeichnungen für Ikonenmaler

Abb. 14: Seraf, schematische Vorlagenzeichnung für Ikonenmaler

Abb. 15: Tetramorpher Kerub mit drei Flügelpaaren wie ein Seraf, Fresko in der Krypta der Kathedrale von Anagni

Abb. 16: Tetramorpher Kerub mit drei Flügelpaaren wie ein Seraf und Rädern an den Füßen (vgl. Ezechiel 1, 4-15)

Abb. 17: Flügelräder und Engelflügel nach Vorlagenbuch für Ikonenmaler

Anführer der Engel, der Irrenden Wegweiser, höchster Heerführer des Herrn, in dieser Stunde erscheine in unserer Mitte und trage die Gebete aller Gläubigen vor den einzigen Bildner und Herrn.

Michael, erhabener Führer der Engel, rette das Volk, das sich heute in deinem Tempel versammelt und Gottes Großtaten kündet.

Michael, Anführer der Engel, du stehst an des Gebieters Thron; erscheine in unserer Mitte und führe auf die Pfade des Lebens jene, welche dich zum treuen Beschirmer haben.

Michael, höchster Heerführer des Herrn, die gläubig in deinem heiligen Tempel sich zu Gottes Lob versammeln, geleite und schirme sie durch deine Vermittlung vor Übeln jeglicher Art.

Anführer der Körperlosen, Heerführer der Mächte, mit ihnen zusammen erbitte uns der Fehler Vergebung, des Lebens Besserung und der ewigen Güter Genuss.

Erleuchtung erflehe für uns, oberster Heerführer, da du stets das große Licht begleitest, und schenke Frieden unserem Dasein, das überall von der Schlange bedroht und immer von den Gefahren des Lebens beunruhigt wird, Bewunderswerter.

(ostkirchlicher Hymnus)

Abb. 18: Erzengel Michael nach russischem Vorlagenbuch

Abb. 19: Engel (links) und Erzengel (rechts) mit Diskus (Weltscheibe) nach einem russischen Vorlagenbuch für Ikonenmaler

Abb. 20: Mandylion nach einem russischen Vorlagenbuch für Ikonenmaler

Abb. 21: Von zwei Engel gezeigtes Mandylion nach Vorlagenbuch für Ikonenmaler

Abb. 22: Der Evanglist Matthäus mit Engel der Inspiration und selbst als Engel (oben) nach russischen Ikonen

Abb. 23: Der Evangelist Johannes mit Engel der Inspiration nach russischem Vorlagenbuch

Es begann, wie es bei dem Propheten Jesaja steht: Ich sende meinen Boten vor dir her; er soll den Weg für dich bahnen.
Eine Stimme ruft in der Wüste: Bereitet dem Herrn den Weg! Ebnet ihm die Straßen!

So trat Johannes der Täufer in der Wüste auf und verkündigte Umkehr und Taufe zur Vergebung der Sünden.

Ganz Judäa und alle Einwohner Jerusalems zogen zu ihm hinaus; sie bekannten ihre Sünden und ließen sich im Jordan von ihm taufen.
Johannes trug ein Gewand aus Kamelhaaren und einen ledernen Gürtel um seine Hüften und er lebte von Heuschrecken und wildem Honig.

Er verkündete: Nach mir kommt einer, der ist stärker als ich; ich bin es nicht wert, mich zu bücken, um ihm die Schuhe aufzuschnüren.
Ich habe euch nur mit Wasser getauft, er aber wird euch mit dem Heiligen Geist taufen.

(Markus 1, 2-8)

Die Darstellung Johannes des Täufers als Engel beruht einerseits auf der ursprünglichen Interpretation von Engel als „Boten Gottes" und andererseits auf der Auffassung, dass Johannes der Täufer der vom Propheten Jesaja angekündigte Bote war.

Abb. 24: Johannes der Täufer als Vorläufer, Bote, Engel nach russischem Vorlagenbuch

Im sechsten Monat wurde der Engel Gabriel von Gott in eine Stadt in Galiläa namens Nazaret
zu einer Jungfrau gesandt. Sie war mit einem Mann namens Josef verlobt, der aus dem Haus David stammte. Der Name der Jungfrau war Maria.
Der Engel trat bei ihr ein und sagte: Sei gegrüßt, du Begnadete, der Herr ist mit dir.
Sie erschrak über die Anrede und überlegte, was dieser Gruß zu bedeuten habe.
Da sagte der Engel zu ihr: Fürchte dich nicht, Maria; denn du hast bei Gott Gnade gefunden.
Du wirst ein Kind empfangen, einen Sohn wirst du gebären: dem sollst du den Namen Jesus geben.
Er wird groß sein und Sohn des Höchsten genannt werden. Gott, der Herr, wird ihm den Thron seines Vaters David geben.
Er wird über das Haus Jakob in Ewigkeit herrschen und seine Herrschaft wird kein Ende haben.
Maria sagte zu dem Engel: Wie soll das geschehen, da ich keinen Mann erkenne?
Der Engel antwortete ihr: Der Heilige Geist wird über dich kommen, und die Kraft des Höchsten wird dich überschatten. Deshalb wird auch das Kind heilig und Sohn Gottes genannt werden.
Auch Elisabet, deine Verwandte, hat noch in ihrem Alter einen Sohn empfangen; obwohl sie als unfruchtbar galt, ist sie jetzt schon im sechsten Monat.
Denn für Gott ist nichts unmöglich.
Da sagte Maria: Ich bin die Magd des Herrn; mir geschehe, wie du es gesagt hast. Danach verließ sie der Engel.

(Lukas 1, 26-38)

Abb. 25: Die Verkündigung des Engels Gabriel an Maria nach russischem Vorlagenbuch (vgl. Lukas 1, 26-38)

In jenen Tagen erließ Kaiser Augustus den Befehl, alle Bewohner des Reiches in Steuerlisten einzutragen.
Dies geschah zum ersten Mal; damals war Quirinius Statthalter von Syrien. Da ging jeder in seine Stadt, um sich eintragen zu lassen. So zog auch Josef von der Stadt Nazaret in Galiläa hinauf nach Judäa in die Stadt Davids, die Betlehem heißt; denn er war aus dem Haus und Geschlecht Davids. Er wollte sich eintragen lassen mit Maria, seiner Verlobten, die ein Kind erwartete.
Als sie dort waren, kam für Maria die Zeit ihrer Niederkunft, und sie gebar ihren Sohn, den Erstgeborenen. Sie wickelte ihn in Windeln und legte ihn in eine Krippe, weil in der Herberge kein Platz für sie war.
In jener Gegend lagerten Hirten auf freiem Feld und hielten Nachtwache bei ihrer Herde. Da trat der Engel des Herrn zu ihnen und der Glanz des Herrn umstrahlte sie. Sie fürchteten sich sehr, der Engel aber sagte zu ihnen: Fürchtet euch nicht, denn ich verkünde euch eine große Freude, die dem ganzen Volk zuteil werden soll:
Heute ist euch in der Stadt Davids der Retter geboren; er ist der Messias, der Herr.
Und das soll euch als Zeichen dienen: Ihr werdet ein Kind finden, das, in Windeln gewickelt, in einer Krippe liegt.
Und plötzlich war bei dem Engel ein großes himmlisches Heer, das Gott lobte und sprach:
Verherrlicht ist Gott in der Höhe und auf Erden ist Friede bei den Menschen seiner Gnade.
Als die Engel sie verlassen hatten und in den Himmel zurückgekehrt waren, sagten die Hirten zueinander: Kommt, wir gehen nach Betlehem, um das Ereignis zu sehen, das uns der Herr verkünden ließ. So eilten sie hin und fanden Maria und Josef und das Kind, das in der Krippe lag. Als sie es sahen, erzählten sie, was ihnen über dieses Kind gesagt worden war. Und alle, die es hörten, staunten über die Worte der Hirten.
Maria aber bewahrte alles, was geschehen war, in ihrem Herzen und dachte darüber nach.
Die Hirten kehrten zurück, rühmten Gott und priesen ihn für das, was sie gehört und gesehen hatten; denn alles war so gewesen, wie es ihnen gesagt worden war.

(Lukas 2, 1-20)

Abb. 26: Engel verkünden die Geburt Jesu an die Hirten

In jenen Tagen kam Jesus aus Nazaret in Galiläa und ließ sich von Johannes im Jordan taufen.

Und als er aus dem Wasser stieg, sah er, dass der Himmel sich öffnete und der Geist wie eine Taube auf ihn herabkam.

Und eine Stimme aus dem Himmel sprach: Du bist mein geliebter Sohn, an dir habe ich Gefallen gefunden.

Danach trieb der Geist Jesus in die Wüste.

Dort blieb Jesus vierzig Tage lang und wurde vom Satan in Versuchung geführt. Er lebte bei den wilden Tieren und die Engel dienten ihm.

(Markus 1, 9-13)

Abb. 27: Taufe Jesu im Jordan nach einer russischen Ikone

Dann ging er in den Tempel und begann, die Händler hinauszutreiben. Er sagte zu ihnen: In der Schrift steht: Mein Haus soll ein Haus des Gebetes sein. Ihr aber habt daraus eine Räuberhöhle gemacht.

Er lehrte täglich im Tempel. Die Hohenpriester, die Schriftgelehrten und die übrigen Führer des Volkes aber suchten ihn umzubringen.

Sie wussten jedoch nicht, wie sie es machen sollten, denn das ganze Volk hing an ihm und hörte ihn gern.

(Lukas 19, 45-48)

Abb. 28: Die Tempelreinigung nach einer russischen Handschrift

Dann verließ Jesus die Stadt und ging, wie er es gewohnt war, zum Ölberg; seine Jünger folgten ihm.
Als er dort war, sagte er zu ihnen: Betet darum, dass ihr nicht in Versuchung geratet!
Dann entfernte er sich von ihnen ungefähr einen Steinwurf weit, kniete nieder und betete:
Vater, wenn du willst, nimm diesen Kelch von mir! Aber nicht mein, sondern dein Wille soll geschehen.
Da erschien ihm ein Engel vom Himmel und gab ihm (neue) Kraft.
Und er betete in seiner Angst noch inständiger und sein Schweiß war wie Blut, das auf die Erde tropfte.
Nach dem Gebet stand er auf, ging zu den Jüngern zurück und fand sie schlafend; denn sie waren vor Kummer erschöpft.
Da sagte er zu ihnen: Wie könnt ihr schlafen? Steht auf und betet, damit ihr nicht in Versuchung geratet.

(Lukas 22, 39-46)

Abb. 29: Jesus in Getsemani nach einer russischen Handschrift

Abb. 30: Gottesmutter der Passion nach russischem Vorlagenbuch mit den Engeln, die die Folterwerkzeuge der Passion Jesu halten: Kreuz, Speer und Stab mit Essigschwamm

Als der Sabbat vorüber war, kauften Maria aus Magdala, Maria, die Mutter des Jakobus, und Salome wohlriechende Öle, um damit zum Grab zu gehen und Jesus zu salben.
Am ersten Tag der Woche kamen sie in aller Frühe zum Grab, als eben die Sonne aufging.
Sie sagten zueinander: Wer könnte uns den Stein vom Eingang des Grabes wegwälzen?
Doch als sie hinblickten, sahen sie, dass der Stein schon weggewälzt war; er war sehr groß.
Sie gingen in das Grab hinein und sahen auf der rechten Seite einen jungen Mann sitzen, der mit einem weißen Gewand bekleidet war; da erschraken sie sehr.
Er aber sagte zu ihnen: Erschreckt nicht! Ihr sucht Jesus von Nazaret, den Gekreuzigten. Er ist auferstanden; er ist nicht hier. Seht, da ist die Stelle, wo man ihn hingelegt hatte.
Nun aber geht und sagt seinen Jüngern, vor allem Petrus: Er geht euch voraus nach Galiläa; dort werdet ihr ihn sehen, wie er es euch gesagt hat.
Da verließen sie das Grab und flohen; denn Schrecken und Entsetzen hatte sie gepackt. Und sie sagten niemand etwas davon; denn sie fürchteten sich.

(Markus 16, 1-8)

Abb. 31: Engel am Grab Christi, Tafel des Duccio di Buoninsegna, Siena

Abb. 32: Die Hinrichtungen von Pilatus und Hannas nach einer russischen Handschrift

Abb. 33: Die Befreiung des Apostel Petrus aus dem Gefängnis nach einer russischen Ikone (vgl. Apostelgeschichte 12, 6-11)

Abb. 34: Gerichtsszene mit Erzengel Michael und Petrus aus dem Altarbild von San Miguel, Suriguerola, Spanien

Michael ringt mit dem Teufel um eine Seele. Die guten Taten werden gegen die bösen abgewogen. Ein Engel reicht eine für gerecht befundene Seele an Petrus in der Himmelspforte weiter.

Abb. 35: Petrus und Engel empfangen Verstorbene an der Himmelstür nach einer Miniatur in einem englischen Stundenbuch

Abb. 36: Synaxis (Versammlung) der Erzengel nach russischem Vorlagenbuch

Abb. 37: Synaxis (Versammlung) der Erzengel nach russischer Ikone

Von dem Thron gingen Blitze, Stimmen und Donner aus. Und sieben lodernde Fackeln brannten vor dem Thron; das sind die sieben Geister Gottes.

Und vor dem Thron war etwas wie ein gläsernes Meer, gleich Kristall. Und in der Mitte, rings um den Thron, waren vier Lebewesen voller Augen, vorn und hinten.

Das erste Lebewesen glich einem Löwen,
das zweite einem Stier,
das dritte sah aus wie ein Mensch,
das vierte glich einem fliegenden Adler.

Und jedes der vier Lebewesen hatte sechs Flügel, außen und innen voller Augen. Sie ruhen nicht, bei Tag und Nacht, und rufen:

Heilig, heilig, heilig
ist der Herr, der Gott,
der Herrscher über die ganze Schöpfung;
er war und er ist und er kommt.

(Offenbarung 4, 5-8)

Abb. 38: Die Huldigung vor dem Thron Gottes, nach Bamberger Apokalypse

Da entbrannte im Himmel ein Kampf; Michael und seine Engel erhoben sich, um mit dem Drachen zu kämpfen. Der Drache und seine Engel kämpften, aber sie konnten sich nicht halten und sie verloren ihren Platz im Himmel.

Er wurde gestürzt, der große Drache, die alte Schlange, die Teufel oder Satan heißt und die ganze Welt verführt; der Drache wurde auf die Erde gestürzt und mit ihm wurden seine Engel hinabgeworfen.

Da hörte ich eine laute Stimme im Himmel rufen:
Jetzt ist er da, der rettende Sieg, die Macht und die Herrschaft unseres Gottes und die Vollmacht seines Gesalbten; denn gestürzt wurde der Ankläger unserer Brüder, der sie bei Tag und bei Nacht vor unserem Gott verklagte.

Sie haben ihn besiegt durch das Blut des Lammes und durch ihr Wort und Zeugnis; sie hielten ihr Leben nicht fest, bis hinein in den Tod.
Darum jubelt, ihr Himmel und alle, die darin wohnen. Weh aber euch, Land und Meer! Denn der Teufel ist zu euch hinabgekommen; seine Wut ist groß, weil er weiß, dass ihm nur noch eine kurze Frist bleibt.

(Offenbarung 12, 7-12)

Abb. 39: Sturz des Drachen nach einer russischen Apokalypse

Dann sah ich einen Engel vom Himmel herabsteigen; auf seiner Hand trug er den Schlüssel zum Abgrund und eine schwere Kette.

Er überwältigte den Drachen, die alte Schlange – das ist der Teufel oder der Satan –, und er fesselte ihn für tausend Jahre.

Er warf ihn in den Abgrund, verschloss diesen und drückte ein Siegel darauf, damit der Drache die Völker nicht mehr verführen konnte, bis die tausend Jahre vollendet sind. Danach muss er für kurze Zeit freigelassen werden.

(Offenbarung 20, 1-3)

Abb. 40: Die Fesselung Satans nach einer russischen Apokalypse

Abb. 41: Engel mit dem Mühlstein, nach Bamberger Apokalypse (vgl. Offenbarung 18,2)

Ägypten

Du, die Du fern bist von der Erde,
Dir gehört das Haupt Deines Vaters Schu,
Du bist mächtig in ihm.
Er liebte Dich,
Er stellte sich unter Dich.
Und unter alle Dinge.

Du nahmst alle Götter zu Dir.
Samt ihren Schiffen.
Du machtest sie fest als Himmelslichter,
Nun werden sie nicht von Dir weichen,
Lass den König nicht fern sein als Stern von Dir.
Du, die Du die Ferne heißt.

(Pyramidenspruch 434)

Auf der folgenden Seite oben ist die Himmelsgöttin entsprechend diesem Spruch dargestellt: Sie bildet mit ihrem Körper den Himmel, an dem die Sonne entlanggleitet, die rechts als Mistkäfer (Cheper) und am Mund von Nut als geflügelte Sonnenscheibe erscheint. Schu steht auf der Erde, unter der die Sonne gerade ihre Nachtfahrt beendet und bei den Zehen der Göttin wieder aufsteigt.

Die untere Abbildung zeigt Nut als geflügelte Göttin, die ihre Flügel zum Schutz ausbreitet. Ihr Name befindet sich als Hieroglyphe „nut“ auf ihrem Haupt.

Abb. 42: Nut als Himmelsgöttin

Abb. 43: Nut breitet schützend ihre Flügel aus

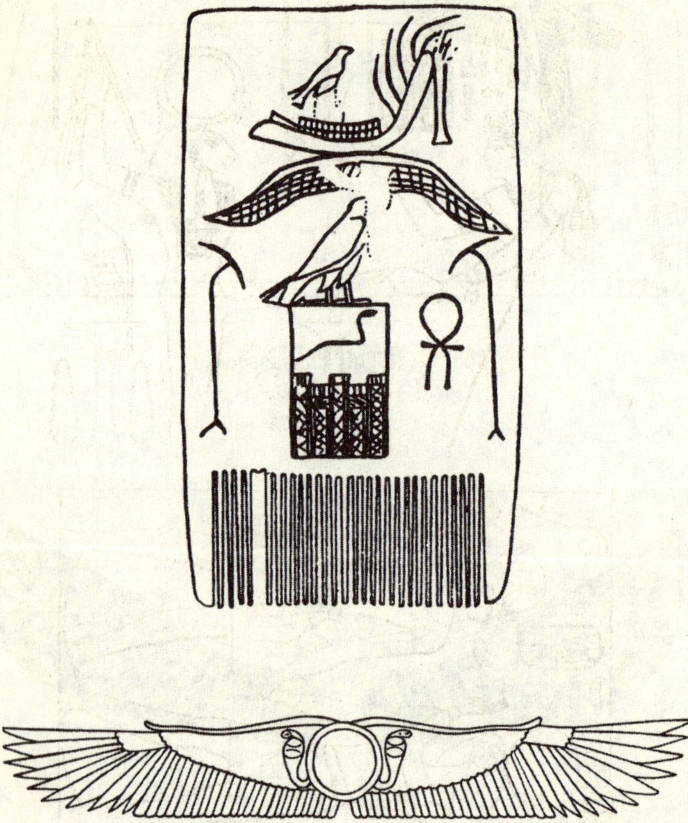

Abb. 44: Oben die Sonnenbarke über den Flügeln des Himmels unten: Flügelsonne mit zwei Uräen

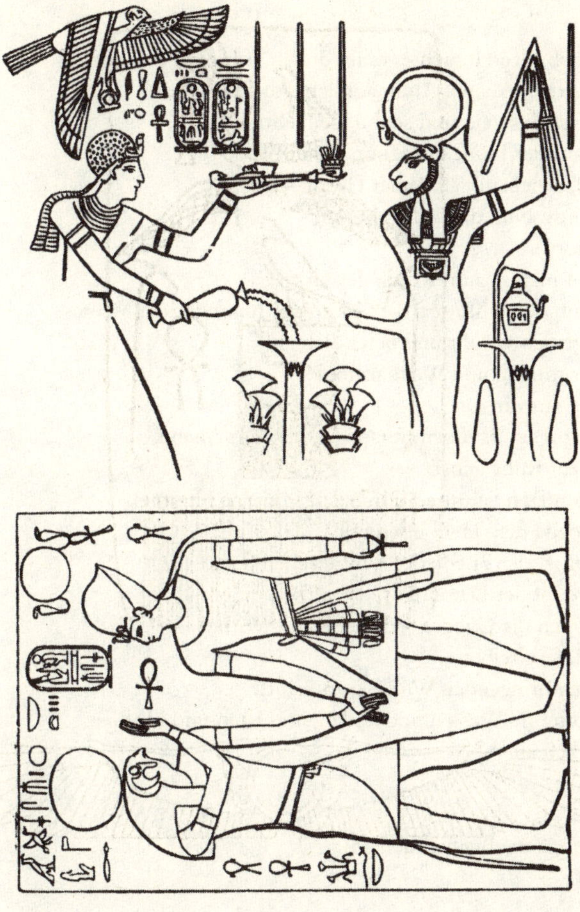

Abb. 45: Horusfalke und Rehorachte (Verbindung von Sonnengott Re und Horus) als Beschützer des Pharao

Sei gegrüßt, Re-Horachte, wenn du am Horizont aufsteigst,
Wenn du am Abend, Atum ähnlich, zur Ruhe gehst.
Denn wahrlich, sie sind schön, deine Strahlen,
Wenn auf der Höhe des Himmelsgewölbes
Du vorbeiziehst in all deiner Herrlichkeit.
Die Göttin Nut, die dich geboren,
Weilt dort.
Gekrönt bist du zum König der Götter;
Und Nut, deine Mutter, die Göttin des himmlischen Meeres,
Sie neigt sich vor dir und betet dich an.
Weltenordnung und Weltharmonie
Strahlen aus dir.
Vom Morgen, da du emporsteigst, bis zum Abend,
Da du zur Ruhe gehst,
Mit mächtigen Schritten durchziehst du den Himmel.
Vor Freude dein Herz überquillt,
Und tief ist der Friede des himmlischen Sees.
Gestürzt ist der Dämon!
Abgehauen die Glieder, gebrochen die Wirbel!
Zum Hafen treiben
Die segenbringenden Winde dein Schiff.
Die Götter im Westen und Süden, im Osten und Norden
Beten dich an.

(aus dem Totenbuchspruch 15)

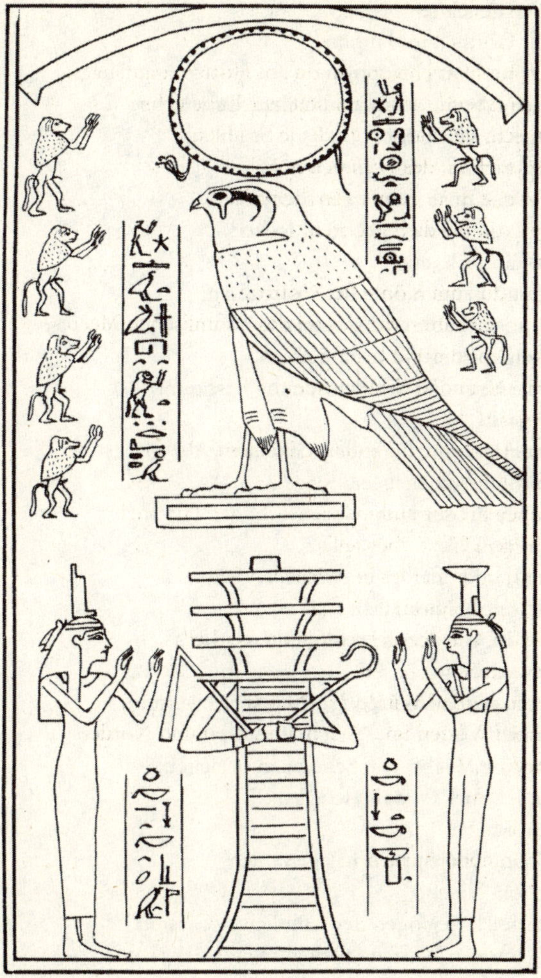

Abb. 46: Huldigung an Re-Horachte, Vignette aus dem Totenbuch

Ich weiß den geheimen Namen
Der großen Gottheit im Himmel,
Ich, der Phönix von Heliopolis.
Sieh nun, ich komme zum Land meines Ursprungs
Und gelange an den Ort,
Wo ich von nun an ewig weilen werde.
Ausgerottet das Böse in meinem Herzen!
Weggefegt mein Gebrechen, mein Laster!
Unbetrübt kann ich jetzt
Die Wege und Bahnen des Jenseits betreten;
Gut bekannt, fürwahr, sind sie mir alle.
Die Richtung meines Weiterschreitens
Ist durch die Kraft der Weltenordnung bestimmt.
Nun komm ich
Zu den am Horizonte liegenden Ländern
Und überschreite die heilige Grenze.
Wisse, ich bin auf der Hut!
Unsichtbar bin ich!
Isis naht mir; und über mein Antlitz
Streut sie ihr duftendes Haar.
Ich fühle mich, wie von Isis empfangen
Und von Nephthys geboren.
Seht, sie verjagen, die beiden Göttinnen-Schwestern,
Meine Feinde!
Mir folgt meine Macht, von Schrecken begleitet;
Und meines Armes Gewalt zwingt die bösen
Geister zur Flucht.
Voll Hoffnung und Liebe umringen mich
Millionen von Wesen.
Nun zerstreu ich Legionen der feindlichen Geister,
Und der Dämonen Waffen fallen in meine Gewalt.
Dank Isis und Nephthys froh und süß ist mein Leben

(aus dem Totenbuchspruch 17)

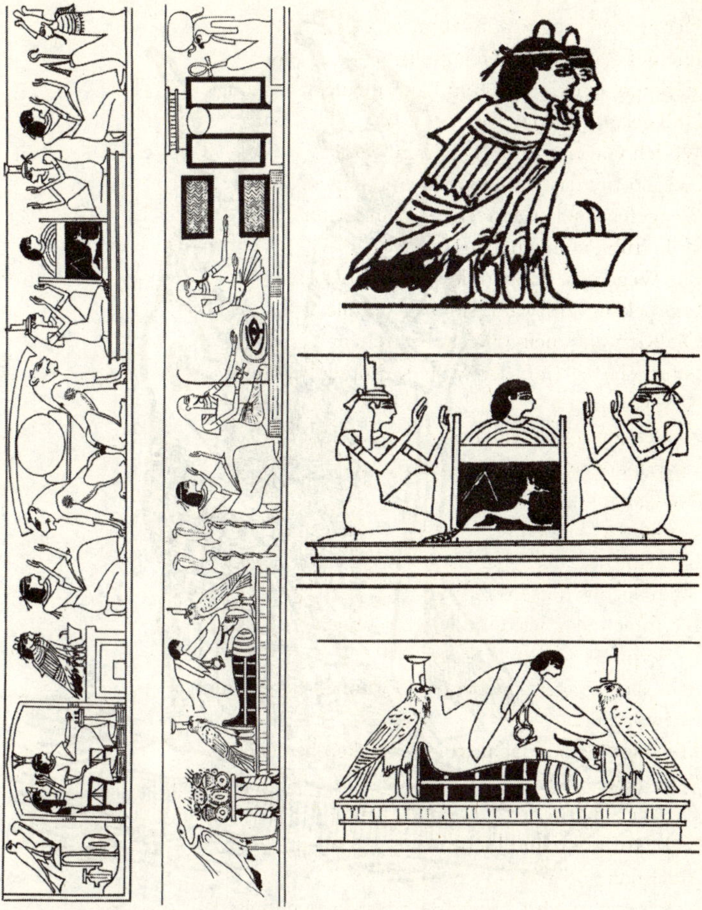

Abb. 47: Vignetten zu Totenbuchspruch 17

Abb. 48: Isis umfängt schützend mit ihren Flügeln Osiris

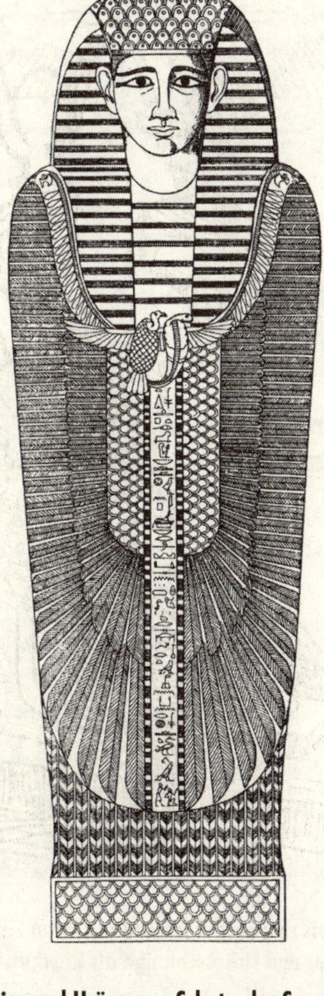

Abb. 49: Sarg mit Geier und Uräus zum Schutz, der Sargdeckel selbst ist mit den schützenden Flügeln der Himmelsgöttin Nut bedeckt

Abb. 50: Geier und Uräusschlange als Beschützer des Pharao

Behüte mich wie den Augapfel, den Stern des Auges, birg mich im Schatten deiner Flügel vor den Frevlern, die mich hart bedrängen, vor den Feinden, die mich wütend umringen.
(Psalm 17, 8f.)

Gott, wie köstlich ist deine Huld! Die Menschen bergen sich im Schatten deiner Flügel, sie laben sich am Reichtum deines Hauses; du tränkst sie mit dem Strom deiner Wonnen.
(Psalm 36, 8f.)

Sei mir gnädig, o Gott, sei mir gnädig; denn ich flüchte mich zu dir. Im Schatten deiner Flügel finde ich Zuflucht, bis das Unheil vorübergeht.
(Psalm 57, 2)

In deinem Zelt möchte ich Gast sein auf ewig, mich bergen im Schutz deiner Flügel.
(Psalm 61, 5)

Ja, du wurdest meine Hilfe; jubeln kann ich im Schatten deiner Flügel.
(Psalm 63, 8)

Er beschirmt dich mit seinen Flügeln, unter seinen Schwingen findest du Zuflucht, Schild und Schutz ist dir seine Treue.
(Psalm 91, 4)

Jerusalem, Jerusalem, du tötest die Propheten und steinigst die Boten, die zu dir gesandt sind. Wie oft wollte ich deine Kinder um mich sammeln, so wie eine Henne ihre Küken unter ihre Flügel nimmt; aber ihr habt nicht gewollt.
(Matthäus 23, 37)

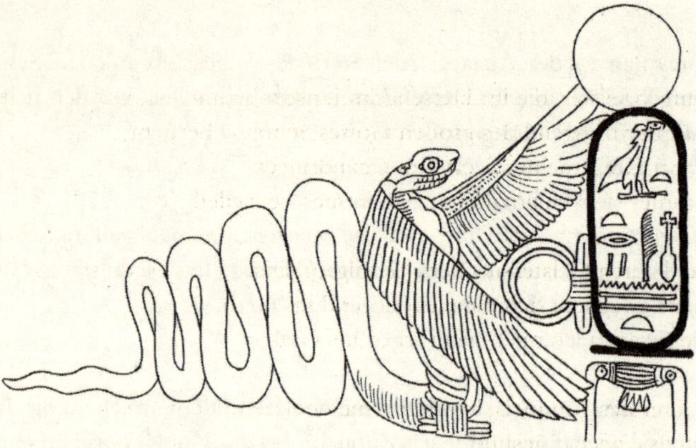

Abb. 51: Geflügelte Uräusschlange als Beschützerin der Königin Nefertari, die auf dem Bild durch ihren geschriebenen Namen vertreten wird

Abb. 52: Geflügelte Göttin Maat als Beschützerin der Königin Nefertari

Ihr guten Geister, die ihr kreisend im Jenseits
Und Opfer bringend des großen Gottes Schreine besucht,
Gewährt Kraft meiner Seele, um einzudringen
Wo immer sie will; ernährt sie, wo immer sie weilet!

Wie die guten Geister aus dem Gefolge Osiris,
Immer beweglich, sich nie niederlegend ins Grab,
So werde auch ich mich nicht legen ins Grab.

Ihr Hüter des Himmels, beschützt meine Seele!
Machet sie wieder gesund!
Lasst den Körper wieder sie schauen!
Ernähret sie kräftig!

Lasst auch meine Seele den Weg gehen, den ihren,
Zum östlichen Himmel, vom Heute zum Gestern.
Lasst mich in Frieden fortsetzen die Rückfahrt
Zum westlichen Himmel! Aber inzwischen, auf Erden,
Schau meine Leiche ich ruhend in Frieden,
Vereint mit ihrem glorreichen Bilde.
Wahrlich, auf ewig wird sie nicht mehr zerfallen,
Auf ewig nicht mehr vergehn.

(aus dem Totenbuchspruch 89)

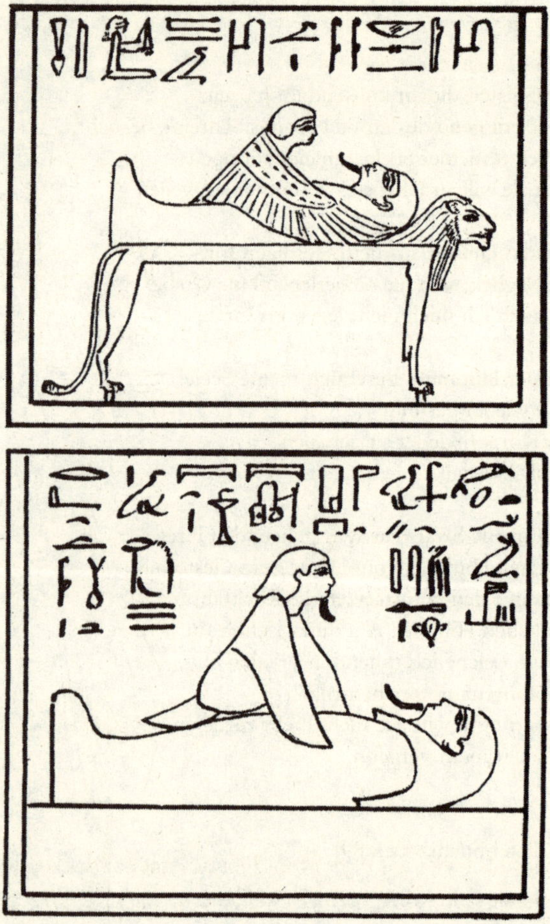

Abb. 53: Der geflügelte Ba des Verstorbenen

Seht, meine Seele ist die Seele des ewigen Gottes,
Und dieser Leib ist die Ewigkeit selber.
Mein grenzenloses Werden
Macht mich zum Meister unzähliger Jahre,
Zum Fürsten ewiger Dauer.

Bald streif ich zu Fuß und mir gehorchen die Beine,
Bald ergreif ich das Zepter mit mutiger Hand.

Ich schweife durch die Bereiche des Himmels
Und kreise in himmlischen Höhen.

Wahrlich, ich weiß, die ewige Seele in mir ist ein Gott;
Mein Leib, ich weiß es, ist Ewigkeit selbst.

Wisset! Nicht vergehen wird in Zukunft mein Name!
Göttliche Seele bin ich, die Schöpferin himmlischen Meeres.
Unangreifbar ist meine Stätte im Jenseits und unzerstörbar die Hülle.

(aus dem Totenbuchspruch 85)

Abb. 54: Der geflügelte Ba des Verstorbenen

Zum vollen Tageslicht schreite ich nun.
Wohlan, die Todeszeichen sind aufgehoben;
Des Horus-Auges Wille entsiegelt die Seele. Ein strahlend Juwel,
Ra's Stirn werde ich zieren.
Weit schreite ich aus: Die Beine gehorchen dem Willen.

Ihr doch, Dämonen, die ihr eingesperrt Osiris im Kerker,
Mögt ihr vernichtet in Finsternis stürzen!
Mein Schatten sei euch nicht ausgeliefert!
Meine Seele sei euch nicht gefangen gegeben!
Ein Weg sei geöffnet für meinen Schatten,
Für meine Seele, auf dass am Tag des Gerichtes
Im Jenseits sie Gott, den Großen, in seinem Schrein erschaue.

O ihr Dämonen, die ihr Osiris' verstreute Glieder erbeutet,
Die ohne Rast ihr hetzet und jagt die geheiligten Geister,
Erfahret, in Wahrheit vermag nicht der Himmel
Mich einzukerkern, noch vermag mich die Erde
In ihrem Schoße gefangen zu halten.

(aus dem Totenbuchspruch 92)

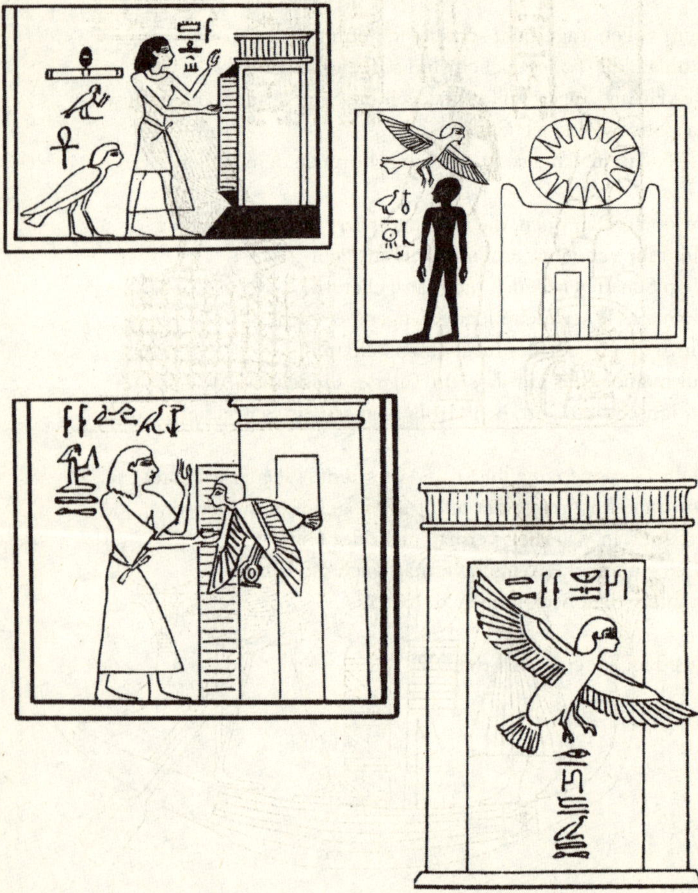

Abb. 55: Vignetten zu Totenbuchspruch 92

Abb. 56: Die Seele des Osiris, oben als Osiris-Ba, dem Isis Wasser spendet, unten als Benu (Phönix)

Möchten gegen mich stehen keine verlogenen Zeugen!
Die göttlichen Richter seien mir gütig und gnädig!
Wahrheitsliebend seien die Zeugen meines irdischen Wandels,
Wenn sie Zeugnis erstatten
Vor dem Wächter der Gerechtigkeitswaage
Und vor dem Fürsten der Amenti.
Obwohl mein Leib mit der Erde verwachsen,
Sterbe ich nicht, da mein Geist in Amenti geheiligt.
Möge mein Name nicht stinkend und faulend
Dem Herrscher des Jenseits erscheinen,
Der die Menschengeschicke waltet und lenkt!
Möge der Götter Gehör froh sein und ihre Herzen zufrieden,
Wenn Worte gewogen auf der Gerechtigkeitswaage!
Gegen mich seien keine Lügen erhoben
Vor dem Thron des mächtigen Gottes, des Herrn von Amenti!
Wahrlich, ich werde dann groß am Tage des Sieges!

(aus dem Totenbuchspruch 30)

Also spricht die Stimme Thoth's selber, der unsichtbar bleibt.
- Sag mir zuerst, warum kommst du hierher?
- Ich komme hierher, um angekündigt zu werden!
- Was ist dein Stand? Welcher Art Mensch bist du?
- Von allen Sünden bin ich geläutert; fremd sind mir der anderen Menschen Gebrechen und Flecken, welche dem Einfluss der Stunde gehorchen. Nicht wie jene bin ich, fürwahr!
- Dem Gott meld ich dich, sagst du noch mir: Wie ist der Name der Gottheit, die von einem flammenden Himmel beschützt und von einer Mauer der Göttinnen-Schlangen umringt, auf den wogenden Wassern ruht?
- Osiris ist es!
- Du darfst überschreiten die Schwelle. Dich melde ich an.

(aus dem Totenbuchspruch 125)

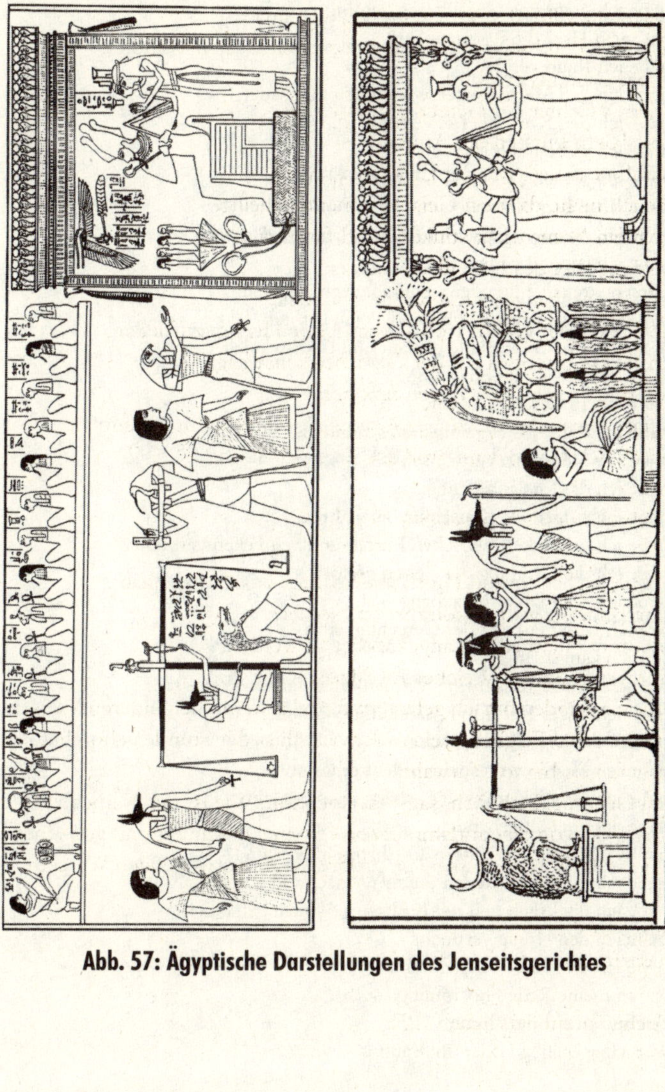

Abb. 57: Ägyptische Darstellungen des Jenseitsgerichtes

Nie habe ich als Gottloser gehandelt!
Nie habe ich grausame Gewalttaten verübt!
Nie hat mein Herz die Roheit geliebt.
Nie habe ich Raub verübt.
Nie habe ich den Mitmenschen wissentlich geschadet.
Nie habe ich den Kornscheffel vermindert.
Nie habe ich wissentlich Betrug verübt.
Nie habe ich geraubt, was den Göttern gehört.
Nie habe ich wissentlich gelogen.
Nie habe ich meinen Mitmenschen ihre Nahrung entzogen.
Nie habe ich jemand verleumdet!
Nie bin ich streitsüchtig oder rechthaberisch gewesen.
Nie habe ich das Tempeln gehörende Vieh getötet.
Nie habe ich die Menschen begaukelt und beschwindelt.
Nie nahm ich Äcker unbefugt mir.
Nie habe ich an Türen gelauscht.
Nie habe ich durch zu viel Sprechen gesündigt.
Nie habe ich Menschen verwünscht.
Nie habe ich die Ehe gebrochen.
Nie habe ich aufgehört, Keuschheit zu wahren.
Nie habe ich unter den Menschen Furcht und Schrecken verbreitet.
Nie habe ich die Ordnung der Zeiten gestört.
Nie habe ich dem Jähzorn nachgegeben.
Nie war ich taub dem Ruf der Gerechtigkeit.
Nie war ich zanksüchtig.
Nie war ich schuld, dass meine Mitmenschen Tränen vergossen.
Nie habe ich wider Natur mit Männern gesündigt.
Nie bin ich der Ungeduld unterlegen
Nie habe ich Menschen beleidigt oder verhöhnt.
Nie habe ich Streitigkeiten oder Schlägereien gesucht.
Nie habe ich übereilt gehandelt.
Nie hat es mir vor den Göttern an Ehrfurcht gefehlt.
Nie habe ich in meinen Reden durch Wortschwall gesündigt.
Nie habe ich unehrlich und mit boshafter Absicht gehandelt.
Nie habe ich den König verflucht.
Nie habe ich die Gewässer entweiht.
Nie waren meine Reden hochmütig.
Nie fluchte ich auf die Götter.
Nie war ich anmaßend oder übermütig.

Nie habe ich der Geltung wegen Ränke geschmiedet.
Nie habe ich mich auf unerlaubte Weise bereichert.
Nie habe ich die Götter meiner Stadt missachtet.

(aus dem Totenbuchspruch 125)

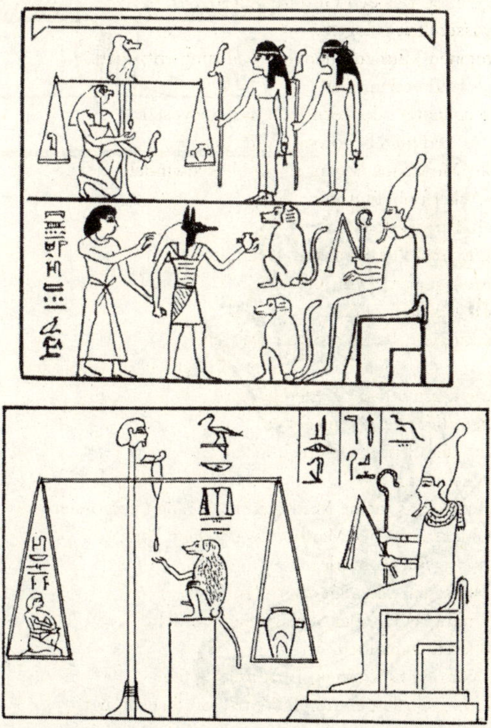

Abb. 58: Ägyptische Darstellungen des Jenseitsgerichtes

Abb. 59: Mischgestaltiger Gott Bes mit zwei bzw. vier Flügeln

Böswilliges Wesen von Wachs,
Das du dich labst an der Schwachen Vernichtung,
Wisse, weder ein machtloser Schwächling bin ich,
Noch eine erschöpfte Seele, verwelkte.
Nicht einzudringen vermag in meine Glieder dein Gift.
Denn mein Körper ist Atums eigener, göttlicher Leib.

(aus dem Totenbuchspruch 7)

Flieh, weiche von dannen, du, Dämon Apophis!
Sonst ertränk ich dich in den Tiefen des himmlischen Sees,
Wo der göttliche Vater deine Hinrichtung befohlen.

Verschwinde, Apophis, des Sonnengottes Feind!

Wahrlich, den Willen Re's vollbring ich,
Wenn ich dich angreif, vernichte.
Ich tu es, Re's Frieden zu sichern.
Deine Stricke, o Re, hab ich bereitet!
Nun zieh ich sie fest!

Zurück weicht Apophis! Gestürzt ist der Dämon!

Denn ich bin Seth...

Re hat wahrlich Apophis besiegt!

(aus dem Totenbuchspruch 39)

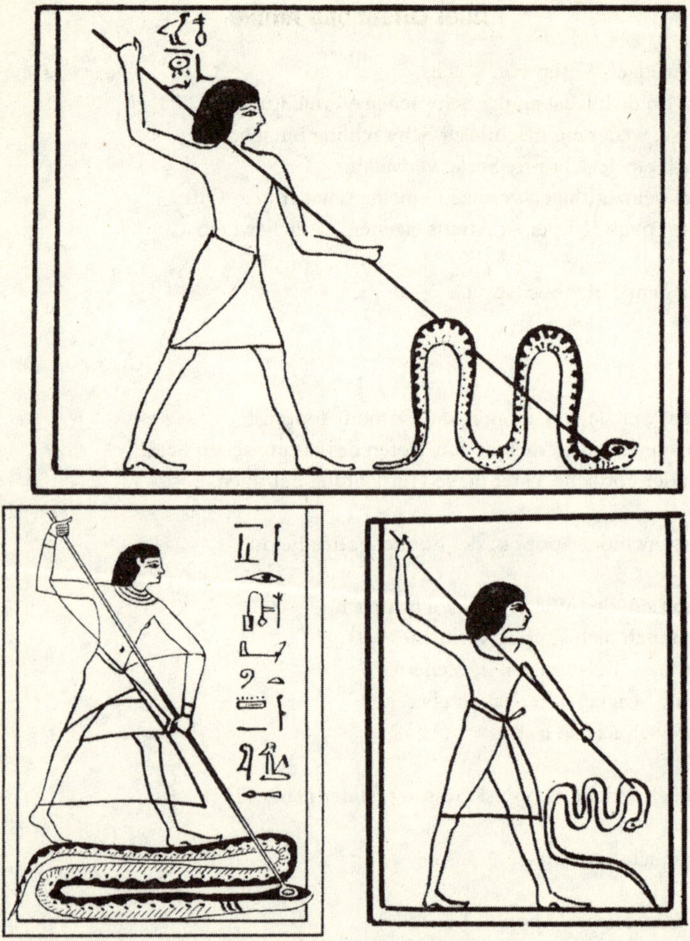

Abb. 60: Bezwingung des Schlangendämons Apophis

Alter Orient und Antike

Hymnus an Sonnengott Schamasch

Niederwerfen, Knien, Flüstergebet und Fußfall:
Aus voller Kehle ruft der Schwache zu Dir.

Der Elende, Schwache, Geplagte, Arme,
mit Gebet und Opfer ständig geht er Dich an.

Dessen Familie fern, dessen Stadt weit weg ist,
mit dem Ertrag der Steppe geht Dich der Hirt an.

Der Hirtenknabe in Kriegswirren, der Viehhüter unter Feinden,
o Schamasch, geht Dich an, die Karawane, die in Furcht vorüberzog.

Der reisende Kaufmann, der Geschäftsführer, der den Beutel trägt,
o Schamasch, geht Dich an, der Fischer mit dem Netze.

Der Jäger, der Schlächter, der das Vieh einfängt,
im Verstecke geht der Vogelsteller Dich an.

Der Einbrecher, der Dieb, obwohl ein Feind des Schamasch,
auf der Straße der Wüste der Landstreicher geht Dich an.

Der umherschweifende Tote, der entkommene Totengeist,
o Schamasch, gingen Dich an und flehten zu Dir.

Abb. 61: Flügelsonne über König Jehawmelek von Byblos vor der Göttin von Byblos (gleich Hathor)

Abb. 62: Sonnengott Schamasch auf einer Stele Asarhaddons, einmal als geflügelte Sonne, einmal mit Strahlen

Abb. 63: Flügelsonne auf Grabstein einer syrischen Königin

Abb. 64: Ein Verstorbener betet auf diesem Grabstein aus Äthiopien vor Osiris, den Isis mit Ihren Flügeln beschützt. Über der Szene: Flügelsonne

Abb. 65: Die Embleme des sumerischen Heilgottes Ningizzida mit Äskulapstab in der Mitte

Abb. 66: Sturmdämon Pazuzu mit vier Flügeln

Abb. 67: Göttliches Wesen mit drei Flügelpaaren auf einem hethitischen Relief

Abb. 68: Geflügelte Wesen (Genien) in Menschengestalt beim Bestäuben des Lebensbaumes (urartäisch-hurritisch)

Abb. 69: Geflügeltes Wesen (Genie) in Menschengestalt beim Bestäuben des Lebensbaumes (assyrisch)

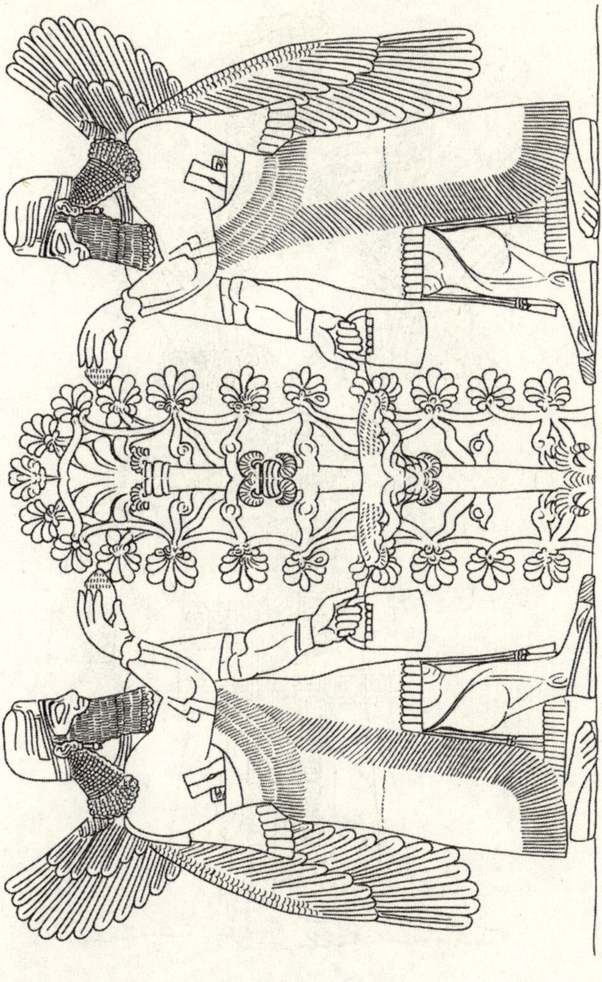

Abb. 70: Geflügelte Wesen (Genien) in Menschengestalt beim Bestäuben des Lebensbaumes (assyrisch)

Abb. 71: Geflügeltes Wesen (Genie) mit Adlerkopf beim Bestäuben des Lebensbaumes (assyrisch)

Abb. 72: Geflügeltes Wesen (Genie) mit Adlerkopf beim Bestäuben des Lebensbaumes (hethitisch)

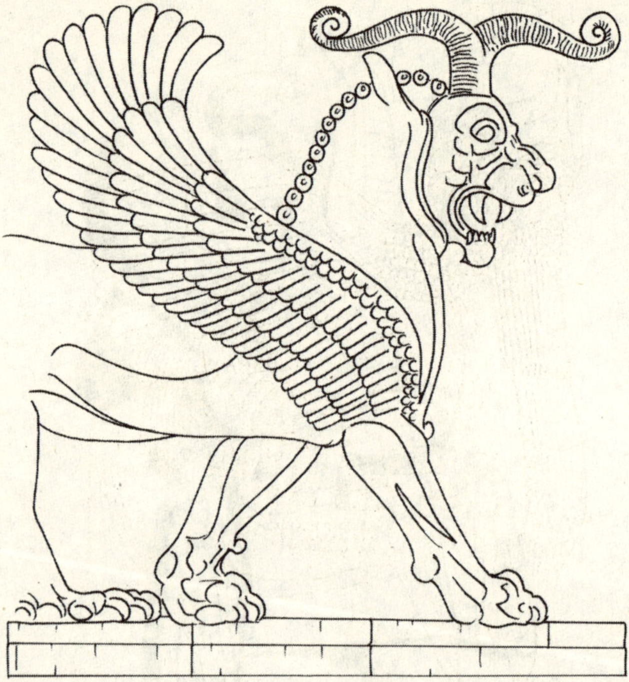

Abb. 73: Persischer Greif mit Löwenkopf, Stierhörnern, Vorderbeinen eines Löwen und Adlerfüßen als Hinterbeine

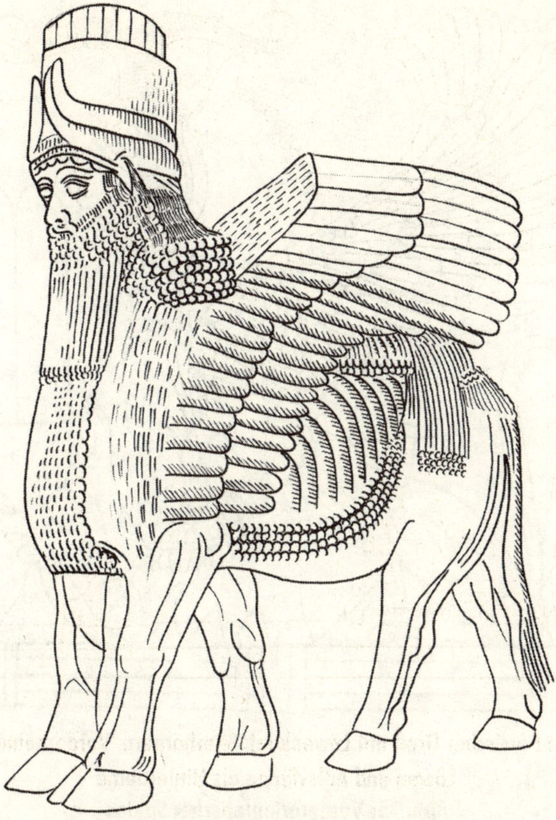

Abb. 74: Assyrischer Kerub am Tor des Palastes Sargons II., tetramorphes (viergestaltiges) Mischwesen mit dem Leib eines Löwen, den Beinen eines Stiers, den Flügeln eines Adlers und dem Kopf eines Menschen

Abb. 75: Vorderorientalischer Sphinx

Abb. 76: phönizisches Elfenbeinrelief mit einem Sphinx ägyptischer Art

Vor den Toren der Stadt Theben in Böotien war die Sphinx erschienen, ein geflügeltes Ungeheuer, vorn wie eine Jungfrau, hinten wie ein Löwe gestaltet. Sie war eine Tochter des Typhon und der Echidna, der schlangengestalteten Nymphe, der fruchtbaren Mutter vieler Ungeheuer, und eine Schwester des Höllenhundes Kerberos, der Hydra von Lerna und der feuerspeienden Chimära. Dieses Ungeheuer hatte sich auf einen Felsen gelagert und legte dort den Bewohnern von Theben allerlei Rätsel vor, die sie von den Musen erlernt hatte. Erfolgte die Auflösung nicht, so ergriff sie denjenigen, der es übernommen hatte, das Rätsel zu lösen, zerriss ihn und fraß ihn auf. Dieser Jammer kam über die Stadt, als sie eben um ihren König trauerte, der – niemand wusste, von wem – auf einer Reise erschlagen worden war und an dessen Stelle Kreon, Bruder der Königin Iokaste, die Zügel der Herrschaft ergriffen hatte. Zuletzt kam es, daß dieses Kreon eigener Sohn, dem die Sphinx auch ein Rätsel aufgegeben und der es nicht gelöst hatte, ergriffen und verschlungen worden war. Diese Not bewog den Fürsten Kreon, öffentlich bekanntzumachen, dass demjenigen, der die Stadt von der Würgerin befreien würde, das Reich und seine Schwester Iokaste als Gemahlin zuteil werden sollte. Eben als jene Bekanntmachung öffentlich verkündigt wurde, betrat Ödipus an seinem Wanderstabe die Stadt Theben. Die Gefahr wie ihr Preis reizten ihn, zumal da er das Leben wegen der drohenden Weissagung, die über ihm schwebte, nicht hoch anschlug. Er begab sich daher nach dem Felsen, auf dem die Sphinx ihren Sitz genommen hatte, und ließ sich von ihr ein Rätsel vorlegen. Das Ungeheuer gedachte dem kühnen Fremdling ein recht unauflösliches aufzugeben, und ihr Spruch lautete also: „Es ist am Morgen vierfüßig, am Mittag zweifüßig, am Abend dreifüßig. Von allen Geschöpfen wechselt es allein mit der Zahl seiner Füße; aber eben wenn es die meisten Füße bewegt, sind Kraft und Schnelligkeit seiner Glieder ihm am geringsten.“ Ödipus lächelte, als er das Rätsel vernahm, das ihm selbst gar nicht schwierig erschien. „Dein Rätsel ist der Mensch“, sagte er, „der am Morgen seines Lebens, solang er ein schwaches und kraftloses Kind ist, auf seinen zwei Füßen und seinen zwei Händen geht; ist er erstarkt, so geht er am Mittag seines Lebens nur auf den zwei Füßen; ist er endlich am Lebensabend als ein Greis angekommen und der Stütze bedürftig geworden, so nimmt er den Stab als dritten Fuß zu Hilfe.“ Das Rätsel war glücklich gelöst, und aus Scham und Verzweiflung stürzte sich die Sphinx selbst vom

Felsen und zu Tode. Ödipus trug zum Lohne das Königreich von Theben und die Hand der Witwe, welche seine eigene Mutter war, davon.

Abb. 77: Griechische Sphinx, Mischwesen mit Leib eines Löwen, Flügeln eines Vogels und Kopf eines Menschen

Abb. 78: Ein Seelenvogel trägt die Seele eines Menschen ins Paradies (skythisch)

Abb. 79: Griechische Sirene als Seelengeleiterin

Abb. 80: Hypnos (Schlaf) und Thanatos (Tod), die beiden Söhne der Nyx (Nacht) tragen einen Krieger vom Schlachtfeld Trojas

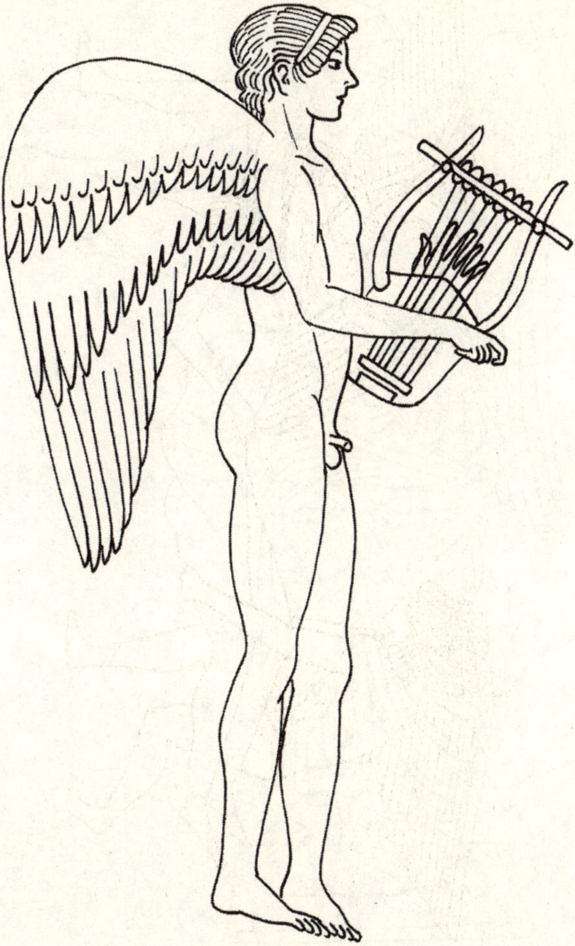

Abb. 81: Eros mit Leier und Flügel in Gestalt eines Jünglings

Abb. 82: Griechische Siegesgöttin (Nike, lat. Victoria) mit Flügeln, Botin der Götter (Angela)

Anhang

Chronik Israels

Um 7000 v. Chr.
Im Gebiet der heutigen Staaten Israel und Jordanien entstehen die ersten festen Siedlungen (z.B. Jericho im heute von Israel besetzten Westjordanland, die wahrscheinlich älteste Stadt der Welt).

Ab 3100 v. Chr.

In das Gebiet der heutigen Staaten Israel und Jordanien wandern, überwiegend von der Arabischen Halbinsel kommend, semitische Volksstämme ein (Kanaaniter, Aramäer; gemäß dem Alten Testament Nachfahren von Sem, dem ältesten Sohn Noahs). Ihr Siedlungsraum wird als Landbrücke zwischen Afrika und Asien jedoch schon bald zum Streitobjekt zwischen den frühen Hochkulturen der Akkader von Mesopotamien (Zweistromland zwischen Euphrat und Tigris; heute Irak) und der Ägypter.

Ab 2000 v. Chr.

Die bisher in Mesopotam198 v. Chr. ien lebenden semitischen Hebräer („Söhne Abrahams“) lassen sich im Gebiet der heutigen Staaten Israel und Jordanien nieder, wandern jedoch nach Gebietsstreitigkeiten mit der bereits ansässigen Bevölkerung z.T. bald wieder in Richtung Nildelta ab, wo sie von den Ägyptern versklavt werden.

Ab 1500 v. Chr.
Die Ägypter und die aus Norden vordringenden Hethiter (Hauptstadt ihres Reiches ist Hattuša, etwa 150 Kilometer nordöstlich der heutigen türkischen Hauptstadt Ankara) beginnen ihren jahrhundertelangen erbitterten Kampf um die Vorherrschaft in den Gebieten der heutigen Staaten Syrien, Libanon, Israel, Jordanien und Irak. Dem Hethiterkönig Muwatallis gelingt 1285 im syrischen Kadesch (am Fluß Orontes) ein Sieg über den ägyptischen Pharao Ramses II., der sich letztendlich aber mit dessen Nachfolger, Hattušili III., auf eine Teilung der Region einigt. Bis etwa 1220 v. Chr. hält sich so die Macht der Hethiter im Norden und der Ägypter im Süden in etwa die Waage. Danach setzt der Verfall der beiden Großreiche ein, und

die mesopotamischen Assyrer steigen allmählich zur führenden Macht Vorderasiens auf.

Ab 1240 v. Chr.
Die israelitischen Stämme gelangen unter der Führung von Mose(s) von Ägypten über die Sinaihalbinsel (biblische Gottesoffenbarung und Gesetzgebung auf dem Berg Horeb) allmählich in das „gelobte Land Kanaan" zurück und nehmen ihren Kampf sowohl gegen die Kleinstaaten der ansässigen semitischen Volksgruppen wie auch gegen die „Philister" (aus dem nordöstlichen Mittelmeerraum stammende indogermanische Bevölkerung der Küstenregion) auf.

Um 1200 v. Chr.
Die semitischen Ammoniter gründen Amman, die Hauptstadt des heutigen Jordanien (von den Ägyptern „Philadelphia" genannt und in der Bibel als „Rabbath Ammon" bezeichnet).

Um 1015 v. Chr.
Nach erbitterten Kämpfen untereinander bzw. gegen die Philister vereinen sich die semitischen Stämme im „Philisterland" (Palästina) und ernennen Saul zum Herrscher des Königreichs „Israel", dessen Hauptstadt zunächst Hebron ist.

Um 1006 v. Chr.
David (bis 968) aus dem Stamme Juda, der zweite König der Israeliten, unterwirft die Philister endgültig, nimmt Jerusalem (gegründet um 1900) ein und macht es zur Reichshauptstadt. Er erobert das Gebiet der Ammoniter östlich des Jordanflusses und kann seine Macht zeitweise sogar auf das aramäische Königreich Damaskus und große Teile Syriens ausdehnen.

968 v. Chr.
König Salomo (bis 928), der Sohn Davids, erweitert in den vier Jahrzehnten seiner Herrschaft den Handel mit den Phönikern sowie mit Ägypten (er heiratet sogar eine ägyptische Prinzessin), läßt zu Ehren des Gottes „Jahwe" den Tempel in Jerusalem errichten, belegt jedoch das Volk auch mit hohen Steuern und zieht es zur Zwangsarbeit heran.

Ab 928 v. Chr.
Nach dem Tode Salomos führt die enorme Steuerbelastung zu schweren Unruhen. Dies hat letztendlich die Teilung des Landes zur Folge: König des Nordreiches „Israel“ mit der Hauptstadt Sichem (später Samaria) wird Jerobeam I., während das südliche „Judäa“ mit der Hauptstadt Jerusalem von Salomos Sohn Rehabeam beherrscht wird.

Ab 840 v. Chr.
Das Königreich Israel wird gegenüber den mesopotamischen Assyrern, die inzwischen auch Syrien unterworfen haben, tributpflichtig.

722 v. Chr.
Das Königreich Israel wird von den Assyrern annektiert (König Hosea wollte den Tributzahlungen nicht mehr nachkommen und hatte Verhandlungen mit Ägypten aufgenommen), die ansässige Bevölkerung wird größtenteils nach Syrien und Mesopotamien verschleppt und durch Assyrer ersetzt. Der Versuch, das judäische Jerusalem einzunehmen, gelingt jedoch nicht.

Um 669 v. Chr.
Die Assyrer unterwerfen Ägypten, werden jedoch von Psammetich I. schon 663 wieder vertrieben und in ihr ursprüngliches Machtzentrum in Mesopotamien zurückgedrängt, (wo sie schließlich 612 v.Chr. von den verbündeten Medern und Babyloniern endgültig unterworfen werden). Damit geraten die Gebiete der heutigen Staaten Israel, Jordanien, Syrien und Libanon wieder unter ägyptischen Einfluß.

609 v. Chr.
Josia, König von Judäa, wird bei Meggido (heute Har Magedon) von den Truppen des ägyptischen Pharao Necho II. besiegt und getötet.

587 v. Chr.
Der babylonische König Nebukadnezar II. vertreibt die Ägypter aus Syrien und Palästina, nimmt Jerusalem ein, zerstört den Tempel und verschleppt die gesamte jüdische Oberschicht (rund 40.000) als Sklaven nach Babylon (Babylonische Gefangenschaft – bis 539).

539 v. Chr.
Der persische Achämenidenkönig Kyros II. – er hat inzwischen sowohl die Meder als auch die über Anatolien (Türkei) herrschenden Lyder unterworfen – erobert Babylonien, ganz Syrien sowie Palästina und macht die Gebiete zu Satrapien (Provinzen) des Perserreichs. Die Juden entlässt er aus ihrer babylonischen Gefangenschaft und gibt ihnen sogar einen Großteil der einst von Nebukadnezar II. aus dem Jerusalemer Tempel geraubten Gold- und Silberschätze zurück, womit sie nach ihrer Rückkehr nach Palästina unter der Führung von Esra und Nehemia Jerusalem und den Tempel wieder aufbauen. Sein gestecktes Ziel, die Unterwerfung Ägyptens, kann Kyros II. vor seinem Tod im Jahre 528 allerdings nicht mehr verwirklichen. Dies gelingt erst seinem Nachfolger, Kambyses II., im Jahre 525 v.Chr.

Ab 336 v. Chr.
Nachdem der Makedonier Philipp II. inzwischen ganz Griechenland unter seine Kontrolle gebracht hat, erobert nun sein Sohn Alexander in raschem Siegeszug Anatolien und bis 323 fast das gesamte restliche Perserreich (Ägypten, Syrien, Palästina und Mesopotamien 332/31).

Ab 323 v. Chr.
Nach dem plötzlichen Tod Alexanders des Großen (er stirbt im Alter von erst 33 Jahren am 13. Juni in Babylon am Fleckfieber) werden die von ihm eroberten Gebiete zum Streitobjekt zwischen seinen Feldherren, den „Diadochen“ (griechisch „Nachfolger“). Die bedeutendsten von ihnen sind Ptolemaios und Seleukos, die sich (zeitweise) verbünden und so die übrigen „Kandidaten“ nach und nach ausschalten. Während Ptolemaios die Verwaltung Ägyptens, Palästinas und des südlichen Syrien übernimmt, sich im Jahre 305 als Ptolemaios I. Soter (griechisch „Retter“) zum König von Ägypten macht und sein Reich u.a. 294 um die Insel Zypern erweitert, übernimmt Seleukos die Macht in Mesopotamien, von wo aus er, zusammen mit seinem Sohn Antiochos, zunächst die persischen Ostgebiete und schließlich fast ganz Vorderasien einschließlich Anatolien und der Kaukasusregion unter seine Kontrolle bringt. Er gründet insgesamt über 70 Städte, u.a. im Jahre 301 v.Chr. in Nordwest-Syrien als Seleukos I. Nikator (griechisch „Sieger“) die Stadt Antiochia (das heutige Antakya in

der Südosttürkei), die von seinen Nachfolgern zur Hauptstadt des mächtigen Seleukidenreichs gemacht wird.

198 v. Chr.
Der Seleukidenkönig Antiochos III. erobert das bisher von den Ägyptern kontrollierte südliche Syrien sowie Palästina.

167 v. Chr.
Der Seleukidenkönig Antiochus IV. will sein Reich systematisch hellenisieren und versucht, mit Gewalt das Judentum auszulöschen. Dies führt zum Volksaufstand der Juden in Palästina.

164 v. Chr.
Unter der Führung Jehuda Makkabaeus fügen die Juden den Seleukiden große Verluste zu und erreichen schließlich die Gewährung der Selbstverwaltung.

134 v. Chr.
Hyrkanos, Hoherpriester und Statthalter der Juden, gründet die Hasmonäer-Dynastie.

Ab 63 v. Chr.
Die Römer erobern Jerusalem und innerhalb weniger Monate ganz Palästina und gliedern es in ihr Weltreich ein. Es folgt eine Zeit der Halbautonomie.

Ab 37 v. Chr.
Nach der „Beseitigung" von Antogonos, dem letzten König der Hasmonäer-Dynastie, wird der mit Rom kooperierende Herodes, ein Halbjude, König von Judäa. Er läßt in Jerusalem einen neuen Tempel errichten.

6 n. Chr.
Nach dem Tod von Herodes I. (4 v.Chr.) verstärken die Römer ihren Druck; Archelaos, der Sohn von Herodes und Statthalter von Judäa, wird des Landes verwiesen und durch einen römischen Präfekten ersetzt. Damit

erreichen die Römer jedoch nur, dass der Widerstand der Juden größer wird.

26

Pontius Pilatus wird von den Römern zum Präfekten von Judäa ernannt.

27

Jesus von Nazareth (geboren um 6 vor oder um 7 nach unserer Zeitrechnung), der in Galiläa zu predigen beginnt, wird, da er sich als Messias ausgibt, von den Juden als Gotteslästerer und von den Römern als Rebell gesehen. Drei Jahre später wird er im Auftrag von Pontius Pilatus in Jerusalem gekreuzigt. Die zwölf Jünger Jesu (Apostel) führen die Verkündigung Jesu sowohl in Palästina als auch in Syrien fort, wo die neue Glaubensgemeinschaft, die bald über zahlreiche Anhänger verfügt, die Bezeichnung „Christen" erhält.

64

Mit der Hinrichtung von Petrus und Paulus und zahlreichen weiteren Christen im Auftrag Kaiser Neros in Rom beginnt die Christenverfolgung, die sich allerdings in den römischen Provinzen Vorderasiens (zunächst) in Grenzen hält.

66

Die Juden erheben sich gegen die Römer. Der Aufstand endet im Jahre 70 mit der Zerstörung Jerusalems und des Tempels (ein Überrest, die Klagemauer, gilt heute als das höchste jüdische Heiligtum) durch Titus, den späteren römischen Kaiser. Unzählige Juden werden als Sklaven verkauft.

73

In der Felsenfestung Massada am Toten Meer verschanzen sich 1.000 Juden vor den Römern. Als der Kampf nach dreijähriger Belagerung aussichtslos wird, gehen sie alle in den Freitod.

106

Das um 312 v.Chr. gegründete hellenistisch-orientierte und bisher weitgehend autonome Königreich der semitischen Nabatäer – es umfasst in etwa das Gebiet des heutigen Jordanien und den Norden des heutigen Saudi-Arabien (bis etwa in Höhe Medina) – wird von den Römern, die vor allem an der Kontrolle der aus dem Süden der Arabischen Halbinsel kommenden Handelskarawanen, die Waren aus Indien und den kostbaren Weihrauch aus den heutigen Staaten Oman und Jemen mit sich führen, interessiert sind, annektiert und zur Provinz „Arabia" erklärt. Statthaltersitz ist Bostra im Norden, während Petra, die Reichshauptstadt der Nabatäer in einer schwer zugänglichen Gebirgslandschaft am Ostrand der Wüste Negev (heute die Haupttouristenattraktion Jordaniens), zweiter Verwaltungssitz wird. Im Gebiet des heutigen Saudi-Arabien beschränkt sich die eigentliche Macht der Römer jedoch auf die Region nördlich der Wüste Nafud bzw. auf einen schmalen Küstenstreifen entlang des Roten Meeres.

132
Die Juden erheben sich ein zweites Mal unter der Führung Simon Bar-Kochbas gegen den römischen Kaiser Hadrian, der ebenfalls den Hellenismus durchsetzen will (u.a. Verbot der bei den Juden üblichen Beschneidung). Die Rebellen können einen großen Teil Judäas zurückerobern.

135
Römische Truppen schlagen die aufständischen Juden endgültig; danach baut Kaiser Hadrian das zerstörte Jerusalem im römischen Stil wieder auf und nennt es „Aelia Capitolina". Den Juden ist es verboten, die Stadt zu betreten. Auch in Judäa, das nun „Syria Palaestina" heißt und von Nichtjuden besiedelt wird, dürfen sie sich nicht frei bewegen; zudem wird ihnen ihre Religion verboten. Daraufhin wandern viele nach Spanien oder Osteuropa aus oder ziehen sich nach Tiberias im Norden oder Hebron im Süden zurück, die sich zu neuen Zentren jüdischer Kultur entwickeln.

Chronik des Alten Ägypten

Ab 5000 v.Chr.
Wegen einer Klimaveränderung wird es in Afrika immer wärmer, und dort, wo es einst fruchtbare Savannen und große Seen gab, entsteht trockenes Wüstengebiet (Sahara). Die Bewohner wandern im Laufe der Jahrhunderte auf der Suche nach Wasser nach Süden oder Norden ab und lassen sich u.a. im fruchtbaren Tal des insgesamt 6.671 Kilometer langen Nil (ägyptischer Anteil heute 1.550 Kilometer) nieder, wo sich die erste Hochkultur des afrikanischen Kontinents entwickelt.

3200 v.Chr.
Mit der Vereinigung von Ober- und Unterägypten unter dem legendären Pharao (König) Menes beginnt die eigentliche Geschichte des „Alten Ägypten", die um 290 v.Chr. der hellenistisch gebildete Priester Manetho niederschreibt und in 30 Dynastien einteilt, wobei er die I. und die II. Dynastie in die Zeit von 2900 bis 2640 setzt und aufgrund der Herkunft der „göttlichen" Könige (Thinis in Oberägypten) als „Thiniten-Zeit" bezeichnet.

Um 3000 v.Chr.
In Ägypten wird die Hieroglyphenschrift entwickelt.

2778 v.Chr.
Djoser, der erste Pharao der III. Dynastie, gründet das bis um 2260 bestehende sogenannte „Alte Reich". Hauptstadt des in 42 Gaue aufgeteilten, bis südlich von Assuan reichenden Landes, ist Memphis (nahe Kairo). Seine Nachfolger unterhalten ab etwa 2500 bereits intensive Handelsbeziehungen bis nach Vorderasien.

Ab 2723 v. Chr
Während der IV. ägyptischen Dynastie (bis 2563) lassen die Pharaonen Cheops, Chephren und Mykerinos – sie führen den Titel „Sohn des Re" (Sonnengott) – die großen Pyramiden und den Sphinx von Giseh

errichten. (Das Grabmal von Cheops ist mit 147 Metern Höhe – heute noch 138 – und 227 Metern Breite die größte der Pyramiden.)

Ab 2260 v.Chr.
Aufgrund politischer und sozialer Unruhen, begleitet von zahllosen Schlachten im Süden (Nubien) und Osten (Palästina, Sinai), zerfällt Ägypten nach dem Tod von Phiops II. wieder in mehrere Einzelstaaten.

Ab 2160 v.Chr.
Die Könige von Theben (heute Luxor) vereinen Ägypten wieder zu einem Großreich. Damit beginnt laut Manetho die XI. Dynastie und das „Mittlere Reich".

Ab 1991 v.Chr.
Die Pharaonen der XII. Dynastie verlegen den Regierungssitz wieder nach Norden in die Nähe des heutigen Kairo. Sesostris III. kann nach zahlreichen Kämpfen das goldreiche Nubien bis zum 3. Nilwasserfall seinem Reich einverleiben.

Ab 1785 v.Chr.
Ägypten beginnt erneut zu zerbröckeln. Die nubischen Gebiete müssen nach und nach aufgegeben werden.

Um 1650 v.Chr.
Die ursprünglich aus Asien stammenden Hyksos erobern das Land am Nil und machen Auaris im östlichen Nildelta zur Hauptstadt des Reiches.

Um 1550 v.Chr.
Beginn des sogenannten „Neuen Reiches": Nach der Vertreibung der Hyksos regieren wieder die ägytischen Pharaonen über die Gebiete von Syrien bis Nubien.

1364 v.Chr.
Amenophis IV., genannt „Echnaton", regiert zusammen mit seiner Gemahlin Nofretete das ägyptische Großreich. Er führt den Monotheismus ein (Erhebung des Sonnengottes Aton zur alleinigen Gottheit), womit er

die Priesterschaft gegen sich aufbringt und eine religiöse Revolution auslöst.

1347 v.Chr.
Echnatons Sohn Tutenchamun wird von der Amun-Priesterschaft zur Abschaffung des Monotheismus zugunsten einer Dreiheit des göttlichen Prinzips gezwungen.

Ab 1279 v.Chr.
Ramses II. (19. Dynastie) ist der letzte große Pharao eines vereinigten Ägypten. Im Jahre 1275 unterliegt er dem Hethiterherrscher Muwatallis (Hauptstadt des Hethitergroßreiches ist Hattuša, etwa 150 Kilometer nordöstlich der heutigen türkischen Hauptstadt Ankara) im syrischen Kadesch, kann sich jedoch mit dessen Nachfolger Hattušili III. auf eine Machtteilung über Syrien einigen. Nach dem Tod von Ramses II. im Jahre 1212 beginnt der langsame Niedergang des ägyptischen Großreiches.

Ab Mitte des 10. Jahrhunderts v.Chr.
Während das ägyptische Großreich allmählich zerfällt, steigt die Macht der offiziell den ägyptischen Pharaonen untergebenen nubischen Könige von Napata (westlich des 4. Nil-Wasserfalls im heutigen Sudan). Ihr Einfluss auf das ägyptische Militär sowie die ägyptische Verwaltung nimmt ständig zu.

Ab 745 v.Chr.
Das inzwischen stark verkleinerte Ägypten wird von aus Nubien stammenden Königen regiert.

Um 669 v.Chr.
Die Assyrer unterwerfen Ägypten, werden jedoch von Psammetich I. (26. Dynastie) schon 663 wieder vertrieben und in ihr ursprüngliches Machtzentrum in Mesopotamien zurückgedrängt.
(Wo sie schließlich 612 v.Chr. von den verbündeten Medern und Babyloniern endgültig unterworfen werden.) Damit geraten die Gebiete der heutigen Staaten Israel, Jordanien, Syrien und Libanon wieder unter ägyptischen Einfluss.

587 v.Chr.
Der babylonische König Nebukadnzar II. vertreibt die Ägypter aus den heutigen Staaten Israel, Jordanien, Syrien und Libanon.

525 v.Chr.
Ägypten wird unter dem Achämenidenkönig Kambyses II. dem Perserreich einverleibt, erhält jedoch weitgehende Selbstverwaltung und Religionsfreiheit.

332 v.Chr.
Ägypten fällt kampflos an den Makedonier Alexander den Großen, der inzwischen ganz Klein- und Vorderasien erobert hat und bis zu seinem Tode im Jahre 323 noch fast das gesamte restliche Perserreich unterwirft.

Ab 323 v.Chr.
Ptolemaios, ein Feldherr Alexander des Großen, übernimmt die Verwaltung Ägyptens und macht sich im Jahre 305 als Ptolemaios I. Soter zum König von Ägypten. Hauptstadt des Reiches, das auch die Gebiete der heutigen Staaten Israel, Libanon, Jordanien sowie das südliche Syrien und ab 294 die Insel Zypern umfasst, ist die Mittelmeerhafenstadt Alexandria.

198 v.Chr.
Äypten verliert die Gebiete der heutigen Staaten Israel, Libanon und Jordanien an den Seleukidenkönig Antiochos III.

2. September 31.v.Chr.
In der Seeschlacht bei Actium an der Westküste Mittelgriechenlands besiegt Marcus Vipsanius Agrippa, Feldherr des römischen Konsuls Octavianus (des späteren Kaisers Augustus), die Flotte der ägyptischen Königin Kleopatra VII.

3. August 30 v.Chr.
Alexandria wird von den Römern unter Kaiser Augustus erobert. Königin Kleopatra VII., die letzte Herrscherin der Ptolemäer-Dynastie, begeht Selbstmord.

17. Januar 395 n. Chr.
Nach der Teilung des Römischen Reiches wird Ägypten Provinz des Oströmischen (Byzantinischen) Reiches und von Konstantinopel (Istanbul) aus verwaltet und teilweise christianisiert.

Ab 640
Die islamischen Araber, inzwischen Herren über ganz Vorderasien und einen Großteil des Perserreiches geworden, erobern unter dem zweiten Kalifen Omar I. (Umar ibn Abd al-Chattab) bis 644 das gesamte Niltal und bringen den Islam sowie die arabische Sprache nach Ägypten.

Um 650
Ägypten unterzeichnet mit den christlichen Königreichen im heutigen Sudan Friedensverträge.

868
Beginn der von Ahmed Ibn Tulun begründeten Tuluniden-Dynastie (bis 905).

969
Die Fatimiden erobern Ägypten von Westen (Libyen) aus und gründen Kairo, das Zentrum des schiitisch-islamischen Kalifats.

Ab 1171
Sultan Salah ad-Din (bis 1193), Begründer der sunnitisch-islamischen Aijubiden-Dynastie (bis 1250), übernimmt die Macht in Ägypten und mobilisiert die arabische Welt zum Heiligen Krieg gegen die christlichen Kreuzfahrerstaaten.
Seinen Truppen gelingt die Vertreibung der christlichen Kreuzritter sowohl aus Jerusalem als auch aus den meisten Städten entlang der palästinensischen und syrischen Mittelmeerküste.

1219
Während des fünften Kreuzugs nehmen die christlichen Kreuzfahrer das ägyptische Damiette ein, müssen es jedoch bereits 1221 wieder aufgeben.

Um 1250
Die Mameluken (aufständische Söldner und Sklaven, die hauptsächlich aus der Türkei rekrutiert worden waren) stürzen die Dynastie der Aijubiden und übernehmen (bis 1517) die Macht in Ägypten.

23. Januar 1517
Die (sunnitisch-)islamischen Osmanen (Türken) unterwerfen unter Sultan Selim I. nicht nur die Gebiete der heutigen Staaten Libanon, Syrien, Irak, Israel und Jordanien, sondern auch Ägypten, das (offiziell) bis 1913 (weitgehend selbstverwaltete) Provinz des riesigen Osmanischen Reiches bleibt.

Chronik des Alten Mesopotamien

Ab 3500 v.Chr.

In das bereits seit dem 8. Jahrtausend dünn besiedelte Gebiet zwischen Euphrat und Tigris (Mesopotamien; heute Irak) wandern, von Osten kommend, die möglicherweise ursprünglich in Indien beheimateten Sumerer, sowie von der Arabischen Halbinsel bzw. von Nordwestafrika kommend semitische Volksstämme in aufeinanderfolgenden Wellen ein (gemäß dem Alten Testament Nachfahren von Sem, dem ältesten Sohn Noahs).

Ab 3000 v.Chr.

Die Sumerer errichten im Süden Mesopotamiens zahlreiche Stadtstaaten (z.B. Lagash, Kish, Uruk, Ur, Nippur) mit einer bereits hochentwickelten Land- und Bewässerungswirtschaft und erfinden die Keilschrift. (Die Hochkultur der Sumerer ist die früheste der Welt.)

Ab 2350 v.Chr.

Der Semite Sargon, König von Akkad (Stadt am Euphrat), unterwirft die sumerischen Stadtstaaten und macht sich nach weiteren Eroberungszügen zum König eines ersten Großreiches in Vorderasien, das sich im Westen bis zum Mittelmeer erstreckt und das seine Nachfolger bis zum Persischen Golf im Osten ausdehnen können.

Ab 2000 v.Chr.

Nach dem Niedergang des Akkaderreiches entstehen im Gebiet des heutigen Irak zwei neue Machtzentren: Im Süden das Babylonische Reich mit der Hauptstadt Babylon am Unterlauf des Euphrat (nahe der heutigen Stadt Al Hillah südwestlich von Bagdad) und im Norden das Reich der Assyrer mit der Hauptstadt Assur am mittleren Tigris (später Nimrud und Ninive bei der heutigen Stadt Al Mawslil).

1595 v.Chr.

Babylon wird von den Hethitern (Hauptstadt des Hethitergroßreiches ist Hattuša, etwa 150 Kilometer nordöstlich der heutigen türkischen Hauptstadt Ankara), die derzeit Herren über weite Gebiete Syriens sind, zerstört, jedoch bald wieder aufgebaut.

Ab 1200 v.Chr.
Unter Salmanassar I. und Tukulti-Ninurti I. steigt Assyrien zur beherrschenden Macht in Mesopotamien auf (1240 Eroberung Babyloniens).

689 v.Chr.
Nach jahrhundertelangen erbitterten Machtkämpfen zwischen Assyrern, Babyloniern und den aus Westen in Mesopotamien einfallenden Aramäern werden die inzwischen bis zum Mittelmeer vorgedrungenen Assyrer durch die erneute Einnahme Babyloniens wieder zur führenden Macht im vorderasiatischen Raum. (Sie unterwerfen von 669 bis 663 sogar Ägypten.)

612 v.Chr.
Die im Westen des heutigen Iran ansässigen Meder unterwerfen (mit Hilfe der wiedererstarkten Babylonier) das inzwischen wieder auf das nördliche Mesopotamien geschrumpfte Reich der Assyrer.

Ab 605 v.Chr.
Unter Nebukadnezar II. (bis 562) erreicht das Babylonische Reich seinen wirtschaftlichen und kulturellen Höhepunkt. Er erobert nicht nur das kurz zuvor an Ägypten verlorene Syrien zurück, sondern 586 auch Jerusalem, die Hauptstadt des Königreichs Judäa, und verschleppt die gesamte jüdische Oberschicht (rund 40.000) nach Babylon (Babylonische Gefangenschaft, bis 539).

550 v.Chr.
Der persische Achämenidenkönig Kyros II. (bis 528) erobert das Reich der Meder (und wenig später auch das Reich der Lyder in Anatolien [Türkei]).

539 v.Chr.
Kyros II. unterwirft Babylonien, Syrien und Palästina und macht die Gebiete zu persischen Satrapien (Provinzen). Die Juden entlässt er aus ihrer babylonischen Gefangenschaft, erlaubt ihnen die Rückkehr nach Palästina und gibt ihnen die einst aus dem Tempel zu Jerusalem geraubten

Gold- und Silberschätze zurück. Sein gestecktes Ziel, die Unterwerfung Ägyptens, kann Kyros II. vor seinem Tod im Jahre 528 allerdings nicht mehr verwirklichen. (Dies gelingt erst seinem Nachfolger, Kambyses II., im Jahre 525 v.Chr.)

Ab 336 v.Chr.
Der Makedonier Alexander der Große erobert bis 323 fast das gesamte Achämenidenreich (Mesopotamien 331).

Ab 323 v.Chr.
Nach dem plötzlichen Tod Alexanders des Großen (er stirbt im Alter von erst 33 Jahren am 13. Juni in Babylon am Fleckfieber) werden die von ihm eroberten Gebiete zum Streitobjekt zwischen seinen Feldherren, den „Diadochen" (griechisch „Nachfolger").
Die bedeutendsten von ihnen sind Ptolemaios und Seleukos, die sich (zeitweise) verbünden und so die übrigen „Kandidaten" nach und nach ausschalten. Während Ptolemaios die Verwaltung Ägyptens, Palästinas und des südlichen Syrien übernimmt, sich im Jahre 305 als Ptolemaios I. Soter (griechisch „Retter") zum König von Ägypten macht und sein Reich u.a. 294 um die Insel Zypern erweitert, übernimmt Seleukos die Macht in Mesopotamien, von wo aus er zusammen mit seinem Sohn Antiochos zunächst die persischen Ostgebiete und schließlich das restliche Vorderasien einschließlich Anatolien und der Kaukasusregion unter seine Kontrolle bringt.
Er gründet insgesamt über 70 Städte, u.a. im Jahre 301 v.Chr. in Nordwestsyrien als Seleukos I. Nikator (griechisch „Sieger") die Stadt Antiochia (heute Antakya in der Türkei), die von seinen Nachfolgern zur Hauptstadt des mächtigen Seleukidenreiches gemacht wird.

Um 200 v.Chr.
Nachdem der zum Nomadenvolk der Skyther gehörende Arsakes um 250 in Parthien (im Nordosten des heutigen Iran) die griechisch-orientierte Arsakidendynastie gegründet hat, können seine Nachfolger ihre Macht nun bis zum Indus im Osten bzw. zum Euphrat im Westen ausdehnen und übernehmen vor allem die Kontrolle über die wichtigen Ost-West-Handelswege (Seidenstraße).

Ab 130 v.Chr.
Die Parther liefern sich mit den von Anatolien vorrückenden Römern blutige Kriege. 92 v.Chr. einigen sie sich auf den Euphrat als Reichsgrenze. Doch bis Anfang des 3. Jahrhunderts unternehmen die Parther immer wieder Eroberungszüge in die römischen Provinzen im Westen und Nordwesten und dringen dabei sogar bis nach Jerusalem und West- Anatolien vor.

Ab 226 n. Chr.
Während das Gebiet des heutigen West-Irak weiterhin unter der Vorherrschaft der Römer steht, wird das Gebiet des heutigen Ost-Irak Teil des Sassanidenreiches (zweites persisches Großreich), dessen Hauptstadt das von den Parthern gegründete Ktesiphon ist (heute Ruinenstätte südwestlich von Bagdad).

Ab 634
Nachdem die islamischen Araber unter Abu Bakr (nach dem Tode des Propheten Mohammed im Jahre 632 zu dessen Nachfolger [Chalifa] bestimmt) bereits erste Feldzüge gegen die Sassaniden und das oströmische (byzantinische) Reich unternommen haben, erobern sie nun in ihrem „Jihad" („Heiliger Krieg"/Dschihad) unter dem zweiten Kalifen Omar I. (Umar ibn Abd al-Chattab) bis zu dessen Tod im Jahre 644 nicht nur die byzantinischen Gebiete Ägypten, Syrien, Palästina und das Gebiet des heutigen West-Irak, sondern auch Mesopotamien sowie nahezu das gesamte restliche Perserreich. Politische Hauptstadt des Araberreiches ist Medina (heute Saudi-Arabien) bzw. ab 661 (unter der Dynastie der Omaijaden, die bis nach Nordwestafrika und von dort aus nach Spanien vordringen) Damaskus (Syrien).

762
Das 750 von den Abbasiden (sie haben inzwischen die Dynastie der Omajiaden gestürzt) gegründete Bagdad, die heutige Hauptstadt des Irak, löst Damaskus als politisches Zentrum des islamischen Araberreiches ab und entwickelt sich zu einer der glanzvollsten Städte des Orients.
Der Islam ist inzwischen in drei Konfessionen gespalten; es gibt Charidjiten, Schiiten und Sunniten, die wiederum bereits in mehrere Sekten un-

terteilt sind. Der absolute Monotheismus – Verehrung eines einzigen Gottes (Allah) in bildlosem Kult auf der Grundlage des Koran (arabisch „Lesung"), dem in 114 Kapitel (Suren) unterteilten heiligen Buches, das die Offenbarungen des Propheten Mohammed enthält – ist jedoch allen Glaubensrichtungen des Islam gemein.

Mekka, der Geburtsort des Propheten Mohammed, mit der siebentürmigen Großen Moschee und der schwarzverhängten Kaaba mit dem in der Südostecke eingemeißelten Hadjar, dem heiligen Schwarzen Stein, ist für alle Moslems (= Unterwürfige) auch heute noch der Hauptwallfahrtsort bzw. das Hauptheiligtum; jeder Gläubige ist verpflichtet, wenigstens einmal im Leben eine Pilgerreise (Hadj) nach Mekka (und Medina) zu machen, sofern er körperlich und finanziell dazu in der Lage ist.

Ab 1055
Die ursprünglich aus Zentralasien kommenden (sunnitisch-)islamischen (turksprachigen) Seldschuken erobern das Gebiet des heutigen Irak und übernehmen für zwei Jahrhunderte die Vorherrschaft über weite Teile Klein- und Vorderasiens.

1258
Die Mongolen erobern unter Möngkä und Hülagü (Enkel Dschingis-Khans) nahezu ganz Zentral- und Vorderasien und gründen das (bis 1335 bestehende) Reich der Ilkhane, unter deren Herrschaft im Gebiet des heutigen Irak der Zerfall der alten Kulturlandschaft einsetzt und das seit Jahrtausenden bewährte Bewässerungssystem vernachlässigt wird. Besonders im Osten des Landes versteppen dadurch ganze Landstriche.

Ab 1335
Nach dem Niedergang des Ilkhaniden-Reiches entstehen im Gebiet des heutigen Irak zahlreiche Einzeldynastien, die sich untereinander bekriegen.

1401
Der Mongole Timur-Leng, der inzwischen Persien ein weiteres Mal unterworfen hat, verwüstet Bagdad.

Ab 1514
Die (sunnitisch-)islamischen Osmanen (Türken), inzwischen Herren in Kleinasien, erobern unter Sultan Selim I. bis 1517 nicht nur Syrien, Palästina und Ägypten, sondern auch das Gebiet des heutigen Irak, das bis zum endgültigen Untergang des Osmanischen Reiches im Jahre 1918 unter der Vorherrschaft der Türken steht. Allerdings sind diese Jahrhunderte geprägt von zahlreichen Revolten im Inneren und Eroberungsversuchen von außen, vor allem der schiitisch-persischen Safawiden.

Glossar

Akklamation

Ursprünglich Bezeichnung für Zurufe der Volksmenge bei Versammlungen aller Art, in der Antike vor allem beim Kaiserkult, nach lat. *acclamare* (=zurufen, dazwischenrufen). In der Urkirche aber nach dem Beispiel des jüdischen Gottesdienstes der Synagoge als beipflichtende, Christus bekennende Zwischenrufe entstanden.

Angelus/Angelos

Lateinisch bzw. griechisch für „Bote", in die deutsche Sprache als „Engel" eingegangen mit der Bedeutungsverengung auf jenseitige, körperlose Geistwesen, zumeist mit Flügeln gedacht und dargestellt.

Angelus interpres

Lateinisch für „Dolmetsch-Engel", Bezeichnung für Engel in der besonderen Funktion, Vorgänge oder Geschehnisse zu erklären und auszudeuten.

Aramäisch

Semitischer Sprachzweig mit verschiedenen Dialekten. Am weitesten verbreitet war das sogenannte Reichsaramäisch, von den Assyrern als Amtssprache eingesetzt. Zur Zeit Jesu sprach die jüdische Bevölkerung nicht mehr hebräisch, sondern aramäisch.

Bilderstreit

Auch „Ikonoklasmus", heftige Auseinandersetzungen zwischen Bilderbefürwortern und Bilderzerstörern im 8. und 9. Jahrhundert im byzantinischen Reich (siehe Kapitel „Bildliche Darstellungen").

Bios angelikos

Griechisch für „engelgleiches Leben", traditionelle Bezeichnung für das Leben der Mönche und Nonnen (siehe Kapitel „Bios angelikos – engelgleiches Leben in Askese, Mönchtum und Mystik").

Deus absconditus

Lateinisch für „verborgener Gott" zur Bezeichnung der Ferne eines Gottes von den Menschen, so dass Vermittler nötig sind.

Dualismus

Bezeichnung von lat. „duo" („zwei") für jede philosophisch-theologische Lehre, die das Weltgeschehen als Schauplatz zweier voneinander unabhängiger und nicht vereinbarer, gegensätzlicher Prinzipien erklärt: gut und böse, guter Gott und böser Gott, Himmel und Welt, Geist und Materie, Seele und Leib, unkörperlich und körperlich. Meist geht der Dualismus einher mit der Abwertung von Welt, Körper und Materie.

Ikonodulen

Griechisch für Bilderverehrer, siehe „Bilderstreit".

Ikonoklasten

Griechisch für Bilderzerstörer, siehe „Bilderstreit".

JHWH

Sogenanntes „Tetragramm" für den Gottesnamen im Alten Testament, aus Ehrfurcht normalerweise nicht als „Jahwe" ausgesprochen, sondern mit dem hebräischen Wort „Adonai" („Herr") unterlegt, was in der Neuzeit zur falschen Aussprache „Jehova" führte.

Kerub (Mehrzahl: Kerubim)

Im Alten Testament genanntes geflügeltes Wesen, plastisch dargestellt auf Bundeslade und im Tempel (siehe Kapitel „Engel in der Bibel").

mal'âk (JHWH)

Hebräisch für „Bote (Gottes)". (siehe Kapitel „Engel in der Bibel").

Mandylion

Griechisch für „Handtuch"; Jesus soll in einem solchen eine Abbildung seines Antlitzes hinterlassen haben (siehe Kapitel „Bildliche Darstellungen").

Platonismus, Neuplatonismus
Lehren, die auf den griechischen Philosophen Platon zurückgehen, aber erst durch Plotin u.a. im sogenannten Neuplatonismus zu einem richtigen System ausgearbeitet wurden, das vor allem von einem wertenden Dualismus zwischen Geist und Materie geprägt ist (siehe Dualismus).

Sacrosanctum Concilium (SC)
Konstitution über die heilige Liturgie (Constitutio de Sacra Liturgia), das erste Dokument des Zweiten Vatikanischen Konzils, das am 4.12.1963 mit 2147 zu 4 Stimmen verabschiedet wurde und als Ausgangspunkt der folgenden Erneuerung der Liturgie gilt. Zitiert wird das Dokument meist als *LK* oder *SC*, letzteres von den lateinischen Anfangsworten: "Das Heilige Konzil (*Sacrosanctum Concilium*) hat sich zum Ziel gesetzt, das christliche Leben unter den Gläubigen mehr und mehr zu vertiefen, die dem Wechsel unterworfenen Einrichtungen den Notwendigkeiten unseres Zeitalters besser anzupassen..." (SC 1)

Seraf (Mehrzahl: Serafim)
Im Alten Testament nur ein einziges Mal bei Jesaja erwähntes, geflügeltes Wesen bei Gott zum Ausdruck seiner Majestät (siehe Kapitel „Engel in der Bibel").

Theophanie
Griechisch für „Gotteserscheinung".

Triadisches Prinzip
Bezeichnung von lat. „tres" („drei") für das kosmologische oder anthropologische Einteilungsprinzip in Dreiergruppen.

Uriel
In den kanonischen Schriften der Bibel nicht genannter Engel, dessen Verehrung im Westen deshalb sogar verboten wurde (siehe Kapitel „Dogmen").

Heiligenviten und Erzengel

Antonius
(altrömischer Geschlechtername)
Anton, Ante, Toni; Anthony, Tony (englisch); Antonio, Antonino (italienisch); Antoine (französisch); Antonia, Toni, Antoinette (weibliche Formen)

Antonius der Große (Antonius Magnus, Antonius der Einsiedler, Antonius Abbas), Hl.

Eremit, Vater des christlichen Mönchtums, einer der vier hl. Marschälle
17. Januar
Patronat: der Armen, Kranken, Ritter, Bauern, Schweinehirten, Zuckerbäcker, Metzger, Glöckner, Totengräber, Pächter, Weber, Bürstenbinder, Korbflechter, Handschuhmacher, Haustiere (besonders der Schweine); gegen Feuersnot, Viehseuchen, Pest und andere ansteckende Krankheiten

Antonius, geboren um 251 in Kome (heute Keman) in Mittelägypten als Sohn eines wohlhabenden christlichen Großbauern, verschenkte nach dem Tod der Eltern – in radikaler Befolgung der Worte Christi „Wenn du vollkommen sein willst, verkaufe alles, was du hast und gib es den Armen" (Matthäusevangelium 19, 21) – seinen gesamten Besitz und begann mit etwa 20 Jahren das Leben eines Einsiedlers. In strenger Askese lebte er zunächst in der umliegenden Wüste, dann in einer Felsengrabkammer am Rand der Libyschen Wüste in Oberägypten, wo er die heiligen Schriften studierte und allen Versuchungen widerstand. Sein Ruhm verbreitete sich schnell, und es kamen viele Besucher, die von ihm Rat oder Heilung durch sein Gebet erhofften, aber auch viele, die seinem Beispiel folgten. Mit einigen „Jüngern" überquerte der „Stern der Wüste", wie man ihn nannte, schließlich den Nil, zog Richtung Rotes Meer und ließ sich am Berge Kolzim nieder, wo er als Lehrer und Vorbild einer immer größer werdenden Eremiten-Kolonie fastete, betete, lehrte, tröstete und heilte, weshalb er, obwohl kein Ordensgründer, als „Vater des christlichen Mönchtums" gilt.

Während der grausamen Christenverfolgung unter dem oströmischen Kaiser Maximinus Daia (305-13) ging Antonius nach Alexandria und stand seinen zum Tode verurteilten Glaubensbrüdern pflegend und Trost

spendend zur Seite. Erst nach dem Abebben der Verfolgungen kehrte er wieder in die Wüste zurück, wo er u.a. mit Kaiser Konstantin I. (306-37; Hl.) einen regen Briefwechsel führte. Dieser begünstigte seit seinem Toleranzedikt von Mailand (313) das Christentum, ließ sich selbst aber erst kurz vor seinem Tod taufen.
Im Jahre 351 verließ Antonius auf Bitten seines Freundes Athanasius (Patriarch von Alexandria; um 295-373; Hl.) nochmals die Einöde, um in Alexandria gegen die Irrlehre des Arius (um 260-336), die die Wesensgleichheit (Homousie) von Gott Vater und Gott Sohn leugnete, zu predigen. In seine Einsiedelei zurückgekehrt, starb er im Jahr 356 mit 105 Jahren, nachdem er in seinen letzten Willen, der auch eine Art Einführungsunterricht für Novizen des Mönchtums enthielt, geschrieben hatte: „Lebt, wie wenn ihr jeden Tag sterben solltet!"
Antonius' Nachruhm beruht wesentlich auf der von Athanasius um 370 verfassten Biographie („Antoniusleben"). Seine Verehrung als Heiliger begann bereits im 5. Jahrhundert, wobei man ihn im Osten mehr als Mönchsvater, im Westen mehr als Wunderheiler schätzte. Sein Grab wurde 561 gefunden, seine Gebeine nach Alexandria überführt. Vor den einfallenden Sarazenen brachte man sie 635 nach Konstantinopel in Sicherheit. Um die Jahrtausendwende kam der größere Teil der Reliquien nach St.-Didier-de-la-Mothe im Bistum Vienne (Dauphiné, Südfrankreich), wo ein Edelmann namens Gaston als Dank für die Genesung seines Sohnes vom „Antoniusfeuer", einer seuchenartigen Krankheit, den Antoniusorden (Antonianer, Antoniter) gründete, und von dort wiederum 1491 in die Pfarrkirche St. Julien in Arles, wo sie noch heute ruhen.
Der 1095 von Papst Urban II. approbierte Antoniusorden wurde von Papst Bonifatius VIII. (1294-1303) in einen Chorherrenorden umgewandelt. Die Antoniter widmeten sich überwiegend der Armen- und Krankenpflege. Zum Unterhalt der ordenseigenen Spitäler hatten sie das Privileg, ihre durch ein umgehängtes Glöckchen kenntlich gemachten Schweine frei herumlaufen zu lassen, und ihre Klöster waren mit dem Bild eines Schweines und einer Glocke gekennzeichnet. Daher ist der hl. Antonius wohl auch zum Patron der Haustiere, vor allem der Schweine und Schweinehirten geworden. Im Rheinland wird er noch heute zum Unterschied vom hl. Antonius von Padua „Schwienetünnes" genannt. Zu den bekanntesten Antoniterklöstern des späten Mittelalters gehörte das in

Isenheim bei Colmar im Elsass. Für die Kirche dieses Konvents schuf der Maler Matthias Grünewald 1512-16 seinen berühmten Isenheimer Altar, auf dem Vita und Legende des Heiligen ausführlich dargestellt sind.
In Italien wurde der Antoniustag (17. Januar) als Volksfest begangen. Die Tiere durften nicht arbeiten, so dass auch vornehme Herrschaften zu Fuß gehen mussten. In Rom wird noch heute alljährlich vom 17. bis 25. Januar vor der Antoniuskirche (Sant'Antonio) das Fest der Weihe der Haustiere gefeiert.
Der hl. Antonius wird auch als Nothelfer angerufen, ohne zur Gruppe der Vierzehn Nothelfer zu gehören, aber er ist einer der sogenannten vier hl. Marschälle – neben Quirinus von Neuss, der um 130 in Rom den Märtyrertod starb, Papst Cornelius (251-53) und Bischof Hubertus von Lüttich (um 655-727). Man wähnte sie – wie weltliche Hofmarschälle vor dem Thron des Fürsten – besonders nahe bei Gott, weshalb ihre Fürbitte bei Seuchen und allen persönlichen Nöten als besonders wirksam galt. Sie wurden – vor allem im Rheinland – hauptsächlich vom 14. bis 17. Jahrhundert, aber auch heute wieder im Kölner Raum verehrt.
Darstellung: als greiser Einsiedler, häufig im Kampf mit Dämonen, denen er in der Wüste ausgesetzt war, oder zusammen mit dem hl. Paulus von Theben, dem „Urvater" der Einsiedler, den er zweimal besucht und auch begraben haben soll.
Attribute: Buch, Kreuzstab in T-Form (Antoniuskreuz, ägyptisches Kreuz; bezieht sich auf seine Wanderungen mit dem Krückstock), Rosenkranz, Glocke, Schwein, Teufel

Augustinus
(lateinisch „der Erhabene")
August, Augustin, Augustus, Gustl; Agostino (italienisch); Austin (französisch); Gustav (schwedisch); Augusta, Auguste, Augustina, Augustine, Agostina, Guste, Gussi, Tina (weibliche Formen)

(Aurelius) Augustinus von Hippo, Hl.

Bischof von Hippo, Philosoph, Kirchenlehrer, der größte der vier großen lateinischen Kirchenväter
28. August (orthodoxe Ostkirchen 15. Juni)
Patronat: der Augustiner, Theologen, Buchdrucker und Bierbrauer; für gute Augen
Augustinus, geboren am 13. November 354 in Tagaste in der römischen Provinz Numidien (heute Souk-Ahras in Nordostalgerien) als Sohn des

Heiden Patrizius und der Christin Monika (Hl.), studierte an den geisteswissenschaftlichen Schulen in Karthago u.a. Rhetorik und wurde im Jahre 374 Lehrer dieses Fachs, zunächst in Tagaste, Karthago und Rom und ab 384 als Professor an der Hochschule in Mailand. Dort wandte er sich unter dem Einfluss von Bischof Ambrosius (Hl.) wieder dem Christentum zu und ließ sich an Ostern 387 zusammen mit seinem unehelichen Sohn Adeodatus (starb 18-jährig 390) taufen, nachdem er sich zuvor vom Manichäismus losgesagt hatte. Die Krisen seiner Jugend und seinen inneren Werdegang schrieb er um 397 in seinen „Confessiones" (Bekenntnisse) nieder. Augustinus verzichtete auf alle Ämter und kehrte 388 – nach dem Tod der Mutter – nach Nordafrika zurück, wo er einige Jahre lang ein mönchisches Leben führte. Während eines Aufenthalts in Hippo Regius (spanisch Bona, französisch Bône, heute Annaba in Nordostalgerien) überredete man ihn 391, sich zum Priester weihen zu lassen. 395 wurde Augustinus Mitbischof von Valerius und nur ein Jahr darauf dessen Nachfolger als Bischof von Hippo Regius, wo er mit seinen Priestern in klösterlicher Gemeinschaft lebte, deren Regel zum Vorbild für alle späteren Augustiner-Gemeinschaften wurde.

Als Bischof war Augustinus ein wahrer Hirte seiner Gläubigen und ein eifriger Prediger. Schon bald war er weit über die Grenzen seines Bistums hinaus bekannt, wurde zum geistigen Führer Nordafrikas und schließlich auch der abendländischen Kirche, vor allem im Kampf gegen die Irrlehren der Manichäer, Donatisten, Pelagianer und Arianer.

Im Jahre 410 war Augustinus Zeuge der Eroberung und Plünderung Roms durch die Westgoten unter Alarich I., unter deren Eindruck er das 22-bändige geschichtsphilosophische Werk „De Civitate Dei" („Über den Gottesstaat"), die letzte große Apologie des Christentums gegen das Heidentum, verfasste.

Augustinus' zahlreiche Schriften – überliefert sind fast 1.000 seiner Predigten, 113 Bücher und 218 Briefe – befassen sich zentral mit der Geistigkeit der Seele des Menschen, die er als Abbild des dreieinigen Gottes in engster Beziehung mit diesem sah, z.B. als Gedächtnis, Verstand, Wille („De trinitate" – „Über die Dreieinigkeit", verfasst 399-419). Nach seiner heilsgeschichtlichen Vorstellung bestimmt Gottes Erlösungswille auch die Weltgeschichte, in der der weltliche „Teufelsstaat", das Reich des Hochmuts und der Herrschsucht, mit dem „Gottesstaat", dem himmlischen

Reich der Demut, im Kampf liegt; dieser sei mit dem Erscheinen Christi in sein entscheidendes Stadium getreten und werde mit dem Sieg Gottes enden.

Augustinus starb während der Belagerung von Hippo Regius durch den Vandalenkönig Geiserich am 28. August 430. Seine Gebeine wurden Anfang des 6. Jahrhunderts nach Sardinien gebracht und von dort von Langobardenkönig Liutprand um 720 nach Pavia (südlich von Mailand) überführt und unter dem Hochaltar der Augustinerkirche San Pietro in Ciel d'Oro beigesetzt, wo sie sich noch heute befinden. Seit 1362 erhebt sich darüber die dreigeschossige Arca di Sant'Agostino, das prächtige Grabmal des hl. Augustinus aus weißem Marmor.

Augustinus' theologisches Gedankengebäude erwies sich für die nächsten tausend Jahre als wichtigstes Fundament der christlichen Religion. Er gilt als der Vater und Schöpfer der theologischen und philosophischen Wissenschaft des christlichen Abendlandes und trägt den Ehrentitel „Kirchenvater" – neben Ambrosius (Bischof von Mailand; Hl.; 340-97), der ihn einst bekehrt und getauft hatte, Hieronymus (Hl.; um 347-419) und Gregor I. dem Großen (Papst; Hl.; 540-604).

Darstellung: als Bischof im Ornat, oft zusammen mit den anderen drei Kirchenvätern oder mit seiner Mutter Monika

Attribute: Mitra, Stab; Buch, Schreibpult und -feder (Gelehrsamkeit); flammendes oder von Pfeilen durchbohrtes Herz (Sinnbild feuriger Gottesliebe); Kind (das der Legende nach mit einer Muschel das Meer ausschöpfen wollte, um Augustinus die Unergründlichkeit der göttlichen Dreieinigkeit zu veranschaulichen)

Clemens
(lateinisch „der Sanftmütige" bzw. „der Milde")
Klemens, Menz; Clemente (italienisch); Clément (französisch); Clementia, Clementine, Klementine (weibliche Formen)

Clemens I. (Clemens Romanus, Klemens von Rom), Hl.

Bischof von Rom (Papst), (Märtyrer), Apostolischer Vater, Kanonheiliger
23. November
Patronat: Sevilla (Spanien), Velletri (Italien), Århus (Dänemark), Compiègne (Frankreich), Krimhalbinsel; der Steinmetze, Marmorarbeiter, Bergleute, Hutmacher,

Seeleute, Kinder; gegen Kinderkrankheiten, Schiffbruch, Sturm, Gewitter und Wassergefahren

Nach der ältesten römischen Bischofsliste war Clemens Romanus der dritte Nachfolger des Petrus in der Leitung der römischen Christengemeinde und amtierte von um 91 bis um 101. Der Überlieferung nach wurde er um das Jahr 50 in Rom als Sohn eines gewissen Faustinus geboren, vom Apostelschüler Barnabas bekehrt und getauft und zu Petrus geführt, der ihn zu seinem Schüler machte und schließlich zum Priester weihte und zu seinem Nachfolger ernannte. Clemens aber, der auch den Apostel Paulus gekannt haben soll, ließ nach Petrus' Tod den von der Gemeinde gewählten Führern Linus und Anaklet den Vorrang, damit nicht eine Gewohnheit entstünde, dass Vorgänger den Nachfolger bestimmen können.

Berühmt geworden sind zwei ihm zugeschriebene Briefe an die griechische Christengemeinde in Korinth (Peloponnes), in denen er zu Eintracht, Frieden und Ordnung mahnte. Die „Clemensbriefe" werden heute als Zeugnis für die frühe zentrale Stelle des Bischofs von Rom betrachtet und sind eine wichtige Informationsquelle über das Leben, die Lehre und die Organisation der frühen christlichen Kirche.

Clemens I., dem Evaristus im Amt nachfolgte (bis um 107), wurde später als Märtyrer verehrt. Sein Martyrium ist jedoch unsicher. Eine Legende aus dem 4. Jahrhundert berichtet, er sei unter Kaiser Trajan (98-117) mit vielen anderen Christen auf die Halbinsel Krim im Schwarzen Meer zu harter Arbeit in den Marmorbrüchen von Chersonesus (heute Sewastopol) verbannt und schließlich mit einem Anker um den Hals im Meer versenkt worden. Der Slawenmissionar Cyrillus (Hl.) soll seine Gebeine im Jahre 869 nach Rom in die bereits im 4. Jahrhundert unweit des Kolosseums von einem reichen Christen namens Clemens gestiftete Kirche (heutige Unterkirche der im 12. Jahrhundert errichteten Basilika San Clemente) gebracht haben.

Clemens I. ist „Kanonheiliger", d.h. ein Heiliger der katholischen Kirche, dessen Name im Messkanon, dem Hochgebet, genannt wird. Zudem wird er als „Apostolischer Vater" bezeichnet. Diesen Titel tragen als heilig verehrte Schüler der Apostel, die zwischen 50 und 150 n.Chr. lebten und deren Schriften für die Entwicklung der kirchlichen Tradition von großer Bedeutung waren.

Darstellung: in päpstlichen Gewändern

Attribute: Tiara, Pallium, Kreuzstab (mit drei Querbalken), Buch; Lamm und Quelle oder Brunnen (der Legende nach ließ er auf der Krim für die in den Steinbrüchen arbeitenden und unter Wassermangel leidenden Christen eine Quelle entspringen, auf die ein Lamm durch Scharren hingewiesen hatte); Anker oder Mühlstein um den Hals (Martyrium)

Daniel
(hebräisch „Gott ist der Richter")
Dan(ny); Daniele, Dello (italienisch); Daniela, Dana (weibliche Formen)

Prophet Daniel

biblische Gestalt, der vierte der vier großen Propheten des AT
21. Juli (orthodoxe Ostkirchen 17. Dezember)
Patronat: der Bergleute

Daniel, der vierte unter den großen Propheten und Hauptperson des im 2. vorchristlichen Jahrhundert entstandenen Buches Daniel, das von seinem Leben und seinen Visionen erzählt, gehörte einer vornehmen Familie des Stammes Juda an. Mit der jüdischen Führungsschicht wurde er in die Babylonische Gefangenschaft verschleppt, nachdem Nebukadnezar II. (605-562 v.Chr.) 586 v.Chr. Jerusalem erobert hatte. Mit mehreren Gefährten erzog man ihn am königlichen Hof, ein übliches Verfahren der Babylonier zur schnellen Integration der unterworfenen Völker, und er stieg wegen seiner hervorragenden Eigenschaften und seiner Prophetengabe zu hohen Staatsämtern auf. Später scheint er in Ungnade gefallen zu sein, doch dem nachfolgenden König Belsazar, Nebukadnezars Enkel, deutete er die sprichwörtlich gewordenen, geisterhaften „Zeichen an der Wand", was auf eine wiedererlangte hohe Stellung schließen lässt.

Daran änderte auch die Eroberung Babylons durch die Perser unter Kyros II. 539 v.Chr. zunächst nichts, da diese den gesamten Verwaltungsapparat übernahmen. Sein fester Glaube an den einen jüdischen Gott führte dann dazu, dass Daniel denunziert und den Löwen vorgeworfen wurde, die dem Propheten aber nichts taten, so dass er unversehrt die bekannte „Löwengrube" verlassen konnte (Dan. 6, 22). Über sein weiteres Schicksal ist wenig bekannt, er soll im hohen Alter von 110 Jahren um das Jahr 535 v.Chr. gestorben und in Babylon begraben worden sein.

Das nach ihm benannte Buch Daniel zerfällt in einen überwiegend historischen (Kap. 1-6) und in einen vorherrschend prophetischen Teil (Kap. 7-12), der detailliert auf das Kommen des Messias und die Endzeit eingeht und deshalb bei bestimmten christlichen Glaubensrichtungen sehr populär ist.

Daniel gilt als Patron der Bergleute, weil die Löwengrube als Zeche bzw. Mine verstanden wurde. In den Alpenländern und im Erzgebirge finden sich deshalb als seine Attribute auch Schlegel, Eisen und Erzbrocken (Gesteinsprobe).

Darstellung: als Jüngling oder Prophet in verschiedenen Szenen seines Lebens oder zusammen mit den anderen drei großen Propheten Jesaja, Jeremia und Ezechiel (Hesekiel) und den vier Evangelisten Matthäus, Markus, Lukas und Johannes

Attribute: Löwe(n), vierhörniger Widder oder andere wilde Tiere

Ekkehard
(althochdeutsch „stark wie ein Schwert")
Eck(eh)ard, Eck(h)art, Eghard, Egward, Eggert, Eggo, Edzard, Eico, Eike; A(i)chard (französisch); Egli (italienisch); Heike (weibliche Form)

Eckhart von Hochheim (Meister Eckart)

Dominikaner, Mystiker
27. März (evangelische Kirche)

Eckart von Hochheim, bekannt als „Meister Eckart" aufgrund seines akademischen Grades, wurde um das Jahr 1260 in der Nähe von Gotha geboren. Er gilt als einer der bedeutendsten Theologen und Mystiker des christlichen Mittelalters.

Um 1275 trat Eckhart dem Orden der Dominikaner bei, wo er in Köln bis 1289 seine Grundausbildung in den Studienfächern Philosophie, Theologie und Studium generale erhielt. Anschließend studierte er an der Universität von Paris, wo er seine Magisterprüfung ablegte. In dieser Zeit entstanden seine Schriften „Quaestiones parisienses".

Innerhalb des Ordens bekleidete Eckhart mehrere höhere Ämter, von 1303 bis ungefähr 1310 übernahm er von Erfurt aus die Leitung der neugebildeten Ordensprovinz „Saxonia" (von Holland bis in die Mark Brandenburg). Es folgten zwei weitere Studienjahre in Paris (1311-13), aus dieser Zeit stammen lateinische Schriften wie z.B. die Auslegungen von alttestamentarischen Büchern und mehrere Predigten (an die 200 Nachschriften von Predigten sind erhalten, die Meister Eckhart zugeordnet werden). Für Eckhart lag die tiefe Wahrheit des Christentums in der Einswerdung der menschlichen Seele mit Gott, der „unio mystica", die sich in der menschlichen Seele vollziehen sollte.

1314 wurde Eckhart Generalvikar des Dominikanerklosters in Straßburg und verfasste seine bekanntesten Schriften, die „Deutschen Predigten". Immer wieder geriet er in Konflikt mit der katholischen Kirche, da er in seinen Predigten auch spekulative Ansichten äußerte.

1322 übernahm Eckhart die Leitung der Schule in Köln, in der er selbst sein Grundstudium absolviert hatte. 1325 wurde er hier von einem anderen Dominikaner wegen der Verbreitung angeblich häretischer Lehren vor dem Volk denunziert und musste sich einem Inquisitionsverfahren in Avignon stellen. Eine der Aussagen, die ihm vorgehalten wurden, war, „dass Gott nicht über uns steht, sondern in uns Menschen lebt".

Um dem Scheiterhaufen zu entgehen, widerrief Eckhart öffentlich. Das Ende des Prozesses erlebte er nicht mehr, da er 1328 starb. Kurz nach seinem Tod verurteilte Papst Johannes XXII. mehrere Textstellen aus Eckharts Werken als häretisch.

Elija
(hebräisch „mein Gott ist Jahwe")
Elia(s); Ilias (arabisch); Ilja (russisch)

Prophet Elija

biblische Gestalt, Prophet
20. Juli
Patronat: der Karmeliter; der Luftschiffe und Flugzeuge, der Autofahrer; gegen Gewitter und Feuersgefahr
besonders verehrt in den orthodoxen Ostkirchen

Lebenswerk und Wundertaten des großen Propheten Elias sind im Alten Testament der Bibel niedergeschrieben (1. Kön. 17-19, 21; 2. Kön. 1-2). Erzählt wird, dass Elias im 9. Jahrhundert v.Chr. in der Zeit der Könige Ahab und Achazja lebte und in Nordgaliläa in der Stadt Thisbe zur Welt kam. Sein Name („mein Gott ist Jahwe") war für Elias gleichzeitig seine

Berufung: sein Leben lang kämpfte er gegen den Baalkult und setzte sich für die alleinige Verehrung des einen und wahren Gottes Jahwe ein.
Elias verkündete dem König Ahab und seiner Frau Jezabel als Strafe für ihre Verehrung der heidnischen Götter eine lange währende Dürre (1. Kön. 17). Er selbst überdauerte diese Zeit zunächst an einem Bach, wo ihn Raben auf Gottes Befehl hin jeden Morgen und Abend mit Essen und Trinken versorgten. Dann wanderte er nach göttlicher Weisung weiter zu einer Witwe im Land der Sidonier, die ihr letztes Brot mit ihm teilte, worauf sich ihre Vorräte auf wundersame Weise wieder vermehrten. Hier soll Elias auch ihren Sohn wieder zum Leben erweckt haben.
Im vierten Jahr der schrecklichen Dürre kehrte Elias auf Gottes Befehl zurück an den Hof von König Ahab. Es kam zu einer Versammlung des Volkes auf dem Berg Karmel und zu einer Art Kräftemessen zwischen den Priestern des Baalkultes und Elias als Vertreter des Jahwe. Erstere bereiteten ein Stieropfer vor, Elias baute einen Altar aus 12 Steinen (für die 12 Stämme Israels) und ließ seinen Altar, Opfertier und die darum befindliche Grube mit Wasser begießen. Das Opfer der Baalpriester wurde verschmäht, während Elias' Opfer durch Flammen vom Himmel verzehrt wurde. Auf sein Geheiß hin wurden die Priester des heidnischen Kultes vom Volk ergriffen und getötet. Durch sein Gebet soll dann auch endlich der ersehnte Regen gekommen sein.
Elias musste anschließend vor der rachsüchtigen Königin Jezabel in die Wüste fliehen. Gestärkt durch Offenbarungen und himmlische Speise überdauerte er in einer Höhle des Berges Horeb auch diese Zeit. Nachdem Elias von Gott den Auftrag erhalten hatte, zunächst den König Hasael von Damaskus zu salben, machte er sich auf, den Elisa (Eliseus) zu finden, der an seiner Stelle Prophet werden sollte.
Als er mit diesem den Jordan durchschritt – nachdem er dessen Wasser mit seinem Mantel geteilt hatte –, tauchte ein feuriger Wagen aus dem Himmel auf und nahm ihn mit.
In der Bibel finden sich auch Hinweise darauf, dass Elias einst wieder auf die Erde zurückkommen soll (Malach. 4,5; Matth. 17, 11). Im Judentum wird der Zeitpunkt seiner Rückkehr als Beginn des messianischen Zeitalters gesehen. Der Prophet Elias erfuhr auch von den Christen der byzantinischen und abendländischen Kirche seine Verehrung, erreichte hier aber nicht die Bedeutung wie im Judentum. Der Orden der Karmeliter bezieht

sich aufgrund seiner Wundertätigkeit auf dem Berg Karmel auf ihn als einen ihrer ersten Beschützer und Heiligen. Auch im Islam ist Elias als Prophet aufgeführt, und es wird von seinen Wundertaten berichtet (hier wird er Ilias genannt).
Darstellung: als alter Prophet in Szenen seines Lebens
Attribute: Rabe oder Engel (die ihm in der Wüste Brot und einen Krug Wasser bringen); Knabe (den er zum Leben erweckte)

Ezechiel
(hebräisch „Gott macht stark")
Prophet Hesekiel
biblische Gestalt, der dritte der vier großen Propheten des AT, (Märtyrer)
10. April (orthodoxe Ostkirchen 21. Juli)
Ezechiel, einer der vier großen Propheten, Sohn des Priesters Buzi, geriet mit zehntausenden seiner Glaubensgenossen 597 v.Chr. in die Babylonische Gefangenschaft (2. Könige 24, 14). Nach fünf Jahren wurde er zum Propheten berufen und sah danach seine Aufgabe darin, die Verschleppten moralisch aufzurichten und im Festhalten am rechten Glauben zu unterstützen. Er kämpfte gegen die falschen Propheten, die, auf die Ägypter vertrauend, die baldige Rettung der Juden und den Untergang Babylons vorhersagten, und kündigte die Zerstörung Jerusalems und die restlose Vertreibung des Volkes als Folge gottloser Lebensführung an. Das Schicksal der Juden verstand er als göttliche Bestrafung für die Übertretung der religiösen Gesetze, insbesondere für die nicht auszurottende Verehrung anderer Götter.
Diese düsteren Vorhersagen unterstrich er mit drastischen, für alle leicht verständlichen Demonstrationen: Er schnitt sich das Haar ab, verbrannte ein Drittel davon in der Stadt, zerschnitt ein weiteres Drittel mit dem Schwert und streute den Rest in den Wind, auf diese Weise symbolhaft den Untergang des Volkes beschreibend.
Ausführlich bildete er in seinen Visionen das zukünftige Reich Jerusalem, die Vernichtung seiner Feinde, der Ammoniter, Ägypter, Edomiter, Moabiter, Philister, Sidonier und Tyrer, und das Kommen des Messias ab.
Über seinen Tod um 571 v.Chr. und seine Grabstelle ist nichts weiter bekannt, ein Ende als Märtyrer wird angenommen, ist aber nicht bezeugt.

Manche spätere Interpreten tun sich mit seiner gewaltigen Bilderflut schwer: Der hl. Hieronymus bezeichnet ihn in seinem „Kommentar zum Buch des Propheten Ezechiel" (kurz nach 400 n.Chr.) etwa als „Labyrinth der Geheimnisse Gottes".

Darstellung: als Prophet mit Visionen; oft zusammen mit den anderen drei großen Propheten Jesaja, Jeremia und Daniel und den vier Evangelisten Matthäus, Markus, Lukas und Johannes

Attribute: Waage der göttlichen Gerechtigkeit, verschlossenes Tor, Schwert, Schriftrolle

Ignatius

(lateinisch „der Feurige", oder vom etruskisch-römischen Gentilnamen „Egnatius")

Ignaz, Naz; Ignacio (spanisch); Ignazio (italienisch); Ignatios (griechisch)

Ignatius Theophorus von Antiochia, Hl.

Bischof von Antiochia, Schüler des Apostels Johannes, Märtyrer, Apostolischer Vater, Kanonheiliger

17. Oktober (orthodoxe Ostkirchen 20. Dezember)

Patronat: gegen Halsschmerzen und Kopfgrind

Ignatius von Antiochia wird als ein „Apostolischer Vater" bezeichnet, d.h. er war einer der Männer, die zwischen 50 und 150 n.Chr. lebten und als Schüler der Apostel mit ihren Schriften die kirchliche Tradition nachhaltig beeinflussten. Zudem ist er „Kanonheiliger", d.h. ein Heiliger der katholischen Kirche, dessen Name im Messkanon, dem Hochgebet, genannt wird.

Ignatius soll ein Schüler des Apostels Johannes gewesen sein. Im Jahr 68 wurde er (vielleicht von diesem selbst) zum Bischof von Antiochia geweiht, das damals eine der größten Städte des Römischen Reiches war (heute Antakya in der Südosttürkei). Ignatius führte schon früh den Beinamen „Theophorus" als ein Mann, der „Gott in seinem Herzen trägt".

Als Bischof versuchte Ignatius, Vorbild für alle Gläubigen zu sein, auf der anderen Seite forderte er von seinen Untergebenen und den Laien die Anerkennung der kirchlichen Autorität seines Amtes.

Kaiser Trajan (98-117) ließ Ignatius verhaften und nach Rom bringen. Auf dem Weg dorthin verfasste der Bischof sieben Briefe an verschiedene Christengemeinden. Vier dieser Briefe stammten aus Smyrna (heute Izmir),

drei aus Troas. In ihnen ermahnte er die Gläubigen, die Einheit der Kirche zu wahren und allen Irrlehren entgegenzutreten. Diese Briefe gelten als wichtige Dokumente der jungen Kirche.
Ignatius soll im Kolosseum in Rom von Löwen zerfleischt worden und so den Märtyrertod gestorben sein. Eine Legende berichtet, dass die römischen Christen auf dem Herzen des Heiligen in goldenen Lettern das Wort „Jesus" geschrieben sahen. Die verbliebenen Gebeine wurden zunächst nach Antiochia gebracht, kamen von dort im 6./7. Jahrhundert wieder nach Rom und ruhen dort in der Kirche San Clemente. Reliquien des Ignatius von Antiochia werden in vielen Kirchen Italiens, Frankreichs, Belgiens und auch Deutschlands verehrt.
Darstellung: als jugendlicher oder greiser Bischof im Ornat
Attribute. Mitra, Stab; Herz mit Christusmonogramm IHS; Löwe (weil man ihn im Kolosseum von Löwen zerfleischen ließ)

Jesaja
(hebräisch „Gott heilt")
Isai(as), Isaja; Jesse (englisch); Jessika, Jessica (weibliche Formen)

Prophet Jesaja

biblische Gestalt, der erste der vier großen Propheten des AT, (Märtyrer)
9. Mai

Jesaja war der erste der vier großen Propheten (es folgten Jeremia, Hesekiel/Ezechiel und Daniel) und lebte in der Mitte des 8. Jahrhunderts v.Chr. In seinem „Buch Jesaja", einer Schrift des Alten Testaments, gibt er selbst Auskunft über sich (vermutlich stammen jedoch nur Teile des Buches von ihm).
Wahrscheinlich entstammte er einem angesehenen Elternhaus und verfügte über eine gute Bildung. Um das Jahr 739 v.Chr. soll er von Gott zum Propheten berufen worden sein (Jesaja 7, 3; 8, 3), und wirkte danach unter verschiedenen Herrschern wie z.B. Ozias (Usia), Joatham (Jothan), Achaz (Ahas), Ezechias (Hiskia) und Manasse. Neben Mahnungen, Drohungen und Warnungen vor Niederlagen bzw. Eroberungen durch andere Völker finden sich in seinen Büchern Ankündigungen des messianischen Zeitalters, z.B. wenn vom kommenden Heil (Jesaja 14, 3-5) und vom leidenden Gottesknecht (Jesaja 52, 13) berichtet wird.

Laut Überlieferung soll Jesaja mit rund 80 Jahren unter König Manasse den Märtyrertod gestorben sein, weil er dessen Gottlosigkeit angeprangert hatte. Er soll in einem hohlen Baum vom Scheitel an durchgesägt worden sein.
Darstellung: als greiser Prophet mit Visionen; oft zusammen mit den anderen drei großen Propheten Jeremia, Ezechiel (Hesekiel) und Daniel und den vier Evangelisten Matthäus, Markus, Lukas und Johannes
Attribute: Schriftrolle, Säge (Martyrium)

Johannes
(hebräisch „Gott ist gnädig")
Johann, Hans(i), Hannes, Jan, Janning, Jens, Jo, Nino, Hasse, Schani; Janko (slawisch); János (ungarisch); Janosch (tschechisch); Wanja (polnisch); Iwan (russisch); Jean (französisch); Giovanni, Vanni, Gian (italienisch); Juan, Juanito (spanisch); John, Johnny (englisch); Johanna, Han(n)a, Hanni, Jan(n)a, Jane, Janine, Janina, Jennifer, Jenny, Jenni, Jin(ný), Jeanne, Jeannette, Juana, Juanita, Giovanna, Gianna, Guinevere, Guenièvre (weibliche Formen)

Johannes Chrysostomus, Hl.

Patriarch (Bischof) von Konstantinopel, Kirchenlehrer, einer der vier griechischen Kirchenväter (neben Athanasius dem Großen, Basilius dem Großen und Gregor dem Jüngeren von Nazianz)
13. September (orthodoxe Ostkirchen 13. November, 27. Januar)
Patronat: Konstantinopel (Istanbul); der Prediger und Redner (seit 1908); gegen Epilepsie
Vermutlich wurde Johannes Chrysostomus zwischen 344 und 354 in Antiochia (heute Antakya in der Südosttürkei) geboren. Seine Eltern – ein römischer Offizier und eine Christin namens Anthusa – schickten ihn in die Schule des angesehenen Rhetorikers Libanios, anschließend studierte Johannes in der theologischen Schule von Antiochia.
Im Jahr 372 ließ sich Johannes taufen. Nur wenig später, als seine Mutter gestorben war, zog er sich zunächst als Mönch in ein Kloster zurück und daraufhin als Einsiedler in die Berge, wo er ein streng asketisches Leben führte.
Krank und geschwächt kehrte Johannes 381 nach Antiochia zurück und wurde Diakon des Bischofs Meletios. 386 erhielt er die Priesterweihe und

wurde binnen kurzer Zeit berühmt durch seine hervorragenden Predigten. Sein Redetalent und seine rhetorische Begabung führten dazu, dass er den Beinamen „Chrysostomus“ erhielt, der „Goldmund“. Eine Vielzahl seiner Predigten wurden als Urtexte überliefert.
398 wurde Johannes zum Patriarchen von Konstantinopel ernannt. In dieser Funktion kümmerte er sich nicht nur um die Belange der Armen und Kranken, sondern kritisierte auch die Prunksucht der Reichen und des Kaiserhofes. Mit diesen Aussagen geriet Johannes in Konflikt mit der Kaiserin Eudoxia, deren Gatte Arkadios sich aus den Regierungsgeschäften zurückgezogen hatte. Diesen Konflikt machte sich der Patriarch Theophilus von Alexandria, der einen seiner Anhänger auf dem Patriarchenstuhl in Konstantinopel sehen wollte, zunutze: Er hielt 403 eine Synode in einem Stadtteil von Chalkedon ab, der seinen Namen von einer großen Eiche hatte, darum wurde diese Versammlung „Eichensynode“ genannt. Hier wurde Johannes auf Theophilus' Betreiben hin als Patriarch von Konstantinopel abgesetzt, worauf ihn die Kaiserin Eudoxia nach Bithynien verbannte. Von dort kehrte Johannes bald zurück, denn das Volk von Konstantinopel, erschreckt durch ein schweres Erdbeben, forderte seinen Patriarchen zurück.
Nur kurze Zeit später machte sich Johannes erneut bei der Kaiserin unbeliebt, indem er die (heidnische) Art und Weise kritisierte, in der eine Bildsäule der Kaiserin eingeweiht wurde. Diesmal wurde er noch weiter weg verbannt, und auch die Fürsprache des Papstes Innozenz I. konnte nichts daran ändern. Auf dem Weg zu seinem Verbannungsort starb Johannes Chrysostomus in Komana (heute Tekat in der Nordosttürkei) an den Strapazen und Entbehrungen der Reise.
Seine Gebeine wurden 438 in der Apostelkirche von Konstantinopel beigesetzt, bevor sie um das Jahr 1200 in den Petersdom nach Rom kamen. Auch Kirchen z.B. in Moskau, Kiew, Messina, Paris, Brügge und Mainz nennen Reliquien des Heiligen ihr eigen.
Darstellung: in bischöflichen Gewändern
Attribute: Buch (Evangelium), Taube (Symbol des Hl. Geistes), Bienenkorb (Sinnbild des Fleißes in bezug auf seine Gelehrsam- und Beredsamkeit), Schreibfeder, Engel

Johannes von Damaskus (Johannes Damascenus), Hl.

Mönch, Theologe, Literat, Kirchenlehrer

4. Dezember

Patronat: der Theologiestudenten (seit 1890), Apotheker, Ikonenmaler, Herrgottschnitzer

Geboren in Damaskus um das Jahr 650, stammte Johannes aus einer reichen, christlich-arabischen Familie. Sein Vater hatte die Stellung eines Finanzministers am Hof des Kalifen, der sich den Christen und Juden in Damaskus gegenüber tolerant verhielt. Johannes erhielt seine Ausbildung durch einen Mönch aus Unteritalien, den sein Vater aus der Sklaverei freigekauft hatte. Später bekam auch Johannes eine Stelle am Hof des Kalifen.

Als der Kalif Abd al Malik im Jahr 685 an die Macht kam, wurden Johannes und sein Vater entlassen und er zog sich in das Kloster Mar Saba in der Nähe von Jerusalem zurück. Hier verfasste er eine Vielzahl von Schriften, und das in so flüssigem Stil, dass er „Chrysorrhoas", der „Gold-Fließende" genannt wurde. U.a. schrieb er eines der ersten Standardwerke der ostkirchlichen Theologie („Die Quelle der Erkenntnis"). Vom Patriarchen in Jerusalem wurde er zum Priester geweiht.

Im sogenannten Bilderstreit, der durch ein Dekret des griechischen Kaisers Leo im Jahr 726 ausgelöst worden war, bezog Johannes eindeutig Stellung und verfasste mehrere Briefe, in denen er die Bilderverehrung vehement verteidigte. Eine Legende berichtet davon, dass Johannes durch sein Verhalten den Zorn des Kaisers auf sich gezogen und als Strafe für seinen Verrat seine rechte Hand verloren haben soll, die ihm jedoch auf wundersame Art und Weise wieder anwuchs.

Johannes soll das hohe Alter von 104 Jahren erreicht haben, als er im Kloster Mar Saba starb. Seine Gebeine wurden im 12. Jahrhundert von dort nach Konstantinopel übertragen.

Während die Ostkirchen Johannes von Beginn an als Kirchenlehrer betrachteten, wurde ihm dieser Titel im Westen erst 1890 von Papst Leo XIII. offiziell verliehen.

Darstellung: als greiser Priester oder als orientalisch gekleideter Mönch

Attribute: Schreibpult, Schreibfeder; abgehackte Hand (im Bilderstreit verlor er eine Hand, die ihm der Legende nach die Gottesmutter Maria wieder annähte); Marienbild (wegen seiner großen Verehrung für die Gottesmutter)

Johannes der Täufer (Johannes Baptista), Hl.

Bußprediger, Prophet, Vorläufer Jesu Christi, Märtyrer, Kanonheiliger
24. Juni (Geburtsfest)
Patronat: Burgund, Provence, Amiens, Malta, Florenz; der Karmeliter, Malteser (Johanniterorden), Schneider, Weber, Gerber, Kürschner, Färber, Sattler, Gastwirte, Winzer, Böttcher, Zimmerleute, Architekten, Maurer, Steinmetze, Restaurateure, Kaminkehrer, Schmiede, Hirten, Bauern, Sänger, Tänzer, Musiker, Kinobesitzer, Abstinenzler; der Lämmer, Schafe, Haustiere; der Weinberge; gegen Alkoholismus, Kopfschmerzen, Schwindelgefühl, Angstzustände, Epilepsie, Krämpfe, Heiserkeit, Kinderkrankheiten, Tanzwut; gegen Hagel

Der letzte große Prophet der Bibel ist Johannes der Täufer, der nach der Heiligen Schrift etwa ein halbes Jahr vor Jesus Christus als dessen Vetter geboren wurde. Sein Vater war der hl. Zacharias, seine Mutter die hl. Elisabeth, als Geburtsort wird das Dorf Ain Karim in der Nähe von Jerusalem vermutet. Vor der Geburt des Johannes soll seinem Vater Zacharias vom Erzengel Gabriel geweissagt worden sein, dass ihm ein Sohn geboren werde. Als dieser Zweifel zeigte, wurde er von dem Engel mit Stummheit geschlagen und erhielt seine Stimme erst wieder, um nach der Geburt in Lobgesang auszubrechen (Lukasevangelium 1, 67-79).

Der Name Johannes war der hl. Elisabeth während der Schwangerschaft eingegeben worden. Etwa im Jahr 29 n.Chr. trat Johannes erstmals als wandernder Bußprediger in Erscheinung, u.a. an den Ufern des Jordan. Hier verkündete er die Ankunft des ersehnten Messias, er nannte sich selbst die „Stimme eines Rufenden in der Wüste“ (Johannesevangelium 1,23ff.), vielleicht in Anlehnung an die Herolde, die ihren adligen, ihnen folgenden Herren den Weg zu bereiten hatten. Johannes rief seine Zuhörer zur Buße auf und taufte sie im Jordan.

Auch Jesus kam an die Ufer des Jordan und ließ sich von Johannes taufen, dieser erkannte ihn als den Messias (Lukasevangelium 3, 21; Matthäusevangelium 3, 13ff.; Markusevangelium 1,9ff.). Jesus hat offenbar viel von

dem Täufer gehalten, er sagt selbst: „Unter den von der Frau Geborenen ist kein Größerer als Johannes der Täufer“ (Matthäusevangelium 11,11).
Es ist möglich, dass Johannes Mitglied der Sekte der Essener war. Wie lange er seiner Tätigkeit als Prediger und Täufer nachging, ist nicht gewiss. In der Heiligen Schrift wird erzählt, dass ihn Herodes Antipas, Tetrarch (Vierfürst) von Galiläa und Peräa, verhaften ließ. Johannes hatte ihm vorgeworfen, dass er mit Herodias, der Frau seines Stiefbruders, eine ehebrecherische Verbindung pflege. Ob das der Grund für die Verhaftung war oder die Tatsache, dass Johannes eine immer größere Zahl von Anhängern um sich scharte, ist nicht zu klären. Auf jeden Fall hatte Johannes den Zorn der Herodias auf sich gezogen, was ihm zum Verhängnis werden sollte. Sie besprach sich mit ihrer Tochter Salome, und als diese vor dem entzückten Herodes einen Tanz vorführte und als Belohnung von diesem einen Wunsch versprochen bekam, verlangte sie das Haupt des Johannes – und bekam es, gereicht in einer Schüssel.
Der Leib des Johannes wurde von seinen Anhängern vermutlich in Samaria begraben. Hier entstand im 4. Jahrhundert ein Kloster, im 12. Jahrhundert ließen die Kreuzfahrer eine große Kirche erbauen.
Die Verehrung des Johannes als Heiliger setzte früh ein. Gefeiert wurde das Fest seiner Geburt am 24. Juni, also genau ein halbes Jahr vor dem des Christus. An diesem Tag finden auch heute noch die Johannisfeste statt. Ganz ähnlich werden die Begriffe „Johannisfeuer“ und (das eigentlich heidnische) „Sonnwendfeuer“ verstanden: Der Geburtstag des Johannes kündigt an, dass von nun an die Tage kürzer werden, der Geburtstag Jesu dagegen verkündet das Gegenteil. Die Bemerkung des Johannes: „Er muss wachsen, ich muss kleiner werden“ (Joh. 3, 30) kann sowohl in Bezug auf die zu- bzw. abnehmende Länge der Tage oder auf die Bedeutung der beiden Menschen gedeutet werden.
Johannes ist Kanonheiliger, d.h. ein Heiliger der katholischen Kirche, dessen Name im Messkanon, dem Hochgebet, genannt wird.
Darstellung: als hagerer Asket in Fellkleidung; in Szenen seiner Kindheit; bei der Taufe Jesu im Jordan; in der Szene seiner Enthauptung; sein abgeschlagener Kopf auf einer Platte oder in einer Schale (Johannisschüssel), die Salome hält oder die ihr überreicht wird
Attribute: Kreuzstab, Schriftband „Ecce, Agnus Dei“ („Seht, das Lamm Gottes“), Lamm (Sinnbild für Jesus Christus, den er als Lamm Gottes ankündigte), Taufschale

Die drei Erzengel

Gabriel
(hebräisch „Gotteskraft")
Gabor; Gabriele (italienisch); Gabriel(l)e, Gabriel(l)a, Gaby, Gabi, Jella (weibliche Formen)

Erzengel Gabriel

29. September (zusammen mit Michael und Raphael; orthodoxe Ostkirchen 8. November)
Patronat: des Fernmeldewesens und Nachrichtendienstes (seit 1951); der Boten, Postangestellten und -beamten, Briefmarkensammler; gegen eheliche Unfruchtbarkeit
Gabriels Aufgabe ist die Erklärung der Ratschlüsse Gottes für die Menschen. So deutet er nach der Bibel Daniel das Gesicht vom Widder und dem Ziegenbock (Daniel 8, 16-26), der sieben Jahreswochen (Daniel 9, 21-27), verkündet Zacharias die Geburt des Johannes (Lukasevangelium 1, 11-20), verheißt Maria die Geburt des Messias (Lukasevangelium 1, 26-38), überbringt die Engelsbotschaft an Joseph im Traum (Matthäusevangelium 1, 20) und den Hirten in Bethlehem die Frohe Botschaft (Lukasevangelium 2, 9).
Auch im Islam hat Gabriel die Rolle des höchsten Engels, der Mohammed die Offenbarung überbringt. Im Judentum ist Gabriel der Todesengel, aber auch der Hüter des Paradieses.
Als Bote Gottes ist er seit 1951 Patron des Fernmeldewesens und des Nachrichtendienstes.
Darstellung: als Verkündigungsengel oder Wächter (an Kirchenportalen)
Attribute: Lilie, Schriftband, Stab; Weltkugel, Zepter (Ostkirche)

Michael
(hebräisch „wer ist wie Gott?“)
Micha, Michi; Michele (italienisch); Michel (französisch); Miguel (spanisch, portugiesisch); Mike (englische Kurzform); Mikael, Mickel (schwedisch); Mika (finnisch); Michail, Mischa (russisch); Mihály (ungarisch); Michaela, Michi, Michèle, Micaela, Michelina (weibliche Formen)

Erzengel Michael

29. September (zusammen mit Gabriel und Raphael; orthodoxe Ostkirchen 8. November)

Patronat: Bayern; der katholischen Kirche und der Kirchhöfe; der Deutschen; der nach ihm benannten Ordensgemeinschaften; der armen Seelen, Sterbenden; der Apotheker, Eicher, Gewichtemacher und Waagenhersteller, Kaufleute, Bäcker, Bankangestellten (seit 1958), Drechsler, Glaser, Maler, Radiofachleute (seit 1958), Schneider, Soldaten, Vergolder, Blei- und Zinngießer; gegen Unwetter und Blitzschlag; für einen guten Tod

Michael ist der höchste Engel, der Engelsfürst. Zusammen mit Raphael und Gabriel steht er an Gottes Thron. Seine Aufgaben sind das Bewahren der himmlischen Schlüssel, das Überbringen der göttlichen Weisungen, das Beschützen der Kirche, aber auch die Fürsprache für die Menschen bei Gott und ihr Geleit in das Jenseits. Als Anführer der Engelsschar vertrieb er einst den aufrührerischen Luzifer, der seitdem als Teufel in der Hölle residieren muss, und er wird ihn beim Jüngsten Gericht endgültig besiegen. Adam und Eva wurden von ihm des Paradieses verwiesen.

Schon 709 entstand unter Bischof Autbert von Avranches die Kirche Mont St. Michel auf einer Insel in der späteren Normandie, die zuvor ein keltisches Heiligtum krönte. Die Normannenherzöge, die Michael als Kriegspatron verehrten, bauten die Kapelle zum Kloster mit der heutigen Kirche aus. Während des Hundertjährigen Krieges konnte die Insel von den Engländern nie erobert werden und wurde so zum nationalen Symbol für Frankreich. Später diente es bis 1853 als Gefängnis und entging so den Zerstörungen der Französischen Revolution. Seit 1966 leben wieder Mönche auf der Insel, die mit ihrem imposanten Bauwerk seit 1984 zum UNESCO-Weltkulturerbe gehört.

Nach Zentraleuropa kam die Verehrung Michaels durch die Langobarden in Italien, deren Schutzpatron er war, und aus Westen durch die angelsächsischen Missionare. Im Zuge der Christianisierung des ostfränkischen

Reiches wurde Michaels Fest auf dem Konzil von Mainz 813 durch Ludwig den Frommen auf die Woche ab Herbstbeginn festgelegt. Hier ersetzte er die Verehrung des germanischen Gottes Wotan. Die Tatsache, dass Michael oft recht martialisch dargestellt (Schwert, Lanze, Rüstung) und Gottes oberster Heerführer ist und dem Kriegsgott Wotan auch durch das Geleit der Verstorbenen ins Jenseits gleicht, mag den Heiden die Übernahme erleichtert haben. Unter den vielen Michael geweihten Bergkirchen werden oft Kultstätten für Wotan vermutet. Sein Patronat für das Fränkische Reich setzte sich über das des Heiligen Römischen Reiches Deutscher Nation bis in unsere Tage fort, wo er als Schutzheiliger Deutschlands („der deutsche Michel") angesehen wird.
Der Michaelistag (29. September) kennzeichnete für die Bauern das Ende des Sommers. Viele Bauernregeln nehmen Bezug auf diesen Tag, z.B.:
„Kommt Michael heiter und schön, wird es noch vier Wochen so weitergeh'n."
„Bringt St. Michael Regen, kannst Du gleich den Pelz anlegen."
„Regnet's sanft am Michaelstag, sanft auch der Winter werden mag."
Darstellung: in langem, weißem Gewand; allein oder mit Gabriel; vor allem als Begleiter oder neben dem Thron Gottes, als Wächter (an Kirchenportalen) und als Seelenführer; in Ritterrüstung als Anführer des Engelheeres im Kampf gegen Luzifer und dessen Teufel
Attribute: flammendes Schwert, Seelenwaage, Drache

Raphael
(hebräisch „Gott hat geheilt")
Rafael, Raphael, Raffi; Rafaelo (italienisch, spanisch); Raphaela, Rafaela (weibliche Formen)

Erzengel Raphael

29. September (zusammen mit Gabriel und Raphael; orthodoxe Ostkirchen 8. November)
Patronat: der Kranken, Apotheker, Reisenden, Pilger, Auswanderer, Schiffer, Dachdecker, Bergleute; gegen Augenleiden und Pest
Helfer in zahlreichen Notlagen
Raphael ist neben Michael und Gabriel einer der drei Erzengel, die vor dem Thron Gottes stehen. Er gilt als der freundlichste und lustigste in der

Engelsschar, vielleicht weil sein Symbol die Sonne ist. Als Bote Gottes in menschlicher Gestalt bringt er z.B. Noah die Baupläne für die Arche, heilt die Menschen und beschützt sie auf ihren Reisen. Im Alten Testament wird er lediglich im Buch Tobias erwähnt (z.B. Tobias 3, 16f.): Er begleitete den jungen Tobias auf der Wanderschaft (wobei er sich nicht als Engel zu erkennen gab) und heilte Tobit, dessen Vater, von seiner Erblindung. Dies wird im Buch Tobit (Tobit 6, 1-9) sehr anschaulich erzählt: Raphael und Tobias kamen an den Tigris, wo sie übernachten wollten. Tobias, von der langen Wanderung erhitzt, sprang ins Wasser. Da näherte sich ein großer Fisch und wollte ihn verschlingen. Raphael rief vom Ufer „Pack ihn!", und Tobias fing den Fisch und brachte ihn an Land. Sie schnitten ihn auf und der Engel sagte: „Entnehme Herz, Leber und Galle und bewahre sie gut auf!", und Tobias tat wie ihm geheißen. Danach brieten und aßen sie das Tier. Später fragte Tobias seinen Gefährten, wozu er denn die Eingeweide mitnehmen solle. Raphael erklärte ihm, dass man mit Herz und Leber Menschen von der Besessenheit durch Dämonen heilen könne und die Galle zur Heilung von Blindheit gut sei. Zurück in Ninive machte Tobias tatsächlich seinen blinden Vater wieder sehend.

Darstellung: als bartloser Jüngling mit Flügeln in Reisekleidung; oft als schützender Begleiter des jungen Tobias

Attribute: Pilger- oder Kreuzstab, Pilgerflasche (Kalebasse), Fisch (mit der Fischgalle soll er Tobit das Augenlicht zurückgegeben haben)

Das Konzil von Rom unter Papst Zacharias, einberufen auf Ersuchen des Hl. Bonifatius, schränkte 745 die ausufernde Verehrung der Engel auf die Engel Michael, Gabriel und Raphael, also Engel, die in der Bibel erwähnt werden, ein und verbot ausdrücklich die Anrufung der Engel mit den folgenden Namen:

Adimis
Raguel
Sabaoth
Simiel
Tophoas
Uriel

Zitierte Literatur und Literaturempfehlungen

Folgende Buchempfehlungen sind eine äußerst beschränkte Auswahl von Büchern, die der Autor für geeignet hält, dass sie auch interessierten Lesern ohne umfangreiches theologisches Vorwissen helfen, einzelne Themen fachlich weiter zu verfolgen.

Engel in der Bibel

Neben der bekannten Einheitsübersetzung eignet sich ganz besonders die Elberfelder Studienbibel mit Sprachschlüssel. Dieser ist so aufgebaut, dass man sogar ohne oder mit nur ganz rudimentären Kenntnissen des Hebräischen und Griechischen die entscheidenden Originalbegriffe in der deutschen Übersetzung nachverfolgen kann:
Elberfelder Studienbibel mit Sprachschlüssel. Das Alte Testment, R. Brockhaus Verlag
Elberfelder Studienbibel mit Sprachschlüssel. Das Neue Testment, R. Brockhaus Verlag

Bibellexika gibt es eine ganze Reihe guter Qualität. Eine Ergänzung nicht nur mit einem umfangreichen Kartenwerk zur Geschichte, sondern auch ausführlichen Erläuterungen und vielen weiteren Illustrationen bietet:
Herders großer Bibelatlas

Von den jüngeren Kommentarwerken zur Bibel könnte man mehrere empfehlen, wobei man sich im Zweifelsfall eher für ein umfangreicheres entscheiden sollte und nicht unbedingt für ein einziges Buch zur ganzen Heiligen Schrift. Solche können eigentlich nicht im Detail auf einzelne Schriftstellen ausführlicher eingehen. Man muss sich aber deshalb nicht gleich ein ganzes Kommentarwerk mit vielen Einzelbänden beschaffen, sondern kann daraus jeden Band zu den verschiedenen Schriften der Bibel gesondert bekommen. Zur Einheitsübersetzung eignet sich für ein detailliertes Studium einzelner biblischer Texte:
Die Neue Echter Bibel. Kommentar zum Alten und Neuen Testament mit der Einheitsübersetzung (verschiedene Einzelhefte)

Geflügelte Wesen in Ägypten, im Alten Orient und in der Antike

Zu diesen frühen Kulturen gibt es auf dem Buchmarkt viele mit zahlreichen Abbildungen ausgestattete Bände. Eine sehr umfangreiche direkte Zusammenstellung der Bildsymbolik enthält:
Othmar Keel, Die Welt der altorientalischen Bildsymbolik und das Alte Testament. Am Beispiel der Psalmen, Benziger/Neukirchener Verlag

Engel in der christlichen Theologie

Theologische Literatur zur Dogmengeschichte ist meist so fachsprachlich geschrieben, dass sie nur Absolventen eines einschlägigen Studiums, Theologie oder Geschichte, empfohlen werden kann. Wie schon in der Einführung erläutert, wird vor allem geraten, die Literatur der Kirchenväter und -lehrer selbst zu lesen und nicht nur Bücher „darüber". Eine umfangreiche „Bibliothek der Kirchenväter" mit einer repräsentativen Auswahl patristischer Werke in deutscher Übersetzung gibt es derzeit leider nicht. Man muss in vielen Fällen auf zweisprachige, wissenschaftliche Ausgaben zurückgreifen, die auch einen entsprechenden Preis haben. Gelegentlich füllt das Internet diese Lücke mit der Wiedergabe von patristischen Texten im Original oder in Übersetzung, sei es Englisch oder Deutsch. Einsprachige Textausgaben der Schriften des Hl. Augustinus gibt es aber mehrfach, was die Bedeutung dieses „größten lateinischen Kirchenvaters" wieder einmal bestätigt.

Dasselbe trifft natürlich auch auf die Dialoge Platons zu. Auch diese gibt es in ein- und zweisprachigen Ausgaben, oft sogar in etwas besser ausgestatteten Stadtbibliotheken.

Wer sich näher mit der antiken christlichen Literatur befassen möchte, kommt um ein Nachschlagewerk über Leben und Werke der christlichen Autoren bis ins 8. Jahrhundert nicht herum:
Lexikon der Antiken Christlichen Literatur, herausgegeben von Siegmar Döpp und Wilhelm Geerlings, Verlag Herder (ab 3. Auflage!)

Für das Nachschlagen der grundlegenden theologischen Begriffe aus Glaubenslehre, Bibelwissenschaft, Ethik und Spiritualität eignet sich besonders das kompakte Nachschlagewerk:
Herbert Vorgrimler, Neues Theologisches Wörterbuch, Verlag Herder (ab 3. Auflage!)

Die Konzilstexte sind zitiert aus:
Heinrich Denzinger/Peter Hünermann, Kompendium der Glaubensbekenntnisse und kirchlichen Lehrentscheidungen, Verlag Herder

Meister Eckhart und die spekulative Mystik des Hochmittelalters

Die deutschen Predigten und Traktate Meister Eckharts wurden bereits 1963 in einer Übersetzung aus dem Mittelhochdeutschen gesammelt und in einem Band dem breiteren Publikum zugänglich gemacht, auch als preiswerte Taschenbuchausgabe erhältlich:
Meister Eckehart, Deutsche Predigten und Traktate, herausgegeben und übersetzt von Josef Quint, Diogenes Verlag

Bildliche Darstellungen

Weil Ikonen, wenn auch meist nur einfach als schöne Bilder, sehr beliebt sind, gibt es viele Bildbände dazu. Einen sehr fundierten Überblick über die Vielfalt der Motive mit ausführlichen Erläuterungen der Themen bietet:
Konrad Onasch, Ikonen. Faszination und Wirklichkeit, Herder Verlag

Daneben gibt es viele Bücher, die sich auf einzelne Themen konzentrieren und diese ebenfalls sehr kompetent und gut mit Abbildungen ausgestattet behandeln. So ist auch zum Thema „Engel“ ein Buch erschienen:
Ivan Bentchev, Engelikonen. Machtvolle Bilder himmlischer Boten, Orbis Verlag

Liturgie

Eine Einführung in die Liturgie allgemein, also nicht nur die Messfeier, bietet:
Adolf Adam, Grundriss Liturgie, Verlag Herder

Eine auch gut lesbare Gesamtschau der Messfeier in der erneuerten Form, auch unter historischen Gesichtspunkten, bietet:
Johannes H. Emminghaus/Theodor Maas-Ewerd, Die Messe: Wesen – Gestalt – Vollzug, Verlag Österreichisches Katholisches Bibelwerk (ab 5. Auflage!)

Zum Nachschlagen eignet sich:
Rupert Berger, Neues Pastoralliturgisches Handlexikon, Verlag Herder

Eine gut verständliche und fundierte Einführung in den Gottesdienst der orthodoxen Kirchen und andere Themen der ostkirchlichen Glaubenspraxis bietet:
Andrej Lorgus/Michail Dudko, Orthodoxes Glaubensbuch. Eine Einführung in das Glaubens- und Gebetsleben der Russischen Orthodoxen Kirche, Verlag „Der Christliche Osten"

Engel im Islam

Seit der Islam in so negativer Weise in das Blickfeld des Westens geraten ist, ist eine ganze Reihe von Büchern darüber erschienen. Gute Einführungen zu Mohammed und dem Koran bieten:
Hartmut Bobzin, Mohammed, Verlag C.H.Beck
Hartmut Bobzin, Der Koran, Verlag C.H.Beck
Rudi Paret, Mohammed und der Koran, Verlag Kohlhammer

Zum Nachschlagen kann man empfehlen:
Khoury/Hagemann/Heine, Islam-Lexikon, Verlag Herder-Spektrum

Was den Koran selbst betrifft, ist eine Empfehlung schwierig. Das liegt einerseits an der sprachlichen Besonderheit des Koran als Sammlung liturgischer Texte, wie wir im Kapitel über Engel im Islam gesehen haben, und andererseits an der Geschichte der schriftlichen Fixierung des Koran. Wie alle semitischen Sprachen werden nämlich normalerweise nur die Konsonanten in Buchstaben festgehalten, nicht die Vokale. Es hat zwar jede semitische Schriftsprache ihr eigenes Vokalisierungssystem mit zusätzlichen Zeichen über oder unter den Konsonanten geschaffen, aber auch die Texte des Koran wurden anfangs ohne diese geschrieben und erlaubten so unterschiedliche Lesarten, die man erst später durch die nachträgliche Vokalisierung fixiert hat. Wer sich näher mit dem Text des Koran befassen möchte, benötigt aus diesem Grund neben verschiedenen Übersetzungen unbedingt einen ausführlichen Kommentar. Man kann den Koran nicht einfach durchlesen wie große Teile der Bibel. Wer das versucht, gibt schnell wieder auf. Hier ist der bessere Weg, sich mit bestimmten Themen zu beschäftigen und die in den entsprechenden Fachbüchern und Lexika angegebenen Koranstellen der Reihe nach in verschiedenen Koranübersetzungen und zugehörigen Kommentaren nachzulesen. Nur dann erschließt sich sowohl der Sinn als auch die Wirkungsgeschichte. Dass eine Koranübersetzung deshalb unbedingt neben der Einteilung in die Suren auch die traditionelle Verszählung aufweisen muss, versteht sich da ebenso fast von selbst wie jede Bibelausgabe mit Kapitel- und Verszählung:

Der Koran, Übersetzung von Rudi Paret, Verlag Kohlhammer
Der Koran, Kommentar und Konkordanz von Rudi Paret, Verlag Kohlhammer

Anhang

Die Beschreibung der Heiligen und Erzengel im Anhang wurden entnommen aus:

Lexikon der Heiligen, Verlag Voltmedia, ISBN 3-938478-30-6

Verzeichnis der angeführten oder zitierten Bibelstellen

Altes Testament

Neues Testament

Verzeichnis der angeführten oder zitierten Koranstellen

Stichwortverzeichnis

A

B

C

D

E

F

G

H

I

U

V

X

Z